ガナナート・オベーセーカラ

キャプテン・クックの列聖

太平洋におけるヨーロッパ神話の生成

中村忠男訳

みすず書房

THE APOTHEOSIS OF CAPTAIN COOK

European Mythmaking in the Pacific

by

Gananath Obeyesekere

First published by Princeton University Press, 1992

Japanese translation rights arranged with
Princeton University Press through
The Asano Agency, Inc., Tokyo

キャプテン・ジェイムズ・クック
（ウィリアム・ホッジスによる肖像画）

ウィジェーダーサの思い出のために

また、彼はエジプトの太陽の神殿のオベリスクを破壊し、エジプトの神々の神殿を火で焼き払う。

「エレミヤ書」、第四三章、第一三節

キャプテン・クックの列聖

太平洋におけるヨーロッパ神話の生成

目次

キャプテン・クックの列聖

太平洋におけるヨーロッパ神話の生成

凡例

一、本書は Gananath Obeyesekere, *The Apotheosis of Captain Cook: European Mythmaking in the Pacific* (Princeton University Press,1992) の全訳である。

一、文中の（ ）［ ］は原著者による。訳者による補足は〔 〕で示した。

一、文中の引用箇所は、邦訳のあるものは原則として既訳に従う。ただし文脈に合わせるためなどの理由で変更を施した部分もある。邦訳のないものは訳者による。

一、「第二版修正箇所」、「キャプテン・クックのハワイでの活動と本書に関連するその他の出来事」は訳者作成による。

序文

本書はヨーロッパ・ポリネシア双方の文化史と想像力にとって重要な意味をもつエピソード、すなわち、著名なヨーロッパ人探検家キャプテン・ジェイムズ・クックの列聖化と、後代におけるその変容を扱うものである。そのためにわたしはクックの航海に関連した航海日誌と航海誌に集中的に取り組んできた。本書ではそれらが主たる一次資料となるだろう。一方、ここではハワイの歴史についても扱わなければならなかった。ポリネシア研究者ではない以上、危うい足場を歩んでいるのは承知の上である。告白するのもいささか気恥ずかしいことに、わたしはクックがあれほど綿密に測量したポリネシアの地をどれひとつとして訪ねたことがなかった。遅ればせながら本書の初稿を書き上げたあとになって、クックがはじめてハワイ島に上陸したケアラケクア湾、そして彼が儀礼的に神として迎えられた寺院〔ハワイ語でいえば〕ヘイアウ）の跡を訪れたにすぎない。もっとも、とくに意図して避けようとしたわけではなく、もっぱら時間のなさに学者の困窮ぶりが重なっただけの話である。

本書の執筆計画を進めるにあたって、わたしは様々な友人、同僚、研究機関の恩恵に与ってきた。全米人文科学研究センターは一九八九―九〇年度にメロン財団特別研究員の地位をわたしに与えてくださった。本書を仕上げる時間と便宜を図ってくれたメロン財団と同センター、寛大にも研究休暇を繰り上げてくれた我が大学に感謝したい。センターでは「特別研究員仲間（フェロー・フェローズ）」やセンター長のロバート・コナーから、昼食で出合うたびに知的刺激を得ることができた。また、図書館司書や他のスタッフの方々の信じがたいほどの有能さのおかげで、研究をスムーズに進めることができた。とりわけ、無限に書き直されるクック関連の原稿をタイプしてくださったカレン・キャロルとリンダ・モーガンのお二人、寡黙で控えめでありながらも、わたしたちの学問的要求を満たしてくださったケント・マリキンに謝意を表したい。

本書の執筆にはロンドンでの文献調査が必要であった。これはサントリー・トヨタ経済学関連諸科学国際研究センター（STICERD）によって提供された、ロンドン大学経済政治学院〔LSE〕での特別客員研究助成金によって実現可能となった。この素晴らしい機会を与えてくださったLSEの友人たち、そして寛大な歓待と知的刺激を与えてくれたヨアン・ルイスとモーリス・ブロックに感謝したい。ジョナサン・パリーとクリス・フラーにはいくつかの重要な章を読んでいただいたばかりか、マーガレット・パリー、ペニー・ローガン、ジョナサンとジュリアのスペンサー夫妻、リズ・ニッサン、ジョック・スティラット、ジェイムズとジュディーのブラウ夫妻たちと示し合わせて、わたしの滞在をとりわけ忘れられないものとしていただいた。チャールズ・ハリセイにはわたしがロンドンを去ったあとに、わざわざ古文書資料の再チェックをしていただいた。また、妻のランジニは批判的な読者でありつつも、本書執筆の各段階を暖かく見守ってくれた。

民族誌学とは奇妙な企てだ。なにしろ当該領域においてフィールドワークをおこなわないかぎり、なにがしかの権威をもってそこの人々について語ることはできないのだから。歴史学者や他の研究者がこうした問題に直面することはない。自分たちの研究する社会は一次資料と二次資料を通じて知ることができるとみなされているからである。しかし、我々の民族誌学的な我執は妄念であるように思える。ポリネシアに関するかぎりでいえば、いまやほとんど消え去ってしまった過去に対して民族誌学者になるすべはないからである。実は、過去の大半はクックの最後の航海に際して書かれたテクストに大切に埋葬されているのであって、それを想像力によって「再民族誌化」することこそが肝要なのである。もちろん、後代のハワイ人学者が採取したテクストからまだ拾い集めることのできる情報があるならば、それを使って航海誌のテクストを補ってゆかなくてはならない。また、どちらの資料も最大限の文献校訂上の留保をつけながら扱わなくてはならない。わたしの場合には主として船で記された航海誌に依拠してきたことから、ここではそれを省略抜きに引用することになるだろう。引用にあたってはできるだけ原典の香りを残し、&や Captn といったいくつかの略号を改める以外は、テクストに修正を加えないようにした。

一方、本書はクックが到来した歴史時代のハワイを扱うものでもある。したがって、ハワイの歴史と民族誌学に取り組まなければならないことになるわけだが、この点については、できるかぎりの努力を払ってポリネシアとハワイの民族史資料を読み漁り、研究を進めてきたつもりである。どの資料もわたしには目新しいものばかりであったし、多くの読者にとってもそうであるに違いない。そこで、わたしは資料を詳細に引用すると同時に、重要な出来事や解釈についてはときおり繰り返すようにした。これは読者の注意を蘇らせる発見法的仕掛けであるだけではなく、その出来事や解釈のもつ異なった側面を強調する文体上の仕掛けでもある。ただし、どのテクストも同等に扱ったわけではない。あるテクストについては懐疑的に扱ったかと思うと、別のテクストはもっと真剣に扱っている。さらに想像や噂話、伝聞をより信頼できる目撃証言から選り分けるようにもつとめた。結果として、読者の皆さんが特定のテクストに対するわたしの態度に納得がゆかないこともあるかもしれない。

本書の初稿を仕上げたのは一九九一年の一月半ばのことだった。原稿を出版に回すあいだに、わたしは自分の見解をハワイの歴史・文化を専門とする研究者にぶつけてチェックするため、もっとも重要なハワイ行脚をおこなった。まずはハワイ大学東西センターのジェフ・ホワイトに感謝したい。彼にはいくつもの会合を調整して、二回にわたるわたしの講演を準備し、同大学の素晴らしい太平洋・ハワイ学文庫に導いていただくなど、この部分の執筆作業をうまく進めるために様々な便宜を図っていただいた。さらに、つねに好意と助力を惜しむことのなかった同文庫太平洋学部門部長のカレン・ピーコックに感謝したい。ロブ・ボロフスキーには専門知識によって助けていただいただけではなく、ドライブに連れ出してもらい、オアフの絶景を味わう機会まで与えていただいた。ボロフスキーとホワイトはポリネシア民族誌学の最新業績を紹介してくれたが、それらを読みこなした成果はやがてクックをめぐる別の著作に現れることだろう。また、ハウナニ゠ケイ・トラスクやリリカラー・カメッエレイヒワといったハワイ人歴史学者と接触するために尽力していただいた、南アジア研究者仲間のマーク・ユルゲンスメイヤーにも感謝したい。加えて、励ましに満ちたつきあいとサモア民族誌学に導いてくれた点において、ジャネット・マジェオにも謝意を表したい。

プリンストン大学では同僚のジム・ブーンと、シェルビー・カロム・デーヴィス歴史研究センター特別研究員のジョーン・ダヤンから、草稿を批判的に読んでいただく恩恵に与った。また、グレッグ・デニングにも遠く離れたメルボルンで原稿全体に目を通してもらい、改善すべき点について数多くの指摘をいただいた。一方、ダイアン・イールズとリン・ウィゼイにはいくつか不明であった出典を探し出す手助けをしていただいた。いつもながらのよき助言者として、プリンストン大学出版局のマーガレット・ケースには草稿を批判的なまなざしで点検してもらい、初稿の構成練り直しについてご意見をいただいた。コリーン・フィーにはわたしの乱筆な手稿から幾通りかの原稿をタイプ打ちしていただいたし、パウリン・コークにはいつものように辛抱強く、かつ細かいところにまで気を配りながらタイプを打ってもらい、最終タイプ原稿を作成していただいたといっても過言ではない。マルタ・スティールは優れた原稿整理編集者であり、彼女の尽力のおかげで本書の最終稿をさらに改善することができた。先の七月（一九九一年）、わたしはもう一度ハワイを訪問したが、旅の手配を整え、コレット・マチャド、エメット・アルーリといったハワイの政治活動家に紹介してくれたリー・スヴェンソンとヴィジャヤ・ナーガラージャンに感謝したい。旅の途中でわたしはハンティントン図書館を訪れたが、そこではスーザン・ノルティーに『オマイ、あるいは世界周遊旅行』という重要な著作を探し出す手助けをしていただいた。

　ハワイの歴史と文化についておそらく並ぶもののいない知識をもつジョン・シャーロットには、永遠に返済できないほどの知的負債を負っている。まったく面識がなかったにもかかわらず、彼はすぐに草稿を読むのに数日を費やしたうえ、わたしと数時間を過ごしてハワイ民族誌学の細部にいたるまで明確にしていただき、おかげで大きな過ちを避けることができた。そうした恩義をひとつひとつ数え上げていくことは不可能だろう。それくらい多くの箇所で助けていただいたのである。クックのハワイ到来から彼の列聖化、死とその後の「復活」にいたる様々な出来事をめぐって、シャーロットのような細部に目を配る緻密な文化史学者と、わたしのような根っからの解釈人類学者が、本書で繰り広げる解釈の大筋で合意できたというのはきわめて興味深いことのように思える。なぜ合意できたのかというと、それはわたしたちが二人とも自分たちなりに、民族誌学とは証拠に背を向けることのできない経験科学であると信じているからだろう。証拠とは不透明なものであり、多様な解釈に開かれていると主張することはできても、民族誌学的解釈が証拠をないがしろにするようなことがあってはならないのである。ただし、シャーロットとわたしが見解を異にする箇所は多々ある。というのも、証拠が欠けていたり、貧弱で不明瞭であった場合、あるいは誤っていたりする場合（偽りの証拠とは人生につきものである）、わたしはホカートの警句に従うべきだと思っているからだ。すなわち、「地形を探る斥候隊のように、想像力はつねに証拠の一歩先を行かねばならない」と。(1)

　本書の執筆は興奮に満ちたものであったが、感情的には困難な経験であった。読者は本書とクックの航海をめぐる続編が「恐怖（テロ）」に関連していることをすぐに見抜かれるだろうし、本書がある恐怖（テロ）の文脈において執筆されたこととも無関係ではない。ここで扱う恐怖（テロ）の文化は今日我々を圧倒しているより広範な暴力の文化と切っても切れない関係にあるのである。それは多種多様な形態を取りつつ、我々の日常生活のなかにはっきりと現れている。たとえば、包囲された都市の日常につきものの恐怖譚、映画やテレビの空想の世界のなかに、軍需産業と武器売買の「モラル・エコノミー」、そしてその経済が必然的に育んでゆく大小様々な戦争のうちに。最近わたしはテレビを通してパトリオット・ミサイルの巨大な写真が、製造者によって「無垢なるものを守る」という掲示文をつけて展示されているのを見てぞっとしたものだが、それ以上にわたしを啞然とさせるのは大衆が暴力の文化を受け入れており、彼らの良心が麻痺しているように見えることである。だがなによりも、わたしの心のなかではそうした暴力のグローバル文化は自分の生まれ故郷スリランカに現れた恐怖（テロ）の文化と分かち難く絡み合っている。ここ十数年来、壮麗な美しさと徹底した非暴力の伝統を誇るこの国の二万四千平方マイルに及ぶ空間のただなかに、突如おぞましい暴力の諸形態が噴出し、島の物理的空間を精神的に席巻することになってしまった。そこでは恐怖（テロ）が多様な政治集団によって行使され、右翼と左翼、シンハラ人とタミル人、仏教徒とヒンドゥー教徒を問わず、どちらも有無をいわせぬ合理性をもってむごたらしく殺戮をおこなってきた。今日の政治的暴力という危険なゲームには善玉もいなければ、悪玉もいない。被抑圧者の大義を擁護する者たちは、抑圧者と同じくらい無慈悲になれるからである。

　伝統的な社会科学は恐怖（テロ）を説明することで、ただそれを迂回してきたにすぎないとわたしは思う。だが、たとえばこんなことを説明できるナショナリズム理論など存在するだろうか。なぜ「彼ら」が十数人もの学生の首を切り落とし、かつてわたしが教鞭を執ったペラデニヤの大学の校門近くにある噴水に並べることができたのか、なぜ辺境の村で男女、子供の見境もなく惨殺できたのか、なぜ人間の顔だと見分けがつかなくなるくらい犠牲者の顔を叩き潰すことができたのか、なぜ礼拝所で祈りを捧げていた人々を撃ち殺せたのか……。恐怖（テロ）による死の連禱には終わりなどないように思われる。しかも、多くの場合に殺害された者はただその場に居合わせただけであり、さもなければ、我が友ウィジェーダーサのように、銃を持った男たちに自分の愛する者の所在を教えられなかったりしただけなのだ。

スリランカに戻った際、わたしをタクシーで連れ回してくれたのはつねにウィジェーダーサであった。わたしはもう何年も前から彼を知っており、わたしの眼には白い腰巻き（サロン）とシャツを着た、背の高く、穏やかで威厳に満ちた彼が、何年にもわたる中東での奴隷労働の末にようやく購入したオンボロ車に乗って、タクシー乗り場で待つ姿がまざまざと見える。そこに、ある日「彼ら」がやってきて、「彼ら」がテロリストだと呼ぶ彼の息子を連れてゆこうとする。かつてウィジェーダーサが息子の身を案じて、遠く離れた親戚のもとに送ったと語ってくれたことがあったのが思い出される。彼は息子がどこにいるのか「彼ら」に教えなかったのだろう。そして、二回目にやってきた際にも拒んだため、「彼ら」は彼を連れ去った。その後の成り行きはひどく単純である。誰かが浜辺に連れて行かれて射殺され、海に捨てられる。あるいは、古タイヤの山のなかで誰かと一緒に焼かれる。あるいはもっと単純に、見せしめのためそのままどこかに放置される。わたしはウィジェーダーサの息子になにが起きたのかは知らない。彼の妻と娘が命からがら逃げだし、どちらか一方があのおぞましき楽園、中東に舞い戻り、残った者を養っていると伝え聞いただけである。

わたしにはこの種の追悼がなんの役に立つのかわからない。それはわたしの心から彼の姿を消す役にも立たなければ、恐怖（テロ）を和らげる役にも立たない。ただ、世界中で殺される数千の人間たちがウィジェーダーサのようにごく普通の人々であり、彼らの家族には死を悼む機会すら与えられていないのだ、そう我々のなかの誰かに気づいてもらいさえすれば十分だと思う。そして、願わくはウィジェーダーサへの追悼が、やがて故郷に戻り、そうした出来事の記録を作成し、沈黙を拒む人々に勇気を与える一助とならんことを。

第一章

キャプテン・クックとヨーロッパ的想像力

偉大な航海者でありポリネシアの「発見者」でもあるジェイムズ・クックは、一七七九年一月十七日の日曜日、マカヒキ祭のさなかにハワイ島に上陸し、帰還したロノ神として歓迎を受けた。これは紛れもない事実であり、ほぼどんなハワイ史のなかでも、また、この畏るべき人物をめぐるどんな伝記や小説、解説のなかでも、事実として組み込まれている。ハワイ史研究の第一人者の一人であるカイケンドールは、その事実を次のような簡潔で誇張を交えぬことばで表している。

ハワイ人にとってキャプテン・クックはロノ神であった。彼が幾人かの士官を伴って上陸するやいなや、祭司たちが彼にかしずき、ヒキアウという名のヘイアウ［寺院］で繰り広げられる複雑な儀礼の中心的人物に仕立てあげ、それによって彼がロノ神の化身であることを広く知らせしめた。人生最後の日にいたるまで、彼は現地人から礼拝にも近い尊敬を受けた(1)。

わたしとしてはこの「事実」こそを問題としたい。そこでいう事実なるものが十八世紀、およびそれ以降のヨーロッパ人の想像力によって産み出されたものであり、「現地人」の神となる畏るべき探検家＝文明の使者という先行する「神話モデル」に基づいていたことを証明したいのである。もっとはっきりいってしまえば、わたしは現地人がヨーロッパ人の神を創造したのではなく、ヨーロッパ人こそが自分たちのためにそんな神を産み出したのではないかと考えている。すなわち、「ヨーロッパ人という神」とは征服と帝国主義と文明という、容易に分かつことのできない三幅対から産み出された神話だというわけである。この点において、本書はもうひとつ別のクック伝を産み出そうとするものではなく、むしろ伝記、聖人伝、神話という区別に揺さぶりをかけ、伝記を転覆させようという試みにほかならない。

クックの伝記自体はJ・C・ビーグルホールやリン・ウィゼイの著作によってうまく現代的に語り直されている。[2] 多くのヨーロッパ人やオーストラリア人、ニュージーランド人にとって、クックは彼らの文化遺産の一部をなすものである。彼は児童向けの物語や歴史教科書では新しいタイプの探検家として登場し、ビーグルホールによれば、偉大な航海者、慎み深い人物、ポリネシアとその人間たちを活写した男、「人権と良識に対する真の感性」をもつ男であったという（図1参照）。[3] とりわけあとのほうに挙げられた業績からいえば、クックは我々人類学者の祖先のようなものだということができる。傑出したポリネシア民族誌学者であるダグラス・オリヴァーは、次のような賛辞をジェイムズ・クックに捧げている。「彼がどんな島民ともうまく関係を取りもつこと

図1　「彼らは彼のことをオロノという名の自分たちの部族の神様だと思いました」，児童書の挿絵より．（L. Du Garde Peach, *The Story of Captain Cook*）

に長けていたことから、彼の名前（「トゥーテ」）は数世代に渡って多くのポリネシア人に敬われた」[4]。さらにR・A・スケルトンはクックを最初の民族誌学者の一人として扱い、彼の成功をこう詳述している。

同様に現地の人間たちの扱いに関しても、やはり思いやり深さと、他人が自分と異なっていてもよいと認める度量がクックを特徴づけている。優しさと厳しさがないまぜになった彼の物腰、対等の立場で交流することに成功したこと、ポリネシアの島嶼社会に対する熱烈な関心、すなわち、そこに住む人々の生活を組織する方法や風俗・習慣、その存在理由に対する強い関心、こうした要素が全て結びつくことによって彼の遠征の安全は保証されたのである。しかも、それだけではない。クックは他のヨーロッパ人がやがて破壊することになる生活様式に関して、かけがえのない記録を持ち帰ることができたのである。[5]

現代のある研究者はオーストラリアの風景の文化的な構築様式を風景自体の植民地化として捉えた洞察力に富む著作を著し、そこで気まぐれな予断にとらわれない柔軟な心をもった真の科学者としての「探検家」と、世界を自らの科学的先入見に応じてステレオタイプ化する「発見者」という、いささか怪しげな区別を設けている。その区別によるならば、クックは真の探検家のなかに数えられるらしく、とりわけニュー・サウス・ウェールズの海岸線を測量し、命名した際がそうであったという。[6]

クックをこのように捉える背景には多くの理由が存在する。彼のおこなった航海は、発見の最終目標が征服や略奪、帝国主義的占有から、科学的探検へと移り変わる時期をまさに先取りするものであり、征服や現地人の搾取、弾圧を優先するはっきりとした行動指針が探検から失われていたのである。一七六八年に南太平洋へ向けておこなわれた最初の航海自体が、イギリス初の科学的組織である王立協会の後援を受けたものであった。エンデヴァー号と乗組員は海軍本部によって提供され、総額四千ポンドに及ぶ助成金が科学と発見の双方に関心を寄せるジョージ三世によって協会に下賜されたのである。船の指揮は一七二八年に日雇い労働者を父としてヨークシャーのとある村に生まれたジェイムズ・クック海尉に委ねられた。航海の主たる目的は南太平洋のどこかで金星の太陽面通過を観測することにおかれ、一七六七年のウォリスによる発見と暴力的な平定によって、タヒチ島が観測にふさわしい場所として選定されることになった。他方、ウォリスは当時多くの人々に存在が信じられていた南方大陸を発見することには失敗しており、南方大陸を探求することも航海の副次的な目的のひとつに付け加えられた。

エンデヴァー号は一七六八年八月二五日にタヒチを目指してプリマスを出帆した。この航海の詳細は本書の主たる関心ではないが、それでも航海の科学的側面を強調しておく必要はあるだろう。ある意味で船は海に浮かぶ実験室だったのである。科学面での中心人物はサー・ジョゼフ・バンクスであり、彼は偉大なるリンネの学生であるソランダー博士とともに、おもに植物採集と分類学に従事した。ほかにもバンクスは植物学的画題、とりわけ花と果物の描写に優れたシドニー・パーキンソンと、どちらかといえば人体や風景に関心を寄せるアレグザンダー・バカンという二人の専属画家を従えていた。さらにチャールズ・グリーンが海軍本部から天文学者として派遣されていた。船はイングランドを離れて八ヶ月後の一七六九年四月十三日にタヒチに到着したが、そこでバンクスは実質的に植物学者から民族誌学者へと役割を切り替えている。

金星の太陽面通過は七月十九日に観測されたが、その科学的成果はとくに民族学や植物学、動物学といった他領域の成果によって軽々と凌駕されることになった。[7] クック自身もタヒチに加えて、フアヒネ、ライアテア、タハアといった「ソサイエティー諸島」の他の島々を体系的に調査していった。一方、クックは第一回航海からすでに民族誌学者としての見習い期間も開始しており、第二、第三の航海ではその役割をより完全なものへと発展させてゆくことになる。

クックは八月半ばにこれらの島々を去り、一六四二年にオランダ人アベル・タスマンによって発見されたニュージーランドへと、一路南方を目指すことになる。ニュージーランドの島影がはじめて見えたのは一七六九年十月六日のことであった。彼はクイーン・シャーロット湾を投錨地に選び、そこからニュージーランド沿岸、さらにニュー・サウス・ウェールズ沿岸の体系的な測量に着手することになる。彼が最初にカヌーに乗ったマオリ人と遭遇したのは突発的な出来事であり、結果として数人のマオリ人の遺体があとに残されることになった。ここではこの出来事をめぐるクック自身の良心の呵責に苛まれた記録を挙げておく価値があるだろう。

この種の出来事を経験したことのない人道心篤い人々ならば、小舟に乗った人間に発砲したわたしの行動を誰でも非難することはよくわかっているし、わたし自身としても、小舟を捕捉しようとした理由によって自分の行動がすべて正当化されるとは考えていない。そもそも、彼らが少しでも抵抗すると思ったならば、わたしはあえて近づこうとはしなかっただろう。しかし、彼らのほうが抵抗してきた以上、わたしは指をくわえて、自分自身にせよ、一緒にいた者たちにせよ、頭に一撃を食らうわけにはいかなかったのである。[8]

記述の後半部分には現地人に対するクックの態度が端的に現れている。要するに、いかなる抵抗も許されなかったのである。第三回航海の頃までには、すでにマオリ人たちもイギリス人の武力をめぐる現実を完全に受け入れるようになっていた。そのため、抵抗はほとんど見られなくなり、マオリ人とイギリス人との社会関係は輝かしい調和のもとに進行することになる（あるいはそう見えるようになる）。

長期に渡った帰路の航海も、船がテムズ川の外側にあるダウンズ錨泊地に投錨した一七七一年七月十二日、ついにその幕を下ろすことになった。乗組員の健康に対してクックは並々ならぬ配慮を払っており、さすがに帰路バタヴィアに立ち寄った際にはマラリアやその他の熱帯病によってかなりの数の乗員が亡くなったが、それでもタヒチへ向かう航海では誰一人として病死者がでなかったほどである。実際のところ、三度の航海を通じて船内の衛生状態は申し分のないくらい保たれていた。航海自体は出版を通じて有名となるが、あくまでもそれはバンクスの航海であって、クックの航海とはみなされなかった。クックの航海といえるのは第二回航海からであって、こちらは彼の帰投からすぐさま同じ後援者たちによって検討され、今度は南太平洋をさらに探索し、すでに第一回航海で疑問視されるようになっていた南方大陸の有無を決することが航海の目的に定められた。この第二回航海のため、ウイットビーで建造された二隻の新造船が購入され、レゾリューション号がクックの、アドヴェンチャー号がファーノー艦長の指揮下に委ねられた。一方、自分に割り当てられた船室を不満としたバンクスが、憤慨のあまり計画から手を引いたため、彼の役目はドイツの傑出した哲学者にして博物学者であるヨハン・ラインホルト・フォルスターと、十八歳になる彼の才気溢れる息子ゲオルクに委ねられることになった。さらにのちには、喜望峰でたまたま二人と知り合いになったスウェーデンの若き博物学者アンデシュ・スパルマンが加わり、彼らを巧みに補佐することになる。ほかにも天文学者としてウィリアム・ウェールズが、専属画家としてはのちに名声を博すあのウィリアム・ホッジスが乗船していた。以前のバンクスと同様に、フォルスターもやはり民族誌学者の役割を実質的に果たしており、彼はたんに未開民族の生活様式を扱っただけではなく、彼らの社会で働いている社会構造の構成原理を定式化しようとした最初期の書物の一冊を書き上げている(9)。ビーグルホールとウィゼイは第二回航海を詳述しているが、この航海ではこれまでのクックによるポリネシア発見の幅がさらに広げられ、トンガ諸島のほかにも、イースター島のようなほとんど知られていなかった島々、なかでもクックによってニュー・ヘブリディーズ、ニュー・カレドニアと命名されたメラネシア諸島が新たにそこへ加えられるようになった。ところで、第二回航海で注目に値する出来事のひとつとして、次のような事件が起きている。二隻の船はニュージーランドではぐれてしまい、その際にアドヴェンチャー号から水夫の一団が新鮮な野菜を調達するため、クイーン・シャーロット湾のグラス入江に送り出された。ところが、彼らはマオリ人に襲われ、殺害されて食べられてしまったのである。これはマオリ人の有名な人肉食嗜好に関する十分すぎるほどの証拠とみられた。しかし、わたしが別の論文で示したように、ここでいうカニバリズムはマオリの慣行であると同時にヨーロッパの幻想でもあり、クックの航海に端を発するマオリ人と白人の緊張した関係が長期に及ぶにつれ、両者の慣行と幻想は互いに増幅されていったのである。(10)

第二回航海は終了までに三年を要したが、おかげでクックは一躍有名人となり、時代を通じてもっとも偉大な航海者の一人に数えられることになった。要は、科学と探検と発見を平和裡に統合することのできる新たな発見精神の体現者、啓蒙主義の真の代表とみなされるようになったのである。しかし、帰還から一年も経たないうちに、彼は第三回航海の指揮を要請される。今回の探索の目的は当時まだ存在が信じられていた北米大陸を東西に横断する北西航路の発見におかれ、その発見によってヨーロッパと中国の交易に要する距離が著しく短縮されると期待されていた。クックがハワイを発見したのはまさに北方に向かう航海の途上においてであり、そこでクックは現地人によって、複雑な儀礼からなる例年祭マカヒキのために天から降臨した、彼らの穏和な神ロノとみなされたというわけである。

この「出来事」なるものを分析するための素材を得ようとして、わたしは直接的な意味でも、隠喩的な意味でも他人の脚註に頼ってきた。直接的というのは、ビーグルホールがクックの航海をめぐって編纂した堂々たる著作に網羅的な脚註を付け加えており、彼の註がわたしにとって魅力的であると同時に必要不可欠でもあったことを指している。他方、わたしは多くの脚註を古文書資料まで遡って追求し、現代の批評実践から受けた着想をもとに、註自体を表面に浮かび上がらせ、自分の解釈戦略の中心に据えることによって、啓蒙主義の慈悲深き体現者(ペルソナ)という支配的なクック像とは別のクックを浮き彫りにしようとしてきた。理不尽かつ非合理的であり、暴力的なもう一人のクックがはっきりと現れるのは、明らかに第三回航海になってからであり、まさにその航海の末にクックはハワイ人によって列聖化され、悲しき島において一生を終えることになる。わたしが理解したいのはまさにそこなのだ。これまで多くの研究者たちはハワイにおける滞在を航海全体から切り離して考察し、ハワイ人が彼らの待ち焦がれた神ロノとしてジェイムズ・クックを神話化したことだけに焦点を当ててきた。ところが、いったんそうした正統的な見地を疑問視してみたところ、私の目には運命の数週間とそれ以降にハワイで起きたことを理解する上で欠かせない焦点として、異邦人とハワイ人の相互関係が浮かび上がってきたのである。この点でいえば、列聖化神話すら例外ではない。本書の主たる目的は列聖化神話の起源とその多様な屈折形を扱うことにあるが、それらはいずれもハワイ人とヨーロッパ人との関係の結果として産み出されている。そればかりか、列聖化の神話は最後の航海におけるポリネシア人とクック、さらに彼の乗組員をめぐるより広範な関係から切り離しては理解することができないのである[11]。

読者にとってみれば、わたしのクック像もまたわたしが拒絶したクック像と同様に、一面的で偏見に満ちているようにみえるかもしれない。確かにそのとおりなのだが、わたしとしてはクックの性格を構成する暴力的で非合理的な側面を考慮に入れないかぎり、クックの死で頂点を迎えるハワイで起きた一連の決定的出来事は意味をなさないと考えている。さらに、クックの性格のそうした側面は初期の航海に見られたもっとバランスのとれたペルソナを圧倒するほど、そこでは顕著になっている。このことは脚註に収めてしまうわけにはいかない。なぜなら、たいていはそれこそがジェイムズ・クックの顔にほかならないのだから。

神話モデル

読者のなかにはなぜスリランカに生まれ、アメリカの大学で教鞭を執るわたしが、クックに興味を抱くにいたったのか関心を寄せられる方もいらっしゃるだろう。実際のところ、クックへの関心が高まり、本書に結実していった背景には、まさにそうした実存上の境遇が関連している。ジェイムズ・クックの列聖化は我々の研究分野におけるもっとも創造的な思想家の一人、マーシャル・サーリンズが最近の著作で取り上げた主題である。[12] 彼はそれを使って構造的歴史理論を例証し、さらに発展させようとしている。わたしとしては理論自体には共感を抱かないわけではないのだが、ただ説明に用いた実例のほうに怒りをかき立てられてしまったのである。

サーリンズは一九八三年[1]にプリンストン大学で開かれたガウス・セミナーで自説を発表したことがあるのだが、彼はそこでクックがハワイに到来した際、現地人が彼のことを自分たちの神ロノと信じ込み、ロノと呼んだと言い切っており、わたしはそんな彼の断定ぶりに完全に面食らってしまった。どうしてそう言い切れるのだろう。当然のことながら、わたしはスリランカと南アジアにおける自分の経験を探ってみた。しかし、異邦人がスリランカ人、ひいてはインド人と紡いできた長い交流史を振り返ってみても、類似した事例はまるで見出せなかった。スリランカ人（そして他の民族）にとってみても、死んだ祖先や英雄を神格化することはまれではない。しかし、ヨーロッパ人を死後に神格化した事例になると、スリランカや南アジアでは思いつかないし、まして生前の神格化となるとなおさらである（わたしの心に浮かんだ唯一の例はかの有名なヒンドゥー女神エスミス・エスムールだけだが、なんとこれはE・M・フォースターの『インドへの道』に登場したムーア夫人の霊を作中で神格化したものである）。さらにサーリンズの講演が続くうちに、わたしは次のようなことを考えるようになっていった。

コロンブスやコルテスも同じように神格化された（と考えられている）のだから、ヨーロッパ側の航海記録には偉大な航海者を列聖化した前例がないわけではない。だとすれば、ロノ神話とはヨーロッパ人を神とする信仰を現地人に帰すことによって、ヨーロッパ側が構築したものなのではないだろうか。また、それはコロンブスやとりわけコルテスをめぐる先行神話から影響を受けているのではないだろうか。そして、そこからさらに大きな疑念が次々にわいてきた。ひょっとすると、コルテスの列聖化自体がもともとはヨーロッパ側の創造であって、すでにヨーロッパ史に存在したなんらかの「神話モデル」を基盤としたのかもしれない。それとも、彼らが新規に産み出したのか。仮にそうだとしても、やはりそれは征服者（コンキスタドール）たちとアステカ人との相互作用から産み出されたのではないだろうか、と。

一方、ヨーロッパ人が現地の首長ときわめてよく似た方法で遇されたとしても、わたしはなんら不思議には思わない。とりわけ、帝国支配への抵抗がほぼ潰えてしまったあとならば。たとえば、一九〇七年にスリランカのキャンディでイギリスの高等文官を勤めていたレナード・ウルフの経験を引用してみよう。

> わたしは二四マイルも馬に乗って進み、軽い雷雨のなか、ようやく日没後になってここに到着したが、首長たちと村人は村の半マイルも手前から行列をつくって出迎えにきており、太鼓と踊りをもってわたしを迎え入れてくれた。そして、群集が一人一人わたしに近づき、男女の別なく自分の額を地面にすりつけて平伏するあいだ、わたしは十分近くも雨の降る戸外に立ち続けなければならなかった。[13]

もしもスリランカ文化をよく知らなければ、クックがハワイでされたように、レナード・ウルフもここで神として扱われたといえたかもしれない。あるいは、データ不足からことはもっと深刻になったかもしれない（いや、かえって好都合か）。というのも、スリランカでは実際に神々が同じように扱われるからである――そして祭儀の際には王と首長も。しかし、もっと歴史を遡ってゆけば、それが征服と一八四八年の大反乱鎮圧後になってはじめて起きえたことであるのがすぐにわかる。その時点からはイギリス人が地域の首長の役割を担うことになったのである。

そこで今度は、一七九六年にまだ独立状態にあったキャンディ王国の宮廷でイギリス大使を務めた、ロバート・アンドリューズの経験をウルフの体験に対比してみよう。そこでもやはり同じ儀礼が、ただし逆転したかたちで執りおこなわれている。

> 完全正装したキャンディアの君主が色とりどりの宝石を豊かにちりばめた純金の玉座に座し、彼の土民王国の特産品である光り輝く高価な宝石をあしらった、重い金製の王冠を額に載せているのが見え、その姿に目が一瞬眩んだかと思うと、たちまち我々に随行した現地の召使いと廷臣たちは地面に平伏し、キングストン中尉とわたしは跪くよう指示された（わたしのほうは銀の盆を頭上に掲げながら）[14]。

アンドリューズが跪くだけでよかったのは幸運といえるだろう。彼以前に訪れたオランダの大使たちは王の前に実際に平伏せざるをえなかったからである。以上のような儀礼のシフトは歴史によって条件づけられており、不均衡な権力関係におかれたところならば、どんな文脈でも見出すことができる。もちろん、ハワイのおかれた歴史的条件はスリランカと一致するわけではないが、それでもやはりクック＝ロノの前に平伏するハワイの儀礼は、当時の武力外交（パワー・ポリティクス）と関連して考察しなければならないようにわたしには思える。

南アジアのデータからわたしはクックの列聖化という命題自体に懐疑的になっていった。そこでわたしはクックについて集められるだけの資料を集めて精通してみようと試みた。サーリンズの報告から数ヶ月間に渡って、わたしはビーグルホールの伝記に加えてクック自身の航海誌に取り組み、ついにはプリンストン大学の同僚の前でセミナーを開き、ロノ神話ばかりか、自分でも驚いたことに、ジェイムズ・クック自身の人道主義的なイメージすら問題視できるようになったのである。さらに一九八九年から九〇年にかけて、わたしはノースカロライナの全米人文科学研究センターで研究休暇を過ごすあいだ、今度は列聖化そのものではなく、むしろジェイムズ・クック個人について集中して資料を読み始め、執筆を進めることになった。彼のもつ魅力のせいで、研究の力点が移ってしまったのである。いまでは当初わたしをこの題材に引きつけた特殊な出来事——つまりは列聖化——よりも、クックとその発見航海のほうにより大きな関心を抱いている。おかげで、サーリンズに対する反論はあまりにも視野が狭すぎるように思えてきた。

しかし、クックと彼の時代について資料を漁って執筆を進めるにつれ、著作にまとめるという目標はますます遠ざかってゆくようで、しまいには、数年たっても完成できるかどうか疑わしくなってきた。そこで、かつてのサーリンズに対する反論がまとめやすさの点で再び魅力的になったのである。それに、より大きなクック論に収められるはずの題材を知ってもらうには、クックの列聖化をめぐる執筆計画のほうが、導入部という意味で読者の役にも立つだろう。したがって、本書ではクックの性格を系統的に分析するつもりはない。代わりにここでは一七七七年四月のトンガ滞在に始まり、一七七九年二月十四日のハワイでの死で終わる、クックの暴力の足跡を克明にたどってゆくことにしたい。

わたしは自分の基本的な前提のひとつとして、学者たちからもっぱら非西欧社会の営為と決めつけられてきた神話形成が、ヨーロッパ的思考でも同じくらい多くの実りをもたらしていると考えている。一般に使われている大雑把な意味でいえば、神話とはおおむね神々や創造の始祖たちをめぐる聖なる物語か、祖先の英雄をめぐる物語（伝説）のことを指す。最初の定義からすれば、ヨーロッパ的思考に神話はさほど多くないことになるが、祖先の英雄の神話ならば十二分に存在しており、クックも容易に英雄の仲間うちに加えられるだろう。しかし、西欧文化における神話形成を理解するためには、どちらの神話概念も拡張されなければならないと思う。聖なる物語という古典的意味でいえば、神話は時代遅れかもしれないが、「神話モデル」と見るならばそうとはいえないだろう。ここでは「神話モデル」によって次の二つのことを意味している。第一に、別種の神話を構築するにあたってモデルの役割を果たす重要な神話、もしくは規範となる神話のこと。第二に、こちらのほうが重要だが、多様な説話形式で基盤として活用される観念群（神話構造、あるいは神話素群）のこと。後者の観念群のほうは「長期持続的構造」をなしており、フィクションや歴史、伝記といったより広範な説話形式と結びつけられる。伝統として葬られたなんらかの神話モデルを復活させるにあたっては、いうまでもなく歴史的条件が関与している。政治的・社会的条件に応じて、特定の神話モデルが支配的モデルにまで育て上げられたり、時代にそぐわなくなった古いモデルに基づいて新たなモデルが創出されたりするのである。こうして、神話モデルは様々な文脈に浮上し、祖先の英雄をめぐる本来の神話が創造されるかたわらでそれを補うことになる。こうしてできあがった神話は語の正確な意味での聖なる物語とはいえないが、それでも祖先の物語（伝説）と同じ力をもち、そっくり同形を示すことになるだろう。クックをめぐる神話の場合は、時代がより進歩主義的で「開明的」となり、コルテスやピサロ、ドレーク等をめぐる先行神話が見合わなくなってきたため、文明の自己認識に合致した探検家像を表現する神話——たとえば「人道主義者」クックといった神話——が次々と産み出され、先行神話と対比をなすことになった。結果として、生きた人間のほうは完全に神話の中に包摂され、脚註を除けばほとんど見えなくなってしまったのである。

神話モデルは神話や伝説のようにそれと認めやすいジャンルに比べると、はるかに捉えどころがないものである。人類学者が伝統的に研究してきたような社会でも、神話モデルは実際の神話を構成するために活用されている。たとえば、仏教では仏陀の生涯をめぐる神話がひとつの神話モデル——奢侈生活を送っていた王子が享楽主義に疲れ、世俗世界を捨てるといった神話モデル――を提供しており、他の神話や神話の一部分にとって基盤をなすことになる。こうした意味での神話モデルは必ずしも隠されていたり、レヴィ＝ストロースがオイディプスの腫れ上がった足は「土着起源」を表すと述べたような意味で、無意識の下部構造を構成したりするわけでもない。[15]神話モデルはむしろ表層構造として現れることが可能であり、しばしばそのようにして現れる。それは内容のレベルに存在し、説話の主題自体を体現することが多い。トドロフは西欧文明ではロゴスがミュトスを支配したといっているが、[16]わたしはそれに対抗して、そこでもやはりミュトスはロゴスの旗印の下に君臨しているといいたいのである。

では、この神話モデルという概念を構想中のより大きなクック論との関連で具体的に展開してみるとどうなるだろう。わたしの精神分析学に対する関心にもかかわらず、人間クックを精神分析学用語によって明晰に分析しようとしても無駄だろうと感じている。というのも、彼の幼年時代や彼の両親、妻、子供たちとの関係についてなにもわかっていないからである。そこでわたしとしては、既存の文献からわかるかぎりでの人間クックについて語ることを可能にする別の戦略、お望みなら心理学的といってもよい戦略を採用することにしてみた。わたしには西欧文化でもっとも長く息づく観念のひとつに、ある畏るべき人物がヨーロッパから野蛮な土地に到来し、文明の先駆けとして未開の生活慣習に染まらず、自分自身の完全性とアイデンティティを保持し続けるという観念があるように思える。これにわたしはひとつのラベルを貼り、「プロスペロー」症候群もしくは神話モデルと呼ぶことにしたい。一方、そこには対立項も存在する。アイデンティティを喪失して土着化し、まさに自らの嫌悪する野蛮人になりはてる文明の使者という観念である。こちらに関しても、もっとも有名な体現者から名前を借りて「クルツ」症候群と呼ぶことにしよう。どちらの神話モデルもギアーツのうまい表現を用いるならば、現実についての、そして現実のためのモデルということができる。[17]それらは現実生活の体験から構築されるが、いったん形をなすと今度は芸術（語り）と実生活の双方に意識的、あるいは無意識のうちに影響を及ぼすことになるのである。まさにそこにこそモデルという両義的な用語を用いる所以がある。神話モデルがフィクション（演劇や小説）に現れる場合、我々はそれを作者の創造物とみなしがちだが、実際には西欧の文化と意識にはいろいろなかたちで神話モデルが流通しており、なかにはフィクションの語りで活用され、語りに神話的な力を授けているものもあるのである。

わたしのクック論では彼の複雑なペルソナについて語る装置として、プロスペローとクルツの両方のモデルを活用したいと思っている。ただし第三回航海が進むにつれて、次第にクックのクルツ・ペルソナのほうが優勢となっていくようだ。おおむね無意識のレベルで行動しながら、文明の使者は実は野蛮人の特徴を自ら示すことになるのである――それも彼の文化によって野蛮人に帰された特徴を。コンラッドの語りのアフリカ人はマーロウのヨーロッパ的想像力の中にしか存在しない。周知のように、文明の使者によって構築される野蛮人像とは、彼の存在から独立した彼の一部、いわば影の部分を野蛮人に押しつけたものにほかならない。本書『キャプテン・クックの列聖』[2]は基本的にクックの示したクルツ・ペルソナを扱うものである。しかしながら、彼のプロスペロー・ペルソナは第三回航海にほとんど現れないため、序論ではこちらについてもごく簡単に触れておくことにしよう。

クックのプロスペロー・ペルソナはクルツ・ペルソナと同様に彼の本質をなすものであり、最初の二回の航海がそのことをはっきりと示している。〔プロスペローという〕モデルにたがわず、そこではクックが南太平洋の野蛮な土地に新たな世界像をもたらす文明の使者として振る舞っているのである。文明の使者というペルソナのこちらの面は多産性と秩序に関わる力強い象徴の連鎖によって様々に表現されている。彼の船には家畜とイギリスの園芸植物が積み込まれ、船は意識的にノアの箱船に擬えられていた。新たな土地に上陸する場合、クックは王の名による一連の儀礼的行為を通して土地を接収するだけではなく、かならずそこにイギリス風菜園を造成していた。基本的にこれはイギリスをモデルとした秩序だった風景を産み出すことで、野蛮人の無秩序ぶりを根こそぎにする象徴的行為であった。また、野生の土地を馴化するために、つがいの家畜が無分別な野蛮人の略奪にあわないよう慎重に離れた場所に放された。以上のような象徴的な馴化行為（図9と10〔第六章〕を参照）は占有行為でもあり、英国国旗の儀礼的掲揚による象徴的な土地接収と平行関係にあった。クックは自らおこなっているこうしたパフォーマンスの意味をはっきり意識しており、新たな土地が肥沃になれば、現地人だけではなく、いつかその海岸に立ち寄る他のヨーロッパ人水夫や入植者たちにも役立つだろうと、訪れる先々で力説している。クック以前にも同じような文明化の象徴的行為を演じた航海者はいるが、クックほど熱烈にのめり込んだ者はほかになく、のちの著作ではこうした行為が精神分析学的意味においてクックの複雑なセクシュアリティと関連することを明らかにしたいと思う。

一方、航海中におこなわれた科学的活動もやはり右のような象徴的パフォーマンスと平行関係にある。いくつかの事例を挙げておくならば、体系的な海図作成と海岸線の測量は主要な科学的活動であるばかりではなく、象徴的活動でもあり、それによって異邦の大地は地図に変えられ、識別可能となり、なじみ深い英語名によって体系的に改名されていった。ポール・カーターが同じようなことをすでにニュー・サウス・ウェールズに関して指摘していたが[18]、どうやら土地が広大となり、人口が少なくなればなるほど、土地は地名によって簡単に制圧されるようだ。それがもっとも体系的におこなわれた例はニュージーランドである。そこではクックの命名したほぼすべての場所に英語名が用いられ、未知の風景が既知のものに変えられている。そうした風景や他のエキゾチックな事物は同行画家によって描かれ、異邦の風景に対する植物学や動物学上の分類がそうであったように、新しい旅行書や博物館の展示を通じて通俗化していった。現地人の野蛮な文化の存在も接触の初期段階では

「食人種入江（カニバル・コーヴ）」「殺人者湾（マーダーズ・ベイ）」「誘拐者岬（キッドナパーズ・ケープ）」といった侮蔑的な地名によって地図上に明示されている。ニュージーランドやオーストラリア、タスマニアといったもっとも体系的に植民地化された土地が、もっとも体系的に改名された土地であるのはなにも偶然ではないのだろう。

　文明化を力ずくで突き進めていく背後には、文明の使者のもつクルツ・ペルソナに相当する闇の面も潜んでおり、双方は同じ企ての裏表ということができる。たとえ文明が自らを善意の存在と捉えていたとしても、両者は「文明の逆説」と呼びうるようなもの――つまりは帝国主義の逆説――を構成していたのである。

　エンデヴァー号のまさに第一回航海に際して、王立協会会長のモートン伯はクックに文明人として取るべき適切な行動について指示していた。彼は「エンデヴァー号の探検に従事するクック艦長、バンクス氏、ソランダー博士、およびその他の紳士諸君に考慮されたいいくつかの示唆」という一文を記し、こう彼らに強く命じている。「貴船が寄港するいくつかの土地に住む原住民に対し、最大限の忍耐力と慎みをもって行動すること。水夫たちの短絡的行動を監督し、火器の不当な使用を控えること。これらの人々の血を流すことはもっとも重大な犯罪であるとつねに念頭においておくこと」。さらに彼は付け加え、住民は「それぞれが住んでいる地域の法的所有者」であり、したがって、「侵入者が郷土の平穏な領有を乱しにきたと判断した場合、彼らを撃退しようとする」のは正当なことであると述べている。[19] 友好的探検というこの心優しき理想は海軍本部による極秘の訓令書とは矛盾しており、後者では異邦の土地を国王陛下の名のもとに領有する、つまりは現地人の権利を剥奪するよう命じられていた――まさに文明の逆説は文明の使者という存在自体にみられる矛盾と平行関係にあるわけである。

　もっとも明白な逆説の例は第二回航海の次のような出来事のうちに見出せる。クックの船は補給物資を探し求めて、一七七四年六月にニウエというポリネシアの小島に停泊した。クックの士官たちが「こうした場合の通例通り英国国旗を掲揚しよう」としたところ、現地人が投石と投槍で攻撃してきた。[20] クックは彼らと話し合いをしようとしたが、なんの効果も上げられないことから、襲撃者の一人に向けて発砲した。ただ、幸いなことに彼の銃は不発であった。天文学者のウェールズはこのことから島のことを「無愛想で野蛮な島」と呼んでいた。では、クックはなんと命名しただろう。「野蛮島（サヴェジ・アイランド）」。「島民たちの行動および相貌［物理的外見］のせい」だという。[21] このように、対人関係レベルでの「抵抗」の表明には、船内用語の基本語彙である「傲慢」というレッテルが貼りつけられたのである。

文明の逆説、あるいは「帝国主義的逆説」はなにもわたしがテクストを読み込むことによって発見したたぐいのものではない。ホークスワースのような同時代人によっても意識されており、彼はそれを避けられないことと受け止め、その必然性を次のように正当化している。

探検が進むなかで、哀れな裸の蛮人たちが自分の土地に侵入してきた者を押し返そうと躍起となり、ついには我々の火力の前に倒れる姿を記しながら、わたしは悔恨の念を禁じ得なかった……。しかしながら、それは新たな土地の発見が試みられる際に避けられない弊害であるように思われる。抵抗は必ずや生じるものであり、抵抗する者たちが制圧されなければ、発見の企て自体が頓挫してしまうに違いない。[22]

文明化の逆説は現地の住民が「平定」された後ですら、多様な形態の抵抗を生み出す下地をなしている。しかし、暴力のもつ構造的次元がすべてではない。それはより致命的で捉えどころのない個人による暴力と手に手を取っているのである。なるほどファニー・バーニーがクックのことを「かつて発見航海に赴いた世界周航探検家のなかでもっとも寛容で、人道的、かつ紳士的な人物」と評したのは間違いではないだろう。[23] わたしとしても、クックが同時代人にそう映っていたことは疑っていない。しかし、いったん艦長として茫漠無人の太平洋に乗り出してからも、彼は同じペルソナを保っていたのだろうか。そこまでは文明生活のやかましさも及ばない。船の上やヨーロッパ人がポリネシア人と遭遇した絶海の環礁における生活形式は、物理的にも、社会的にも、また心理的にも文明生活の世界やバーニーの食卓を司っていた規則とは隔絶していた。他の孤立した活動域(アリーナ)と同様に、船上の生活条件や現地人との接触は自己の存在の暗く隠された側面を表面化させることになった。クックは母国では「紳士的航海者」であったが、トレヴネンが記しているように、船上では暴君だったのである。[24] デニングによれば、クックの航海では有名なバウンティー号よりも頻繁に笞刑が用いられたという。[25] いいかえるならば、太平洋のただ中に切り開かれた活動域(アリーナ)は性と暴力を行動化する空間でもあったわけである。

ポリネシアのセクシュアリティをめぐる問題は本書で扱うにはあまりにも複雑すぎると思われる。むしろ、クックが船の日常生活に特有の暴力に対してどう関わっていたのかを問うほうが、より直接的に我々の主題に関わってくる。ラインホルト・フォルスターは最初の二回の航海では科学者の存在がポリネシア人に対する暴力を抑える歯止めになっていたと主張している。バンクスは彼の出身階級のために、たいていの場合は船上の階層制の外に位置し、その上に立っていた。フォルスター父子はというと、彼らにはクックが乗組員に行使していた支配力が及ばないため、クックと折り合いが悪くなっていた。確かにある口論の際などには、フォルスターが自分はジョージ三世自身に任命された以上、クックの命令に従ういわれはないと言い切ったほどである。[26] したがって、第三回航海に専門の科学者が同行しなかったのは、クック自身が実際にそう取り計らったためかもしれない。フォルスターがキング海尉から直接聞いたとして伝えるところによれば、キングが航海に先立ってクックのもとを訪ねた際、彼がなぜ先の航海のように専門の科学者を同行しないのか尋ねたところ、クックは「科学者なんぞ、科学もろとも呪われてしまえ」と強くたしなめたそうである。[27] このことからフォルスターは、いかにも尊大な口吻ではあるが、先の航海では傑出した科学者が乗船しており、彼らが市民社会の代表として振る舞うことによって、クックとポリネシア人の世界との緩衝剤の役割を果たしたのだろうと洞察している。

クックの第一回航海には科学と芸術の体現者であるバンクスとソランダーが随行していた（性穏やかにし《エモリット・モーレス》、猛々しさを許さず《ネック・シニト・エッセ・フェロス》）。一方、第二回航海にはわたしと息子が随行しており、食卓ばかりかいかなるところでも彼の日常の伴侶を務めてきた。その結果、彼は我々の存在を通じて自分自身の品性と名声をもっと気遣い、敬うように学ばざるをえなくなった。我々の思考様式や原理原則、そして我々の習慣がつねに彼の眼前でつまびらかになるにつれ、彼の上に影響を及ぼしてゆき、ついには彼が無害な南海島民に蛮行を振るうのを押しとどまらせたのである。(28)

わたしの考えるところによれば、右の断言にも幾分かの真理が含まれているように思える。ただしフォルスターの考えとは逆に、それによってクックの暴力への傾倒がつねに存在しており、なるほど強さは劣るものの、初期の航海ですらいろいろなかたちで発現していたことが証明されたことになるのだが。事実、最近になってマイケル・ホアーの編纂で公刊された航海誌からすると、そうした欠点はフォルスター自身によっても看破されていたようである。(29)

即興、合理性、野生の思考

すでに示唆したように、神話モデルは多様な形態の語りに発現することができる。たとえばそれは我々の学問研究にも現れうるのである。プロスペローであれクルツであれ、野生の精神は前論理的もしくは神秘的思考に委ねられており、現代人の論理的かつ合理的な思考様式とは根底的に対立するという陳腐な想定が暗に働いている点では変わりがない。わたしは神話的思考自体を否定するつもりはないが、前論理的、もしくは神秘的、神話的といった思考の前提として、合理的省察能力の欠如が想定されている点については批判的である。おまけに、前論理性や神秘性は西欧の神話モデルでは「感情」に結びつけられ、感情は思考と対置される。だからこそ、現地人が神秘的、前論理的、あるいは子供のように思考するとしたならば、彼らは成熟した推論能力も欠くに違いないと推定されてしまうわけである。これはなにもレヴィ＝ブリュールの独創ではなく、[30]むしろ彼の著作以前にも存在したし、現代の社会思想にも影響を与え続けている。野生の精神という観念にはっきり対立する立場を取ろうとする者たちですら、たとえばレヴィ＝ストロースがそうだが、最終的には古いモデルとさほど変わらない絶対的区分に帰着してしまう。なるほど、レヴィ＝ストロースの野性の論理、野生の思考とはなにも野蛮人に限定されたものではなく、むしろブリコラージュというヨーロッパの職人が示す皮相な実験的技能に根ざした「具体の科学」を指すものであった。ところが、そこから彼は冷たい社会と熱い社会という範疇的区分を打ち出してしまう。すなわち、「前者は自らの創り出した制度を通して、歴史的要因が社会の均衡や連続性に及ぼす影響をほぼ自動的に解消しようとする。一方、後者の社会は歴史の流れをしっかりと自己のうちに取り込んで、自らの発展の原動力とする」[31]。また、現地人は幼児のように思考するというフロイトの荒唐無稽な発想もここでは無視できないだろう。それは精神分析学理論の論理から沸き上がってきたのではなく、フロイトが受け継いできた前論理的野蛮人というヨーロッパの伝統に由来するものなのである。[32]前論理的もしくは幼児的な現地人、「冷たい」社会の住人、盲目の伝統的思考に委ねられた者たち、あるいは硬直した宇宙論的、神話的世界図式に支配された者たち、これらはいずれも社会科学者の抱く他者神話にほかならない。たとえ神話がどんな形態を取ろうとも、そこでは西欧の自己や社会と前産業的世界のそれとを峻別する区分が、意識的であるなしにかかわらず必ず措定されてしまうのである。対照的にわたしはというと、そうした二項対立の境界をあいまいにしながらも、なおかつ同時に、人類が生物学的に単一種なことから、思考プロセスも文化の介在と無関係に共通性を正確に反映していると考えるような陥穽に落ちることも避けたいと考えている。つまり、人類共通の神経生理学的自然から産み出される類似性と差異をともに扱えるような理論を支持したいのである。

そこで、人文科学者の他者神話とそれによって引き起こされたジレンマについて手短に検討するため、現代におけるもっとも挑発的書物のひとつ、トドロフの『アメリカの征服』を批判的に取り上げてみることにしよう(33)。彼の著作はサーリンズ自身の著作の直接的な知的先駆ということができる。しかし、サーリンズとは違ってトドロフは深い倫理的な関心、具体的にはアステカ人に対する共感と征服の野蛮さに対する断固たる非難によって突き動かされている。この著作の成功はトドロフの文体によるところが大きいだろう。そこでは明快で飾らない散文があえて人を当惑させるように、征服者（コンキスタドール）たちの剝き出しの残虐行為をめぐるスペイン側の記録と併置されているからである。征服者（コンキスタドール）にとってアステカ人とは、自らと根底的に異なる他者であった。彼らが野蛮人、あるいは獣のごとき存在、異教徒であったからこそ、なんの咎め立てを受けることなく殲滅することができたのである。トドロフの『アメリカの征服』で首謀者の座に据えられたのはコロンブスではなく、コルテスのほうであり、彼は宇宙論に縛り付けられた伝統的アステカ人を圧倒するため、記号を実践的かつ合理的に操作できた近代の体現者として捉えられている。そのためトドロフの問いはこうなる。はたして「スペイン人は記号を用いることでインディオを打ち負かしたのだろうか」と(34)。

トドロフ自身はこの問いに対して肯定的な解答を下している。彼によるならば、アステカ文化は記号によって「重層決定」されていたという。ただしフロイトの重層決定という概念が意味と動機の多様さ、意味論的・統辞論的曖昧さに力点をおくものだとするならば、トドロフの重層決定はフロイトのそれとは異なっているといわざるをえない。「彼ら［アステカ人とマヤ人］の言語教育では連辞（シンタグム）よりも範列（パラダイム）に、文脈よりもコードに、好機に対する即応性よりも秩序への順応性に、現在よりも過去に重きがおかれていた。そこにスペイン人の侵略は根底的に新しい、まったく予期せぬ状況をもたらした。つまりは、即興に基づく行為のほうが儀礼に基づく行為よりも重要な状況を」[35]。ここでは儀礼が即興に対立するという含意は明白である。さらにトドロフの根底的対立図式の背後には、自己と社会にまつわるもうひとつ別の決定的な区別が横たわっている。宇宙論と儀礼に締め付けられたアステカ人の世界には、本来いうところの個人（インディヴィジュアル）が存在しないというのである。人は「あの別の総体性、つまり集合体のたんなる一構成要素にすぎない」[36]。おそらくこの点では、トドロフはマッキム・マリオットがもう一方のインディアン、ヒンドゥー教徒を記述するために編み出した素敵な新造語、「可分体（ディヴィジュアル）」をすんなり採用できたはずである[37]。トドロフの図式において記号（文化）と人がこのようにして一体化されているとするならば、そこに動機や主体性、あるいは社会や意識の形成における主体の意義などが関与する余地がほとんどないのも当然といえよう。

　どうやらトドロフは自分が捕らわれている奇妙な罠〔3〕について気づいていないようだ。彼はインディオの残虐行為を記したスペイン側のテクストを広く引用しているが、それこそまさにインディオの紋切型的な他者性を表象するものであった。現代の研究者はインディオをめぐる古い記録が自らの提唱する記号理論に合致することを理由に、それが正確であると受け入れてしまい、一方の我々は彼の理論からインディオが記号に拘束されており、おかげで記号を支配できたスペイン人の意のままに操られたと教えられることになる。トドロフは彼自身のアステカ人をめぐる表象が、たとえ記号理論によって媒介されているにせよ、十六世紀スペインの表象から生み出された副産物である事実に気づいていないのである。実際のところ、両者の表象は倫理的な方向性が異なるにすぎず、表象自体がぶれているわけではない。トドロフの他者観は野生の精神をめぐるスペイン側（つまりはヨーロッパ側）の主たる神話モデルを引きずるものであった。ところが、トドロフ自身に挙げられたスペイン人の歴史記述を活用することによって、逆にアステカ人も即応性と即興を操ることができ、スペイン人もまたアステカ人の文化と心性をめぐる自分たちの即興的な理解の虜になりうると証明することも可能なのである。

トドロフにとってアステカ人は「可分体（ディヴィジュアル）」であり、このため、彼らの中の誰かが供犠の生贄に選ばれたとしても、彼らは黙って自分の運命を受け入れるしかないことになる。しかし、死の運命を甘受することははたして個人に対する社会の支配力を意味するだろうか。なかには、実存を左右する運命の不公正さを訴えようと、世界に向けて抗議の声を上げ、自分の個性を発揮する者もいるのではないだろうか。実際のところ、トドロフは供犠をめぐる先の一節の直後に、「仲間の死を嘆き、涙に暮れる［アステカ人］兵士たち」の例を挙げている。このことは、彼らが儀礼主義的で可分体からなる運命論的な世界に完全に支配されていたわけではないことを示唆するのではないだろうか[38]。さらに、アステカ人の儀礼主義もトドロフが想像するほど窮屈ではなく、秩序だってもいなかったふしがある。「宗教的儀礼はそれだけでも大変な数にのぼり、非常に錯綜しているため、おびただしい数の祭式執行者が動員されることになった[39]」。そうした儀礼が創造的な即興なしに産み出され、維持され、修正されてゆくとはとうてい思えない。最後に、トドロフがベルナール・ディーアスによる人身供犠の記述を要約した一節を検討してみよう。「侵入者を脅かすために、アステカの戦士たちは彼ら［スペイン人］を生贄に捧げ、自分たちが食べるか、野獣に食べさせてしまうと宣告した。事実、一度捕虜を何人か捕らえた際には、コルテスの兵士が見守るなかで、彼らを供犠にかける手はずを整えたのである[40]」。ここでベルナール・ディーアス自身による出来事の描写が持ち出される。「次いで、彼らは胡椒とトマトのソースをかけて肉を食べてしまった。我々の仲間は全員このようにして生贄にされた。脚と腕は彼らが食べ、心臓と血はすでに述べたように偶像に供えられた。そして胴体と腸は野獣用の小屋に飼われていたライオン、虎、大蛇などに投げ与えられたのである[41]」。もしトドロフとベルナール・ディーアスが正しいとするならば、ここで目の当たりにしているのは、アステカ人が人身供犠を政治的目的のために操作し、スペイン人を怖がらせるために慣習的な記号システムを使い、おそらくはそれに成功した見事な実例であることになる。

今度はコルテスがアステカ人を怖がらせ、彼らの志気を弱めるために用いた即興技能について、トドロフが挙げる事例からひとつだけ取り上げて検討してみよう。「はじめインディオはスペイン人の馬が死ぬものなのかどうかはっきりわからなかった。そこで、彼らをいつまでもこのような状態にしておこうとして、コルテスは戦闘後に馬の死骸を夜陰に乗じてひそかに埋めたのである」[42]。トドロフと彼の利用したスペイン人の著述家たちはここで同じ考え方をしている。どちらの側からも、コルテスが採用した戦術は彼が記号を戦略的に駆使できたことの証左であり、その結果として「情報の征服が王国の征服をもたらした」とみなされているのである。[43] しかし、スペイン人の馬が自分たちのど真ん中にいるにもかかわらず、四足獣という広範な動物分類に入らないと信じ込むほど、インディオは愚鈍だったのだろうか。そもそも、スペイン人の馬がたとえ死なないまでも、傷つき、血を流し、地面に崩れ落ちる姿をアステカ人は見なかったのだろうか。さらに、スペイン人はどうやってインディオにいっさい気づかれることなく馬の死骸を埋め、痕跡を隠し通すことに成功したのだろう。この点では、コルテスは野生の精神をめぐるヨーロッパ側の誤解に基づいていたため、インディオの考えを読み違えたと論じることも容易であって、その場合、彼は実際にはばかげたシナリオを演じているにもかかわらず、記号の支配者を自認していることになる（トドロフもそう考えている）。もちろん、コルテスが抜け目のない戦略家ではなかったなどといいたいわけではない。彼はそうであったと同時に、ヨーロッパ的他者観に基づく記号システムの虜にもなっていたといいたいのである。トドロフの記述からすると、自らの記号システムの虜であるとともに支配者である点では、アステカ人も同様であったようだが、ただそのあり方がヨーロッパ人とは異なっていた。彼らの社会が祭司制度に基礎づけられていたのは明らかだが、だからといって即興行為がそこから排除されていたことにはならない。ただ彼らの即興行為と合理性の様態がスペイン人のそれとはあまりにもかけ離れていたため、初期の年代記作家には見過ごされがちだったのである。[44]

今日の人類学者たちは前文字社会の成員も彼ら自身の文化的価値に応じて合理的に行動することができるし、実際にそうしているとたいていは主張するだろう。これはアステカ人とポリネシア人のどちらにも当てはまる。しかし、わたしが問題にしたいのは彼らに帰せられた合理性が論理的にどのような位階を占めているかという点である。というのも、内省や柔軟性の余地がないとすれば、その合理性も先行する前論理性という概念とさほどかわりないことになってしまうからである。たとえば、トドロフの扱う前文字社会の成員たちは、記号を自分の有利になるよう操作することができず、彼らの思考プロセスは硬直しており、二つないしは幾重にも分岐した行為の流れを合理的に比較検討することができないとされている。ここでのトドロフの過ちは前文字社会の文化をパロールではなく、ラングをモデルとして概念化し、さらにそのモデルからヨーロッパ文化を除外してしまったことにある。周知のとおり、ソシュールからレヴィ＝ストロースにいたる構造主義は、通時的世界が相互に関連づけられた記号論的システムへと秩序づけられていることを前提とみなさなければならない。このため、ソシュール流の理解では言語活動は純粋に恣意的な記号のシステムと考えられ、そこではパロールと呼ばれる発話がラングという言語活動の形式的次元に従属するとみなされることになる。いうならば、パロールとは記号論的秩序が避けようとする世界の猥雑さだというわけである。[45] もしもこうした捉え方をレヴィ＝ストロースに倣って文化にまで敷衍するとしたならば、文化はトドロフの考えるように経験を秩序づける記号のシステムになってしまう。さらに予断に満ちた立場を採用した論理的な帰結として、野生の心性をめぐる古い神話モデルは恒久化されてしまうのである。この点では、トドロフがコロンブスについて述べたことは彼自身にも当てはまることになる。「コロンブスが発見したのはアメリカ大陸であって、アメリカ人ではなかったのである」。[46]

以上のような「前論理的心性」といった狭量な視点に対抗するには数多くの方策が存在する。たとえばバフチンのような思想家たちに倣って、文化の領域においてパロールをもっと重視してみるべきだろう。事実、視点をこのように「転倒」するだけでも、宇宙論的思考の硬直性といった考え方からは十分に解放されることになる。即興は宇宙論的思考に相容れないとはかぎらないし、むしろ後者の創出や実践、演出にとって欠かすことができない。いったん文化的信念は多様であり、現実には単一の体系的な記号の秩序に組織化されることはないと認めてみよう。そうすれば、「あたかも［アステカ人やその他の前文字社会の成員にとって］記号は記号自体の指示する世界から自動的、かつ必然的に立ち現れるかのようであり」、そこに操作上の柔軟性は存在しないとする発想から解き放たれるはずである。[47] ただし、操作上の柔軟性が通文化的に均一であると考える必要はなく、明らかにその度合いは社会によって異なるものである。

本書では主に操作的柔軟性が一目でわかるような認知領域に焦点を当てることにする。マックス・ヴェーバーがいうところの「実践的合理性」、すなわち、人間が実践的指標を手がかりにして、ある問題に含まれる含意を内省的に吟味するプロセスを、ここでは重要視してみたいのである。[48] たとえば、スリランカで重い病いに罹った場合、わたしはシャーマンと医者のどちらの助言を仰ぐか、あるいは、なじみの占星術師と手相見のどちらに相談するか選択することになるだろう。さもなければ、アーユルヴェーダの治療師を訪ねるか、まったくなにもせずにただ自分の業(カルマ)を呪うかもしれない。さらには、自分の業(カルマ)のせいといいながら、それとは裏腹に先の選択肢からいくつか選んで実行するかもしれないし、隣国に新しいタイプの医療があるから試してみようと言い出すかもしれない。以上のような選択肢やわたしの下す決断の背後で働いているものこそが、ここで「実践的合理性」、もしくは「実用主義的合理性」と呼ぶ推論形態にほかならない。

人が「実践的合理性」を抜きにして経済生活を送れるとはとうてい考えがたい。[49] また、戦争についても同様で

読者カード

みすず書房の本をご愛読いただき，まことにありがとうございます．

お求めいただいた書籍タイトル

ご購入書店は

・新刊をご案内する「パブリッシャーズ・レビュー みすず書房の本棚」（年4回 3月・6月・9月・12月刊，無料）をご希望の方にお送りいたします．

（希望する／希望しない）

★ご希望の方は下の「ご住所」欄も必ず記入してください．

・「みすず書房図書目録」最新版をご希望の方にお送りいたします．

（希望する／希望しない）

★ご希望の方は下の「ご住所」欄も必ず記入してください．

・新刊・イベントなどをご案内する「みすず書房ニュースレター」（Eメール配信・月2回）をご希望の方にお送りいたします．

（配信を希望する／希望しない）

★ご希望の方は下の「Eメール」欄も必ず記入してください．

・よろしければご関心のジャンルをお知らせください．
（哲学・思想／宗教／心理／社会科学／社会ノンフィクション／教育／歴史／文学／芸術／自然科学／医学）

(ふりがな) お名前　　　　　様	〒
ご住所　都・道・府・県　　市・区・郡	
電話　（　　　）	
Eメール	

ご記入いただいた個人情報は正当な目的のためにのみ使用いたします．

ありがとうございました．みすず書房ウェブサイト http://www.msz.co.jp では刊行書の詳細な書誌とともに，新刊，近刊，復刊，イベントなどさまざまなご案内を掲載しています．ご注文・問い合わせにもぜひご利用ください．

郵便はがき

料金受取人払郵便

本郷局承認

7914

差出有効期間
平成28年9月
1日まで

113-8790

505

東京都文京区
本郷5丁目32番21号

みすず書房営業部
行

通信欄

(ご意見・ご感想などお寄せください．小社ウェブサイトでご紹介させていただく場合がございます．あらかじめご了承ください．)

ある。そこでは敵を不意打ちしたり圧倒したりする戦略が無数に存在し、良き指揮官であるならば誰でも、文化的に規定された多数の戦略の中から最良のものを選択するため、状況判断をおこなわなくてはならない。そうした状況ではおそらく創意工夫や気まぐれといった要素も関係してくるだろう。戦略自体は文化に拘束されているが、拘束の度合いは戦略によって異なる。たとえば、大半のポリネシア社会では人身供犠が戦争にとって欠くべからざるものとみなされており、人類学者たちも人身供犠が宇宙論で担う並はずれて大きな意義について適切に検討してきた。しかしながら、このように深層構造に埋め込まれているにもかかわらず、ハワイのカメハメハは過酷な島嶼間併合戦争において人身供犠を廃れるままに放置していた。おそらく、人身供犠が彼の考える国家観にそぐわないとみなしたためなのだろう。対照的に、現代の人類学者たちは過去の行為者に融通の利かないタイプの手段＝目的結合を押しつけ、宇宙論的思考の硬直性という推測を躍起となって彼らになすりつけようとしている。もしもカメハメハが人類学者であったとしたならば、彼は依然として人身供犠をおこない続けていたに違いない。

ヴェーバー流の実用主義的合理性という観念には功利主義的な色合いが強いが、わたしはそこから功利主義のオーラを剝ぎ取った上で拡張し、なんらかの不確かな状況に関与する複数の問題について計算したり、比較検討したりして下される、内省的な意思決定を含み込ませてみたいと思っている。実践的意思決定は常識とも切り離せない関係にあるが、それでも内省的要素が介在する点で常識とは区別される。なんでも妖術のせいにする有名なアザンデ人の説明法をめぐって、ギアーツはたとえ「神秘的」な説明だとしても、同時にそれは世界をめぐるアザンデ人の常識的想定を守るために用いられていることを鮮やかに証明した。[50]「人は自分がもっとも必要とする信念の堤防のほころびを塞ぐためならば、どんな泥でも使うものなのである」[51]。さらに、ギアーツは常識には当たり前であるといった性質（「自然さ」）があるのに対し、「実践的合理性」のほうはわたしが使っているのと同様の意味で、より合理的で内省的な思考様式であると認めている。

しかし、常識と実践的合理性の区別は揺らぎやすいものである。なるほど、常識が当たり前であるという性質をもつのは事実だが、では、常識的想定が崩れた場合にはなにが起きるだろう。人々は自分たちにとってもっとも重要な信念のほころびをすぐに塞ごうとするだろうが、その方法は千差万別である。彼らの行為が非合理的行動に帰着することもあれば、まったく同様に、彼らが内省的推論と論証を展開し、関連した問題を慎重に吟味した上で判断を下すこともありうるだろう。たとえば、ハワイ人の通常の信仰ではロノ神は祭司によって招来される際、不可視の姿でマカヒキ祭に「到来」することになっていた。さらにロノは図像学的には寺院の様々な像を用いていろいろなかたちで表象される。一方、ジェイムズ・クックは二隻の大型船に乗って祭りに到来し、ポリネシア人にも見えなければ、現地語も解さない大勢の人々を引き連れてきたが、にもかかわらず、ハワイ人は彼をロノ神とみなしたというのである。本書ではまったく逆に、クックの到来はハワイの常識的な期待を裏切るものであって、むしろ現地人が白人の「文明の使者」をこう見るだろうという、当時のヨーロッパ人の想定にこそ合致することを立証したい。通常の期待が裏切られたことは「意味の問題」[4]を生み出すことになり、結果としてそれは新たな到来者たちをめぐって様々な論議を呼び起こしたことだろう。そして、そこには関連する問題を合理的に吟味することで下された判断も含まれていたと思うのである。わたしが「実践的合理性」と呼ぶのは、まさにこうした筋道だった判断を下す能力のことを指しており、たとえそれは有用性の領域内に存在するにせよ、有用性自体と混同することはできない。さらに、実践的合理性は最近の論争において合理性が位置づけられている信念の合理性ともなんら関係しない[52]。ここでわたしが言及しているのは考え方の様態であって、思考自体の様態について述べているわけではないのである。この種の考え方の様態は程度の差はあるものの、呪術や医療、精霊憑依といった多種多様な領域に認められるものである。純粋に個人的レベルでいえば、問題を熟慮するには特定の問題の賛否をめぐって自己と対話することが必要になる。多くの場合、実践的合理性は一人以上の人間を巻き込むため、必然的にそれは論争や討論につながってゆくことになり、最終的に合意にいたるかどうかは別として、論争的言説が判断の形成に寄与することになるのである。

以上のように素描してきた実践的合理性という概念は、人類としての我々を共通の生物学的本性とその産物である知覚・認知メカニズムに結びつけてくれるものと確信している。知覚や認知のメカニズムは必ずしも「文化自由的」であるとはかぎらないが、文化もまたそこから自由なわけではない。わたしの宇宙が文化的に構築された行動環境であるからといって、わたしがその環境と見分けもつかないほどがんじがらめになっていることにはならないだろう。実践的合理性は多少なりともわたしに似たポリネシア人たちについて語りうる若干の隙間を与えてくれる。そうした隙間はなかなか産み出しにくいものではあるが、それでも異文化について人間的に語るためには必要不可欠なのである。

宇宙論に縛り付けられた現地人が識別能力を欠くという想定は、ポリネシア民族誌学に固有の病いのようなものらしい。クックがハワイに到来した際、人類学者のなかにはハワイ人が彼を人の姿で到来したロノ神とみなしたと考える者もいれば、本章の冒頭に引用したカイケンドールのように、クックのことを隠喩的意味ではなく、文字通りの意味でロノ神の化身（アヴァタール）の一種とみなす者までいる。他の人類学者たちはそれほどの確信はないものの、それでもハワイの首長が「神格」とみなされるかぎりにおいて、クックを神格と見る考え方も現地の思考と完全に一致すると見ている。しかし、生身の現地人は神格の本性についてきわめて多様な区別をおこなっているのではないだろうか。たとえば、南アジアでは王はシヴァ神を体現するものと考えられている。しかしながら、一人の現地人としてわたしはこの種の形態のシヴァが次のような一連の「シヴァ」と異なることを熟知している。つまり、自分がシヴァ神の化身であると主張するサイババのような人物や、わたしがシヴァ神の使者として助言を求める霊媒師、わたしが祭壇に祀っている男根状の表象（リンガ）で表わされたシヴァ神、祭司が寺院の帳を開く際に現れる、装身具一式をきらびやかに纏ったシヴァ像、あるいはわたしがカフェで出会ったシヴァという名の友人などと。ところが、人類学者が思い描く現地人のほうは一柱の神の本質が多様に屈折するのを目の当たりにしても、そうした区別をすることができない。マーシャル・サーリンズからすれば、ハワイのカラニッオプッウ王はクー神を体現するものであって、その点において、彼と寺院に祀られて戦勝をもたらすクー神とのあいだには、さしたる違いがないことになってしまうのである。なるほど、我々が識別できる（と考えている）からといって、自民族中心主義に陥り、現地人もそうできると考えるようなばかげた真似は避けなくてはならない。しかし、事実は逆なのだと思う。現地人は自身の信仰の場においてありとあらゆる繊細な区別（クリミネーションズ）をおこなうことができるが、部外者の人類学者はある種の逆差別（リバース・ディスクリミネーション）をおこなっているために、そうすることができないのである。いうまでもないことだが、わたしがここで「人類学者」という語で具体的に示しているのは、象徴的ないしは宇宙論的秩序が人間の意識の外で有機体を超えて存在するという理念を一身に体現した人物にほかならない。

第二章

三度目の来臨——再び南海へ

クックは三年にも及ぶ探検と科学的発見の航海を終え、一七七五年七月二九日にイングランドに帰国した。彼はこの第二回航海においてわずか四人の乗組員しか失わず、しかも病気で失った者がたった一人であったことを正当にも自慢に思っていた。彼は紛れもない有名人であったが、依然として気取りのない質素な人物でもあった。彼と食事をともにしたボズウェルは次のように記している。「謹厳で落ち着き払った人物であるクックと、上品で肉付きの良い典型的英国婦人である彼の妻に会い、彼がこれから世界一周の航海に出ようとしていると考えるのはなんとも奇妙なことであった」(1)。「謹厳で落ち着き払った人物」という適切な性格描写は、ほとんどすべての作家が彼に結びつけている「人道主義」とぴったり一致する。ここでのクックはクルツというよりも、どちらかといえばコンラッドの小説に現れる平凡で職務に忠実な、英雄らしからぬ船長を思わせなくもない。なるほど確かにそのとおりなのだが、フロイトはあまりにも道徳的で、自分の行動原理にあくまでも忠実に、けっしてそれを曲げることのない人物には用心するよう忠告してはいなかっただろうか。まったく信じられないことだが、クックはすでに第一回航海の頃からちょっとした不正を働いていたのである。

船の乗員名簿を読み進めてゆくと、一七六九年四月にヒックスの従者としてジェイムズ・クックなる人物が、さらに同年九月にはナサニエル・クック熟練水夫なる人物が、まるで太平洋のただ中から現れたかのように登場しており、その発見にはいささかの狼狽を禁じえないだろう。さらに前者は一七七一年五月には三等海尉へ昇進したクラークの従者となり、後者は船大工の従者になっている。出身も年齢も定かではないこの二人の人物とはいったい誰なのだろう。実は、彼らは当時アッセンブリー通り七番地の自宅で快適に暮らしていた、それぞれ六歳と五歳にしかならないジェイムズ・クック海尉の二人の息子なのである。彼らの名前は乗員名簿の「服務期間」に記載されており、おかげで彼らが海軍に入隊した場合には、勤務規定にもかかわらず、ほぼ最短といえる期間で海尉昇進試験を受験できることになるのである。(2)

ビーグルホールはこのことを「ごまかし」と呼びつつ、海軍では容認された慣習だとしている。そうはいっても、「軍務からの永久追放を招きかねない明らかな議会法の無視」にあたることには変わりがないのだが。(3)

クックが犯したこんな些細な過ちは、近代社会ではないことを思い起こせば看過できるだろう。なんといっても、イタリア人や他の第三世界の人々がまさに「道徳的家族主義」(お望みなら「不道徳な家族主義」)とでも呼べる気質に毒されており、家族の倫理が非人格的な官僚主義的規則に優先することは、すでに実証済みの事実ではないか。(4)ただそれがコンラッド風の実直な船長のように、職務と海軍の官僚主義的手続きに身を捧げたクックに見られるのが、いささか異例だというだけの話である。そもそも、クックを非難する前に、実直な市民がはたして所得税の申告をごまかしたりしないものかどうか、じっと自分の胸に手をあてて尋ねてみよう。クックは詐欺師(クルック)ではなかった。発見の大航海に乗り出そうとする際、彼は疑いようもなく偉大なる文明の使者、啓蒙主義のプロスペローにほかならなかったのである。

ただし、プロスペローにもまた影の面がある。彼はキャリバンを殴打しては悲惨な隷属状態に陥れ、自由な精霊のアリエルを怖がらせ、監禁すると脅しながら魔術による労役を強いている。プロスペローもやはり孤独で孤立した、厳格かつ道徳的な人物であった。しかし、プロスペロー・ペルソナの影の部分はコンラッドのクルツのように彼を闇の奥に引きずり込んだりはしなかった。嵐は止み、プロスペローは王座に返り咲き、彼の娘は若き王子と結婚することになるからである。しかし、クックの場合はそうはならなかった。厳格で孤独なこの人物は自分自身の内なる孤島、まさしく「断固たる決意（レゾリューション）」と命名された船の上で、超然たる態度で暮らしてきた。また、彼にはミランダもいなかった。彼はすでに齢四七歳に達しており、三四歳の時に十三歳も年下の女性と結婚していた。しかし、妻とは散発的にしか会うことができず、その長さもけっして一年を超えることはなかったのである。子宝には恵まれたものの、家庭の喜びは彼には禁じられており、子供たちと過ごしたことはほとんどなかった[5]。長く厳しい第二回航海の末、そんな彼にもようやく嵐は止むかのように見えた。彼もまた国家への奉仕に捧げた一生から、ようやく報奨を得ることができるようになったのである。彼は王立協会で講演をおこない、さらにはグリニッジ海軍病院での名誉禄付き正艦長（ポスト・キャプテン）に任命され、金銭的憂いからも解放されることになった。クックは自分の航海誌執筆に専念しており、ウィンザー司教座聖堂参事会員のジョン・ダグラス師を編集者に招き、文体と内容を「どんな口やかましい読者にも非難されないようにする」ため、師の協力を仰いでいた。クックはダグラス師に次のように述べたという。「要するに、著書全体を通じて見苦しいところがひとつもないようにしたいということなのです。ですから、あなたにそう見えるところがあれば、忌憚なくご指摘いただければ本望です[6]」。つまり、バンクスの著書のおかげですぐに色あせてしまった第一回航海をめぐる語りとは違って、今度の第二回航海では、次第に熱狂的になってきた読者を計算に入れた上で、彼は船上での語りを産み出していたわけである。もちろん彼は教養人ではなかったが、それでも彼の航海誌は地に足のついた性質をもっており、たとえ太平洋島民たちの生活をまざまざと喚起するまではいかなくとも、土地や習慣、出来事をめぐる記述は詳細を究めていた。本来ならばラインホルト・フォルスターがクックの深刻な競争相手になったはずだが、海軍本部の権謀術数のために彼の日誌は黙殺され、結果的にホッジスの挿絵もなく、公式な出版許可も得ていない著作が、息子名義で出版されたにすぎない。(7)

クックが第二回航海で達成したもっとも偉大な科学的業績のひとつとしては、それまで長きに渡ってヨーロッパ最高の科学者たちの精神と想像力を独占してきた、あの南方大陸（テラ・アウストラリス）の存在を決定的に否定したことが挙げられる。しかし、幻想はまだいくつか残されていた。たとえば、当時は喜望峰経由でおこなわれたイングランド・中国間の長い航海が、「北西航路」の発見によって短縮されるだろうと考えられていた。何度か挑戦がなされ、重要な探検と発見につながったものの、探索は十七世紀末の段階でほぼ放棄された状態にあった。ところが、ジョージ三世の時代になって関心が再燃し、大いに疑問視されてはいたものの、ついに新たな探検航海を許可するほどの支持を得るにいたったのである。アメリカ植民地の反乱に伴い、イギリスの交易と帝国の利害は東洋に集中するようになったため、北米大陸の北辺で大西洋から太平洋に抜ける航路が魅力的になってきたのだろう。「北西航路」が存在することは、今日の我々にはわかっている（それが航行不能であることも）。しかし、北西航路という幻想は当時多くの者が自明とみなした〔1〕一片の知識の上に築かれたものであった。すなわち、海水は氷結しない、だとすれば、氷山は淡水の河川から海に運ばれてきたことになる。したがって、適切な時期に訪れさえすれば、太平洋から大西洋へ通じる航路は完全に航行可能なはずだというわけである。では、この途方もない試みを実行するには誰が適任だろうか。あの畏るべき航海者ジェイムズ・クックをおいてほかにはいないではないか。

ビーグルホールは海軍本部の友人たちが「自発的囚人ともいうべき彼のことを熟知しており、罠にかけたのだろう」と推測しており、彼の説には首肯できるように思える。(8) この点ではクックがグリニッジ海軍病院における名誉禄を自ら求めていたことを忘れてはならない。しかし、サンドウィッチ伯にとっては「海軍の最高責任者として、クックに休養期間を与えることが義務であり、彼の指揮能力は長期間に渡って極限にまで引き伸ばされていた」という考えはまったく浮かばなかったようだ。[9] 第二回航海に乗り出す時点で、クックはすでに最初の航海の経験から南方大陸の存在には懐疑的になっていたが、それでもその有無を決する熱意と意志はもっていた。ともかく、最初の二回の航海の興奮が発見の喜びによるのは間違いなく、土地を測量し、それを国王の名の下に領有したり、世界の地理学や地質学、植物学、民族誌学に対して知的貢献を成したりすることが興奮を生んだのである。ところが、第三回航海にはそうした使命がまるで含まれていなかった。なるほど航路を発見した暁には相当額の金銭的見返りが約束されていたが、クックがその存在を信じていたとは思えない。[10] 彼は妻子のもとに戻っていたが、そこに落ち着く暇もなく、今度は確信や意志からではなく、一種の義務感から長く不確かな航海へと旅立たざるをえなくなったのである。

第三回航海の副次的目的のひとつにはタヒチ人のマイを帰国させることが含まれていた。彼は〔第二回航海で〕ファーノーによってイングランドに連れてこられるや、たちまちロンドン社交界の人気者となり、彼よりも早くブーガンヴィルによってパリに帯同されたアフトルの競争相手となっていた（後者は一七七二年のマリオン・デュ・フレーヌの探検に参加してタヒチへ帰郷するが、航海の途上で客死している）。マイは武器弾薬一式を含む大量の物資を持ち帰ることになっており、そこにはジョージ三世から拝領した鎖帷子も含まれていた。おそらくこれは嫉妬した同胞による投石や投槍から自分のお気に入りを守るため、ジョージ三世自身が下賜したものだろう。また、三度の航海のいずれにおいてもパトロンの役割を果たしたジョージ三世は、イギリスの家畜や植物を使ってポリネシアの菜園を一新するというクックの案に感銘を受け、すでに有り余るほど積み込まれた船の積荷に一頭の牡牛と二頭の牝牛、さらに仔牛数頭を付け加えた。ヨーロッパ人にとってタヒチ島は理想郷とみなされており、ベスボロー伯がつがいの孔雀を島に送り、自然環境の美しさと住民の官能的な魅力を鳥類の世界で再現しようとしたのも、無理からぬことといえるだろう。先例に倣って、「甘き赤葡萄酒」は航海の途中で購入されたかもしれないが、猿のほうは積み込まれていない。(11)

一方、かくも貴重な貨物を運ぶには船が釣り合わなかった。クックの乗船である一一二人乗りの名高きレゾリューション号は、補修と同時に今回の用途に合わせて改装され、さらに七〇人乗りの新造艦ディスカヴァリー号が、先の二回の航海に同行したクラーク艦長の指揮下に委ねられた（彼はクックの死後、北極圏の凍てつく寒さのために結核で亡くなった）。ところが、補修を担当した海軍の請負業者がずさんな手抜き作業をおこなったため、レゾリューション号は英仏海峡を抜ける前から大きな水漏れを起こし、両船は航海のあいだ絶え間なく船乗りたちを悩ませることになるのである。

クックは一七七六年七月十三日にプリマスを出帆した。クラークは債権者たち（「ヘブライ人」）との揉め事のせいで三週間遅れの出発となったが、クックが十一月十日に到着したのとほぼ時を待たずしてなんとか喜望峰に到着している。(12) クックはそこで数頭の家畜を略奪者によって失うが、すぐに「二頭の若い牡牛、二頭の未経産牝牛、二頭の若い種馬、二頭の牝馬、二頭の牡羊、数頭の牝羊と山羊、同じく数羽のウサギと家禽」を補充した。「これらはいずれもニュージーランド、オタヘイテ［タヒチ］、その近隣諸島に向けたものであり、我々がこれから寄港する別の地域でも、後世に役立ちそうだと思われる場所ならば、どこであれ数頭を残していくつもりである」。(13) クックをはじめとした何人かの航海誌執筆者が船をノアの箱船に喩えているが、それも当然のことといえよう。残念なことに、ニュージーランドに向かう途中、ケルゲレン諸島のある島において、二頭の牡牛と一頭の牝牛、二頭の牡羊、さらに山羊の大半が失われてしまい、そこから島は「荒涼無人の島（アイランド・オブ・デゾレイション）」と命名されることになる。ビーグルホールによれば、「いまや牡牛と牡の仔牛が残されるばかりであり、ニュージーランド島民の食人習慣を変えようとする希望ははかなくも散ってしまった」という。[14] さらに船は今日ではタスマニアと呼ばれる島に向かい、そこで「いささかの恐れも示さず、絶大な自信に満ちあふれた」八人の現地人と遭遇することになった。[15] いうまでもなく、こうした島民はもはやほとんど存在しない。程なくして疫病と白人の狩猟家たちによってほぼ絶滅させられてしまうからである。〔2〕「わたしは二匹の子豚とつがいの豚を引き連れて、湾頭の森を一マイルほど進み、真水が流れる小川のそばに放した」。[16] ここではクック自身が愛おしげといってもよいほどの態度で、このささやかな象徴的行為をおこなっていることに注目されたい。彼としてはもっと他の動物も加えたかったところだが、はじめの頃タスマニア島民が豚を捕まえて、自分たちの夕食用に持ち帰ろうとしたように見えたことから、次第に残り少なくなってきた牛や羊、山羊を一か八かの運まかせにはしたくなかったのである。

クックに与えられた使命のひとつには、〔前回の航海に参加した〕ファーノー艦長の乗組員が、どのような経緯からグラス入江で虐殺されるにいたったのか解明することも含まれていた。調査行にはマイが同行し、殺害の実行者たちを処罰するようクックに働きかけていた。クックは悲劇をめぐって情報を収集し、ついに実行グループと首謀者のカフラをつきとめるが、どういうわけか彼らに報復することは避けている。マイを筆頭に多くの者がカフラの死を求めたが、カフラは逃げるどころか悠然と画家のウェバーに肖像画を描くことを許している。どうやらクックは彼の落ち着き払った態度が気に入ったらしい。「正直に告白するならば、わたしは彼の勇気に感心したし、わたしに寄せてくれた信頼に少なからず喜んだのである」。[17] いわば、円熟の丸みを帯びたクックといえそうだ。「食人種の首長」〔3〕がクックの前に屈服し、彼に信頼を寄せ、代わりにクックは相手を許す。しかし、まるで父親や懲罰者のように、クックは次のような警告を発することも忘れていない。「それからだいぶ時も経ったし、わたしのいないあいだに起きたことなのだから、これ以上の詮索はしないことにする。しかし、もしもこの種の試みが再びなされたならば、彼らはわたしの怒りの大きさをかならずや痛感することになるだろう」。[18] ここでは「わたしのいないあいだに起きた」という表現がきわめて意味深長である。権威主義的な人格（ペルソナ）にとって、世界は彼の存在の延長にすぎない。もしも彼のいるあいだに乗組員が虐殺されたとしたならば、おそらく事態は一変していただろう。現地人は子供のようなものである。したがって、彼らには警告を与えて一度は許してあげなくてはならないが、二度の過ちは許されない。厳格な教師、厳格な民衆の父、厳格な指揮官ではあっても、なお寛容というわけである。一方、マオリ人のほうはすでに二度の航海から教訓を得ていた。盗みはほとんどおこなわれず、クックは発砲にいたるような挑発行為を受けていない。女たちについても、ましな女を慎重に保護し、乗組員には「かすや女たちの中で除け者扱いされた者」を与えることで、ようやく制御できるようになってきた[19]。交易はすでに確立され、整然とおこなわれていたが、イギリス製の物資をもつ者に必ずしもよい結果をもたらしたとはいえなかった。十九世紀の壊滅的な部族間交易戦争の前兆ともいうべき事態がすでに生じているからである。「我々の到着する少し前にシャーロット湾の住民は不意打ちにあい、五〇人ほどがアドミラルティー湾の住民によって殺害された[20]」。二隻の船は水漏れの修理と補修を終え、一七七七年二月二七日にパリサー岬を経由し、一路タヒチを目指して出帆した。その際、二人のマオリ人少年をマイの従者として帯同しており、彼らはそれから数日間に渡って嘆き悲しみ、憂鬱な唄を歌い続けたという。

出帆から二〇日ほど経って、ジェイムズ・キングは今回の航海で初めてクックの沈着冷静さに乱れが生じたことを示す出来事を記している（クック自身による記録はない）。「全乗組員に対し塩漬けの糧食の配給量を三分の二に減らす措置が取られた……、乗組員のうちに全面的不服従の兆候が見えたためである。多くの苦情が下士官やとりわけ食料を盗まれた者たちから艦長に寄せられていたが、誰が盗んだのか判明しなかった。そこで艦長は盗みを止めるために、もしも乗組員自身が盗人を突き止めようとしなければ、肉が盗まれた日の翌日にはつねに配給量を三分の二に減らす措置を取ると通達した……[21]」。当然のことながら、乗組員は自分の犯していない罪で罰せられることに抗議し、三分の二の配給量を食べることを拒否した。クックはこれを「きわめて反抗的な行為」ととり、正直な乗組員ならば盗みの張本人を突き止めてしかるべきであり、よって「翌日の配給量を三分の二に減らすだけではなく、さらに期間を延長して、生の肉やその他の食料も取り上げる」と宣告したのである。[22] 過酷に働く乗組員に対してかくも無慈悲な扱いをしたことは、クックが船上生活の現実を一時的に見失っていたことを示唆しており、これから起こることの前触れといってもよかった。つまり、先の二回の航海とは比べものにならないくらい、違法行為や職務放棄、「反抗的」態度に対して笞刑が科されるようになったのである。一方、この奇妙な出来事はクックと一般水夫の関係が有していた心理学的側面を探る手がかりを与えてくれる。要するに、クックは彼らにとって厳格な父親だったのである。食物を与えたり取り上げたりする心理的戦略はそのことをはっきりと示している。悪しき行為は食物（愛情）の取り上げに通じ、良き行いはしばしば余分の食料や、一般水夫にとって欠かせないグロッグというブランデーの水割りによって報いられた。また、父親による極度に厳しい扱いはあからさまな反抗に遭うことはなく、ただ息子たちが食物を食べることを頑なに拒否したにすぎなかったのである。

ところで、クックの計画ではまずはタヒチに向かい、それから北極圏を目指して北上することになっていた。計画通りに、クックはニュージーランドから北東に舵を取り、ポリネシアのある群島（今日では彼の名にちなんで〔クック諸島と〕命名されている）を抜ける新たな航路を辿り、当時フレンドリー諸島と呼ばれたトンガに到達すると、二ヶ月半に渡って滞在した。そして、そこからさらにタヒチ諸島へと向かい、ついにはもうひとつの幸福の島（セレンディープ）〔古代においてスリランカを指したアラビア語〕、ハワイを僥倖のうちに発見することになるのである。すでに述べたように、本書ではもっぱら限定されたテーマを扱い、次第に著しくなっていくクックの暴力への傾倒と、気まぐれであるばかりか、しばしば非合理になる彼の行動に焦点を当てるつもりである。そうした性格論的な特性はこれまでもつねにクックには存在していたが、どうやら最後の航海にいたってついに彼を抜け出すことのできない闇の奥へと引きずり込んでしまったらしい。そこで、本章ではクックのクルツ・ペルソナをめぐって簡単な素描を試み、それによって、ハワイでの死に至る出来事がけっして一回かぎりのものではなく、すでにトンガとタヒチでも予兆が見られたことを証明したいと思う。

彼らがトンガ諸島のひとつ、ノムカ島に停泊したのは一七七八年五月初めのことであった。人々は船に群がり、首長がある男の「口や鼻から血が噴き出す」ほど荒々しく人々を追い払っていた。[23] クックはこの光景に啞然としている。しかし、実はトンガ文化に従うならば、これらの人々は船に乗り込もうと躍起となるあまり、意図せずして首長への謙譲行為をめぐる規範を破っていたにすぎなかったのである。一般水夫も同じような違反を理由に鞭打たれることがあったが、イギリス人側は他のヨーロッパ人探検家たちと同様に、そこになんらかの類似があろうとは思いもしなかった。彼らの批判は会食をめぐるポリネシアの規則にも及んでいる。五月八日にクックはフィナウという有力な首長とその他の人間を夕食に招いたが、以前の事例と同様に、そこでは女性が排除されただけではなく、排除の原理が他の首長にまで及び、「タパー〔ケパ〕を除く誰一人として彼とともに食卓に着くことが許されなかった」という。[24] 実際には船上にも同じような規則は存在していた。一般水夫は上級士官の食卓から完全に排除されており、艦長と食卓をともにするという士官の特権は時と場所、状況に応じて細かく規制されていた。両者の社会はいずれも階層社会であったが、イギリス人もポリネシア人も、自分たちの階層性について批判的に検証することができず、ただ自分たちなりの方法で相手を批判するばかりだったのである。

もしかするとポリネシアの暴力がクック自身の暴力を誘発する原因になったのかもしれない。いうまでもなくここでも「盗み」がきっかけになっており、クックによれば「首長の中には、そうしたなりわいが卑しいものだと考えない者たちすらいた」という。[25] フィナウの側近を務めるある首長が「撚り細索(スパニヤーン)ウィンチのボルト」を盗んだ際、クックは「十二回の笞刑を命じ、釈放と引き替えに豚一頭を支払わせた。おかげでその後は身分の高い者の盗みに悩まされることはなくなった」[26]。家来の目の前で首長を鞭打つというのはクックにとってかなり異例な行為であり、普通はクックを批判することのなかった船医のアンダーソンも次のように記している。

わたしはこの男を窃盗の罪で罰したことが不当な処置だとはまったく思っていない。というのも、もしもそのような行為が許されたとしたならば、どんなことが起こるかまったくわからないからである。しかし、その後数時間に渡って彼を苦しい姿勢で監禁すべきだとする意見や、犯罪に対する正当な処罰の後に保釈金を科したことは、厳密に考えるならば、正義や人間性の原則にかなっているとは到底思えない。[27]

しかし、アンダーソンの感じた良心の呵責をクラーク艦長は感じなかったようだ。彼は一般に血気盛んな男とみなされており、つねにいたずらや冗談に興じ、まさに「愉快で活発な外向的人物」の典型といってよかった。[28]クックはこう述べている。クラークが「なにがしかの効果をもたらす方法を思いついた。それは彼らの髪の毛を剃り落としてしまう方法であった。男女いずれにとっても剃髪はそう珍しいことではなかったが、こうした場合におこなわれたならば、不名誉の印とみなされ、その男の目印となるだろう」[29]。いずれの行為にしても、クックのポリネシア人に対する戦略が決定的に方向転換したことを物語っている。首長は船上で鞭打たれ、まるで一般水夫と同じ階級であるかのように扱われ、平民たちのほうは当時のイギリスの監獄における囚人と同じ扱いを受けたのである。しかも懲罰はなお続いている。フィナウと同様にケパは乗組員に対してきわめて友好的な「友人」であったが、彼の息子がクラークの猫を盗もうとして捕まった際には、彼自身に手錠が掛けられている。[30]これらの扱いは船の規則からすれば、きわめて当然の懲罰だったのである。

一週間後、「島で産出されるほぼすべてのものを取り尽くした」ことから、クックはトンガ諸島に属する別の島、リフカに向けて出発した[31]。彼は自分たちがとても歓待されたことから、トンガ人はイギリス人を敬愛しているのだろうと考えていた。しかし、マリナーの記録からすると、クックがノムカを去る前に首長の一団が彼と上級士官たちを殺害しようと計画していたことがわかっており、イギリス人をもてなす一連の素晴らしい演し物が祝われた日（五月二〇日）の朝に、計画は実行に移されるはずだったようである。ビーグルホールはトンガ人が船とその物資を乗っ取ろうとしたと考えているが、クックと上級士官の殺害計画が公衆の面前で首長を辱めたことと関連していた可能性も否めない。いずれにせよ、フィナウが最後の瞬間になって手を引いたために計画は頓挫してしまった[32]。

ところで、島民に科せられた懲罰はいずれの航海においても暗黙の大前提となっていたことを明るみに出してくれる。すなわち、ポリネシア人たちはイギリス艦船で広く採用されていた法的規範になんらかのかたちで従わされていたのである。たとえ首長であっても、ポリネシア人はクックやコルテスといった指揮官の権威下におかれる。この重要な政治的現実を懲罰は対人関係の形式的な次元で表現していた。啓蒙思想は規範を根付かせる方法を和らげたかもしれないが、規範自体にはなんら手を加えなかったのである。一般のポリネシア人は水夫と同格におかれ、首長のほうはその上ではあるが、明らかに上級士官よりも劣る地位におかれた。ただし、ポリネシア人に科された懲罰に関していえば、大きな質的差異も存在する。実際には無視されがちであったが、それでも海軍本部の規則では、いかなる水夫にも一日のうちに十二回以上の鞭打ちを加えてはならないとはっきり規定されていた。ところが、第三回航海では明らかにポリネシア人にこの規則が適用されていないのである。クック自身が懲罰に言及することはめったになかったが、天文学者のベイリーはどのような手続きが取られていたのか克明に記録している。彼によれば、盗まれた物資は首長に問い合わせることで取り戻されたという。「しかし、我々が盗人を捕らえた場合には、情け容赦ない鞭打ちによって懲罰を加えた。また、彼が財産を持っている場合には、クック艦長は豚と果物を使って身代金を払うよう彼らに強要しており、いくつかの場合にはきわめて残虐なことをしたといわれるかもしれない」[33]。

クックの航海誌に懲罰が記載されることはまれであっても、他の上級士官の航海日誌を一瞥するならば、それが常態化して慣例となっていたことがわかるだろう。たとえば、ディスカヴァリー号の航海長（マスター）であるエドガーは六月の二週間について次のような記録を残している。

六月十三日　窃盗の罪で一人のインディアンを海岸において三六回の笞刑に処す。

六月十四日　朝十時、窃盗の罪で一人のインディアンを二四回の笞刑に処し、船から追い出す。午後二時半、窃盗の罪で一人のインディアンを三六回の笞刑に処す。

六月十七日　午後一時半、一人のインディアンに四八回の笞刑を加え、船から追い出す。

六月二三日　正午、一人のインディアンが盗みをはたらいた後に船から逃げようとしたので、クック艦長が彼の脇腹を散弾銃で撃つ。

六月二四日　一人のインディアンの首長がクラーク艦長と夕食をともにした際、一個のタンブラーと二個のワイングラスを盗んだため、艦長は午後三時に彼を六〇回の笞刑に処した。

六月二八日　朝十時頃、常習犯のうち我々の歩哨と木こりに投石した者たちを捕虜として捕らえた。クック艦長はその中の一人に三六回、二人目に四八回、三人目には七二回……の笞刑を科した。この後、七二回の笞刑を受けた者にさらに変わった懲罰を加えた。クック艦長のいうところによれば、これは今後彼のことを識別できるようにし、さらには他の者たちが盗みを働いたり、海岸にいる我々に敵対行為を働いたりすることを思いとどまらせるための懲罰だという。水夫の一人が手にした普通のナイフによって、彼の腕にそれぞれ縦横の刻み目が骨に至るまでつけられたのである[34]。

最後の事例については、もう少し別の角度から検討してみよう。クックは一般水夫に対する海軍本部規定の六倍に相当する七二回もの笞刑を加えた者に対して、今度は骨に達するほど深く十字形の傷を両肩（両腕）に付けるよう命じている。このポリネシア男性は木こりと歩哨に投石した集団に属していたといわれており、窃盗の罰として文字通り十字架を背負うことになったわけである。主要な航海誌にはこの種の出来事はまったく記載されていないが、そこからは一般のトンガ人が彼らなりの方法でイギリス人の駐留に抵抗していたことがうかがえる。先の航海では船の乗組員が燃料やその他の目的で勝手に樹木を切り倒していたことがわかっており、もしかすると木こりが投石されたのはそのせいかもしれない[35]。しかし、エドガーの六月二〇日の記述からすると、不満はもっと広がっていたようである。「アムステルダム［トンガ］における滞在の後半には、インディアンの下層階級の中に厄介な連中が現れるようになり、とりわけ夜間、木こりと歩哨にとっては面倒なことになってきた……[36]」。

以上のような常態化した暴力に対し、儀礼的慟哭が女性たちによっておこなわれることもあった。白目盥を盗んだ男を現行犯で捕らえた際に、クックは次のような観察を記している。「この時にカヌーに乗っていた三人の老女が、男のことを大声で嘆き悲しみ、自分たちの胸と顔を猛烈な勢いで打った。しかも、これらすべてを涙ひとつこぼすことなくおこなったのである[37]」。

これは六月十八日のことであったが、同じ日にクックは家畜も盗まれるのではないかと危惧し、最終的にそれを分配する決定を下している。「こう考えて、わたしは翌日の夕方、牛を入れていた小屋の前に首長全員を集め」、パウラホに若いイギリス産の牡牛と牝牛、マエアリウアキには（明らかに取引には興味がなかったが）一頭のケープ産の牡羊と二頭の牝羊、フィナウにはつがいの馬、といった具合に家畜を分配した[38]。家畜は繁殖してトンガの土地を豊かにするよう、きっちりつがいのかたちで分配されている。さらには家畜の様々な利用法をめぐって指示が出され、首長たちは「数がもっと多くなるまで、一頭たりとて殺してはならないし、最後に、それがブリテンの男たちからもたらされたことを孫子の代まで伝えるように」と言い聞かされた[39]。ここで想起すべきなのは、これらの家畜の何頭かはジョージ三世自身によって下賜されたものであり、いわば玉璽が捺されていたも同然だったことである。つまり、クックは一国の主立った人物を招集して贈り物を施すにあたって、皇帝の役割を演じていたわけである。

皇帝ばりの傲岸さは翌朝に起きた一連の出来事のうちにもっとはっきりとうかがえる。クックは気前よく振舞ったにもかかわらず、「四頭の子山羊のうち一頭と二羽の七面鳥の牡」が消えていることに気づいた。ここではクックのリビドー対象となった生き物の象徴的意義を検討することは控えておこう。さしあたっては、彼の役割が文明を広め、イギリスで家畜化された動物によって野生の土地を馴化するだけではなく、いまや主君の玉璽を運ぶことにまで広げられており、そのことで彼の反応がいくぶん重層決定されていたとだけ指摘しておきたい。クックは王と主立った首長がカヴァ〔南太平洋で広く飲用されている、コショウ科の灌木から作られる酩酊飲料〕を飲んでいるところを見つけ出した。そこで、クックは彼らの周囲に衛兵を立て、動物やその他の盗んだ物を返さないかぎり、「彼らが勝手に動き回ることができない」ようにした。首長たちはそれでも悠然とカヴァを飲み続けた。一方、人々が不安に駆られて外に集まりだしたので、クックは「彼らにもう二度と集まってはならないと告げるよう首長に命令し、彼らの命令は守られた[40]」という。それから、彼は首長たちに乗船するよう命じ、「午後四時近くまで彼らを引き留め」、ようやく家畜が戻された。クックは巧みに首長たちを人質に取ったわけだが、彼らのほうもタヒチの首長と同様にクックの扱い方をすでに学んでおり、カヴァを飲みながら彼の怒りの静まるのを待った。これに対して、一般人は自分たちの首長の無事を案じ、より敵対的な態度を示したわけである。ヨーロッパ側では、サムエルがクックの取った行動をはっきりと正当化しているが、十七歳の純朴な士官候補生であるギルバートは、クックを理想化していたにもかかわらず、彼の行動を是としてはおらず、むしろそれを理解しがたく、「どちらかといえばヨーロッパ人に相応しくない」と見ていた。[41] ギルバートによれば、「彼らが海岸に向かって泳いでいたり、カヌーを漕いでいたりした際、仲間［水夫たち］が（後ろから漕ぎ寄って）手の届くところまで近づくと、必ずオールで殴ったり、ボートの鈎竿で突きかかったりしていたが、彼らがそれに耐えているところに」、クックはよく通常弾や散弾を撃ち込んだというのである。[42] なんとも奇妙な行動だが、このことは主要な航海誌にまったく記載されておらず、大半の伝記作家も黙殺している。

ところで、現地の首長に対するクックの態度はきわめて複雑なものであった。彼らがクック自身、さらにはイギリス国王に従属するとみなされていたのは間違いない。しかしながら、今回の航海でも先の航海においても、クックは「高位の人物」と同席することを楽しんでおり、彼らを船でもてなす代わりに、自分のほうも彼らの饗宴に招かれたりしていた。ただし、ポリネシア人が首長の前に跪く儀礼について、彼がそれを賞讃していることを明かしたのはこれがはじめてであった。「王を筆頭として、高位の人物が存在する際に彼らが示す礼儀作法は……まさに賞讃に値する」。[43] クックはヨーロッパの宮廷作法には明るくなかったが、それでもトンガの作法はヨーロッパのそれよりもはるかに勝っていると述べている。そして、クックの感情移入が表面化してくるのは、まさにこのトンガの「作法」との関連においてなのである。文化的であると同時に個人的なものでもあるこうした感情移入の源泉を辿っていくならば、おそらくそれはクックがここで初めてジョージ三世の代表という自分の役割を自覚したことに行き着くだろう。彼は他国の王族の前で一種の大使の役割を演じていた。しかし、ただ形式的に役割を演じたわけではなく、むしろその役割は彼にとって個人的な意味合いをもつものであった。クックは日雇い労働者のもとに生まれた、まったくの叩き上げの男である。このため彼は自分と出身階級を同じくする船の最下層の住民たちから完全に疎外されると同時に、教育や礼儀、躾などの面で恵まれてきた上階の紳士たちからも疎外されていた。乗組員と士官の双方によって記された暴君ぶりは別にしても、少なくとも彼の超然とした態度はこうした疎外と関連しているのだろう。彼はくっきりと区分けされた船の階級システムの中間に宙づりになっていたのである。彼にとって船には友人や腹を割って話せる者はほとんどいない。ところが、現地の首長とならば食事をともにすることができる。こうして、仲間や親睦を求める彼の渇望は首長との関係を通じて表現されたのである。この孤島の中に切り開かれた生活圏の中でならば、彼も自分の知らないヨーロッパ宮廷の貴族や紳士たちの慣例的な外交スタイルなど気にせず、彼なりの方法で大使の役割を果たすことができた。クックがあれほど賞讃したトンガ貴族の礼儀作法は、彼の考えとは違って、実際にはヨーロッパの文明国の作法とはなんの共通点もなかった。ポリネシアの首長たちと親交を深めるなかで、クックは自分の船に欠けているものを賛美していたのである。乗組員と士官はクックに絶対的に服従しており、トンガ人と彼らの首長に似ていたが、トンガ人は加えて「高位の人物たちの面前で」儀礼的な服従と謙譲行為をおこなっており、そのことこそがクックに大きな感銘を与えたのである。

親睦と礼儀作法の面からクックはトンガの首長生活におけるカヴァ・サークルに導かれることになった。クックと士官たちがカヴァを嗜むようになったのは第二回航海の頃からである。彼らはカヴァが醸される方法に嫌悪を感じたが、クックはそこから産み出される親しい交わりに感銘を受けていた。[44] 今回、クックはノムカに上陸してわずか四日後の六月七日に、パウラホという「王」からカヴァの集いに招待されている。クックはこのカヴァの集いにどっぷりとはまり込んでしまい、ウィリアムスン海尉が七月十七日にこう記すほどであった。「クック艦長はしばしばそれを飲み、船乗りたるもの手に入るものはなんでも飲み食いしなければならないという自説を実証した」。[45] ビーグルホールはトンガ滞在も終わりになると、クックが「カヴァを際限なく飲み続けた」と述べており、まさしくその通りだったのだろう。[46]

さて、クックはすでに七月六日の段階でタヒチへの出航準備を終えていたが、風向きがやや変わったため、さらに数日の延期を余儀なくされた。この延期のおかげで彼はちょうど開かれるところであったイナシという儀礼に立ち会う機会を得た。これはトゥッイ・トンガという「王」の称号をもつパウラホが、息子の成人を祝うために催したものであった。クックはほとんど意味もわからぬまま複雑な宗教儀礼に参加しているが、それでも儀式自体について詳細な記述を残している。ここでの目的からすると、驚くべきはクックが演じた役割である。彼は腰まで服を脱ぎ、髪を解き、帽子を脱いだ後で、マイとともに特別に設けられた囲いから儀式を見ることを許されたのである。長い複雑な儀礼のあいだ、彼は自分に課せられた制約を無視し続け、勝手にタブーを破ったり、聖別された地面を歩き回ったりした。監視のために二、三人の男が配置されたが、彼はそれを巧みに避けるか、まったく無視している。イナシ儀礼の初日はこんな調子であったが、翌日に儀礼が再開されると、もはや彼は囲いの中の特別な場所では満足できなくなり、ついに外まで出向いている。「わたしは何度か立ち去ろうと思ったのだが、彼らもついにわたしが動くつもりがないことを悟り……、わたしに両肩を露わにするよう望んだ」[47]。おかげで、彼がトンガの慣習に従うよう特別な「タブー・マン」が近くに配置されることになったが、そうした制止もさほど効果を上げることはなかった。クックは「タブー」がなにを意味するか熟知しており、先の航海ではトンガ人の宗教感情を傷つけないように細心の注意を払っていた[48]。しかし、今回は明らかにそうではない。彼は聖別された地面をずけずけと歩き回り、許可も得ずに聖なる象徴を勝手に検分したのである[49]。

タヒチ訪問とエイメオの破壊

クックは一七七七年の八月十三日から九月三〇日にかけてタヒチに滞在した。すべてのポリネシア民族の中でタヒチ人は誰よりもクックのことを熟知しており、彼の扱いに長けていた。[50] たとえば、第二回航海において彼が「盗人」を探索に出かけた際、タヒチ人の道案内たちは彼の癇癪が収まるまで、長い回り道をしながら連れ回している。今度の航海でも、八月二九日に一本の手斧が盗まれた際、首長のトゥがクックの激怒を恐れて家族とともに逃走し、クックは彼を見つけ出すのに三マイルも歩かなければならないほどであった。[51] しかも、タヒチ人たちは新たな弱者の武器も手に入れている。スペイン人がここを訪れ、現地住民と交わらずに暮らすようになったのである。両者のあいだに性的な交わりは禁じられており、イギリスの船乗りに流布していたスペイン人の残虐さをめぐるゴシップに反して、彼らは節度をもって行動したらしい。そこで、タヒチ人はイギリス人について批判的に語る口実としてスペイン人を利用したのである。ウィリアムスン海尉はタヒチ人が語ったことをこうまとめている。「スペイン人は自分たちの望むものならばなんでもくれるが、もしも我々［イギリス人］のもとからなにかを盗んだとするならば、捕らえられる者はすべて捕らえられ、何人かは実際に殺されてしまうだろうという。概していえば、我々は彼らから露ほどの尊敬も得ていないのに対し、スペイン人のほうはたった一回の航海で彼らの愛情をすっかり勝ち取ってしまったのである」。[52] はたしてスペイン人が本当にタヒチ人の述べるように理想的な統治を始めたのかどうかは疑わしい。しかし、彼らはタヒチ人にとってヨーロッパ人を指す新たな準拠集団となり、彼らを方便に使うことでタヒチ人はイギリス人の行動に対して批判的な意見を述べることができるようになったのである。彼らの意見はきわめて説得力に満ちていたため、アンダーソンは自己批判的な見解を述べているほどである。「結果的に、原住民はかの国の者たちに対し一種の崇敬の念を実際に覚えるようになっており、彼らの力を賞讃するというより、むしろその道徳的な性格を尊敬しているようである。このことは穏やかな扱いのほうがときには武力よりもはるかに効果的であることの証左といえるだろう」。最後の一節は遠回しなクックへの批判だろう。[53] ともかく、こうしたスペイン人観はイギリス側による暴力への傾倒を冷却する上でなんらかの効果を上げたに違いない。少なくともタヒチ本島においては。

クックはスペイン人の存在を憂慮しており、トゥからスペイン人のマタヴァイ湾への入植は許さない、「ここ［マタヴァイとタヒチヌイ］はあなたのものだから」と告げられた際には、きっと胸をなでおろしたことだろう。[54]ところで、この「ここはあなたのものです」という一言はきわめて意味深長である。まず第一に、それによってトゥは仇敵であるタヒチイティのヴェヒアトゥアがスペイン人の味方についたとしても、自分にはそうするつもりがないと暗にほのめかしている。第二に、トゥはクックの自意識をくすぐる方法をすでに学んでおり、「タヒチヌイはあなたのものです」という言葉で、実際には「あなたがこの領土の主です」ということを告げたのである。しかも、こうした追従には政治的目的も含まれていた。トゥは近隣のモーレア島、古名でいえばエイメオへの侵略戦争にクックを巻き込もうとしていたのである。

ここではしばらくこの戦争に焦点を当ててみることにしたい。航海誌の記述は詳細で、クックはあえて前回の一七七四年の訪問でトゥとテトッオファ（トウハ［クックの航海誌での表記］）が援助を求めたところから語り始めているほどである。[55]八月三〇日に、クックはエイメオの人間たちが武装し、トゥの友人たちが「山に逃げ込まざるをえなくなった」と述べている。ここで彼はエイメオの人間たちを「不満分子」と呼んだ。クックにとってトゥはタヒチ全土の「王」であり、テトッオファのような首長は彼の「提督」とみなしていた。クックがイギリス型の王権モデルをタヒチに投影したのは事実だが、彼はそこに船内での権威という別のモデルも重ね合わせていたのである。反乱は船におけるもっとも重大な犯罪であり、だからこそクックは王の権威に背いた者を反乱者と呼んだわけである。[56]

クックの記録によれば、評議会がトゥの家で開かれ、エイメオに住む友好関係にある集団を支援するため、強力な軍勢を送ることがタヒチ人によって決定されたという。「戦争を唱える者たちはわたしの援助を求め、わたしがどんな役割を担うのか皆知りたがった」。そこで、クックは紛争についてなにも知らず、エイメオの住民が彼を攻撃したわけでもないので、自分がそこに介入することはできないと宣言した。クックにしてみれば、これで彼らも納得するだろうと考えたのである。[57]

九月一日の朝、オロパア地区の主要な首長（クックにいわせれば「提督」）であるテトッオファア〔タヒチ語〕（〔航海誌では〕トウハ）が、「エアトゥア〔イギリス人の記述〕〔アトゥア〔タヒチ語の「神」〕〕に生贄として捧げて、エイメオ侵攻に神の加護を求めるために、一人の男を殺害した」とトゥに知らせてきた。[58] クックはこれを「かの異常で野蛮な慣習についてなにか知る絶好の機会」と捉え、トゥの許可を得ると、マイ、アンダーソン、画家のウェバーらとともに「アッタホウロウ〔イギリス名〕〔アテフル〔タヒチ語〕〕の大モライ〔寺院〕」までトゥに同行している。[59] クックの人身供犠をめぐる記述（さらにはアンダーソンの記述）は航海誌の山場のひとつをなし、これまでクックが記した記録をはるかに凌駕する素晴らしいできばえとなっている。儀礼自体は本書の主題に直接関係しないことから、ここではふれないことにする。クックはトゥに嫌悪感を露わにしたが、愚かにもマイはイギリスの貴族でも自分の召使いを殺害すれば罰せられるだろうとトゥに告げた。このため、「我々が彼らの習慣を軽蔑するのと同じくらい、彼は我々の習慣を強く軽蔑することになってしまった」。[60]

ここでのクックの行動に関して印象的なのは、彼が自分の抗議とは裏腹に、実際には一方の味方をしていることである。タヒチの首長のなかにもトゥに反抗する者がいるかもしれないとの噂を耳にし、クックはこう記している。「これを聞いて、わたしは我が友〔トゥ〕を支援するため、彼に反抗した者は、わたしが島に戻ってきた際に、みな報復を受けることになるだろうと脅すことを思いついた」。[61] さらに、トゥの父親がクックのエイメオ訪問にあたって、家族共々同行してよいか尋ねてきた。「この思慮深い老人は、わたしが彼らに同行しさえすれば、たとえわたしが紛争当事者のどちら側にも与しなくとも、自分たちの大義に弾みがつくに違いないとふんだのだろう……」[62]。このように、予定していたエイメオ訪問にトゥの父親と家族を伴った場合、どんな政治的含意をもつかクックが悉知していたことは明白である。しかし、最終的に紛争当事者が停戦合意にいたったために、どちらの措置もまったく必要なくなり、クックはようやくエイメオに向けてタヒチを立つことになった。

クックがエイメオに投錨した翌日の十月二日、首長のマヒネが「たいへん用心深く船に近づいてきたので、乗船させるにはいくらかの説得が必要であった」[63]。彼は「オタヘイテ［タヒチ］から独立したかたちで自分の地位を築いた」人物であった[64]。脆弱な体つきをした禿頭、隻眼の老人だったが、クックを訪問した際にはまるで「頭を見せるのを恥じている」かのように、布で禿頭を隠していたという。クックはすぐにマヒネの陥っていたジレンマを見抜いた。ここの人々は彼らが「盗みで捕まえた一人のインディアンの頭髪を剃る」ところを見ていたため、哀れなマヒネはイギリス社会では禿頭が恥辱なのだろうと考えたわけである[65]。おそらくこうした思い込みは船上の紳士たちが鬘や帽子を被っていたことによってさらに強められたことだろう。わたしの知るかぎりでは、右のようなクックの婉曲な言及を除いて、ここで問題とされている窃盗や剃髪による懲罰はどんな航海記録にも言及されていない。この沈黙からは次の二つのことが妥当な推論として引き出せる。第一に、窃盗に対する剃髪は航海誌を記す者があえて取り上げる必要のないくらい常態化していたこと。第二に、問題の懲罰はクックがエイメオに上陸した当日におこなわれたこと。まさにそれはそこに住むポリネシア人や彼らを指導する反乱者マヒネに対し、クックの態度が一変する前兆だったのである。

暴力は十月六日に二頭の山羊が二度に渡って盗まれたことに端を発している。クックはこれによって他の島々のために取っておいた家畜のストックが損なわれたといっているが、エイメオに割り当てた家畜の数を減らせばよいのだから、詭弁というほかない。しかも、盗まれた家畜のうち一頭はレゾリューション号の士官用食堂のものであった。[66] クックは盗まれた動物が首長のマヒネのもとに運ばれたものとみなした。こうした考えがどこから浮かんだのか、テクストはなにも語っていないが、マイがクックの唯一の通訳であることから、おそらくは彼が偏見を煽った張本人なのだろう。クックは「山羊と犯人をただちに引き渡さなければただではすまないと、マヘイネに脅しの通告」を送りつけた。[67] しかし、山羊を捜しに出かけた現地人は誰一人として戻らず、これはクックの怒りをますます掻き立てたに違いない。とりわけ、盗まれた山羊の一頭は「子を孕んだ牝山羊」だったからである。[68] ほどなくして最初の山羊と犯人が捕らえられたが、犯人は盗み自体を否定しなかった代わりに、「クック艦長の乗組員が自分からパンの実とココヤシの実を取り上げ、支払いをしなかったので、盗んだのだと申し立てた」。[69] おかげで男は釈放されることになり、クックの怒りは一向に収まらない。クックはもう一頭の山羊を捜すため、さらに二人の下士官をボートに乗せて送り出したが、彼らも手ぶらで戻ってきただけであった。そこでマイは「出合う者を片端から撃ってはどうか」と助言するが、クックによれば、「こんな血なまぐさい忠告に従うことはできなかった」という。[70] とはいえ、彼は身重の山羊を見つけ出すためならばどんな極端な手段もいとわない。「わたしはウィリアムスン海尉に、三隻の武装ボートを使って島の西側を回航し、我々に合流するように命じた。わたしが自分の一隊とともに上陸するやいなや、そこに残っていた原住民が我々の前を逃げていった。オマイ［マイ］は自分が最初に見つけた男を撃ってもよいかと訊ねたが、それほど彼は自分の助言をわたしが実行するものと信じて疑わなかったのである」。不思議でもなんでもないだろう。マイはクックの怒りが激しいことに気づいていたのだから。[71] そして、ここから一頭の山羊をめぐって三五人の完全武装したイギリス人が繰り広げた、驚くべき探索の物語が始まる。

これから越えなければならない丘の尾根を登り始めた時に、山羊が我々の前にここを通過したとの情報を得た。

まだ丘を越えてはいないと判断したので、我々は山羊を連れた連中に奇襲をかけようと考え、いっさい物音を立てずに前進した。ところが、尾根の側面のもっとも高いところにある農園に到着してみると、そこの人々から、山羊は最初の晩はここに置かれていたが、翌朝、ハモアーの手によってワテアに連れて行かれたと知らされた。そこで、我々はそれ以上の調査はせずに尾根を越え、ワテアが見えるところまで来た。何人かがハモアーの家を指し、山羊はそこにいるといったので、わたしはただちにそれを取り戻す決心をした。ところが、実際にそこに行ってみると、かなり驚かされることになった。わたしがそこで出合った者たちは、山羊どころか、ハモアーすら見たことがないと否定したからである。最初にその場に到着した際、わたしは数人の男たちが棍棒と投矢の束を手に持ち、走って森の中に出たり入ったりしているのを見ていた。オマイが彼らの後を追いかけてみたところ、いくつかの石が投げつけられた。そのことからすると、彼らはわたしが力ずくで取るかもしれない手段に対抗しようとしていたのだろう。しかし、こちら側がきわめて強力なのを見て、彼らも計画を断念したようだ。こう判断したもうひとつの理由としては、彼らの家がどれも空であったことが挙げられる。わたしはその場にいた数人を集めてから、彼らが取った行動を戒めて、こう伝えるようにオマイに頼んだ。非常に多くの人間による証言から、わたしはお前たちが山羊をもっていると確信しており、それを引き渡すことを強く要求する、さもなければお前たちの家やボートを焼くことになるだろう、と。[72]

ところが、クックの言によれば、彼らが自分やマイのいうことに従わなかったため、「六ないし八軒の家に火をつけたところ、それらは何軒かの家［に］あった二、三隻の戦闘用カヌーもろともすぐに燃え尽きてしまった」という。[73] それでもなお山羊は戻らない。そこで、翌朝になると、クックはマイの召使いの一人を首長のマヒネのもとに送り、「山羊を返さなければ、島からおまえのカヌーを一掃し、山羊が戻るまで破壊をやめない」と通告させた。[74] さらに自分が本気であることを示すために、彼は船大工を送って、「湾頭」に陸揚げされていた三、四隻のカヌーを破壊させた。気が違ってはいてもそれなりの筋道は通っているものであり〔シェイクスピア『ハムレット』第二幕、第二場〕、なんとクックはオマイのためにファヒネに家を建てる際、その板を用いることにしたという[75]。これで略奪と狂乱と破壊が止んだわけではない。「その後、わたしは隣の港に行って、三、四隻のカヌーを破壊し、同数を焼却した[76]」。もちろん、山羊が戻ってきたのはいうまでもない。

クックが大量破壊の記述を自分の航海誌に加えていることは注目に値する。わたしとしては、すでにこの時点で彼がこうした出来事を削除するだけの判断力を失っていたと推測するほかない。加えて彼は後悔の念も欠いていたようだ。せいぜい彼はこう述べているにすぎない。「こうしてこの厄介な、いささか不幸ともいえる事件は終了したが、どちらかといえばそれは原住民の側よりも、むしろわたしにとって遺憾な事件であった[77]」。

航海誌をつけていた者のうち、クックの行動を正当化しているように見えるのはたった二人しかいない。サムウェルは首長たちが「自らそれを招いた」と考えており、報復は厳しすぎるように見えるかもしれないが、実際には「原住民が次の機会にはもっと慎重になるわけだから、むしろ慈悲深いといえるだろう……、彼らも自分たちを責めるしかない」と述べている[78]。また、クラークはもう少し批判的だが、それでも結局のところ山羊を「取り戻すためにすべての穏便な方法がとられた」と判断している[79]。対照的なのは我らが純真な士官候補生のギルバートで、彼は「これらの人々を敵だと公言するオトゥー〔トゥ〕への友情の篤さ」に、クックがほだされたのだろうとなかなか鋭い指摘をしている[80]。驚くべきはサムウェルと同様にクックを偶像視していたキングの批判である。「我々は数人の犯した罪のために、かくも多くの無辜な人々を罰しても当然だと判断したわけだが、はたしてそれが正義について抱きうるなんらかの基準に見合うものか疑わしいところだと思う。とにもかくにも、略奪は許されるべきではなかった……。今後、彼らは我々を恐れることはあっても、愛することはけっしてないだろう[81]」。野蛮人の戦争様式とみなされた略奪にクックが訴えたのはこれがはじめてであった。彼は船で消費するために豚と犬を殺し、現地人の菜園からココヤシとパンノキを根こそぎにしたのである。[82]

十月十一日、クックは荒廃した小島エイメオを後に残し、マイを定住させようと計画していたフアヒネに一路向かい、翌日にはファレの港に投錨した。ところが、上陸する前からすでにキングは「エイメオから連れてきたインディアンの一人がなにかを盗んだ嫌疑で捕らえられ、これを聞いて激情に駆られた艦長が彼の頭を剃り上げ、両耳を切り落とすよう床屋に命令した」と報告している。[83] 男にとって幸運なことに、ある士官（おそらくゴアかキング自身）が「艦長はたんに一時の激情に駆られたにすぎないと確信して」別の命令を下し、おかげで罪人は片方の耳たぶを失うだけで逃げることができた。[84] どうやら、イギリス人士官もタヒチの首長のように、クックの「激情」を静める方法を編み出していたようである。

フアヒネに着くと、クックは首長たちを集めて、マイを代弁者に立てると、マイと二人のマオリ人召使いの家を建てるために土地を提供するよう要求した。それに対する返答はこうだ。「一人の男が立ち上がって、フアヒネの島全体、およびそこにあるすべてはあなたのものであり、なんなりと好きなようにオマイに与えることができる、とわたしに向かって述べた[85]」。こうした声明はタヒチのトゥの場合のようにたんなる追従か、クックに媚を売る独特な方法なのかもしれないが、どうやらクックは額面通りに受け取ったようである。さらにはクック自身がすっかりそう思い込んでいたふしさえある。実際に彼は島々の支配者として振る舞っていたのだ。「これらの「連中」を威嚇するために、わたしはこういってやった。自分はいつもと同じくらいここを留守にするが、その後また島に戻ってくるので、もしもその時にオマイがわたしの去る前と同じ状態になければ、彼に敵対した者はわたしの怒りの重さを思い知ることになるだろう[86]」。

まさにこの怒りは十月二三日にベイリーの天体観測所から六分儀を盗み出した男の上に重くのしかかることになる。マイが首長たちに返還を要請しようとしたが、彼らはちょうど芝居を見ていたところであった。クックが中止を命じたところ、マイは件の罪人が芝居の場にいるのを発見した。そこで男は船に連行され、鉄枷をかけられた。さらに男の頭髪と髭が剃り上げられ、両耳が切り落とされた[87]。その後、六分儀が発見されたので男は解放されたが、すぐさま彼は報復にマイの菜園にあったブドウの木とキャベツを破壊している。このため、クックは男を再び捕らえて、同じ場所に監禁した[88]。どうやらクックとマイはいまや同じような考え方をするようになっていたようだ。野蛮人となった文明の使者と文明化された野蛮人との区別は、このように共謀して誘拐を黙認している点ですでに崩れ去っていたのである。ところが、操舵手か歩哨のいずれかが男を逃がしてしまったため、両者は拘束され、「それから毎日鞭で打たれ」、最終的には「職務怠慢のために降格」されてしまった[89]。

いうなればクックとマイの関係は、民族誌学者が文化の迷宮を道案内してくれる通訳（もしくは主要インフォーマント）と、長い時間をかけて築き上げるあの理想の関係に似ている。民族誌学者と通訳のように、クックとマイは緊密で共生的といってもよい関係を結んでおり、おかげで両者はともに相手の分身（アルター・エゴ）と化し、相手の存在に潜む暗い側面の欠片を増幅してしまったのだろう。

低い身分の出身でありながら、イギリスの著名人に名士扱いされたマイにとってみれば、クックは正真正銘の首長にほかならなかった。島における彼自身の立場はクックにかかっており、すでにクックは住民を恐怖で支配することによって、実質的に島々の支配権を握っていた。フアヒネについて、彼は次のように述べている。「他のいかなる場所以上に、ここでは無秩序が広がっているように見えた。前に述べたように、エアリー・ラヒー「アリッィ・ラヒ」はまだほんの子供にすぎず、彼に代わって政治をおこなう一人の人間、または一組の人間も見出すことができなかった[90]」。だからこそ、人々はどこよりも厄介で、「ただ恐怖」と機会の欠如だけが、彼らの行動を抑えているにすぎない、というわけである。

もはや島民に科せられた刑罰についてくどくど同じ話を繰り返す必要もない。残虐行為自体が感染性をもっていたのである。ファヒネ滞在後に船はライアテアに向かったが、まさにその上陸の当日に、クックに対してつねに批判的であった独善家のウィリアムスンが、「［釘を盗んだ男の］横面を踏みつけて歯を数本叩き折り、さらにそのインディアンをもっとひどい方法で痛めつけ」ている。[91] 以前の滞在ではライアテアの人々が乗組員を饗宴と見世物でもてなしてくれたが、今回はそれも見られない。海兵のジョン・ハリソンが脱走し、クックは二隻の武装海兵を乗せたボートを率いて彼の後を追い、とある村の家で彼を逮捕した。[92] その後、さらに二件のより深刻な脱走事件が生じている。いずれもディスカヴァリー号に配属されていた、海軍のムート艦長の子息アレグザンダー・ムートと、一般水夫一名の脱走である。クックは彼らを発見するために八方手を尽くしたが、どうやらすでに二人がボラボラ島に逃げていたため、どれも功を奏さなかった。そこで、クックは彼らを連れ戻すために、もっとも尋常ならぬ手段に訴えた。彼は首長のリオ、彼の息子と娘、義理の息子の四人を船に招き、リオを除く三人を人質としてディスカヴァリー号に留め置くようクラークに命令したのである。リオはかつてクックの友人だったことから、当然のことながら、クック自身が監禁の命令を出したとは信じられず、家族を解放するよう彼に嘆願した。これに対して、クックは「もしもわたしの側の二人が戻されなければ、さらに他の者たちを自分のところに連れ去る」と答えた。[93] 前回の滞在でリオと彼の家族はクックを饗応し、船の補給物資を大量に提供しただけではなく、彼を讃えるために芝居を上演しており、別れ際にはクックにきわめて愛情のこもった言葉をかけていた。[94] ところが今回はというと、クラークによればこうだ。「年老いたオレオ［リオ］は半狂乱となり、一時間もしないうちに、船尾甲板にこれまでなかったほど多くの女性が集まり、鮫の歯で頭を傷つけ、囚われた人々の運命を嘆き悲しんだ。彼女たちのうめき声があまりにも憂鬱なため、それが終わるまでの二、三時間のあいだ、船はこの上なく陰鬱な場所になってしまった……」。[95] やっとのことでリオの部下たちがボラボラ島から脱走者を連れ戻したおかげで、人質は解放された。しかし、今度は首長たちの側が淡水で沐浴するクックとクラークを狙って殺害を企んでいた。ただし計画は船に乗り合わせていた一人のファヒネ女性によって暴かれてしまい、二人の艦長がその日に沐浴に出ることはなかったのである。[96]

ハワイの発見

ハワイの発見はクックによってあらかじめ計画されていたわけでも、予期されていたわけでもない。タヒチ諸島に最後の別れを告げてボラボラ島を出発してから、クックは五週間も北上を続けており、そのさなかの一七七八年一月十九日に、ハワイ諸島が僥倖のようにひょっこりと彼の眼前に現れたのである。探訪はきわめて短く、クックはたった三日を陸上ですごしただけだが、回顧的にみるならばまさに決定的な三日間といえるだろう。ポリネシア文化の広大な広がりと分散ぶりに魅了されたクックは、新たな発見への挑戦に駆り立てられたようである。

クックをなによりも驚かせたのは、交易上のやり取りが整然としていたことであった。ここでは数件の「盗み」が発生したにすぎず、クックは他の上級士官と同様に、ハワイ島民は南太平洋のどの島の住民よりも正直なのだろうと考えた。島民が盗みを犯さない以上、すぐに報復しなければならないきっかけもなかった。また、クックは「性病」の拡大を憂慮しており、規制の効果がないことは承知の上で、「女性たちとのいかなる種類の関係」も禁ずる命令を発している。[97]ここではカウアイ島が目視された翌日の一月二〇日の朝に起きた出来事に注目してみよう。クックは停泊地を探すようウィリアムスン第三海尉に命じたが、その際に彼はハワイ人をはじめて殺害してしまったのである。ウィリアムスンは航海誌の中で自分の行為を次のように弁明している。「船の下級乗組員たちがまったく人道をかえりみず、インディアンを殺すぐらいなんとも思っていなかった」ので、彼は自分のボートに乗る一般水夫に発砲しないよう厳命していた。ところが、彼らが上陸しようとしたところ、百人以上もの現地人が大挙してボートにつかみかかり、何人かが中に飛び込んできた。そこで彼は数本の釘で彼らを手なずけて追い出し、別の上陸地点を探そうとしたが、他の数人がなおもボートに乗り込もうとしたために、それも不可能であった。そのうち一人の男が鉄を欲しさにボートの鉤竿につかみかかった。ウィリアムスンは彼に一本の釘を与えようとしたが、彼が拒んだので、今度は銃床で殴りつけてみたが、それでも効果を上げなかった。そして、男がまだ鉤竿にかじりついている間に、別のハワイ人が「自分を殴ろうとした」ため、ついにウィリアムスンも発砲せざるをえなくなったのだという。「撃たれた男は四〇歳ほどの、背の高い立派な男で、首長であるように見えた。銃弾は彼の右乳首に命中し、男はすぐに水中に沈んで死んでしまった……」[98]。はたしてハワイ人がウィリアムスンのいうように実際に鉄を盗もうとしたのか、それともたんに異邦人を自分たちのいる場所に上陸させようとしただけなのかは定かではない。いずれにせよ、事件は一人のハワイ人が船から肉切り用の大包丁を盗み出した直後に起きており、そのことからウィリアムスンは単純に彼らの行為を「盗み」と解釈したのである。クックはずっと後になってから事件に言及しているが、彼はウィリアムスンがハワイ人の行動を誤解したのではないかと感じていた。クックの考えでは、彼らは「ボートにいる誰かを殺したり、傷つけたりする」意図をもってはおらず、「たんなる好奇心から相手が持っているものを受け取ろうと興奮し、同時に自分の持っているものをなんでもお返しに与えるつもりだった」[99]のだという。実際、ボートから盗まれたものはなにもなかった。ウィリアムスンは自分の行為を正当化し、クックの非難に答える必要を感じていたので、自分の航海誌では先人の著作を引き合いに出しながらこう述べている。「こうした野蛮人ははじめに力ずくで押さえ込まなくてはならない。そうすれば、彼らに示されたどんな小さな好意でも愛情によるものだと、進んで信じ込むようになるからである。さもなければ、彼らはそれを弱さや臆病さのせいにして、たとえ贈物をしても彼らの傲慢さを増長させるだけだろう……」[100]。最初に現地住民に恐怖感を植え付けることを正当化している点では、ウィリアムスンの理路整然とした説明も、クックの船の士官たちが抱いていた見解とさして違いはなかったのである。

クックがその日の午後、数百人の現地人が集まっていた場所に上陸した際、彼は殺害についてなにも知らされていなかった。「わたしが岸に飛び降りた瞬間に、彼ら全員が平伏し、わたしが立ち上がるよう合図するまで、そのへりくだった姿勢でいた」[101]。現地人の反応がウィリアムスンの引き起こした恐怖に基づくことは明白である。彼がその際クックに同行していたからである。ウィリアムスン自身は彼らの従順さが「我々の優位をすぐに見せつけたことのよい効果」だと自負しており、これで自分の行動の正当性も証明されたと考えていた[102]。すぐにクックにはトンガのタブー・マンに似た現地の案内人がつけられ、彼の行くところに必ず付き従うことになった。クックは自分に対する平伏の儀礼が「彼らの大首長に対しておこなわれる」たぐいのものだとはっきり認識していた[103]。案内人に導かれて、クックと何人かの士官はワイメアでヘイアウというハワイの寺院を訪問し、短い記述を残している。彼の記述からすると、この時期にカウアイ島でいかなる大祭もおこなわれていなかったことはほぼ間違いない。

さて、ここでは北西航路をめぐる長く、虚しい探索については言及しないことにする。ただクックのつのる不機嫌さ、士官と水夫の双方からの隔絶ぶり、孤独な感情の爆発、次第に失われがちになってゆく現実感についてだけ強調しておこう。すでにハワイでもその兆候は見られた。船の操舵手であったトーマス・ロバーツが一月二七日に亡くなったのだが、クックはこの重大な事件について航海誌でふれていないのである。発見航海の雑事に忙殺されて見過ごしたとするビーグルホールの説明は素朴すぎる。というのも、先の二回の航海ではたとえどんな忙しい時でも、細部にうるさいクックは乗組員の死亡や負傷について記録に留めているからである[104]。まるで死になんら動かされなくなってしまったかのようだ。たとえば、マイに対する対応を思い起こしていただきたい。マイは常々いろいろな島の住民を殺害するよう主張していたにもかかわらず、クックは彼をファヒネに定住させたあとで、武器庫一式と十二分すぎるほどの弾薬の貯えを残したのである。[105] 航海誌に見られるもうひとつの奇妙な記述としては、まるで一度も見たことがないかのように、ハワイのサツマイモについて詳述していることが挙げられる。「聞くところによれば、これらのイモはヴァージニアや北アメリカ各地でごく一般的に見られるもので、スパニッシュ・ポテトの名で知られているそうである[106]」。実際には彼はこのイモについて熟知しており、ニュージーランドではいつも食べていたほどなのだが、それでも記憶がないようである。その後、北西海岸を北上中にクックは二度に渡って国王の名のもとに領土を占有し、そのたびに同じ象徴的(パフォーマティヴ)な行為を演じているが、これはまったく無意味であった。というのも、ポリネシア諸島の場合とは異なって、ここには荒涼たる湾や川を除き、占有すべき明確な地理的実体がまるで存在しなかったからである。船医のアンダーソンは規則的に、なんの目的もなく演じられる儀式の虚しさについて指摘している。[107] ビーグルホールによれば、別のより深刻な判断ミスも起きている。クックは同じ島を四回も不完全に視認し、それぞれクラーク島とアンダーソン島と別々に命名したのである。ブライはこのことを「はなはだしい誤り」と呼んでおり、ビーグルホールも、「第二回航海時のクックならば、間違いなく真理を究明していただろう」と的確な見解を述べている。[108]

現代におけるもう一人のクック信者であるヒューは、このリストにさらに加えて、彼の英雄が航法の分野自体で犯した判断ミスを挙げている。「たとえば、ゴアのいうなりになってアラスカのクック湾を遡上したり、航海日程に無頓着な態度を取って、二度も北極圏の夏を無駄にしたりといった責任感の喪失……。ボナヴィスタ島沖の暗礁に向けてまっすぐ進路を取ったり、その他の致命的ともいえる操船術上、航法上の過ちを繰り返したりしたこと、これらにいったいどんな説明がつけられるのだろう[109]」。過失はさらに北に向かう航海でも生じている。

そこでもまたクックは乗組員に非合理な態度を取り、彼らが嫌悪したセイウチの肉を食べるよう強要した。彼らが拒否すると、クックは塩漬けの糧食をすべて削減し、「そうしなければ飢え死にしそうな者たちに塩漬け肉を回復すること」をしぶしぶ同意したにすぎない。[110] キングからすると、この場合のクックは「いつもの分別や物わかりの良さに反して、はるかにせっかちであった」となるが、[111] ヒューのほうはもっとあけすけに「力ずくで彼らにセイウチの臭い肉を食べさせた」と述べている。[112]

彼らの北へと向かう航海が航路発見の兆しもない長く冷たい航海であったのはいうまでもない。両船は主として劣悪な資材と粗雑な職人仕事のため、絶え間なく問題を生じていた。クックは次第に自分自身に閉じこもってゆき、士官たちとの交流や信頼関係をほぼ完全に断ってしまう。また、彼の激怒は目に見えて顕著となっていった。トレヴネンが彼の激怒をヘイヴァと呼んだのもまさにこの時期においてである。

ヘイヴァとは南海島民の舞踏の名称だが、ちょっとしたことでクック艦長が癇癪を起こし、激しい動作で甲板を踏みつけることがあり、その姿がよく似ているために、全員がそれをこの名前で呼ぶようになった。そこから士官と乗組員のあいだでは、「オヤジが誰それに対してヘイヴァを踊っている」という言い回しが広まった。[113]

この「世界でもっとも悲惨な土地」には、菜園を築き、家畜を放つような場所もなかった。また、人気のあった船医のアンダーソンも衰弱死している。こうして、迫りくる冬のためにクックは十月になって計画を一時中断せざるをえなくなったのである。ビーグルホールは「氷が彼を打ち負かした」と述べているが、そのことをクック自身もこう認めている。

しかしながら、わたくしとしては成功の望みがほとんどないと告白しなければなりません。氷は容易に乗り越えることのできない障害ですが、行く手に待ち受ける唯一の障害ではないでしょう。両大陸のあいだの沿岸部はかなり沖に出るまで浅く、中間でさえ水深はわずかしかありません。このことや他のいくつかの事象はどれも、この凍てついた海に我々が知る以上の陸地が存在することを指し示しています……[114]。

クックには航海を続けるいかなる道も残されていなかった。そこで彼は冬季のあいだハワイ（サンドウィッチ諸島）に戻り、翌年あらためて現実味のない北西航路探索を試みることにしたのである。

一ヶ月後には温暖な気候に戻ることができたが、それでクックの心が氷解したわけではなかった。彼の航海誌は彼自身について多くを語らないが、他の者たちの航海誌からそれを推し量ることはできる。ハワイ諸島が見えたのは一七七八年十一月二六日のことであった。クックは通常の命令を下し、許可を得た者たち以外の交易や、女性の乗船を禁じている。後者は性病を防ぐための措置だが、クック自身は住民がすでに先の寄港時に「性感染症（ヴェネラル・ジステンパー）」に罹ってしまったことに気づいている[115]。すべての交易はカヌーで訪れて、船によじ登ってきた現地人によっておこなわれた。食料は欠乏していなかったものの、船の側の交易品が不足しており、クックによれば、釘と道具を除いて、「彼らに与えるべきものをなにも持たなかった」という[116]。もう一つ別の規則も発令されたが、これはまったく新たなもので、先に述べたウィリアムスンの行動やそれ以前のトンガでの経験に関連していることはまず間違いない。すなわち、火器を携帯する士官は現地人の盗みを誘発することになるので、「よって、士官および乗組員は（任務ではないかぎり）いかなる火器も船から持ち出したり、陸上に持ち込んだりしてはならない、また、必要時に使用する際には、現地人に装塡方法を知られないよう細心の注意を払わなければならない[117]」。しかし、こちらの規則はほとんど意味をなしていない。なぜなら、クックは誰もが予想したようにすぐに上陸するのではなく、七週間近くものあいだ島を回航し続けたからである[4]。この点に関してビーグルホールは、「理由はどうであれ、クックは乗組員との絆を失い始めたかのようである」と述べている。[118]

乗組員はクック自身と同様に、きわめて困難な、肉体的にも消耗する航海を終えたばかりであった。いつものように彼らは狭く閉じられた船内環境から解放されることで、その代償が得られるものと期待していた。これまでのクックの方針では、できるかぎり迅速に投錨し、乗組員を解放することになっていたからである。ところが、今度はそうならなかった。彼らは船に閉じこめられただけではなく、乗船しようとカヌーでやってきた女たちと接触することすらできなかったのである。リュウによれば、女たちは去り際に「(甘い言葉ではなにもなしえないと気づき)心の底から我々を罵倒した」という。[119] 明らかにクックの側が方針を変えたのである。「キングは……無事に停泊してからかなり詳しい記録を残し、ようやくそれが理解できるようになったと考えていたが、実際のところは艦長の動機を推測してみただけのことである。艦長の方針はできるだけ長く海にとどまることだったが、そもそも彼自身が自分の動機についてはっきり理解していたのかどうかすら定かではない」[120]。ビーグルホールのいうとおりである。クックの方針はどう見ても合理的とはいいがたく、先に指摘した判断力の喪失にこそ合致する。次第にクックを押し包むようになっていった非合理性こそが、彼の行動指針となったとは考えられないだろうか。事実、彼の非合理な行動はトンガで彼が示した無関心ぶりとも呼応していた。クックはそこでフィジーとサモアについて情報を得たが、十分な時間があったにもかかわらず、訪問してみようとは思わなかったのである。そしてここでもやはり、彼は航海の目的のひとつが民族学にあることも忘れて、島を回り続けている。前回の訪問の際には、たった三日しか上陸しなかったが、今度の場合、本来ならばハワイ人の生活様式について調査すべき貴重な時間を、クックはただ島の周りを回航しながら浪費しているのである。その怠慢ぶりについてキングは自分の航海誌でこう記している。

もしも原住民の習慣や島々の特産品に関して調査をおこなうという目的があり、我々の中に誰かそうするだけの能力と時間的余裕を持ち合わせていた者がいたとするならば、彼はこうした進展に大いに苛立ちを感じたに違いない。我々が接触する人々は最下層の無知な人々であり、彼らは自分の商品を売りつけて、陸に戻ることであまりにも忙しく、我々の調査に応じる余裕がなかった。このため、我々は陸についてごく表面的なことしか語ることができない。[121]

クックの別の行動からも、無頓着さと日常的現実からの遊離が続いていたことがうかがえる。陸地が見えてから二週間ばかり経った十二月七日の月曜日、ビールの備蓄が底をついたため、クックはそれを自ら調合した飲み物に代えようとした。「大量のサトウキビを手に入れ、数日前に試してみたところ、強く煮出すと口当たりのとても良いビールができることがわかり、船内の誰からも良い評判をえたので、わたしはそれをもっと醸造するよう命じた。ところが、樽に飲み口をつけようとしたところ、反抗的な乗組員が一人ならずおり、味見しようとすらしなかった」[122]。いうまでもなく、ここでいう「船内の誰」は士官を指し、「不穏な乗組員たちは、それが健康を害すると主張した」[123]。クックは乗組員の振る舞いを記録するにあたって強い語調を用いているが、彼らのほうも正式な抗議書をクックに送っている。士官候補生のワッツによれば、そこでは「糧食の配給が少ないことも同時に言及されており、彼らはただのがらくたと引き替えに食料が購入できるほど豊かな土地に来た以上、増量されるものと思っていた」という[124]。

この記述の中で注目すべきは、船の乗組員が北へ向かう航海以来ずっと「配給減」の状態にあったということである。彼らはいまや豊かな土地にいる以上、完全な配給を得てしかるべきであった。「クックは単純にそのことを忘れていたようだ」とするビーグルホールの説明では、はっきりいって不十分である[125]。では、キング海尉や両船の他の上級士官はどうだったのだろう。全員が忘れていたとはまず考えられない。士官の誰一人あえてクックに近づき、この件に口出しする勇気を持っていなかったのかもしれないし、たとえ彼らがそうしたところで、クックがあっさり無視し、命令の撤回を拒んだのかもしれない。また、配給減をめぐる不満がいきなり噴出したとも思えない。仮にそうであったとしても、士官のなかの誰かは事前に気づき、おそるおそるクックに接触していたはずである。いずれの場合にしても、クックは無頓着であったことになる。しかし、逆に水夫の状況に彼が気づいていたとしたならば、どうなるだろう。実はわたしはそう考えているのだが、その場合には、クックは誰も知らないなんらかの違反を理由に、意図的に水夫たちを罰していたことになる。つまり、父であるクックはあえて愛情を与えなかったのである。ワッツによれば、クック自身はもっと早く知っていれば、改善していたはずだと答えたという。[126]

乗組員の「反抗的」な態度に対するクックの対応は、食物をめぐる言説が愛情をめぐる言説でもあるというわたしの仮説をよりいっそう強固にしてくれる。[127]「わたしはグロッグをどちらの船でも出さないよう命令した」。さらにワッツの記録では、実際に「ブランデーの樽が船倉に降ろされた」という。[128] ここでも再びクックの上にクルツの影が差しているのである。

以上のことからすると、どうやら食物は日常的現実をめぐる通常の実践的レベルと、「心理的現実」をめぐる象徴的レベルという、二つのレベルで機能していたようだ。このことはポリネシア人の社会的に定式化されたシナリオ〔王との会食をめぐるタブーなど〕でも、イギリス人のもっと非公式な、あるいは場当たり的に作られたシナリオでもかわりがない。クックは水夫たちの行動を不穏で反抗的と記しているが、抗議の手紙とその後の食物の拒絶にはそう形容できるような点がほとんど見受けられない。彼らの行為は罰と愛情（たとえまれでも）を与える父親に向けて、子供としての苛立ちを表現したにすぎない。これに対して、父親は子供の反抗に怒り、物理的かつ心理的な慰めの強力な源泉であるグロッグを取り上げてしまう。それは船の過酷な生活を忘れ、苦痛を和らげる一助となるものであった。おなか一杯飲んだ者たちは満ち足りて、「ふらふら（グロッキー）」になって、寝てしまう。要するに、グロッグとは父親のミルクだったわけである。

さて、船が停泊する際に受けた歓迎は島民と乗組員の双方にとって自然発生的で、喜びに満ちたものであった。船自体に関しては、「古い索具と帆装が毎日傷んでゆく」ため、ぜひとも修理が必要であった。[129] キングは海岸にとどまったり、カヌーやただ泳いでやってきたりした大群衆に歓迎されたと述べ、その数は一万人を下らないと見積もっている。他の者たちの概算も同様に大きなものである。[130] こうした人々については、マカヒキ祭のために人の姿で到来したロノ神を一目見ようと集まったと考えられなくもないが、そうではなくても群衆が大きくなるのは避けられなかったはずだ。二隻の船は七週間以上もかけて島々を回航し、現地住民の好奇心と期待感をかき立ててきたからである。[131] 到着とともに、あまりにも多くの人間が船をよじ登り、舷側にぶら下がったために、危うくディスカヴァリー号は転覆しそうになり、すでにクックに随伴していた若い首長のパレアが、「船を重荷から解放し、周囲を取り囲んでいたカヌーを追い払ってくれた」という。[132]

上陸当日であるにもかかわらず、この直後にある重要な出来事が起きており、そこから多くの者たちによって、クックは進行中のマカヒキ祭に到来したロノ神として神格化されたと解釈されることになる。ハワイ人にとっての祭式の意味については、第四章で詳細に扱うつもりである。ここではそれがクックにどう見えたかという点に関心があるので、ごく手短に紹介しておけば十分だろう。

クックは船上でカヴァの飲みすぎでやつれ、腫れぼったい目をした老祭司コアーの訪問を受けたが、彼はクックを赤い布で包み、一匹の子豚をつかんだまま長い式辞、もしくは「祈禱」を唱え続けた。それからパレアやキング、ベイリー（天文学者）と一緒に、クックはヒキアウと呼ばれる神殿に案内された（今日では最高首長もしくは王であるカラニッオプッウの神殿だとわかっている）。すぐに一行はコアーと彼よりも年の若いケリッイケアという祭司によって櫓状の建造物に通された。櫓の足下には十二体の像がより小さな像（クー神の像）を中心に半円状に配置されていた。そこでかなり複雑な儀式が執りおこなわれることになるが、なかでももっとも興味深いのは、クックが渋々ながら中央の像の前に平伏させられ、それに接吻させられたことである。船の士官の中にはこれを歓迎式典と推測する者もいたが、いずれにせよ全員がクックの受けた歓迎ぶりに感銘を受けている。「祭司階級に属する者を除いて、人々は平伏し、具体的にいえば、頭とともに両手両膝を地面にすりつけたままでいた[133]」。キングはこうした平伏がカウアイ島で受けたものの繰り返しだと考えている。一方、カウアイではクックは自分が土地の大首長の一人として遇されたと考えており、そのことからすると、彼がハワイ島の祭式にも同じような解釈を下したと推測すべきだろう。

天体観測所用のものを含めて、いくつものテントがヘイアウ（航海誌ではタヒチ語のマラエからモライと呼ばれた）に隣接するサツマイモ畑の中に建てられた。畑には祭司によってタブーがかけられ、一般の男女が立ち入ることはできなくなった。縫帆員にはその端にある二軒の家が与えられ、うち一軒の一部は病院もしくは医務室に用いられた。

ハワイでの経験に関して注目に値するのは、ハワイ人が食料や補給品に対してきわめて気前がよかったことである。キングは「すべての補給品について我々が感謝すべきなのは、やがてテリーオブー〔イギリス人の表記〕〔カラニッオプッウ〕と一緒にやってくることになるカオ〔イギリス人の表記〕という首長だ」とすぐに察している。カオ、すなわちホロアッエはカラニッオプッウ王の主任祭司であった。キングはケリッイケアを含めた祭司たちの寛大さにいたく感動し、彼らが王とは「別の利害」を有しているのではないかと考えたほどであった[134]。だが実際にはそうではなく、祭司たちはカラニッオプッウの命令で行動していたのだろう。キング海尉の記録からすると、クックのために儀式をおこなったコアーとケリッイケアの二人の祭司が、いずれも王の「家来」であったことは明白であり、事実、王が一月二四日にクックと会うためにマウイ遠征からハワイに戻って来た際には、二人はそろって出迎えに出かけている。(135)

カラニッオプッウの帰還が近いことから、湾にはタブーがかけられることになり、キングは「我々とのあらゆる交わりが禁じられてしまった」と嘆いている。(136) 要は補給品の供給が止まってしまったわけである。「翌朝［一月二五日］、乗組員は脅しとすかしの両方を用いて、現地人にやって来るよう説得しようと躍起となった。ようやく何人かが沖に出る危険を冒そうとしたところ、一人の首長が彼らを追い払おうとしているのが目撃された。そこで、彼を止めるためただちにマスケット銃が頭上めがけて発射された。これは期待通りの効果を上げ、新鮮な野菜がすぐにもとのように購入できるようになった」(137)。「脅しとすかし」以上のことはなにも語られていないが、ともかく交易が一般人にタブー破りをそそのかしたのは明白である。士官たちもやはりタブーが課されていたことを知りながら、あえてそれを無視し、タブーを守らせようとした首長の頭上にマスケット銃を撃っている。どうやらこうした記述にはそれが明らかにしている以上の裏がありそうだ。

この日の午後、カラニッオプッウが非公式に船を訪ね、翌日には正式に、「豪華な羽毛のマントと兜」を着用した首長たちを帯同し、「威風堂々と」船に近づいてきた。(138) その後ろには「赤い布の上に飾り付けられた神像を携えた」カオと祭司団〔のカヌー〕が従い、さらに、三番目のカヌーには豚と野菜が満載されていた。カラニッオプッウ王はそのまま陸に向かい、クックも彼に従った。「我々が大天幕〔テント〕に入ると、王は立ち上がり、自分が着ていたマントを優雅に艦長の肩にかけ、羽毛の帽子を被らせ、手にはとても立派なハエ叩きを握らせた」(139)。それから両者は名前を交換したが、クックは先のポリネシアでの体験からこうした行為の意味を理解していたので、「リネンのシャツを王の上にかけ、自分の吊り剣（ハンガー）を彼の腰に差した」(140)。カラニッオプッウのもっていたポリネシア的観点からすると、名前と衣装の交換は対等な者同士の相互作用を意味しており、[141]クックも船の士官たちと同様にそれらの行為を「固い友情の証」と受け止めた。[142]そのすぐあとで祭司のカオはクックの肩を赤い布で覆い、一匹の子豚を贈った。キングが驚いたことに、このカラニッオプッウは彼らが島々を回航していた一七七八年の十一月三〇日に船を訪ねてきた「やつれた老人」と同一人物であった。今度の場合、彼は自分の二人の息子と甥のカメハメハを帯同しており、キングによれば後者は「これまで見たこともないほど野蛮な顔つきをしていた」という。[143]「この間ずっと湾には一艘のカヌーの姿も見られず、現地人は小屋の中にとどまっているか、地面に平伏していた。王がレゾリューション号を去る前に、クック艦長は現地人がいつものように船を訪ねて交易できるように許可を得た。しかし、女たちに関しては、我々には知らされていない理由から、相変わらずタブーの効力のもとにおかれ続けた。すなわち、家の外に出たり、我々となんらかの交流をもったりすることが禁じられたのである」[144]。

第三章

列聖化の命題

一七七九年一月十七日の日曜日、クックがケアラケクア湾に上陸した際に受けた歓迎ぶりは、どんな伝記作家や歴史家によっても、神への歓迎と解釈されてきた。クックはハワイ人によって「ロノ」と呼ばれたが、ロノは大規模なハワイの感謝祭にあたるマカヒキ祭の主神である。クックはこの祭りの際にたまたま到来したらしい。そのため、ハワイ人は彼が地平線の彼方にある神話的な島カヒキ、すなわちタヒチから到来した自分たちの神であると考えた（もちろん象徴的な意味でだが）。そして、クックはヒキアウと呼ばれるハワイ王カラニッオプッウのための寺院（ヘイアウ）で、儀礼とともに歓迎を受けることになったのである。それからというもの、彼がどこへ行こうとも、人々は彼の前に平伏し、供物を捧げることになった（一説によれば供犠も捧げたという）。クックを嫌う宣教師でさえ、彼を偶像崇拝者や現代のヘロデ王として非難するためであったにせよ、列聖化自体は是認しており、現地のキリスト教改宗者もこの点では一致している。一方、クックの船に乗っていた主要な航海誌執筆者は、こうした事柄についてもらさず記録しているものだが、彼の列聖化については一言もふれていない。にもかかわらず、そこに異論の余地はまるでないとされてきたわけである。

クックとロノの同一視は西欧の学者によってハワイ人がしたこととされており、その説は少なくとも部分的にはハワイ生まれの学者や歴史愛好家にも受け入れられてきたように見える。しかしながら、パパ・イーッイーによって記された『ハワイ史断章』や、子供の頃実際にロノの儀礼を目撃したに違いないカアワロアのカマカウの描く儀礼には、クックや彼の神格化のことがいっさい言及されていない。[1] 残念なことに、カアワロアのカマカウの著作には欠落部がいくつか見られるし、パパ・イーッイーのほうはオアフ島で生まれ育っており、クックはそこを訪れていない。このため、オアフではなんらかの意味のあるクック神話が産み出されなかったのかもしれない。この最後の点はこれからの分析にとってかなり重要になってくるだろう。というのも、わたしの考えるところでは、一七七八年から七九年にかけてクックがハワイ諸島に与えた衝撃は、均質でもなければ一様でもなく、彼がハワイの「歴史」に組み入れられてゆく方法も島ごとに異なっていたはずだからである。

クックの列聖化をめぐるハワイ側の見解は、一八一九年にハワイ人がタブー・システムを覆し、翌年に最初の福音伝道団体がアメリカから到着するようになってから、現地人学者や宣教師たちが残してきた記述に由来する。それらの記述がヨーロッパの作家や歴史家、伝記作家によって活用され、クックの到来と滞在における重大な出来事をめぐる彼らなりの解釈を産み出したのである。注目すべきは、ビーグルホールによる緻密で学究的なクック伝を含めて、そこから産み出された見解の大半が列聖化を自明のこととみなし、あえて問題にしていないことである。たとえば、宣教師によって記録された神話は最初のもの（エリスの記録）でもクックの没後四四年、もっとも詳細なS・M・カマカウのものとなると八〇年以上も経っているにもかかわらず、あえてそれを歴史的文脈に置き直そうという試みはなされたことがない。[2] 要は、現地人の神話は無時間的な性格をもつもので、一八二〇年以降に記録されたことでも一七七九年の出来事を反映しているはずだと見られているわけである。わたしとしてはこの想定こそを問題視し、神話も時間や文脈に拘束され、それが記録された時代の論議や「討論」を反映するものだということを証明してみたい。神話や神話的要素が過去をまともに扱えないというのではなく、ただ神話による過去の表象の仕方自体を検討すべき課題とみなそうということである。

西欧の学問がクックの神格化という神話をハワイ人に帰すかたちで受け入れたという事実は、ここで我々の扱っているものが歴史と聖人伝と神話形成の境界領域(あわい)にほかならないことを意味する。クックとロノの同化を西欧人が既成事実とみなすかぎりにおいて、神話はハワイ人だけのものであることをやめてしまう。神話は西欧のクック観にも組み入れられ、ヨーロッパ人の意識の中では彼のことを考える際に当たり前のこととみなされてしまうのである。私見では、ハワイ人がそうなることを望んだとは思えない以上、こうした神話の永続化はもともとハワイ人によるものではなく、本質的に西欧世界によるものといえるだろう。なるほどそれは「歴史」といったほうがよいかもしれないが、本書のように神話や伝説を侮蔑的な意味ではなく、聖なる物語や始祖の英雄をめぐる物語と解するならば、「神話」と見ることもまた可能である。

クックに対して批判的な歴史書は少ないが、その一冊にケネディの著したものがある。[3] これは第三回航海のみを扱ったもので、彼は他の多くの作家と同様に一七七八年一月の最初のカウアイ島訪問は扱わず、ハワイ島西海岸への二回目の訪問に関心を払っている。ケネディが問題の章につけた表題は「ロノの帰還」である。彼はブライに依りながら、千隻近くのカヌーが現れ、合わせて一万人もの群衆が集まったと記している。彼らは食物と贈物をもちより、「王や、まるで神に対する歓迎」のようであったという。[4] ケアラケクア湾に上陸したというのはまさに意味深長といえよう。その名は「神々への小径」を意味するからである。すでにしてクックはハワイにおける予言を実現し始めていたことになる。「あるレベルにおいてクックは、ハワイ史の失われた永劫の過去を抜け出し、いつか海の彼方から戻ってくるという、あのロノという神話的人物の伝説を実演していることになる。また、別のレベルではクックは食料を調達し、船を修理し、ヨーロッパの発見航海者、科学者として様々な観察をおこなっている」[5]。こうして、ハワイ人の神話的世界とヨーロッパ人の実践的で合理的な世界という、二つの対立する世界が浮き彫りにされるわけである。

クックの神格化に関する知識はハイラム・ビンガムといった宣教師たちの情報に依拠しており、ケネディはそれを次のように引用している。

太古の昔、ロノは自分のワヒネ〔妻〕、カイキラニアリイオプナとケアラケクアに住んでいた。二人は一緒に断崖の下に住んでいたが、そんななか、一人の男がパリ〔断崖〕から降りてきて、女を呼んだ。「カイキラニアリイオプナよ。あなたの情夫、兵士のオヘアがそっちにいってもよろしいかな。こっちはくっつき、そっちは逃げて、あなたとわたしで寝ようじゃないか」。これを聞いたロノは激怒して、自分のワヒネを殴り倒し、カイキラニアリイオプナは死んでしまった。彼は妻を抱き上げると、寺院に運び込み、そこに残した。彼は妻のことを嘆き悲しみ、出合った者と殴り合っては、ハワイ、マウイ、モロカイ、オアフ、カウアイとさまよい歩いた。人々は「見ろ、ロノだ、いかれきった奴だ」と叫び、ロノは「俺は彼女にいかれている、彼女への愛で血迷ってしまった」と答えた。彼は島を去ると、パイマルと呼ばれる三角形のカヌーで異国の土地に行ってしまった。ところが、カイキラニアリイオプナは命を取り戻し、夫を探して島から島へと旅して歩いた。人々がおまえの夫の名前はなにかと尋ねたので、彼女はロノと答えた。「ああ、あのいかれた奴がおまえの夫か」、「ええそのとおりです」。そこでカイキラニアリイオプナもカヌーに乗って異国の土地へと旅だった。そこから、人々は船が到来すると、こう叫ぶ。「見よ、あれはロノだ。ロノが来たぞ」[6]。

神としてのロノは図像学的には「長い竿に乗せられた小さな頭」によって表象された。ロノはケアラケクア湾に住んでいただけではなく、湾内の村のひとつであるカコオア（今日のナーポッオポッオ）は、ロノの祭司やその一族によって支配されていた。[7] さらにマカヒキの例年祭のあいだは、「ロノは小舟の中に吊られた何枚かの大きな白布によって表され、これは船の帆に似ていなくもなかった」[8]。クックの船はたまたまこの時期に到来しており、白い吹き流しのようなものをはためかせたカヌーが船を訪ねている。ヨーロッパ人たちはこれらの旗を停戦や平和、安全通行の象徴と誤解したが、実際にはロノのシンボルだったのである。一方、巨大な白い帆を張った大型艦船はハワイ人によってロノが神話の船に乗って帰還したものとみなされた。ケネディによれば、クックはとりあえずの結論としてロノとみなされたに違いないが、予言の成就で地位が上がることから、地元の祭司たちが両者の同化を強めていったのだという。歓喜に満ちた人々の歓迎ぶりは、マカヒキ祭のあいだに自分たちの神が帰ってきたことで沸き上がったハワイ人の興奮の現れだったというわけである。

そこからさらにケネディは、祭司たちによる「不可解で、ときにはぞっとするような祭儀」について記述を進める。祭儀はヘイアウという堂々たる寺院でおこなわれたが、これは石と木材、藁束からできた構造物で、高さ十五フィート、幅六〇フィート、長さ一二〇フィートもあるものだった。[9] そこには木製の神像が祀られ、外部は木製の柵で囲まれていた。儀礼自体は祭司コアーが年下の祭司カイリーキーア（ケリッイケア）を助手として執りおこなった。立ち合ったヨーロッパ人（クック、キング、ベイリー）の誰も儀礼の意味を理解できなかったが、ただ「ロノ」という言葉がしきりに唱えられていたことはわかった。人々はクックの前に平伏し、彼の行くところにはどこでも、従者がロノと唱えながら付き従った。二月四日になってクックはケアラケクア湾を出立することになるが、その送別もまたきわめて壮観であった。かくてロノは去りぬ。だが不幸なことに、折からの悪天候のためにレゾリューション号のマストが折れてしまう。やむなく彼らは戻らざるをえなくなるが、出迎えたハワイ人の歓迎はもはや心のこもったものではなかった。そして、「ロノの命脈も残すところあと四日だったのである」[10]。

クックを扱ったもっと新しい著作も、以上の物語をさして修正もせずに踏襲しており、基本的な部分に関していえば、物語自体は事後にハワイを訪れ、現地人に直接質問ができた者たちの調査に由来する。また、彼らの残した記述にしても、神格化に関して一般に受け入れられていた知見をただ記録しただけのことである。要するに、マーシャル・サーリンズの重要な著作が現れ、クックの列聖化を使って一種の構造史観を提唱しようとするまでは、誰一人としてそれらの記述を基盤に社会理論なり、歴史理論なりを打ち立てようとした者はいなかったのである。彼の理論はクックの神格化をめぐるヨーロッパ側の見解に理論的お墨付きを与えただけではなく、神話を予想もできなかった興味深い方向に推し進めてもいる。クックのハワイ来訪以降の出来事をめぐるわたし自身の解釈は、サーリンズに対する反論として形成されてきたことから、徹底的な検証を始める前に、以下ではまず彼の提唱する命題と理論を簡単に紹介しておく必要があるだろう。

サーリンズが実証的レベルで提起した命題は次のように簡潔にまとめることができる。ハワイの儀礼は一年のあいだにロノとクーという二柱の神に交互に捧げられていた。ロノは「平和を好む生産的な神」であり、[11]対するクーは戦争と人身供犠に結びつけられている。「自然界の多産と人間たちの菜園を蘇らせる冬季の雨が訪れ、ロノが到来すると、それは太陰暦で四ヶ月に渡って繰り広げられる、マカヒキという複雑な儀式の始まりであった」。[12]この儀礼が終わると、ロノは自分がやってきたカヒキという不可視の土地（もしくは天空）に戻り、代わって今度はクーが地上における代理人である支配的首長を通じて君臨するのである。「このこと全体が歴史において どんな意味をもったかというと、それによってクックはハワイ人にロノの一形態とみなされ、クックに応対して、やがて彼の死を儀礼的に宣言する首長のカラニッオプッウが、クーと見られることになったのである」。[13]いうまでもなく、これはクックの神格化をめぐる定説を延長しただけのことである。それをさらに進めてサーリンズは、一七七九年一月にクックがハワイに到来してから起きた重要な出来事が、ほぼそっくりマカヒキの儀礼的行為に当てはまると主張する。「ハワイ人による彼の処遇はマカヒキ祭に定められていた儀礼的出来事の連なりと対応していた。そして、その対応関係が神の死という劇的な結末（デヌマン）に転じていったのである」[14]。クックのハワイ来訪がロノ神のためのマカヒキ祭と重なったのは偶然であった。ところが、ハワイ人はクックを自分たちの主要な寺院に導き、彼のもとにひれ伏し、「オ・ロノ」と叫ぶことによって、彼の到来をすんなりと既存の構造に嵌め込んでいったのである。サーリンズによれば、クックは死に至るまでロノと呼ばれ続けたという。「マカヒキ祭におけるロノ像は多くの記録においてロノ－マクア（父なるロノ）、もしくはロノ－イ－カ－マカヒキ（マカヒキのロノ）と呼ばれ、どちらの名称もクックに結びつけられていた」[15]。

　マカヒキ祭は日暮れの地平線にプレイアデス星座が現れるとともに始まる。現代のコンピューター技術による計算によれば、一七七八年にはこの現象が十一月十八日頃に起きたことになる。クックをロノに同定する上で決定的だったのは第二回訪問であり、その際に彼は王のための大寺院（ヘイアウ）であるルアキニに導かれている――ここの寺院はヒキアウという固有名で呼ばれた。マカヒキの第一段階では、支配的首長と人身供犠に結びつけられたクー祭祀が一時的に中断され、ロノによる自然と多産の再生に道を譲ることになる。ロノは儀礼的に島を一巡し、それによって島を象徴的に占有する。この間、戦争はおこなわれず、王と主任祭司は隔離される。ロノの巡幸は神の右手が島の中心を向くように、時計回りに二三日間に渡って続けられる。こうした儀礼的運動は王国がロノによって所有、もしくは保持されたことを示しており、主たる島ごとにロノは同じように巡回した。巡幸儀礼のあいだに引き回されるロノの神像は、白い布をかけた十字架型の竿でできており、長い神として知られていた。一方、短い神と呼ばれるもうひとつの神が支配的首長の領土を左回り、つまり反時計回りに一巡し、こちらのほうは王国の喪失を意味する。ロノの神像が出発点の寺院に戻ってくるのと同じ日に、王もカヌーでそこを訪れる。「上陸すると、彼は神の武装した従者たちと相対し、そのうちの一人が傷つけることなく支配者を投槍で突くことに成功する（カーリッィ儀礼）[16]」。これは王の民と神の民による一種の模擬戦である。この行事によってタブーは解かれ、王が寺院に上がると、一頭の小さな豚を神に捧げ、神を「我ら二人の土地」に招来する[17]。「ところが、数日のうちに今度はロノ神自身が儀礼的死を遂げることになる[18]」。この「儀礼的死」はマカヒキ祭の神像を解体することによって表され、神像は「束ねられて、翌年まで見られないよう、寺院にしまい込まれる[19]」。それから供物を満載した「ロノのカヌー」がカヒキという神話的な土地に向けて沖に流され、各寺院は徐々にクーの祭祀に開かれてゆくことになる。こちらの儀礼では王が個人的に信奉するクーの一形態であるカホッアリッィイが重要な地位を占め、神は一人の祭司によって体現される。カホッアリッィイに対するクー儀礼は人身供犠と関連づけられており、儀式では生贄になった人間の片方の眼球がカツオの目玉とともにカホッアリッィイの祭司によって（象徴的に）飲み込まれ、これをもって一群の別のタブーが解かれることになる。以上のようなマカヒキの祭事暦をクックの行動と引き比べてみると、両者のあいだには顕著な一致が見られるという。たとえば、上陸に先立ってクックは船で島をずっと周回しており[2]、これはロノによる土地の巡幸と対応する。彼はケアラケクア湾に上陸したが、そこは「大多数のロノ祭司にとっての故郷」であった。彼は寺院に導かれ、サーリンズの言によれば、「崇拝と礼拝を受けた」。そこでおこなわれた儀式はロノのためにおこなわれるマカヒキの儀式と正確に対応していたという[20]。サーリンズが列挙する事例から一例を挙げると、「クックは……彼に一頭の小さな豚が捧げられるあいだ、マカヒキの神像と同じ姿勢を取らされ、キング海尉と一人の祭司が外に伸ばした彼の腕をそれぞれ支えた（つまりはロノの神像の横木にあたる[21]）」。また別のところでサーリンズはこう述べている。「クックはまさにロノの神像、十字架型の神像の複製……となったのである[22]」。

以上のことが起きた一七七九年一月二五日、支配的首長のカラニッオプッウはずっとマウイにおり、王をクーの地位に高めるための浄化儀礼をおこなっていた。もしもマカヒキ祭が予定通りに祝われていたとするならば、人身供犠を含む終祭は一月三〇日と二月一日のあいだにおこなわれたことになる。この二月一日には水夫のウィリアム・ワットマンが船上で死亡し、ヒキアウという王家の寺院（クックが儀礼的に歓迎された場所）に葬られた。クックとキングが葬儀を執りおこなったが、そこにはハワイの祭司たちも「熱心に参列」し、彼らは三晩ものあいだワットマンの墓穴に小豚と供物を投げ入れ続けた。またこれと同じ日、どうやらイギリス人は祭司の許可を受けたらしく、寺院の木製の柵と神像（クーの主神像を除く）を燃料用の薪として持ち去っている。サーリンズにとって、これは聖域の儀礼的解体を模倣した行為ということになる。「こうして、すべてはまさに儀礼日程にぴったりあわせて歴史として進行していたのである」[23]。

クックは二月四日にハワイを離れるが、またしてもこれはロノがカヌーに乗ってカヒキに戻る時期と、完璧ではないものの、顕著な一致を示すことになる。人々もその一致を意識しており、乗組員に島を発つようひっきりなしにせき立てていたという。しかし、ここで「儀礼暦」を揺るがすある事件が勃発する。レゾリューション号の前檣にひびが入ってしまい、クックは再びケアラケクア湾に上陸することを余儀なくされたのである。もはや人々は友好的とはいえず、盗みが横行した。儀礼暦がこのように破綻したことからすれば、いまやクックの死にいたる出来事はどれも予測可能であった（サーリンズは順を追って説明してくれる）。クックは儀礼的に殺害され、百人以上ものハワイ人たちが「その死になんらかのかたちで関わろうと墜ちた神に押し寄せた」[24]。クックの死から二四時間もたたないうちに、二人の祭司が遺体の一部を船に持ち込み、「深い哀悼の表現とともに」、いつロノは戻ってくるのかと訊ねているが、これもやはり神の帰還をめぐる既定のシナリオを行動化したものにほかならない。クックの死後、カラニッオプッウ王はロノ＝クックの死を悼むために喪に服した。十九世紀になると、クックの遺骨は列聖化された首長の祭祀に組み入れられるようになり、「マカヒキの例年儀礼の際にはハワイ島を回るようにしてロノの祭司に運ばれた」という[25]。

サーリンズの最初の著作の時点では、一七七八年一月にクックがカウアイとニイハウを訪れた際にも、彼が神とみなされたと認めるのは避けられていた。しかしながら、そこでもマカヒキ祭はまさに同じ時期に祝われていなければならないはずであり、彼の論を成り立たせるには紋切型的な反復が必要となる。そこでのちの著作では最初の訪問もやはりハワイの神話構造に組み入れられるようになる。クックと彼の乗組員は「水平線の彼方の空を割って現れた並外れた存在……、神的な性格をもつもの」であった[26]。さらには、「過去二年間に渡ってクックは、ロノの新年祭にあたるマカヒキに際して、古典的なフレイザー流の死にゆく神として到来していた」[27]。イギリス人自身はタヒチから来たことを認めていたが、カウアイ島民が彼らの方言でカヒキを発音すると、語頭のKの音がTに交代するため、まさにそれはタヒチとなってしまう。こうしてサーリンズの論は完璧な調和を示すことになる。クックの到来、滞在、死、そして復活（生き返った骨として）は、構造的にいえば、「歴史的形態を取ったマカヒキ祭」の発現にほかならないというわけである[28]。あるいはのちの著作ではこう述べている。「水平線の彼方からキャプテン・クックが突如現れたことは、まったく予期せぬ、かつてない出来事であった。しかし、存在的に唯一無二の出来事を概念的になじみ深いことに包摂することによって、人々は彼らの現在を過去の中に埋め込んだのである[29]」。

最後の引用からすると、クックがサーリンズの構造的歴史理論を擁護するために活用されているのは明らかである。構造主義とはつねに歴史と世界内での実践的行為を自らに取り込むのを拒むか、そうしようとしてもできなかったものだが、彼の理論はまさにそれらを構造主義自体のなかに導入しようという試みにほかならない。構造主義の欠点とは、形式的で数学的にエレガントな一組の変換操作として扱うのでなければ、歴史と変動を説明できないことにある。これに対して、サーリンズはクックという具体事例を使えば、文化が記号のシステムとして実践的行動をコード化すると同時に、結果的に歴史的変換と超越を産み出すことを証明できると論じる。もしそうだとすれば、歴史と構造、通時性と共時性という区分自体が冗長であることになる。つまり、ソシュール流の構造概念をヴェーバー流の解釈学的な文化概念と和解させることができるようになるのである。文化的なカテゴリー（構造）はあらかじめ与えられており、出来事（世界の猥雑さと呼んでもよい）はそうした所与のカテゴリーに適合させられる。人類すべてに共通する知覚、「手垢の付いていない知覚」などというものは存在せず、結果的に知覚は文化的概念とひとつに融け合わされることになる。さらに、そうした文化的概念が有限で所与のものであるかぎりにおいて、それはブローデルのいう「長期持続的な構造」をなすことになるだろう。ハワイ文化はモーリス・ゴドリエの用語でいう「紋切型的再生産」に委ねられていることから、サーリンズによれば、とりわけこの種の構造分析を加えやすいという。紋切型的再生産とはある社会が自らの諸構造を連続的に複製してゆく傾向のことを指しており、たとえば天空を越えて帰還する神という主題が無数の神話の中で複製され、それらの神話が大きな差異を抱えながらも、単一の構造的主題を体現するような事態を指している。(30)

　サーリンズ自身もこの理論モデルがこれまで自分が先行研究に加えてきたのと同じ批判を受けかねないことに気づいているようだ。もしも文化的カテゴリーがあらかじめ与えられており、カテゴリー内に位置づけられないかぎり、出来事が出来事として存在しないとすれば、変動や歴史に残された余地などあるだろうか。こうした暗黙の批判に答えるため、サーリンズは再びブローデルから借用をおこない、「接合状況（コンジャンクチャー）の構造」という概念を打ち立て、出来事と構造が新たな別個の構造、あるいは諸構造に統合される様を説明しようとしている。その概念によれば、変動は生成変化する新たな文化構造、あるいは文化的カテゴリーに組み入れられなければならないことになる。たとえば、クックはマカヒキ祭の最中に到来したことから、所定のシナリオに組み入れられ、経験的レベルでみると、たまたま彼の行動がさしたる猥雑さも生まずにマカヒキの儀礼暦に相関させることができたため、ロノにされてしまったわけである。そこに個人としてのクックはなんら関係なく、たとえクラーク・ゲーブルであっても彼の役をゆうにこなせただろう。では、クックの行動が文化的シナリオに合致しなかった場合にはどんなことが起きたのだろう。この点について、サーリンズはなにも教えてくれないが、おそらくは構造同士のもっと解離的な接合が進み、ハワイ社会に急激な変動が産み出されたのではないだろうか。

「接合状況の構造」という概念を使うことで、サーリンズは歴史的変化を調和と不協和の両面において扱おうと試みている。一方で、ハワイ人はクックのことを構造的に予測可能なかたちでロノとして扱うようになると同時に、イギリス人がハワイ社会の急所に様々な緊張をもたらし、タブー・システムと伝統宗教の廃止、女性の地位の変化、首長たちの生活様式のイギリス化といった、多様な社会的、文化的な変化を引き起こしたのである。しかし、この概念をハワイの事例に適用してみると、ある奇妙なことが浮かび上がってくる。最初の構造間の接合からすぐに、ハワイ文化はとくに首長の権威や女性、経済関係といった面で浸食され始めている——それもたった数週間のうちに。ところが、そうした変化はクックを帰還したロノとみなすハワイ人の見解にはなんら影響を与えていないのである。生活の他の領域では即座に劇的な解離（ディスジャンクチャー）が始まったというのに、すべては「儀礼暦」に従ってスムーズに進行する。クックが想定外の帰還を遂げた際ですら、彼はフレイザー流の死にゆく神として儀礼的に殺害されなくてはならない。このように、サーリンズの考える接合状況という概念は二つの運動に貫かれている。一方にはほぼすべてのものを既存の信仰と儀礼暦との関連で固定してしまうほど強力な保守的な運動があり、それと平行するように変動を促す激しい解離の運動が働いているのである。サーリンズは説明していないが、なぜクックの存在自体がロノの信仰システムと儀礼暦に亀裂をもたらさなかったのだろう。というのも、サーリンズ自身の分析からすれば解離的要素がそもそもの始まりから——水夫や女たちの振る舞い、盗みに対するイギリス側の対応などのかたちで——存在していたことが明白だからである。さらにいえば、ここからはわたしの批判の前置きになるが、なぜハワイ人はロノに対する期待を明らかに裏切るような事象に目をつぶれたのだろう。そこでは確実に認知上の解離が産み出されていたはずではないだろうか。

そこで、まずは手始めにサーリンズの構造理論を歴史理論、もっと具体的にいえば、クックのハワイ来訪後に起きた出来事の「説明」と見るのではなく、クックの列聖化と死をめぐる言説を受け継ぐものとして、その点ではクック神話=伝記に新たな興味深い段階を画すものとして分析することにしよう。ハワイでの出来事をめぐる西欧側の分析はもっぱらクックの列聖化だけに向けられており、彼の死は運命の日に展開した避けがたい出来事の副産物と捉えられているにすぎない。これはケネディやビーグルホールをはじめとして、船の航海誌やのちの宣教師の記録を用いて出来事について語るほぼすべての者に共通して見られる見解である。一方、宣教師の物語はある一点をめぐって完全に一致している。クックの死は彼が神ではなく、たんなる死すべき存在であることをハワイ人に決定的に証明したというのである。真偽はともかく、重要なのは一八二〇年以降になってクックを死すべきものとした「ハワイ神話」が登場したことであり、それは船の航海誌に見られる記述をうまく補ってくれる(そもそも航海誌が伝えようとしていたのも、同じことだったのではないだろうか)。そのことからすると、サーリンズの理論は隠れた影響として神話を新たな方向に推し進めたことになるだろう。あくまでもクックはロノ神であることになり、彼のハワイ滞在中に起きた重要な出来事は[3]、どれもハワイの儀礼暦と信仰システムに照らし合わせて説明できるとされているからである。さらにいえば、彼の殺害ですらハワイ人には「儀礼的死」と捉えられたという。しかし、そこがひっかかるところなのだ〔『ハムレット』第三幕、第一場〕。少なくとも我々が知るかぎりでは、ハワイ人は正反対の捉え方をしていたのである。そうだとするならば、クックの「儀礼的死」なるものはまったくハワイの信仰ではないか、彼らが無意識のレベルで行動化したと想定しなくてはならないことになる。サーリンズ自身は認めていないが、結果的に彼の構造理論はクックの死を生んだ「無意識の下部構造」を引き出すという功績を挙げたことになる。いや、それ以上の功績はジェイムズ・クックをめぐる西欧の言説を豊かにしたことだ。サーリンズはクックがフレイザー流の意味で死にゆく神であると述べており、それはフレイザー自身が認めるようにキリスト論的神話の基盤を構成するものでもあった。どうりで、死にゆく神クックがすぐにバラバラにされ、復活を遂げたはずである。

このように、彼の理論は新たな知見を生み出しており、まさに良き理論がなすべきことをおこなっている。しかし、新たな知見が経験的に、あるいは証拠に基づいて立証されなければ、悪しき理論も同様だろう。彼の理論のさらなる限界についてはあとで扱うつもりなので、さしあたっては理論が我々に明らかにしてくれる新たな知見のうち、次の二つの重要な点だけを考察することにしよう。最初の知見は一般水夫のウィリアム・ワットマンの死にまつわるものである。ハワイの信仰ではクー神が優勢となり、人身供犠が捧げられる二月一日の朝、彼はハワイの聖域（ヒキアウ）の敷石の下に葬られた。そこで、ワットマンの死は儀礼のスケジュールに則ったものであり、彼自身が生贄であったとみなされることになる。[31] しかし、出来事と構造が区別の必要もないほど合致していると見ることほど的外れな試みはない。ハワイ人にせよ、誰にせよ、長患いの末に亡くなったワットマンと、ごく特殊な文化的規則に則って殺害され、神に捧げられる供犠の犠牲者を結びつけることができるとはとうてい思えないからである。サーリンズならばワットマンもまたハワイ人にとって神であったと論じるかもしれないが、あいにく神がマカヒキの供犠で殺害されたことは一度としてなかった。仮にそうした関連づけがあまりはっきりとしたものではなく、隠喩的なものだったとしても、そうなれば今度は、マカヒキ祭でクーが優勢になる時期にいつもハワイ人がしてきたように、本物の供犠が捧げられたはずだと推測できることになる。しかし、以前に供犠がおこなわれた名残は残されていたものの、人身供犠がおこなわれた事実は、どの航海誌にも言及されていない。ここで思い出すべきなのは、クックと士官たちがハワイを訪れる前に、タヒチで人身供犠を伴う儀礼に立ち合っていたことである。彼らは供犠をめぐって記録を残そうと躍起となり、口々に質問を繰り返していた。そのことからすると、人身供犠の記載が航海誌にないのは、それが実際に起きなかったからだと考えざるをえない。こうしてサーリンズの描くマカヒキ祭は奇妙な特徴をもつことなる。クーに対する儀式が人身供犠抜きにおこなわれた一方で、ウィリアム・ワットマンが絶妙のタイミングで亡くなったことから、彼の葬儀がいかに通常の供犠とかけ離れていても、構造的には十分な類似性をもつとみなされ、供犠の代わりとされたというのである。

サーリンズの理論が導入したもうひとつの興味深く、目新しい知見として、ロノ神が「儀礼的死」を遂げたという見解があり、おかげでロノは死にゆく神という主題をハワイで体現していることになった。しかし、わたしが知るかぎりでいえば、ロノの死がマカヒキで演じられたことはなく、むしろヴァレリによればクーのほうが象徴的死を被ったという[32]。さらにサーリンズ理論では神像が儀礼的に解体され、撤去された際にも、ロノの死が別のかたちで象徴的に演じられたことになる。ところで、その年のマカヒキ祭では解体行為もやはりハワイ人祭司によって執りおこなわれていない。代わりにジェイムズ・クックが、サーリンズ（つまりはキング海尉）の言によれば、祭司の許可を取った上で、神像とヒキアウの柵を船の燃料として持ち去るよう命じたというのだ。実行したのはイギリス人海兵であり、儀礼的に解体することはできなくとも、ロノ神（クック）自身の命令でおこなわれたことにはかわりがないという。この重要なエピソードがもつ意味については、あとでじっくり分析するつもりである。ここではただ、祭式の締めくくりに儀礼的解体がおこなわれるのは数多くの社会に見られる慣行であって、それが神格の死を表すとはとうてい信じがたいとだけいっておこう。以上に挙げた二つの出来事を重ね合わせてみると、はたして当時マカヒキ祭が実際におこなわれていたのかどうかさえ疑わしくなってくる。仮におこなわれていたにせよ、それは奇妙なマカヒキ祭だったといわざるをえない。なにしろ、そこではイギリス人の遺体が人身供犠の代わりをつとめ、マカヒキ祭を締めくくる儀礼的解体が銃剣で武装した海兵によっておこなわれたのだから。同様に、ことが儀礼日程通りに進んではいなかったと主張することも容易にできる。ハワイの歴史をめぐる現在の研究水準からすると、一七七八年と七九年の二度に渡るクック来訪時に、マカヒキ祭が祝われていたかどうかを決定的に確かめるすべはないのである。他方、ハワイにおける出来事を航海誌で扱った者は数多くいるにもかかわらず、驚くべきことにマカヒキという言葉を記録している者は誰一人としていない。名称に対して鋭い洞察力をもち、数多くの事物や人物、出来事の名前を記録したサムウェルですら、ことは同様であった。すでに士官たちはトンガとタヒチで興味深く荘厳な儀礼を目撃していた。トンガでは首長の息子のためにおこなわれた儀礼に際し、それがイナシと呼ばれていることを彼らはすぐにつきとめている。民族誌学者であるばかりか、貪欲な読者のために航海誌を執筆する作家でもあった彼らにとって、調査活動は自らの勤めの一部をなしていたのである。だとすると、一七七八年にカウアイ島で、翌年にハワイ島で大きな祭りが祝われていたのに、彼らが祭りの名称やその存在自体に気づかなかったということはまずもってありそうもない。確かにカウアイ島には短期間しか滞在しなかったので、彼らが祭りを見逃した可能性もある。しかし、ハワイ島では事情がまったく異なっていたのである。

サーリンズによればハワイ文化はとりわけ「紋切型的再生産」に通じやすい傾向をもっているという。しかし、そうした複製形態を経験的な記録の前面に持ち上げていったのは、むしろ彼の理論のほうだと論じることもできる。わたしが挙げた実例はいずれも、出来事に対して奇妙な解釈を押しつけ、分裂や複製の失敗がみられるところに調和をみることで、理論的に産み出された紋切型的再生産にほかならない。そのことはマカヒキ祭自体に対するサーリンズの扱いのうちにはっきりと見て取れる。現存するマカヒキの描写は一八一九年にタブー・システムが廃止されて以降の十九世紀のものであり、祭式自体はカメハメハ大王によって体系的に整備され、公式化されたものであった。にもかかわらず、サーリンズは後代の公式化された記述をもとに、一七七八年と七九年のマカヒキの正確な日程を算出し、さらには祭りが主だったすべての島で同時に祝われたと論じている。つまり、マカヒキはどんな場所でも同時期に、紋切型的に再生産されるというわけだ。こうして彼の理論の展開法では、祭式の公式化が十九世紀の現象であり、カマカウが集めた実証的データが示すように、マカヒキの時期が島ごとに違うだけではなく、同じ島内でも異なっていた可能性があるという事実はあっさり黙殺されてしまうのである。[33]

さらにヴァレリは反論の余地のない証拠を提示し、マカヒキの祭暦が実際に変更可能であったことを証明している。一七九四年二月にジョージ・ヴァンクーヴァーがハワイに到来した際、そこではマカヒキ祭がカメハメハの主催で祝われていた。ヴァンクーヴァーの到来は儀礼暦を狂わせてしまい、ヴァレリによれば、「マカヒキ儀礼の進行を中断させ」、カメハメハに一ヶ月の延期を余儀なくさせたという。[34] したがって、マカヒキを変更したり、政治的な事件に合わせて修正したりすることが可能だったのは明らかである。しかしながら、以上のような問題点を認めてしまうと、マカヒキがクックの二回の訪問のうちいずれか、あるいはその双方で祝われていたことも疑わしくなってしまうのである。

論点を一言でまとめるならば、人文科学では神話の学問的解釈が神話の発展を促すこともあるということである。サーリンズの場合には、クックの列聖化神話が新たな方向に展開されていた。ただし、サーリンズのクックがヨーロッパ人とハワイ人双方にとって始祖の英雄だとすれば、新たに付け加えられた発展はもっぱらヨーロッパ側の神話にだけ寄与するといえるだろう。なぜなら、ハワイ人の側はクックが小競り合いで殺された男以上の何者かであることをにべもなく否定しているからである。また、あとで示すつもりだが、彼らは聖域の柵の破壊が許可を得た「儀礼的解体」であることも否定している。一方、ワットマンが供犠の生贄であったかどうかをめぐって、彼らはいかなる解釈ももち合わせていない。付け加えられた知見でもっとも重要なのは、いうまでもなく、ロノの死と平行関係におかれていた(いや、ロノの死そのものであった)というクック自身の「儀礼的死」であり、おかげでクックには神の威厳の新たな属性が授けられることになったのである。

以上の議論からすると、どうやら我々は彼らの神話と西欧の歴史＝民族誌との明らかな差異の根底に存在する相似点についても考察せざるをえないようだ。そのためには神話という観念自体をいったん脱構築しなくてはならない。神話とは西欧の思考法に由来する語彙であり、他の文化ではひとつのカテゴリーもしくは概念を指す語彙として存在することはまれである。一例を挙げれば、サンスクリット語のイティハーサは現代の思考法からすれば歴史と神話と伝承を一括りにした概念を示す語彙である。我々は歴史記述を除く多様なジャンルの語りを指すのに神話という語彙を漫然と用いている。一方、ポリネシアを含む多くの社会から学んだように、語られる物語のなかには「歴史」にきわめて近いものもあれば、まるでかけ離れたものもある。にもかかわらず、我々にとってそれらすべてが「神話」になってしまうのである。せいぜいのところ、「神話」とは始祖の英雄や神々による過去の事績の物語を指すに便利な、曖昧模糊とした語ということにつきるのかもしれない。しかし、そうなると今度は大半の歴史が神話に近づいてしまうことになる。たとえば、クックの伝記はいかに学問的なことばで表現され、偽装されていようと、かつての聖人伝の伝統を発展的に継承していることになるのである。ただしそこにはある決定的な違いがある。現代の歴史や民族誌や伝記は、語りの伝統としてもっぱら事実と呼ばれるものだけを扱い、その事実が意味するところを含め、歴史家や民族誌学者が集めた経験的データをそっくり活用するという点において、神話や聖人伝とは区別される。「事実」の認識論上の位置づけに関しては問題にしなくてはならないが、たとえどんなに極端なポストモダニストであっても、自分が記述的もしくは解釈的な民族誌＝歴史に織り込んだデータが捏造だとわかっている場合、あるいはそのデータが怪しい、「虚構」だと判断された場合、それを使ってそのまま民族誌や歴史を書くことができる者は現代の思想家にはいないだろう。事実は学問的議論において争われるべきだが、かといって、歴史に組み入れられる段階で決定的に誤っていてはならない。学問にとっては事実や意味、データが妥当であると同時に、その妥当性をめぐって議論できることが肝要であり、民族誌学においても、事実をめぐる情報が歪められたり、捏造されたり、読み違えられ、誤って引用されていないか検証するべきではないだろうか。

経験的出来事にまつわる事実というものは、サーリンズの仕事の中では奇妙な位置を占めている。彼の事実に対する大前提を一言でいえば、人を触発する経験的世界はそれ自体が文化的に構築された意識を通じて文化的価値に媒介される以上、「無垢の知覚（イマキュレイト・パーセプション）」と呼べるものはけっして存在しないということにつきる。しかし、そうした発想をサーリンズがおこなったように極限まで推し進めると、受け入れがたい定理となってしまう。「無垢の知覚」は存在しないものの、「無垢の概念形成／無原罪懐胎（イマキュレイト・コンセプションズ）」を措定するのもやはり純朴だといわざるをえない（もちろん文化的な意味のほうでいっているのだが）。というのも、それでは認知と知覚の身体的、神経学的な基盤をそっくり否定してしまうことになるからである。[35] ハワイ人がマカヒキ祭の終わりに沖に流すちっぽけなロノのカヌーと、クックの巨大な船の物理的形状を区別できなかったとか、ワットマンの遺体と供犠の生贄、あるいは、海兵が燃料として聖域の柵を解体したことと、自分たちの祭司による儀礼的解体を同一視したなどとは、わたしにはとうてい信じることができない。人は物理的な知覚によって得た事実と文化的現実とのバランスを取らざるをえないものであり、そのバランスのことをここでは「実践的合理性」と呼んでいるのである。

さらなる列聖化に対する反論——手垢の付いた知覚と文化的概念

さて、ここからはサーリンズに対する批判をさらに掘り下げると同時に、クックをハワイ人にとってのロノ神とする、西欧全般に広く見られる見解を批判することにしたい。西欧の作家たちが仮説としてクックを帰還したロノ神とみなしたのはそれなりに理にかなっているように思える。しかし、ハワイ人の側がこの仮説をそう長いこと歴史的現実として受け入れることができたとは思えない。というのも、ロノをめぐる文化的概念とありのままの出来事に対する物理的知覚とのあいだには不整合が存在したからである。

一、クックをロノ神に同定する上で基本的な論拠となっているのは、すでに挙げたロノ神の帰還をめぐる神話とそれを実演した儀礼、すなわち、財を満載したロノの三角形のカヌーが海に押し出され、カヒキに送られるという儀礼であった。サーリンズもこの神話を用いているが、最初の著書に添えられた脚註では次のように述べている。「あらゆる証拠からして、はっきりと毎年ロノがカヒキから戻ってくると述べる神話は……十八世紀後半から十九世紀初頭にかけて発展したように思われる。ハワイの民族学者たちはそうした物語が古代の神話資料集成に含まれていなかったとすることでほぼ一致している」[36]。こうした証拠は彼の仮説をなし崩しにしてしかるべきなのだが、サーリンズは神の帰還をめぐる暗黙の神話が存在し、まだクックの時代には体系的に演じられていなかったにすぎないと想定している。論理の展開上そう仮定すると、マロとウェバーの図版（それぞれ**図2**と**3**、および**4**を参照）に見られるような、ロノの帆柱やカヌーと、大量の水夫を乗せたクックの二隻の大型艦とのあいだに、ハワイ人たちがたとえわずかなりとも類似を認めていたことになってしまう。他方、もしも当時のハワイ人がクックの到来を絵に描くよう

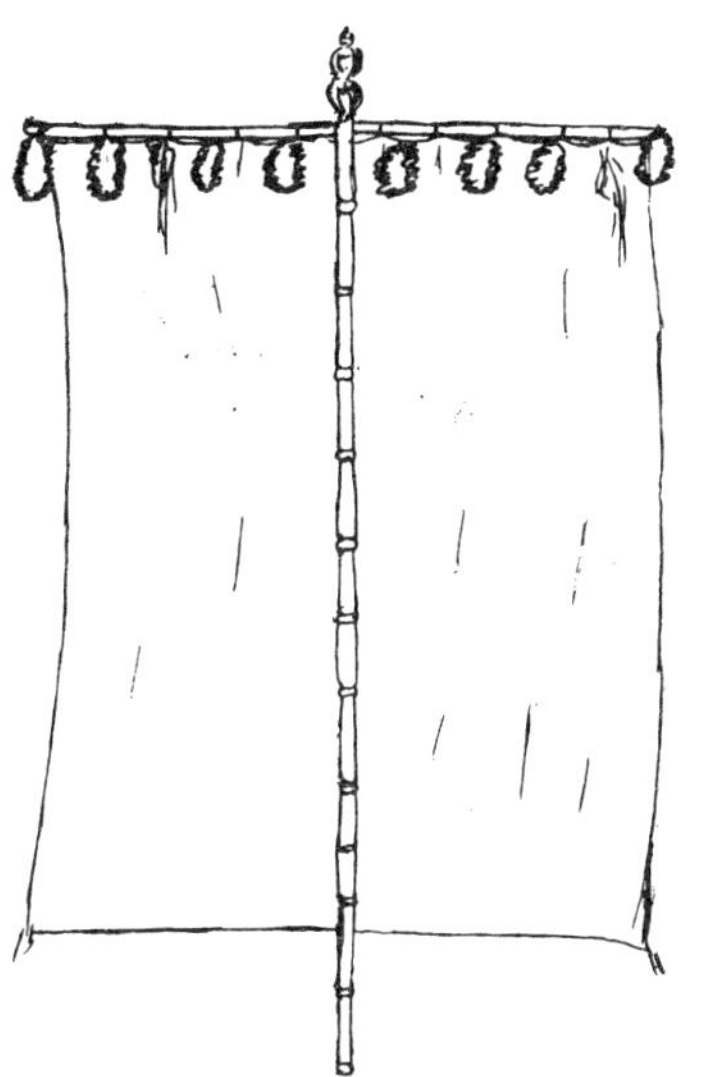

図2　十字架型の神像によって表されたロノ

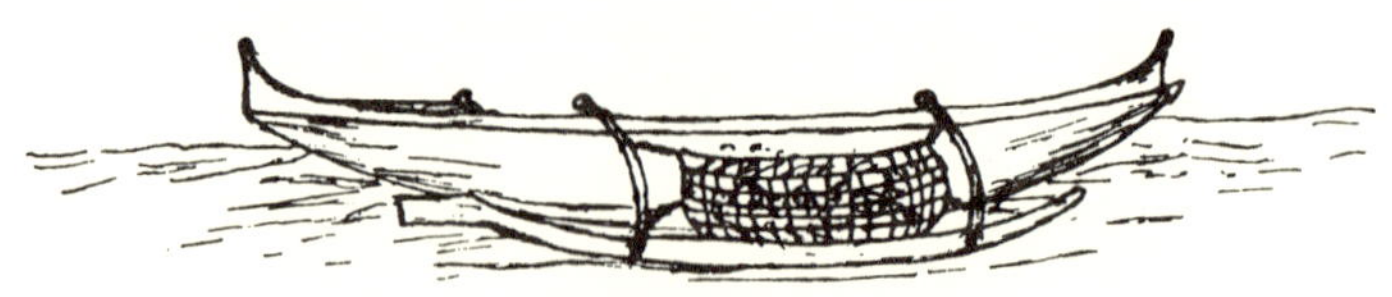

図3　マカヒキの際に海に流されるロノのカヌー

求められたとしたならば、彼らはクックを自分なりの仕方で、つまりは一艘のカヌーと帆柱を象徴的に使って、すらすらと描けたのではないだろうか。ロノ神話や儀礼のカヌーはクックの船と物理的に似ても似つかない以上、神話のお告げが実現したことの証明としては役不足である。しかし、クックの来訪を回顧的に再現したものとしてならば、そうした描写も意味をなす。なぜならば、ハワイ人にとってそれこそが出来事を描くにあたって図像学的に理にかなった方法だったからである。クックの時代のハワイ人がクックの船の模型や複製を作ることは、彼らの芸術的伝統や技術水準からして無理な話であっただろう。

二、ヨーロッパ人にとってみれば、イギリス海軍の艦長がハワイ語を話せず、ハワイ人に見えなくとも、ハワイの神となりえたと想定することは可能かもしれない。しかし、そうした神話を歴史上の先例としてもつヨーロッパ人とは異なって、ハワイ人はロノがハワイの神格であり、そのことからおそらく彼らとよく似た姿をしており、彼らの言語を話すものと信じていた。こうして、ここにもまた学問的議論から完全に無視されてきた顕著な不整合がもうひとつ認められることになる。ただタヒチ語をかじっただけで、英語を母語とする非ポリネシア系のロノ神が、ハワイの言語も生活様式もまるで知らない多数の乗組員を伴って到来したというのである。

三、タヒチ人やトンガ人が知っていたように、ハワイ人も島を周遊するクックとその一行が「ブリタニー」から来たとはっきり知っていた以上、彼らがクックたちをカヒキという神話的土地から到来したと信じていたとする学問的見解は、とてもではないがわたしにはすんなりと受け入れられない。さらに、シャーロットはカヒキが実際の土地を指すこともできたことを納得のいくよう証明している。[37] イギリス人は公式に与えられた指令に従って、現地の人間に自分たちがどこから来て、誰が自分たちの至上者であるか告げなくてはならなかった。事実、祭司のコアーは船の出航地をとって「ブリタニー」と改名していた。[38] こうして、あとで解釈する奇妙な現象が生まれることになる（後出、二三八頁）。現代の研究者はハワイ人がクック一行を地平線の彼方の神話的土地カヒキから到来したとみなしたと考えているのに対し、当のハワイ人たちは一行がやはり地平線の向こうだが、「ブリタニー」という土地から到来したと考えていたのである。

図4　『英国海軍艦レゾリューション号』，ジョン・ウェバーによる鉛筆画.

四、サーリンズは次の一節において、ヨーロッパ人を神格とみなしたハワイ人の知覚を、さらに船やそこに積載された事物にまで広げている。

ハワイ人が遠くから来訪した「白い肌と明るく輝く瞳」をもつすべての異邦人に対して抱いていた関係のうちに、神性は本来的に備わっていたのである……。クックの神聖性とは、ハワイ人が程度の差こそあれすべてのヨーロッパ人に対して、さらには船自体やそこに積まれた積荷に対して、広く取りもってきた関係性全般を特殊化したものにほかならなかった。[39]

わたしにはサーリンズがこのような大胆な主張を、どのようにして現場にいたキング海尉の次の観察と折り合わせることができたのか不思議でならない。誰も「あえて我々の観測所の真向かいに上陸しようとはしなかったが、明らかにそれは我々に対してというよりも、オヒーキーオウ［ヒキアウ、すなわち観測所に隣接した王の神殿］に対する宗教的畏敬や尊敬の念からであった」[40]。サーリンズの断言を支える証拠が主な航海誌にまったくといっていいほど見られないことを別にしても、神聖なるヨーロッパ人という仰々しい神話的イメージと、どこか食料が欠乏した土地から来たのだろうとハワイ人にみなされたほど、飢餓でやつれた人々の実際の姿とのあいだにはあからさまな矛盾がある。ジェイムズ・キングは彼らが「我々のことをたんに腹を満たすために訪れた」と見ていたことをはっきり述べている[41]。いったいどのようにすればイギリス人に対する太陽神的イメージと、少なくとも幾人かのハワイ人が抱いており、異邦人に対する物理的知覚とも合致するように思える、このような歯に衣着せぬ見解を折り合わせることができるというのだろうか。さらに、物理的清浄さをめぐるハワイ人の評価からすると、船の下層に住む人間たちに対してはどんな判断を下しただろう。ハワイ人にとって、神性と清浄性の間に関連があることはいわずもがなである。

五、サーリンズによれば、クックの行為とロノ儀礼のあいだには決定的な同形性が見られるという。つまり、ケアラケクア湾に投錨する前にクックがハワイ島の周りを回航した[4]ことである。それは長い神の像を使っておこなわれるロノの巡幸に対応するという。しかし、ハワイの文化的概念に照らし合わせてみた場合、そうした平行関係は妥当性をもつだろうか。ロノの巡幸は陸上においておこなわれ、神の右側が巡幸で囲われる大地のほうを向くよう時計回りに移動するものであり、ヒンドゥー教のプラダクシナーの儀礼によく似ている。サーリンズはこの行為によって大地がロノのものとされたと的確に述べている。さらにヴァレリの情報に従えば、ロノあるいは「長い神」は灌漑された土地を自らのものとしたと付け加えてもよいかもしれない。[42] 一方、サーリンズは「短い神」による逆方向の巡幸をあえて無視しているが、こちらはハワイにおけるもうひとつの経済的繁栄の源泉である海、またいくつかの記録では、[43] 島民にとってやはり重要な経済的資源であった未開墾の荒野を右手に見ながらおこなわれるものであった。では、いったいどのようにすれば七週間かけて海を進み、島々を「右繞する」船が、二つの形態のロノによる大規模な式典と平行関係にあることになるのだろう。そのどこに右肩を向けることで生まれる、基本となる右回りの運動があるだろう。また、短い神や、ハワイの儀礼で決定的重要性をもつ長い神との構造的対立はどうなったのだろう。どこでも個別の対立したカテゴリーと認められ、ハワイでは長い神と短い神の巡幸によってそれぞれ別個に象徴されているにもかかわらず、最終的にサーリンズは海（クックの行為）と陸（ロノの行為）のあいだに同形性を認めることになるのである。[44]

六、ハワイ人がクックを神とはみなさなかったことを実質的に証明する、別のきわめて重要な事実が存在する。クックがハワイのルアキニ神殿（ヒキアウ）で経験しなければならなかった有名な儀礼がそれである。そこでクックはクーの神像の前に平伏し、像に接吻しなければならなかった。クーは支配的首長の祀る強力な神であり、儀礼のこの部分をどのように解釈しようとも、クックのような重要人物（神とはいわないまでも、少なくともハワイの首長には相当する）ですら、クーの前に平伏しなくてはならなかったのは明白である。さらに、もしもロノの生神であるクックが人間として（ロノの化身としてでもいいが）マカヒキ祭に列席していたとするならば、地域の首長が彼の前に平伏しなかったのは妙ではないだろうか。そうしたのは平民たちのほうであって、彼らはまるで自分たちの首長に対しておこなうように彼の前に平伏していた。

七、サーリンズはロノ＝クックのマカヒキへの到来時期が儀礼日程にかなったものであったと想定しているようである。しかし、実際にはそれはまったく前例のない出来事であった。というのも、ハワイの神がこの儀礼的祝祭のあいだに生身の人間の姿で到来するとはみなされていないからである。他の社会におけると同様に、そこでは神々が詠唱や祈禱によって「来臨する」よう招来され、神々もたとえば風のような多様な形態で到来した。だとすれば、ロノ神が人間として到来したことは彼らの儀礼日程を覆すことになり、前代未聞の予期せぬ出来事に対応できるよう、日程の再調整や変更を余儀なくされたのではないだろうか。

八、ロノを慈悲深い多産の神とみなすハワイ人の見解と、彼らのクックに対する見解との解離ほど痛ましいものはほかにない。二回目の訪問の頃には、最初のカウアイ訪問で感染した性病がハワイ人のうちに広まっており、一七七八年末にマウイ島沖を航行していたおりには、船医たちが腫れ上がった性器をもつ人々に取り囲まれる羽目になっている。キングはこう記している。「三人の原住民が自分たちの苦痛を和らげてくれるよう我々に助けを求めてきた。彼らは淋病にかかっており、その男性器は大きく腫れ上がり、炎症を起こしていた」[45]。これは控えめな表現であって、事実、数ヶ月後にクラークは「男女を問わず、船の周りにいる多くの善良な人々が悲惨にも性病に罹っており、彼らはそれを先の訪問の際に我々がもたらしたと非難している」と述べている[46]。また、そのことはキングによっても裏付けられ、彼は多くの男女が性病で亡くなったと述べている[47]。ヴァレリによれば、ロノは優れた多産の神であるばかりではなく、象徴的には男根像によって表されたという[48]。神々が病いや災いを人々にもたらすことはよくあることだが、ロノ神は平和と繁栄を大地にもたらすためにマカヒキに到来するのであって、そんなはずがない。では、いったいなぜロノ＝クックのお供をつとめるイギリスの神々が、多産を表す器官自体に病いをもたらすのだろうか。まず間違いなくハワイ人たちはその理由に首をひねらざるをえなくなったはずである。神話生成的なハワイ人のことである、これに乗組員が撒き散らした暴力をさらに加えて、もうひとつ別の象徴的等式を打ち立てたのではないだろうか。すなわち、クックは暴力的な軍神クーだと。なんとそこには音韻論的な相似まであるではないか。ここではまったくの冗談をいっているわけではない。というのも、サーリンズの分析にみられる論理を部分的に用いれば、クック＝クーという等式もあながちありえなくはないからである。コンピューターを使った現代的方法によって、サーリンズは一七七九年のマカヒキの時期を算出しているが、それによればクーの恐るべき統治が始まるのは二月一日頃であったことになる。つまり、クックの来訪はクーが覇権を握る時期とも部分的に符合しているのである。少なくともハワイ人はこのことに頭を悩ませただろうが、サーリンズにはまるで考慮されていない。クックが到来した際、祭司のコアーはクックの肩に赤い布切れをかけ、のちには彼を赤い布でしっかりと包んでいる。一方、我々はコアーがクー祭祀を取り仕切る祭司であり、赤がクーの色であったこともわかっている。[49] また、いったんクー＝クックという等式を打ち立ててしまえば、クックの儀礼的死も理解可能となる。なぜなら、サーリンズに従うならば、クーはロノとは違って、実際にマカヒキ祭でカーリッイという儀礼によって儀礼的に殺害されているからである。

以上のように付け加えてきた証拠からすると、クックとロノ、実際の出来事とその文化への封入（エンカプセレーション）のあいだに提起された合致に対して、どうしても異議申し立てを避けられそうにもない。依然として批判に抗う真に重要な証拠としては、クックが実際にハワイ人によってロノと呼ばれ、彼らが神にこそふさわしい方法でクックの前に平伏したという事実が残されているにすぎない。こうした否定しがたい事実については、もっと複雑な別の解釈を次章ですぐに提唱することにしよう。

人類学と擬史

擬史とはラドクリフ゠ブラウンによって生み出された人類学史上有名な用語で、主として彼はこの用語を用いることによって、十九世紀後半から二〇世紀初頭にかけて文化史学者や伝播主義者が、「歴史をもたない民族」の歴史を再構築するために思弁的に編み出した歴史を批判しようとしている。[50] 今日の人類学者はもはやラドクリフ゠ブラウンの部族民をめぐる見解に与しないし、研究対象となる人々の歴史を扱うため、彼ら自身や他者が産み出した多様な歴史資料を適切に活用するようになっている。にもかかわらず、人類学的なトレーニングとフィールドワーク経験によって我々が歴史資料を批判的に検討する資格を与えられることはまれである。我々が抱える基本的な問題として、歴史的テクストや古文書資料をインタヴュー・データに融合させてしまいがちだからである。インタヴュー資料が無際限とはいわないまでも、流動的で枠にはまらない性格をもつことだけが問題なのではない。多くの場合、民族誌学者の「私的な資料集成（アーカイブ）」にとどまっていることに問題があるのだ。私的な資料集成は民族誌が書き終えられてからはじめて公表されるものであって、解釈の依拠するデータの妥当性を調べるには、ごくわずかな方法しか残されていない。見解の相違や議論を産むのは、理論や解釈といった民族誌の表の面だけなのである。こうした方法論的なジレンマは民族誌学の頭痛の種となっている。民族誌学とはフィールドワークに基礎をおく経験的学問であるとみなされているが、多くの場合にフィールドワーク自体は私的な資料集成にとどまる。対照的に、歴史学者が特殊な解釈の妥当性に疑義を呈する場合には、必ずや証拠や活用された資料の妥当性をめぐる議論に行き着くだろう。

一方、クック研究に活用される資料は誰の目から見ても「古文書」にほかならず、大半は公刊もしくは未公刊の航海誌や航海日誌からなっている。したがって、民族誌学に傾倒した歴史研究ならば、まだ民族誌学が批判的な研究姿勢をほとんど確立していなかった時代に、素朴なフィールドワーカーが集めた観察データをもとに執筆されている以上、当然のことながらそうした文献資料を疑ってかかるだろう。つまり、テクストの書体の下に潜む隠されたアジェンダにまで探針を入れてみるはずなのである。そのことを念頭においた上で、船の士官たちがハワイに向かうクック最後の航海を記した膨大な航海誌をあらためて繙いてみよう。以前のどの航海でも彼らはタヒチ人通訳の恩恵を受けており、通訳は同語族系統のポリネシア語を、数人の士官が理解可能な初歩的なタヒチ語に翻訳する手助けをしていた。しかし、航海のこの段階には現地人通訳はもはや存在しなかった。ただ船医のアンダーソンだけがおそらく漠然とハワイ語を理解できるだけのタヒチ語を知っていたにすぎない。クックはもっとも熟達した航海誌執筆者であったが、彼の航海誌は一七七九年一月十七日で終わっており、ハワイへの第二回上陸とその後に起きた重大な出来事について、彼がどのような見解を抱いていたのか定かではない。さらにいえば、最後の航海ではクックは英語をある程度話せるタヒチ人通訳のマイに頼り切りであり、すでに彼自身のタヒチ語は錆び付いていたかもしれない。アンダーソンはハワイに向かう途上の一七七八年八月三日に亡くなっている。キングとサムウェルはタヒチ語の初歩について基本的な知識を有しており、ハワイの民族誌学という点になると、彼らの記述がもっとも頼りになるものと思われる。他方、リックマン、レジャード、ギルバート、その他の者たちについては、イギリス人の活動や船上の噂話、そして、ある種の留保はつくものの、彼らが実際に見たことや参加したことなどにかぎって有益であるにすぎない。いずれの執筆者も自分たちの記録が最終的に海軍本部に提出されることを承知していた。このようにいつか出版されることを見越して航海誌を書いていた者は、自分なりの読者像を抱いていたに違いない。したがって、彼らの記述には読者の読みたがっていたことが積極的に取り上げられているはずである。

そこで、以下からはサーリンズの方法論をめぐる批判を系統的に挙げてゆくことにしよう。インフォーマントの発言に対する人類学的アプローチの基礎をなす想定が、そっくりそのまま新しいデータに転移されているため、サーリンズの著述全体を通して原典が批判的に検討されている箇所は、判断の根拠もなしに信頼できないとレッテルを貼られたレジャードをめぐる二箇所の言及を除くと、ほとんどないといってよい。どんなテクストからの情報であれ、構造主義的命題に合致するかぎりは活用され、理論に合致する以上は、事実としても正しいはずだとみなされることになる。初期の現地人による歴史書や宣教師による記録といった種々雑多な資料が、航海誌と同じような重要性を与えられ、ある水夫の十九世紀における短い滞在記ですら、有益な情報として掘り起こされている。要するに、多様なテクストの書体に潜むアジェンダに実際に探針が下ろされたことなどなかったのである。

実例一　無批判なテクスト読解

わたしはこれまでに十数件におよぶ原典資料の誤用を発見しているが、ここではひとつだけ実例を挙げて彼の無批判なテクスト読解ぶりを明らかにしてみよう。以下に挙げるサーリンズの記述はクックの死後、イギリス人が王の神殿や祭司の住居もろとも村を焼き払っていたさなかに、船上で起きた出来事を扱ったものである。

英国船に乗った女たちはそれを実に素晴らしい見物だと考えた。「こうした騒乱全体を通じて、乗船していた島の女性たちがけっして我々のもとを去ろうともせず、自分自身や海岸の友人たちについていっさい危惧の念を抱かなかったことはきわめて異例なことである。彼女たちはまるで無関心に見え、町が炎に包まれているあいだ、甲板にとどまっていた何人かの女たちは、その光景(サ)イトを賞讃して、たびたびマイタイ、素晴らしいと叫んでいたほどであった」……。この翻訳は正確である。サムウェルもディスカヴァリー号で同じ叫びを聞いており、彼はさらにこう付け加えている。「同時に我々は湾中の家屋からインディアンたちが飛び出し、カヌーや家財道具を背負って内陸部に向かうのを見ることができた[51]」。

サーリンズが最初に引用している箇所がポリネシアの女性やタブー、セクシュアリティをめぐる彼の命題の中心を占めるのだが、はたして、それは本当に信頼にたる情報を与えてくれるのだろうか。引用は最後の航海をめぐるキングの「公式」版航海誌によるものである。クックとキングの航海誌はキングの積極的な協力のもと、ウィンザー司教座聖堂参事会員のジョン・ダグラス師によって編纂され、一七八四年に三巻にも及ぶ公式版航海誌が産み出された。ここで留意しておくべきは、この航海誌がクックの死の詳細を知りたがった読者層を狙って編纂されたことである。そのために、キングはダグラス師の編集協力を仰ぎながら、執筆にあたってはありとあらゆる種類の情報源を活用した。幸いにもビーグルホールのおかげで、今日ではキングが船上で書いた「非公式」版の航海誌と航海日誌を読むことができる[52]。ところが、こちらには先に挙げた引用箇所で述べられた出来事がなんら言及されていない。またわたしの知るかぎりでは、サムウェルを除いてそれに言及した資料はほかにない。したがって、どうやらキングは公式版航海誌の他の箇所と同様に、ここでもサムウェルの資料を活用したようである。そうなると、サーリンズが「サムウェルも同じことを聞いた」といっているのは間違っていることになる。なにせ、そこにはサムウェル以外の資料源は存在しないのだから。結果的にみると、これらのテクストで二人の執筆者が同じ出来事について言及しているからといって、一方が他方の裏付けになるわけではないことになる。たんに船上を駆けめぐった主張や噂が集合的に形成されただけではなく、航海誌の執筆者たちは互いの考えを無断で借用することをためらわなかったのである。

さて、今度はサーリンズが活用する第二の引用（サムウェルによる）の直前におかれたサムウェル自身の観察を引用してみることにしよう。「この日一日中、我々は二、三人の少女を船に乗せており、炎上する街を見ながら、そのうちの一人がマイタイ、素晴らしいと述べた。同時に……」[53]。サムウェルの記述では一人の少女であったものが、キングでは「乗船していた女性たち」となっており、キングはその場に居合わせた女性の数が三人であったことを読者に伝え忘れている。さらにキングとサーリンズのあいだにはビーグルホールの影もちらついている。第三回航海の非公式版航海誌の序文で彼はこう書いている。「女たちが完全に船からいなくなったことは一度もなかった。彼女たちは村の燃え上がる炎を賞讃さえしたのである」[54]。サーリンズはビーグルホールを通じてキングの思い込みを無批判に受け継ぎ、自分が引用したサムウェルの一節から、先行する決定的な一文を不適切にも削除したのである。いずれにしても、ポリネシア語であろうと、英語であろうと、「素晴らしい」といった表現を発話の文脈から切り離し、文字通りの意味で解釈できるなどと断言するのはばかげている。ここではバフチンが「表現のイントネーション」と呼んだ概念を思い起こすべきである[55]。サーリンズを読むかぎりでいえば、まるで祭司や同胞の家々が灰燼に帰すのを見ながら、「素晴らしい」[〔5〕]と歓喜の声を上げる女たちで、甲板が埋め尽くされていたかのような印象を受けてしまうのである[56]。

実例二　クックとハワイ語

次の事例は最初の事例よりもはるかに複雑であり、ハワイ人（そしてポリネシア人）の悪名高きあの「窃盗」癖に関連している。これについて現代の人類学者はイギリス人からの無償取得とみなしており、その理由として、イギリス人が正式な交易ネットワークに属していないこと、あるいはサーリンズのように、ハワイ人が船の産物に対して権利をもつと考えていたことが挙げられている。しかし、なぜそういえるのだろう。再びサーリンズから引用してみよう。

それでもなお、ハワイ人にとってみれば、数世紀に及ぶ供犠がようやく報われたことになった。カウアイから英国海軍艦レゾリューション号に乗船したまさに最初の男は、乗り込むとすぐに――なんのためらいもなく、あるいは隠そうとする気すらなく――船の測深索を手に取り、持ち去ろうとしたのである。私的財産をめぐるイギリス人のいつもの繰り言に制止された彼は、どこに向かおうとしているのか尋ねられ、こう答えている。「自分の舟にもっていこうとしているだけだ」と……。のちにメラネシア人が夢想するカーゴ・カルトが、これらのポリネシア人の場合、たとえはかない一瞬とはいえ、現実のものとなったのである。クックは記している。「彼らは自分たちの手に入るものならば、なにに対しても権利があると考えていた」……。[57]

ここでサーリンズは二つの資料を用いている。最初のものはクック自身が測深索の盗みについてふれた船上で記した航海誌によるもの、二番目のものは一七八四年の公式版航海誌（第二巻）に依拠するもので、後者では盗みのことは言及されていない。クックがすでに亡くなっていたことから、公式版航海誌の編纂者であるダグラスはクック自身の航海誌に好き勝手に手を入れている。[58] したがって、ダグラスの手が入ったクックの記述は（きわめて慎重に扱わないかぎり）資料として活用することはできない。それとは対照的に、航海の最後の部分を扱う公式版航海誌の第三巻を編む際には、ダグラスは事細かにキングの助言を求めており、公式版航海誌とキングが船上で書いた非公式版とのあいだになんらかのずれがある場合、その責任はキング自身に帰せられるべきである。しかし、ダグラスの校閲に関してクックを責めるわけにはいかない。したがって、我々はもっぱらビーグルホールの学究的な校訂版によって入手可能となったクック自身の非公式な航海誌に頼るべきである。ダグラス版では測深索の盗みに関する言及は落とされ、代わって次のような一節が見られる。「また別の状況もあって、そこでは彼らもまた他の［ポリネシア系］島民とそっくりであった。最初に乗船してきた際に、彼らは手近にあるものならばなんでも盗もうとした。より正確にいえば、まるで我々が憤慨したり、諌めたりすべきことではないかのように、堂々とそれを持ち去ろうとしたのである」[59]。こう述べているのはあくまでもダグラスであって、対するクックは自分の非公式版航海誌でそんなことは一言も述べていない。

さて、クックの非公式版航海誌に基づくサーリンズの最初の引用に戻ることにしよう。サーリンズの引用ではある重要な一文が欠落しており、クック自身は次のように締めくくっている。「また同胞が話しかけるまで、彼は手放そうとしなかった」[60]。ダグラス版からの第二の引用は非公式版とほぼ同じことを述べているが、先行する二行が欠落している。それをクックの航海誌（非公式版）から補ってみよう。「いかなる民族もこの人々ほど正直に交易することはできないだろう。陸上でも船の舷側でも、一度として我々を欺そうとはしなかった。最初のうちは盗み癖を示す者もいた、より正確にいえば、自分たちの手に入るものならばなにに対してでも権利があると考える者たちがいた。しかし、そうした行為はすぐにしなくなった」[61]。

クックは二件の「盗み」しか報告していないが、それ以上の件数が発生していたのはまず間違いない。「盗み（セフト）」とは多様な行為を包摂する英語であり、代わってサーリンズが用いたロノの寛容さに基づくハワイ人の無償取得といった用語もそうだが、そのまま鵜呑みにできるような言葉ではない。最初に乗船し、「断り」もなく測深索を手にしたハワイ人の事例から考えてみよう。サーリンズはここで問われてしかるべき問いを一度も発していない。いったいクックはどのようにしてハワイ人の発話を翻訳することができたのだろう。これはクックが最初にカウアイを訪れた日の出来事であり、彼はハワイ語を一語として解せず、彼の片言のタヒチ語も船上の活動の喧噪と混乱では役に立たなかったに違いない。にもかかわらず、これほど確信をもってハワイ語を翻訳しているのは、彼が航海誌における暗黙の取り決めに従っていたからである。つまり、クックは男の行動を言葉に置き換えたのである。彼は盗人がしたことからなにをいっているのか推測した。したがって、我々が確信できることといえば、仲間が話しかけた際にその「盗人」が測深索を返したということだけである。なぜ彼がそれを出合い頭に盗んだのかという点については、けっして推測の域を出ることはなく、別の解釈がいかようにも可能である。たとえば、こんな推測はどうだろう。この日の前日、まだ船が投錨する前に、人々はカヌー越しに乗組員と交易をおこなっていた。すでに水夫たちは交易品を切らしており、そのことからすると、乗組員の誰かが見返りの支払いもなしに件の男からなにかを購入したこともありえなくはない。では、実際に返礼がなされなかった場合どうなっただろう。これは他のポリネシア系住民の事例から想像できる。人並み以上に大胆な輩が埋め合わせに船からなにかを失敬したことだろう。[62] そして、こんな行為がイギリス人によって「盗み」とされたわけである。もし仮にハワイ人が船の財貨に対してなんらかの権利を有していると感じていたとするならば、盗人の仲間である一般人がそれを返すよう彼を説得しようとしたというのは妙ではないか。このように、航海誌に現れる重要な発話は額面通りに受け取ってはならず、それが現れる文脈の違いに応じて検討すべきなのである。

さて今度は、全体的に見てハワイ人は「盗み」癖をもっていないとクックが言い切っているにもかかわらず、それがハワイ人の特徴とされている点を取り上げてみよう。カウアイ島への最初の訪問は一七七八年一月十九日のことであった。人々はカヌーに乗ってやってきたが、あえて船に乗り込もうとはしなかった。「彼らはカヌーに積んでいた何匹かの魚を、我々が差し出すどんなものとでも交換した。しかし、他のなににもまして釘や鉄製品が珍重された……」[63]。クックは交易が整然としており、人々が与えられたものならばなんでも受け取ったと言及している。「数頭の小さな豚がそれぞれ一、二本の六ペニー釘で手に入った」[64]。もしも人類学的に見て船が「カーゴ」の先駆例だというのならば、イギリス人たちもハワイについてまさに同じことがいえただろう。なにしろ、新鮮な食料と水なしで長期間に渡って遠洋を航海してきた末、クックは歓喜に満ちあふれ、ふたたび「物の豊かな土地」にたどり着いたと考えたのだから。[65]

どんな資料でもハワイ人の「誠実さ」が強調されている。天文学者のベイリーはこう述べている。「彼らは交易であれ、その他のことであれ、誠実さ［という］点では我々が出合ったどんな人々をも凌駕していた。けっして約束を違えることはなかったし、盗みが犯されることも滅多になかった」[66]。僚船ディスカヴァリー号の艦長であるクラークは、彼のハンモックを盗もうとした企てについて言及しながら、次のような但し書きを加えている。「彼らも数件とはいえ盗みをはたらいたが、それでも全般的にみると、きわめて公明正大な交易業者であった」[67]。同じ船に乗るサムウェルはもう一件だけ盗みについて記録し、一人の男が締め具を盗もうとしたが、「鉄製品が彼らの主な狙いであった」と的を射た指摘をしている[68]。実際に盗みの圧倒的な多数はこの貴重な金属をめぐるものであり、それは彼らのあいだで頻発する戦争に備え、短剣を作るために必要とされたのである。一年後にハワイ諸島沖を航行する際にも、士官たちが意見を変える理由はひとつもなかった。クックは「これまでわたしの出会ったインディアンのうちで、ここの人々はもっとも他人を疑わずに交易する」と述べ、さらにこう付け加えている。「もうひとつ注目に値するのは、彼らが交換に際して我々を欺こうとしたことがなく、一度たりとも盗みをはたらかなかったことである」[69]。船縁から落っこちた猫ですら彼らによって返されている[70]。このように、船の士官たちはハワイ人が他のポリネシア系集団とは違って、無償取得の癖をもたないという事実に感銘を受けたわけである。正反対に、船の航海誌には祭司を筆頭としてハワイ人がしばしば見返りを期待せずに贈り物をした事実が繰り返し記録されている。なるほど、クックが滞在した最後の数日間ともなると、盗みはある程度増えたが、その問題は当時ハワイ人とイギリス人の相互作用を支配した様々な条件との関連で解決すべきだろう。以上のことからすると、サーリンズとは逆に、航海誌資料は無償取得どころか、むしろ無償贈与こそがハワイの流儀であったことを示唆していることになる。

実例三　航海日誌と航海誌の比較

あるテクストがあからさまに信用できないからといって、それを学問的研究に加えるのをためらわせる理由はそうあるものではない。研究者の理論的立場にうまく合致するというただそれだけのために、テクストは活用されるわけである。サーリンズがハワイ人の白人観をめぐってきわめて重要な議論を展開する際にしているのがまさにそれであり、そこでは白人が太陽から到来した光り輝く不思議な存在として知覚されたと論じられている。「カウアイの首長はこうした事柄についてクックの探検に参加したリックマン海尉と議論し、イギリス人がカヒキから到来した以上、最初のハワイ訪問と二度目のあいだには太陽を旅したに違いないと確信した」[71]。なるほど重要な一節かもしれないが、サーリンズの文章を読むと、まるでリックマンがハワイの首長たちと土地の宇宙論について「議論」を交わしていたかのように思えてしまう。実際には、リックマンは一七八一年に著作を匿名で出版しており[72]、長らく研究者たちはそれをコネチカット生まれのいけ好かないヤンキー、レジャードの作とみなしてきた。リックマンの航海日誌は今日では入手可能だが、彼が航海誌を執筆する際には、法令によってすべての航海日誌を海軍本部に提出しなければならなかったため、自分の日誌を活用することができなかった。このため、残念なことに彼の航海誌と航海日誌とのあいだには深刻な不一致が認められる[73]。せいぜいのところ、リックマンは船を降りる前に航海日誌の一部を書き写したにすぎなかったのだろう。したがって、航海日誌と航海誌がある程度の一致を示している場合には、後者にそれなりの信用をおいてもよいかもしれない。サーリンズが言及する議論が起きたのは、リックマンの航海誌によれば、一七七九年三月一日のことらしい。しかし、この日付の航海日誌ではただ素っ気なく、「トウィ［カウアイ］のかつての投錨地に停泊した」と記されているにすぎず、そこからすぐに、乗組員が太陽のような存在として扱われるどころか、なんと「ありとあらゆる無礼な悪ふざけの的」にされたと述べられている[74]。三月分と四月分の航海日誌全体を見回しても、太陽に関する言及はどこにも見つからなかった。さらにキングも彼の非公式版航海誌において裏付けとなる記録を残している。「原住民は我々を意のままにできることを意識しており、我々が自分自身の身や持ち物の安全を図ろうとするならば、結局のところ、彼らの傲慢さを堪え忍ぶ［ほかに］手立てはなかった」[75]。キングの公式版航海誌でも現地人が「きわめて嘲笑的で挑発的な態度」を示したと繰り返されている[76]。

リックマンが航海のこの部分に関して自分の航海日誌を参照できなかったことは、彼の航海誌から明白である。彼はそこで三月一日に「我々はネフ島［ニイハウ］に到着した」と記しているが、航海日誌ではそれがカウアイ島であったと正確に述べられている[77]。しかし、サーリンズは航海誌のこの誤りを無視し、リックマンがヌー－オフ－アというカウアイの首長と会話したと述べている。では、リックマンがネフのヌー－オフ－アという首長と宇宙論をめぐってどんな議論を交わしたのか、彼の航海誌から引用してみることにしよう。「［彼は］太陽を指さしており、どうやら我々が航海のあいだにあの天体を訪れ、我々の大砲が放つ轟音や閃光も、天界からくるものと同じ源に由来すると推測しているようだ[78]」。

わたしの推測するところでは、たとえハワイ島であれ、トンガやタヒチのような島であれ、恐怖（テロ）が現地住民を覆い尽くすようになっていたところならば、どこでも同じような出来事が実際に起きていたのではないだろうか。問題の議論の文脈は彼の航海誌でもきちんと述べられている。大砲が現地人の頭越しに放たれていたのである。「二人がばったり倒れるのが見え、女たちの悲鳴と泣き声からすると、もっと多くの者が殺されたか、負傷したらしい[79]」。こうした発話の文脈を考慮に入れて、リックマンの発言を再検討してみよう。そうすれば、怯えた首長が太陽を指さし、それによって大砲を換喩的もしくは隠喩的に指していたのは、まったく理にかなっていたことがわかるだろう。しかし、そうした身振りによる会話からは、リックマンがハワイ人に帰した、彼ら（イギリス人）があの「天体」を訪れたという込み入った情報を引き出せるはずもない。ましてや、サーリンズがリックマンに帰した「イギリス人が最初のハワイ訪問と二度目のあいだに太陽を旅した」という見解や[80]、彼らがカヒキから来たといった見解になると、彼の航海誌のどこを探しても見あたらないのである。

リックマンの航海誌の日付とまさに同じ時期に、いささか不謹慎ではあっても、彼よりははるかに信頼できる航海誌を著したサミュエルが、ごく単純な情報ですらハワイ人から得るのは難しいと記している。「留意しておかなくてはならないが、身振りと我々が知るごくわずかな言葉の上に築いたこうした解釈には、あまり信頼を寄せてはならない、せいぜいのところ我々はその意味についてもっともらしい推測ができるにすぎないのである」[81]。クック自身も経験的に観察できることを除いて、宗教や宇宙論について複雑な情報を得ることはできないと再三繰り返しており、しかもそれは彼がもっとも慣れ親しんだタヒチやトンガのような島々について述べたことであった。リックマンはよくて片言のタヒチ語を知るにすぎず、それすらもハワイ人と宇宙論をめぐって会話する上では役立たなかっただろう。ダットンの重要な論文から学んだように、最初の接触において（そして現地語を知らない者には、その後の接触においても）、もっぱら身振りが現地人と白人を結びつける唯一のコミュニケーション様式であった[82]。サミュエルのいうように、なるほど親交が増すにつれ、「身振りと言葉」の結びつきが発展してゆき、熟練した対話者の場合には、それをうまく活用することができたかもしれない。残念なことながら、リックマンはそうした部類の人間ではなかったのである[83]。

実例四　テクストの省略

もしもサーリンズがきちんと最後まで引用をおこなうか、それを文脈に置き直してさえいれば、真に明晰な論理展開ができていたことだろう。たとえば、乗船していた女の数をめぐって、サミュエルの引用から前半部分を削除した先ほどの例などがそうである。ここではさらにジョージ・リトルが一八〇九年に経験した出来事を取り上げてみよう。[84] 彼は「島のことばを話す」二人の同僚と一緒にクックが殺害された場所に巡礼に出かけた。サーリンズは最近の論文でこのリトルを取り上げ、「亡きクックの神としての境涯」と呼ぶものを明らかにしようとしている。彼によれば、リトルのハワイ人の道連れは「深い畏怖の念」をもってクックの埋葬地に近づいたそうで、説明のためにリトルから次のような一文が引用されている。「年に一度、現地の住民が一堂に会し、彼の痛ましい死を悼んで宗教的儀式をそこで執りおこなった」。[85] サーリンズがリトルの引用箇所に前半部分も含めていれば、まず間違いなく彼はクックの神性に対して疑いを抱かざるをえなくなったことだろう。リトルはこう述べているからだ。「彼らは自分たちが偉大な首長と呼ぶ者を死に至らしめてしまった不幸な状況に対し、心から哀悼の意を表した……」。[86] ウィリアム・バトラー・イェイツが述べているように、まさに「鏡に映った鏡の上の鏡は、どれも見せかけ」というわけである。

第四章

政治と列聖化——ハワイからの視点

本章では列聖化をめぐる事実に別様の解釈を提起したいと思うが、まずは手始めに次の事実から始めることにしよう。カヌーに乗って到来するロノの神話をめぐって、サーリンズ自身も、ヨーロッパで産み出され、ハワイに受け継がれてきた伝統的な解釈が間違いだったかもしれないと認めているのである。カメハメハの統治以前に、はたして四ヶ月にわたる長期のマカヒキ祭の周期が存在したかどうかは疑わしい。バレールのように、ロノの有名な儀式が「クックの航海を直裁的に再現したもの[1]」であると述べる研究者もいるほどである。しかしながら、そうした新しい解釈（全面的に是認できるとは思えない）は、カメハメハの治世がもたらした強力な影響を考慮に入れないかぎりは意味をなさない[2]。膨大な人的犠牲を払うことによって、カメハメハはハワイ史上ではじめてハワイ諸島全体を単一の支配下に収めた[3]。未来を深く見据えた強烈な個性の持ち主であるカメハメハは、イギリスを模範と仰ぎ、おそらくはクック自身が滞在したあいだにイギリスの君主制に対して独自の見解を形成していったのだろう。彼の国家が示す中央集権的性格は全島共通の政策を採用したこと、とりわけマカヒキ祭を主要な国民統合儀礼として採用し、体系化していったことと平行関係におかれていた。マカヒキをめぐる最良の記述を著書に残したデイヴィッド・マロは、カメハメハの時代に生まれており、いくつかの儀礼を目撃した可能性すらある。しかし、彼に年上のインフォーマントたちが伝えたのは、すでに国家儀礼として形式化されたマカヒキの姿であって、マロの叙述からは体系的性格が明瞭にうかがえる。一例を挙げれば、徴税官が「オカナ、ポコ、カラナなどといった……島の行政区分ごとに」マカヒキ税を徴収し、祭りの十八日目にはコノヒキという役人が王のために税を取り立て、二〇日目にはすべての徴収作業を完了し、集められた財貨を神前に奉納したという。[4] 少なくとも原則的には、作業は島全体で同時におこなわれていたらしい。[5] このことからすると、マカヒキ祭はやはりカメハメハによって体系化、一般化され、行政組織に統合されたと見てよいだろう。サーリンズによれば、結果的にそれは平和をもたらすロノ神を主神として正当化することになり、逆に、島嶼間戦争と人身供犠に関連したクーの祭祀を、消滅させはしなかったものの、著しく弱体化させることになったという。[6] 残念なことに、サーリンズは彼の仮説にとってこの発見がどんな意味をもつのか推察するどころか、相変わらずクック来訪時の出来事とマカヒキ祭との対応を信じ続けている。そこで、わたしはこうした事実に対してマカヒキの意義を薄めるような別の解釈を提起し、クックがロノと呼ばれたことや、彼に捧げられたという崇拝なるものが、彼の列聖化とはなんの関係もないことを証明してみることにしたい。

まずは、自らもポリネシア人を片親にもつ人類学者、テ・ランギ・ヒロア（ピーター・バック）の次の重要な発言を取り上げてみよう。

もうひとつキャプテン・クックをめぐって広く流布した謬見としては、彼がハワイ島の住民によっていわば神格化されたとする説がある。クックが神とみなされたという説は、もっぱらハワイ人によって彼がロノと呼ばれた事実に依拠しているようである。しかしながら、デイヴィッド・マロの著作によれば『ハワイの遺風』第二版、ホノルル、一九五一年、一四五頁〕、ロノの名称がキャプテン・クックに与えられたのは、彼の船の帆がその神のタパ布に似ていたからにすぎないという。ところが、時が経つにつれ、人間のロノと神のロノが同一人物とされるようになってしまったのである。巷間流布する説によれば、クックはハワイ人によって帰還せるロノ神とみなされたという。ヘイアウで繰り広げられた式典やクックの前に平伏する行為は、彼が神格化されたさらなる証拠として受け入れられてきた。しかし、こうした出来事は別様に解釈することもできるだろう。

神々に用いられる固有名詞は首長に与えることもできる上に、小豚の供物を含めて、式典が宗教儀礼に則って執りおこなわれることも、高位の首長の叙任式には見られたことである。カプ・モエと呼ばれる平伏行為は最高位にある人間の首長に捧げられるものであり、そのことからするとキャプテン・クックが最高位の首長位に昇格したのは間違いない。他方、生きた人間が神にされたという主張は現地の風習や慣行と合致しない。もしもクックが神とみなされたのだとすれば、なぜ彼をわざわざ神とするためにヘイアウで式典をおこなわれなければならなかったのだろう。ハワイ人が最終的にクックを殺害したからといって、彼が高位の首長とされなかったことにはならない。高位の首長も必要があれば殺害されていたからである。実は、ハワイ人がクックの遺体を持ち去り、骨から肉を剥いだ際に、彼は生前以上に神に近づいていたことになる。なぜならば、ハワイの風習では選ばれた高位の首長の神格化が、彼の生前ではなく、死後になっておこなわれたからである。[7]

わたしはテ・ランギ・ヒロアの主張がどんな含意をもっているのか、これから逐一説明していくことにしたい。というのも、彼が歴史的出来事に対して加えた解釈は基本的に正確であり、ハワイの民族誌的データとも合致すると思うからである。この点に関していえば、ツィマーマンとリックマンを除いて、クックが人間以外の何者かに見られたと航海誌に記した者が、船に乗っていた者のなかには一人もいなかったことを明言しておきたいと思う。[8] ジェイムズ・キングによれば、ハワイ人はクックのことを「優れた性質」をもつ存在と考えており、彼に対する態度が「礼拝に近いように見えた」こともときにはあったという。[9] しかし、キングは「並外れて大きな敬意」がディスカヴァリー号のクラーク艦長にも払われたと述べており、[10] サムウェルの記述もキングを裏付けている。[11] たとえクックに対する「下位の首長」の態度が「通常の尊信ぶり」を超えていたにせよ、キングによれば、クックは彼らによって「自分たちよりもはるかに優れた死すべき人間」とみなされていたという。[12] さらにキングが付け加えるところによれば、平民たちは「クック艦長が初めて上陸した際にしたのと同じようにして」、自分たちの上位の首長を迎え入れていた。[13] サムウェルもやはり同じような所見を残している。「こうした儀式はクック艦長をこの国に迎え入れるための歓迎式典として催されたようである」。[14] 実際のところ、サムウェルはクックに対しておこなわれた第二の儀式を一種の叙任式と考えていた。「今日、祭司たちによってひとつの儀式がおこなわれたが、そこで彼はオロノ［ロノ］の称号と位階を授けられた。これはインディアンたちのなかで最高の地位であり、彼らによって幾ばくかの神性を帯びた人物であるとみなされていた」。[15] サムウェルはロノ神（オロノ）とクック＝ロノをはっきりと区別していたので、ここでクックに結びつけられているのは、どうやら神的な性質をもつ別のロノということになり、こちらについてはのちほど誰であったのか明らかにすることにしよう。祭司たちはサムウェルのためにここがロノの神殿だとはっきり名指ししていた。神殿の正面には「一本の棒が地面に打ち込まれており、一頭の死んだ小豚がぶら下げられていた。棒の周囲にはココヤシの実とバナナが山のように積まれていたが、これは天空に住むと彼らがいったオロノ［ロノ］神への供物であった」。[16] さらに彼らはサムウェルにその神の像を見せたという。あとで示すように、一般水夫のあいだではハワイ人がクックを神格化したという噂話が広まっていた。しかし、そうした通俗的な思い込みがあったにもかかわらず、また、ロノ神やその祭司や神殿について明確な知識を有していたにもかかわらず、船の士官や主要な航海誌執筆者はロノと呼ばれたクックを、ロノという神の化身に関連づけてはいないのである。

さらに驚くべきことに、キングはロノのことを他の人物にも与えられる称号だと考えていた[17]。この点ではサムウェルのほうが控えめである。「彼らにとって聖なるものとみなされているオロノの称号は、カリオ・プー［カラニッオプッウ］と彼の家族だけのものであり、さらに彼らにはヘマイリーという称号も授けられた……。位階の上でその次にくるのがアーリー［アリッイ］である[18]」。レジャードもカラニッオプッウのことを「彼らのオロノ、すなわちラ・ハイ、もっとも偉大なる首長」と呼び[19]、ロノが「王位を意味する」と記している[20]。彼はまたハワイの貴族制度をめぐって、ロノを頂点とした三層からなる凝った分類を作り上げてもいる[21]。

船の士官たちが正しいとするならば、ロノという名前は高い地位に就いていた他の人物にも与えられていたことになる。ハワイの神話や歴史にはこの名をもつ人物が数多く存在し、一般に長い名前の冒頭部に付け加えられていた。クックが到来した時代でも、同じ名前をもつ人物は幾人かいた。そのことから、ロノという名称は称号だと解釈された（ロノが名前である以上、厳密にいえば間違いだが）。ベックウィスは、テ・ランギ・ヒロアやより以前にマロが述べたように、首長が神名に基づいて名付けられたと指摘している。さらに彼女はこう詳述する。「人は自分の生業や専門職を司るアクア［神］をそれぞれ崇拝しているが、それは自らの司る職につく者をそのアクアが成功に導くことができると広く信じられているからである[22]」。さしあたっては、ロノが豊饒神であり、いくつかの神話で海に関連づけられていることからすると、クックにその名や称号が与えられたとしてもなんら不思議ではないとだけ述べておこう。クックの前に平伏する儀式（航海誌ではヨーロッパ化されて「礼拝」と呼ばれた）は、テ・ランギ・ヒロアが指摘しているように、最高位の首長を迎える際に彼らが取る方法と同一であり、植民地化された他の民族のもとでも、そこを訪れたヨーロッパの高官が同じように扱われている。

要するに、平伏行為はなにもハワイ島にかぎったことではなかったのである。第二回航海に際して、クックはトンガの平民に多大な敬意をもって遇されたが、それでもその態度は彼らの神聖な首長に対するものには及ばなかった。ところが、最後の航海の頃になるとトンガ人はもっと慇懃な態度を取るようになっていた。この点に関しては、レジャードが花火を上げた際の人々の反応をめぐって、次のような観察を残している（他の乗組員も同じことを認めている）。ある者は逃げ去り、「残った者のなかには顔を地面にこすりつけて平伏するものもいた」。さらにレジャードは続けて、首長たちが「クックを自分たちよりもはるかに優れた次元の存在として崇拝した」ようであり、「自分自身や自分の民を傷つけないよう彼に懇願した」と付け加えている。[23] すでに指摘したように、カウアイ島でも最初のクックへの平伏行為は一七七八年に同じような文脈でおこなわれていた。先遣隊のウィリアムスン海尉が群衆に発砲し、一人を殺害していたのである。これはハワイ人がイギリス人と彼らの恐るべき火器にふれた最初の接触であった。思い出していただきたいが、クックがのちに上陸した際に、彼は殺害についてなにも知らされていなかった。「わたしが岸に飛び降りた瞬間に、彼ら全員がひれ伏し、わたしが立ち上がるように合図するまで、そのへりくだった姿勢でいた」[24]。以上のように挙げてきた証拠をまとめてみると、どうやらクックがロノと呼ばれた理由は、なにもハワイ人が彼のことをマカヒキ祭のために人間の姿で戻ってきたロノ神と思い込んだとしなくても、まず間違いなく説明できそうである。そうした信仰はテ・ランギ・ヒロアが指摘したようにハワイの文化的論理に反しており、すぐあとで示すように、むしろヨーロッパ人の信仰にこそ完全に一致する。

テ・ランギ・ヒロアの所説に対する反論は、ビーグルホールによってきわめて明快に展開されている。もしもヘイアウにおける儀式が高位の首長の叙任式にすぎないとすれば、クックはいったいどんな資格で「叙任」されたというのだろうか。まず間違いなく、ハワイの高位の首長としてではなかったはずである。マロも他のハワイ人の著述家も、高位の首長をそのようにして叙任する儀式はもとより、その名誉を讃える儀式についてすら、いっさい沈黙している……。仮に彼がすでに神であったとした場合、たとえ彼を神に「する」ことはできなくても、彼を正式に神として承認し、敬うことは可能である……。[25]

今度はビーグルホールの反論のほうを取り上げ、クック来訪以前、滞在時、それ以降のハワイにおける政治状況をつぶさに検討してみることにしよう。ハワイの首長がなぜクックを自分たちの首長に叙任したのか、その動機を探ってみたいのである。

まずその前に、これから用いることになる一組の前提をはっきりさせておこう。ハワイの首長が抱いていた動機を直接確かめるすべはないが、クックが他のポリネシア文化、とりわけマオリやタヒチ、トンガ文化と接触してきた経緯から検証可能な証拠を取り出し、そこから間接的に動機を探ることは可能である。ハワイ文化が広い意味でポリネシア系に属することは、大半の研究者と意見が一致するところなので、慎重に比較しさえすれば、ハワイの出来事に光を当てることも可能だと見てよいだろう。ここでの目的から重要なのは、前述したどの場所でも現地の首長がクックを部族間紛争に巻き込もうとした事実である。マオリへの最後の訪問に際して、クックは族長の懇願をいちいち聞き入れていたならば、全民族を皆殺しにしなければならなくなっていただろうと、皮肉な所見を述べていたほどであった。[26]

第二回航海において、タヒチのトゥとテトッオファ（トウハ）はエイメオ、すなわちモーレア島の民に対抗するため、クックの支援を取り付けようとしていたし、[27] フアヒネの平民たちも彼がボラボラの首長を打ち倒すことを望んでいた。すでに見たように、こうした傾向は最後の航海ではいっそう顕著になっており、そこでもやはりポリネシア人が、新参者とその武器をいかにして自分たちの政治的な目的に利用できるか見極めようと、実践的合理性と「常識のプラグマティクス」を協働させている姿がうかがえる。多くのポリネシア人が「ブリタニー」

に行こうとしたのは、たんにジョージ国王に謁見するためだけではなく、敵を撃破する火器を集めるためでもあったのである。[28] クックの直後に到来した西欧の交易業者との交換は、ポリネシアのどこであっても、ほぼこの目的一点に絞っておこなわれていた。

以上の前提をもとにすると、わたしの仮説はこうなる。クック来訪時のハワイの「王」であるカラニッオプッウは、まるでポリネシア全般に広まる慣行に従うように、対マウイ戦役に対してクックの援助を取り付けようとしていたのだ、と。これを裏付ける唯一の直接的証拠はクック自身の航海日誌と覚書のはずだが、どういうわけかそれらは散逸してしまっている。[29] 上陸の当日にあたる一七七九年一月十七日の日曜日からは、キング海尉が公式に航海誌を引き継いでいた。一方、すでにその時点でハワイ人にはクックについて熟慮する十分な時間があった。クックが最初に島影を見たのは一七七八年一月十九日のことであり、それから北西航路の無益な探索をおこない、彼が戻ってきたのはほぼ一年後の一七七八年十一月二六日のことであった。しかも、彼は一七七九年一月十七日にケアラケクア湾に上陸するまで、七週間近くもかけて島々を回航し続けたのである。[1] 少なくともある航海誌の記述によれば、クックが到来した際に、カラニッオプッウ王はマウイに遠征していたことになっており、これはフォルナンダーによって比較照合されたハワイ側の資料、とりわけカマカウの資料によって裏付けられる。[30] そこで以下ではカラニッオプッウが仕掛けたマウイ戦役を取り上げてみることにしよう。私見では、それこそがいわゆるクックの列聖化にまつわる出来事を理解可能にしてくれるはずである。戦闘の成り行きを要約するには、フォルナンダーの躍動感あふれる堂々たる描写を活用することにする。[31]

戦況を紹介するにあたっては、まずライバルの首長を退けたカラニッオプッウが、ハワイ島の最高首長（すなわち「王」）に就き、来るべきマウイとの戦争に備えて武器と戦闘カヌーを数年間に渡って蓄え終えたところから語り始めることにしよう。フォルナンダーによれば、彼は一七五九年にマウイ島東部へ侵攻し、ハーナ地区を攻略したという。その地を治めるカメハメハヌイ〔カメハメハとは別人のマウイの王〕はまったくといっていいほど抵抗せず、カラニッオプッウはハーナとキパフルという拠点地区を奪取し、ハーナ港を見下ろす重要なカッウウィキ城砦を陥落させた。そして、彼はこれらの地域の監督を配下のプナに任せ、自分はハワイへと帰還した。一方、カメハメハヌイは慎重に兵力を集結させ、隣島のモロカイ、ラナイの援助を受けた上で、プナの軍勢に立ち向かい、これを撃破した。ただし、ハーナとカッウウィキだけは巧みに包囲戦を切り抜け、ハワイ島民がハーナを維持し続けることになる。

一七六五年頃にカメハメハヌイが亡くなるまでは、特筆に値するようなことはさほど起きていない。しかし、彼の死をきっかけとし、王の兄弟であるカヘキリが実権を収めたところで、マウイにおける内戦時代の幕が切って落とされ、さらに一七七五年頃にはハワイとマウイとの新たな戦争が勃発することになる。カラニッオプッウに率いられたハワイ勢がハーナからカウポー地区に侵攻し、多大な物的・人的被害をもたらしたのである。これを聞いたカヘキリはカウポーの住民を支援するために分遣隊を送った。「カラニッオプッウ軍は完全に潰走し、艦隊のところまで追撃されると……、命からがら船に逃げ込み、ハーナまで撤退した」[32]。カラニッオプッウはハワイに戻ったが、偉大なるカメハメハが戦士としての名声をはじめて築いたのも、まさにこの戦役においてであった。

カラニッオプッウは続く一年間（一七七六年）を軍備増強に充てた。彼は軍団を編成し、さらには王の特別な守護神であるクー‐カーッイリ‐モクの庇護を求めた。さらにいくつかの神殿が修復され、「高位の祭司であるホロアッエが宗教的儀礼をつつがなく執りおこない、持てる知識と力を振り絞ってマウイの至上者の死と敗北を確かなものとするよう厳命された」[33]。この祭司はクックの乗組員たちにはカオとして知られる人物である[34]。マウイ王も報復に同じような象徴的次元の行動を仕返すことになる。マウイにはホロアッエの技量と力に匹敵する祭司がいなかったため、彼は使節をオアフ島に送って、そこの強力な高位祭司であるカレオプッウプッウに訴えかけ、「マウイに来て、ハワイの高位祭司による呪法と力に対抗する宗教儀礼と呪術的手立てを監督する」ように説き伏せたのである。[35]

最後の出来事はわたしの解釈の柱をなすものであり、ここでもう少し詳しく説明しておかなくてはならない。フォルナンダーによれば、「このカレオプッウプッウはハワイの祭司のなかで傑出した存在であり、オアフ島のパウマクアが七百年ほど前に異国を旅した際に連れ帰った異国の祭司、カエカエ、マリウ、マレアの子孫にあたる」という。[36]これらの異国の祭司は「長軀で、明るく輝く瞳、白い頰をもち、いたずらっぽく凝視する目つきをした、赤ら顔の大きな白豚［詩的表現］のような異国人」として描かれている。[37]オアフ島の祭司一族はこの異人集団を祖とし、カウアイ島における二、三の例外を別として、もっぱらオアフにおいて隆盛を極めた。この家系に属する主任祭司カレオプッウプッウの導入は、明らかに対立する両陣営にとって重大な意味をもつ行為であった。彼の指示に従って、カヘキリはワイルクの北側にあったカルリという名のヘイアウを営繕して聖別した。カレオプッウプッウはこれによって「ハワイ勢が網のなかの魚のように一網打尽となるだろう」と首長に請け合っている。[38]明らかに彼は祭司であると同時に、カヘキリが戦略を練る手助けをする顧問でもあったのである。

祭司の呪法と計画はすぐに功を奏することになる。一七七六年、カラニッオプッウはホヌアウラ地区に上陸すると、現地の住民を襲って略奪し、人々は山間部や渓谷に逃走した。一方、八百人の男たちからなるアーラパという別動隊が、海上をキヘイプコアへと進軍し、そこからさらにカヘキリの住むワイルクを目指した。[39]伝承によれば、この軍勢にはカラニッオプッウ軍における精鋭中の精鋭が含まれており、「彼らの羽毛の外套は陽光を照り返し、兜の羽根飾りが風に翻った」という。[40]しかし、策略に長けたカヘキリはいくつかの戦略的措置を講じ、部隊がワイルク近郊のカルアの南東にある砂丘地帯に入った際に、ついにこれを撃破した。アーラパ部隊は殲滅され、八百人のうち二人だけが生き延び、いまにこの物語を伝えるにすぎないという[41]。

敗北に打ちひしがれたカラニッオプッウは数人の首長からなる会議を招集した。そこで彼らは前日の失地を回復するために、全軍あげて一気呵成にワイルクまで攻め込む決定を下す。しかし、カヘキリはこれをすでに見越しており、深刻な被害は出したものの、ふたたびカラニッオプッウの軍勢を撃退することに成功した[42]。ことここにいたって、カラニッオプッウは和議を求める決断を下し、有利な条件を勝ち取るため、ついに息子のキワラッオ（母親がカヘキリの姉妹にあたる）を送り出した。土地の古伝には和平の条件が言及されていないものの、こうして二人の支配者は会談し、和平が締結されることになったのである[43]。

しかし、平和は長続きしなかった。一七七七年の末にカラニッオプッウが「カヘキリの領土に戦乱と荒廃」をもたらす軍事行動を開始したのである[44]。緒戦はなんとか制したものの、最終的に彼は甚大な被害を出して撃退されてしまう。そこで、彼は隣接するラナイ島へと転進し、主要な城砦を陥落させ、数人の首長を殺害することによって、はじめて勝利を得ることになる。ラナイから彼はハーマークアロアにおいてふたたびマウイに上陸し、「国を荒らし、人々に恐るべき蛮行をふるった[45]」。しかし、カヘキリが到着するや、「数度の交戦ののち、カラニッオプッウを艦隊のもとに追い払ってしまった[46]」。ここからは数ヶ月にわたって一進一退の膠着戦が続くことになる。

そして、この時点にいたってもう一組の決定的出来事が出来することになる。クックが一七七八年にカウアイに到来したのは、まさに最後の会戦の緒戦段階であった。そして、そのクックが北方踏査を切り上げ、ふたたびハワイ諸島に戻り、回航後に〔2〕ケアラケクア湾に投錨することになったのである。フォルナンダーも明確にしているように、現地の伝承ではカラニッオプッウと一緒に、カオ＝ホロアッエの息子にあたる祭司パイリキが、遠征の従軍祭司としてマウイに滞在していたとされている。ただし、伝承はその間のカオの所在についてはふれていない。また、サーリンズでさえ最近の論文において、カラニッオプッウが十一月下旬にマウイで交戦していたと述べている。マカヒキの時期をめぐるある仮説からすると、それはロノのタブーの侵犯にあたるが、「十二月のマカヒキ説」を採用するならば、ロノの巡幸は十二月十四日から一月四日にかけておこなわれたことになり、この時期ならばカラニッオプッウが戦闘を避けたと想定できるという。(47) しかし、これではフォルナンダーが依拠する資料とは矛盾することになってしまう。というのも、そこではクックが一月十七日に投錨したのち、二人の首長(パレアとカニナ)が船を訪れ、カラニッオプッウはマウイにおり、数日中に戻ってくると伝えたとされているからである。サムウェルも王がマウイにおり、「三、四日でここに戻ってくる」と記しており、リックマンによれば、王は「和平の条件を交渉中」であったという。(48) ハワイ人がヨーロッパの報告書を読んだとは思えない以上、フォルナンダーの記述に用いられた土地の古伝に信憑性を認めざるをえない。もしも一月十七日か、その前後にカラニッオプッウが和平交渉についていたとするならば、ロノの平和があまねく広まっていたはずの十二月十四日から一月四日の期間に、彼が実際には戦闘をおこなっていた可能性がかなり高いことになる。さらにいえば、まさにクックが十一月二六日にハワイ諸島沖に到達したからこそ、カラニッオプッウがこの遅い段階になって和平を交渉していたと見たほうが、もっと筋が通るのではないだろうか。ここで留意すべきなのは、カラニッオプッウ自身が十二月一日に船を訪れており、その際に甥のカメハメハと、おそらくはマウイ戦役の祭司であるパイリキを伴っていたことである。士官のうち誰一人として、「大首長」であるということを除いて、カラニッオプッウの重要性には気づいていなかった。(49) このことからすると、カラニッオプッウが自分の有利になるように状況を見極めるにあたって、妨げとなる儀礼暦は存在しなかったことになる。

以上の背景に照らし合わせてクックの到来を見直してみよう。カラニッオプッウは優秀な軍勢を有していたにもかかわらず、深刻な敗北を喫した。土地の古伝はそう強調している。だとすれば、彼の不運の一端はカヘキリの祭司カレオプッウプッウのもつ卓越した祭司としての技量に由来するとみなされたことだろう。彼は白い異国人の一族の出身であったが、そこにさらに別の白い異邦人の集団が到来する。彼らはオアフの祭司一族の始祖をめぐる神話的イメージに瓜二つであった。カラニッオプッウにとってみれば、神話と現実の出来事のあいだの一致は申し分なく、マウイのカヘキリに対抗するため、これら白い異邦人の援助を要請すべしという実践的な判断を下せたはずである。ここでの行動は弁証法的である。まずカヘキリの祭司が失敗し、カヘキリは白い異国人一族に属するカレオプッウプッウの援助を要請する。これに対し、カラニッオプッウはカヘキリの行為を相殺するチャンスを生かして、神話的イメージそっくりの異人集団の援助を要請する。だが、それはいかなる予言や儀礼暦の働きにも従うものではなく、むしろ絶望的な袋小路にはまった戦況をひっくり返すため、異邦人の助けを借りるという「常識のプラグマティクス」に基づくものであった。カラニッオプッウの状況からすれば、ほかに打つ手があったとはとうてい思えない。そもそも、他のポリネシア系住民の場合には、さして喫緊でもない理由からクックの援助が請われていたではないか。

これまでわたしはテ・ランギ・ヒロアの所論における失われた環を見出し、象徴的な儀礼様式を使ってまでクックを首長に叙任し、ハワイの貴族制に位置づけようとする動機を明らかにしようとしてきた。ここでもやはり叙任の動機と儀礼は、実践的な武力外交(パワー・ポリティクス)とハワイの象徴的価値との錯綜から産み出されたものであった。もしもわたしの仮説が正しいとするならば、今度は有名なクックの「神格化」の儀礼を「叙任儀礼」として解釈できるはずである。注目していただきたいのは、サーリンズがこの儀礼とマカヒキ暦で予定されていた出来事とのあいだに一対一の対応表を練り上げていることである。わたしが対案として提起する解釈はそれを根底から疑問視することになる。このように、妥当な代替解釈の可能性があるというだけでも、象徴形式に杓子定規な解釈を加えようとすることの愚かしさの証明にはなるだろう。

クックの叙任式に関する最良の記述はその進行に立ち合ったキングによるものであり、彼は儀礼の意味を理解できなかったと認めつつも、かなり詳細な描写を残している。まずは背景情報を簡単にまとめてみよう。ハワイ人はきわめて複雑な神格構造（パンテオン）を有しており、同じような仕組みをもつ場合にはどこでもそうだが、強力な祭司集団によって形式化と体系化が推し進められていた。島嶼間には大きな違いもあったかもしれないが、一般的に研究者のあいだでは、クー、カナロア、カーネ、ロノの四柱の主神と、火山に結びつけられたきわめて強力な女神、ペレの存在が認められている。ほかの地域の多神教的神格構造でもそうだが、そこにはより低位の神格や精霊、死霊が無数に存在し、それらは様々な宗教的専門家によって多様なかたちで鎮められていた。マロに従ってベックウィスが述べるところによれば、「ロノは最後に到来したらしく、その役割も主に競技式典（ゲーム）の庇護にとどまるように思われ」[50]、少なくともクックがハワイに到来した時期には、「もっとも厳格な宗教教団に属する祭司はクーの儀礼に携わっていた」という。他方、それぞれの神格は多種多様な形態や発現形を有しており、このため一般的には穏和とみられるロノや戦闘的なクーですら、相反する特徴をもつこともあった。おそらくハワイ島について述べているのだろうが、ベックウィスはこう主張している。「クー信仰によれば、長期の旱魃のように住民全体を脅かす災厄が生じた場合、特別な種類のヘイアウ（ルアキニ）を建立し、住民全員が参加する長期の儀礼を祝うことでそれを鎮め、神々には小豚やココヤシの実、レッドフィッシュ、白布、人身供犠といった供物を大量に捧げなくてはならなかった」[51]。その祭場は支配的首長のみが建立できるものであった。ケアラケクア湾のヘイアウに用意された祭場はヒキアウと呼ばれており、サムウェルとキングによっても正確にその名で記録されている[52]。そして、このヒキアウが叙任儀礼の舞台となるのである。

レゾリューション号が投錨すると、すでに有能な仲介人となっていたカニナとパレアの二人の首長が、船の士官たちにコアーという祭司を紹介した（主任祭司のカオと混同されないよう、ここではこの誤った表記をそのまま採用することにする)。コアーはクックに赤い布を巻きつけると、一匹の小豚を手に持ち、ロノという言葉が現れる祭文を唱え続け、「艦長はしばらくのあいだこの名前で原住民に呼び慣わされた」[53]。その後、コアーがクックの手を引いて岸に導くと、「彼が行くところには、一人の先触れがなにか言葉を繰り返しながら先導を務め、インディアンたちは道を空け、地面に顔をすりつけてクック艦長の前に平伏した」[54]。祭文を唱えることで首長に拝礼することは、ハワイ・トンガ双方の慣習から完全に理解可能である。ここでもトンガと同様にタブー・マンに相当する先触れがクックの行くところならどこにでも随伴しており、その理由も同一であった。ハワイ人はクックが自分たちの慣習に不慣れであることを知っており、そのためタブー・マンをつけることで、クックがとりわけ聖域において慣習に従うことを確実にしなければならなかったのである。

我々は石を積んだ塚「ヒキアウ」の上に導かれた。塚の一方の端は地面から八フィートほど高くなっていたが、反対側の端は二倍の高さがあった。幅は二〇ヤードほど、縦はその倍以上あるかと思われ、頂上は平らで、石が敷きつめられていた。周囲には二〇個の頭蓋骨がはめ込まれた頑丈な欄干がぐるっとめぐらされており、その大部分は、彼らが説明してくれたところでは、ある首長が死んだ際に殺害されたモウィー「マウイ」の男たちのものだそうである[55]。

ひょっとするとここで言及されている首長はマウイ戦で死亡した人物で、葬儀の際にマウイ人の生贄が捧げられたのかもしれない。キングは神殿の形状をかなり詳しく描写しているが、それは省略することにしよう。クックと士官たちはコアーによってヒキアウの頂上へと導かれる。

入口で我々は二体の大きな木像を見たが、その顔貌は荒々しく歪められており、頭頂部からは彫刻された逆円錐形の長い板が逆立っていた。他の部分にはかたちがつけられておらず、赤い布が巻き付けられていた。我々はそこで背が高く、長い顎髭を伸ばした若い祭司［ケリッィケア］に迎えられ、彼はクック艦長を像へ拝謁させると、コアーとともに一種の讃歌を唱和したのちに、二人で我々をモライの端へと導いた。(56)

クックがハワイの神々に引き合わされていたのは明白だが、それはロノ神としてではない。この特殊な寺院（ヒキアウ）は軍神クーに捧げられた王の神殿であり、サーリンズが述べているように、「ロノの平和な儀式ではとくに禁じられた、人身供犠のおこなわれる寺院であった」。(57) もしもクックがロノ神とみなされていたのだとすると、彼が自分に与えられた役割（ペルソナ）と正反対の性格をもつ場所に導かれたのは妙ではないだろうか。ここからさらに一行は高い櫓が設けられた聖域の端へと導かれる。

櫓の足下には十二体の像が半円形に並べられており、それらの中央を占める像に正対するように、一匹の腐った豚が六フィートほどの長さの柱［複数の支柱］で支えられた壇に載せられていた。この壇はオタヘイテ［タヒチ］のワッタにそっくりで、その足下にはサトウキビやココヤシの実、パンの実などがたくさん並べられていた。コアーは艦長を壇の下に導くと、件の豚をつかみ、祈禱を唱えたのちに、下に落とした。それからコアーは艦長を櫓に案内し、転落する危険が大きくないわけではなかったが、艦長の手を握ったまま、二人で登っていった。

すると今度は一匹の豚と大きな赤い布切れを携えた十人の男からなる行列が、柵を回りながらやってくるのが見えた。彼らはこの区画を他の場所から分かつ障壁と骨組みだけの小屋の跡に近づき、そこで平伏した。カイリーキーアが赤い布を取ってコアーに渡すと、コアーがそれを艦長に巻き付け、その後に豚が艦長のところまで引き上げられた。(58)

これらの供物はクックに（ロノ神として）与えられたものと誤解されてきたが、神殿に祀られた神々への供物であることはかなりはっきりしている。クックは神々に引き合わされ、コアーは彼のために詠唱を唱える。さらに豚もやはりクックのためにコアーが神格に捧げたものである。祭壇から出てくると、二人は赤い布を運ぶ十人の男たちに儀礼的に拝礼されることになる。赤がクーと関連するのは事実だが[59]、むしろその色は首長の服装に用いられることが多い。二人の祭司はクックを赤布で包む決定的な祭儀を執りおこなう。クックは「赤い布をしっかりと巻き付けられ[60]」、要は、赤い外套（マロ）を着たハワイの首長と同じ格好をさせられたことになる。ここではクックが士官の制服を着ていたことに留意されたい。赤い布は異国の世俗的衣装を覆い隠し、これからすぐにおこなわれる決定的な儀礼にふさわしい姿へと変え、その姿でクックは神像群の中心に置かれたクーの像へ拝謁させられた。そして、わたしの解釈ではまさにその瞬間にクックはハワイの首長に叙任されたことになる[61]。訪問者の異国風の衣装を実質的に抹消してしまうというハワイの慣習はタヒチでも採用されている。キングによれば、タヒチでは名前を儀礼的に交換する際に「大きな布切れを巻き付ける」のがしきたりで、それによって異国人を儀礼的目的にふさわしい人物へ変えていたという[62]。

しばらくのあいだカイリーキーアとコアーは短いことばを交互に唱和し続けたが、多くの場合、二人は互いに問答を繰り返しているように見えた。ようやくコアーが豚を落とすと、彼は艦長とともに降りてきて、艦長を様々な神像に案内し、それぞれに向けてきわめて滑稽であざけるような調子でなにかを語りかけた。ただし、中央の像［クーの像］だけは別であった。これはただ一体だけ布をかけられており、他の像が六フィートほどあるのに対し、たった三フィートしか丈がない。彼はこの像の前に平伏してから接吻し、艦長にも同じことをするよう求めた。艦長はまったく消極的で、黙ってコアーのなすがままになっていた。この小さな像のことをパリーアはクーヌー

エーアキーア［クーーヌイーアケア「偉大なるクー」］と呼んでおり、その他の像は区別なくただカハイと呼ばれていた。(63)

消極的であろうとなかろうと、赤い布で覆われたクックが同じような格好をしたクーの前にひれ伏し、接吻したことは紛れもない事実である。この決定的な儀式において、クックはハワイの大神の優位を認めさせられたことになる。彼はいまや他の首長と同様にクーに服属する一人の首長として正式に叙任されたわけである。そこから今度は共食関係が強調された儀礼の別の部分が始まる。

それから我々は敷地の中央部の辺りに導かれたが、そこは十もしくは十二フィート四方もあり、敷地の地面から三フィートほど掘り下げられていた。一方の端には二体の木像があり、艦長はそのあいだに座らされた。コアーは艦長の片方の腕を支え、わたしももう一方の腕に同じことをさせられた。この時、キリキーアーを先頭にしてもう一隊のインディアンの行列が、焼いた豚やパンの実、サツマイモ、バナナ、プディング状の食物、ココヤシの実などを運んで我々に近づいてきた。キリキーアーは小豚を携え、顔を艦長のほうに向けながら、なにか演説か祈禱のようなものを口早に唱え続けた。他の者たちはこれに唱和したが、次第に彼のことばは短くなってゆき、しまいには二、三語を一気に唱え、列席者がエロノという言葉を返すだけになった。この奉納式は十五分ほど続いたと思うが、それが終わるとインディアンたちは我々の正面に座り、豚を切り分け、野菜を剝き、ココヤシの実を割り始めた。その間、別の者たちは他の島々で見られたのと同じ方法でヤヴァを嚙んで仕込むのに忙しかった。カイリーキーアはココヤシの胚乳を嚙み、それを布に包むと、艦長の顔、頭、両手、両腕、両肩を拭ってゆき、さらにベイリー氏とわたしにも同じことをしたが、パリーアとコアーにはただ触れただけであった。この二人は豚を食べるようしきりに勧めたが、それもカヴァ酒を飲み始めるまでのことであった。わたしはパリーアに渡された豚を拒まずに食べたが、艦長は腐った豚を手渡された際に、コアーがどんな儀式をおこなったのか思い出し、たとえ老人が彼のためにきわめて丁重に肉を噛みしだいてくれても、一口たりとて飲み込むことができなかった。我々は失礼にならない程度に早く暇乞いをし、艦長は少々の鉄片と他の細々とした品をエアトゥーアのためにといって手渡した。彼らはこれを大いに喜んだが、贈り物の分け方については慎重であった。[64]

ここで起きているのは、クックに対するロノという首長名の正式な授与式にほかならない。すでに指摘したように、首長は神にちなんで名付けられるものであり、さらにはどんな男でも自分の職業に関連した神々を崇拝し、首長や王も「自分の関心事に対して効験をもつ神々を崇拝していた」[65]。いまや人々は彼のことを新たな呼称を使って、「おお、ロノよ」と讃えることになる。サーリンズによればクックの両腕がコアーとキングによって支えられた儀礼的行動は、ロノを表す十字架の横棒を真似ようとしたものであるという。しかし、それはまったくありえない。もしもクックがロノ神自身であるとするならば、どうして彼が競技の神として敬われる際の形態をわざわざ模さなくてはならないのだろう。両腕をあげる仕草はハワイでは祈禱の際に普通におこなわれるものである。クックは当然のことながらそれを知らずに、祭司たちが彼のために「演説か祈禱」を唱えるあいだ、ハワイの神々に祈らされていたのである。厳密にいえばハワイには当てはまらない用語だが、ロノ神がクックの一種の「守護神」とされたことにちなんで、クックにはロノの名前が与えられたわけである。次いで、神々(おそらくはロノを含む)に捧げられたココヤシの実が祭司によって噛み下され、クックだけではなくキングとベイリーにも擦り付けられる。もしもこの儀式が(サーリンズの考えるように)ロノの神像をヤシ油で塗油するマカヒキ祭の儀礼を踏襲したものだとするならば、奇妙なことに、なんとキングとベイリーまでもロノの化身とみなされたことになってしまう。いずれにしても、ここに描かれた儀礼で用いられたのは、あらかじめすり潰されたココヤシの実の胚乳、つまりは、滋味深いココナッツ・ミルクのことだと思われる。クックが塗油によって聖別されたとサーリンズがみなしたのは、いうまでもないことだが、この偉大な探検家の西欧における列聖化を引き継いでいるからにほかならない。[66] 祭司のコアーがロノの祝福を受けた食物とカヴァで三人のイギリス人をもてなしたところで、儀式はいよいよ最高潮を迎えるが、このことはある意味でイギリス人がハワイの神々の子として再生したことを意味する。ひょっとすると叙任儀礼はクックに軍神クーのマナ自体を吹き込む効果をもっていたのかもしれない。ハワイの首長がそうした「神聖な性格」をもつ以上、彼らがそれをイギリス人首長に与えるのも当然であって、まして先ほど素描したような政治的動機が背景にあるならばなおさらであろう。公式版航海誌においてジェイムズ・キングは、ヒキアウの小さな神像がクーを表し、「それはテリーオブー［カラニッオプッウ］の神であり、その神［クー］が我々のなかにも宿っている」と住民にいわれたことを回想している。[67] したがって、叙任儀礼の助けを借りてそうした「宿り」をクックや列席した他の紳士たちにもたらし、儀礼的位階とマナには差があるものの、彼らをそろってハワイの首長に変換した可能性はこの上なく高いことになる。

これまでのところ、叙任儀礼は軍神であると同時に支配的首長カラニッオプッウの神でもあったクーの大神殿において適切に執りおこなわれてきた。儀礼が支配者の神殿で執行されなければならなかったのは、そこに祀られたクー神が対マウイ戦役で王を支援していることからすると、きちんと意味があることになる。また、王と主任祭司が不在であることも筋が通っている。叙任式ならば低い身分の祭司に担当させることもできたわけである。そもそも、[3] マカヒキであろうとなかろうと、ロノ神が実際に人間として到来したとするならば、支配者も主任祭司もいないというのは妙であろう。

以上の式典から二日後、クックは別の式典にも参加しており、その意味はサムウェルによってはっきりと理解されていた。

今日、祭司たちによってひとつの儀式がおこなわれたが、そこで彼はオロノの称号と位階を授けられた。これはインディアンたちのなかで最高の地位であり、彼らによって幾ばくかの神性を帯びた人物であるとみなされていた。舞台はオヘキーアウのそばのココヤシの林の中にある、彼らが「エハレ・ノ・オロノ」、オロノの寺院と呼ぶ神聖な建物の前であった［ヘ・ハレ・ノ・ロノ「ロノの小屋」］。クック艦長は三人の紳士を伴って小さな石の塚に座ったが、その背後にはぼろ布や腐った果物をくくりつけたいびつなかたちの偶像が立っていた。他の紳士たちは彼の片側に座り、彼の前には数人の祭司が、そして彼らの後ろには焼いた豚をもつ大勢の召使いたちが座った。導入部として、主任祭司とおぼしき人物が小さな豚の後ろ脚を摑み、頭を地面に押しつけたあとで、それが息絶えるまで竈石に囲まれていないたき火にかざした。次いで彼はそれをクック艦長の足下に置き、歌を唄いながら艦長に踏ませた。焼いた豚を切り分けていた召使いたちは別として、他の者たちもみなその歌を唱和した。司宰者は嚙んだココヤシの実の果肉を清潔な布切れに包み、それをクック艦長の頭、両手、足に擦りつけた。さらに彼は艦長の制服にもそれを塗りつけようとしたが、艦長はそれだけは勘弁してもらった。彼は同じようにして他の紳士たちの頭にもそれを押しつけた。歌はそのあいだずっと続いており、ときおり祭司による短い演説によって中断されるだけであった。演説は下級祭司と召使いによって復唱されることもあれば、彼らの合いの手が入ることもあった。一人の祭司が立ち上がり、説教を始めたが、そのあいだ主任祭司はクック艦長の指を摑んで離さなかった。その後、祭司たちは焼いた豚で食事を取った。食事が終わると一行は解散したが、二人の祭司だけは別で、彼らは艦長を五マイルほど離れた島の別の場所に案内し、そこでまったく同じような儀式が繰り返された。そこへ向かう道中、一人の先触れが唄いながら先導し、数千人の人々が一行の通り過ぎる際に平伏し、まるで彼らを見るのが侵犯行為か冒瀆行為でもあるかのように、自分たちの顔の前に手を差し出していた。(68)

もはやこうした儀式を分析するまでもないだろう。要するに、クックと彼の士官たちはマカヒキの神であるロノの庇護のもとに象徴的におかれることになったのである。ところで、ここに描かれた最後の儀礼はクックの性格のある一面を如実に物語っている。キングの報告からすると、クックはクーの前に平伏する儀式を渋々おこなったかのように読める。しかし、その後に同種の儀式に招待された際に、彼は拒絶していないのである。対照的に、クラーク艦長はこうした「名誉」を「きわめて不快な余興のたぐい」として退け、「多くの人々にかくもひどい迷惑をかけるのをまったく好まない」という理由で、首長たちにそれをやめるよう求めている。[69]クックは現代的意味での民族誌学者であった、ビーグルホールはそう示唆しているように思えるが、そうした主張はまったくの的外れである。クックはトンガと同様にここでも現地の慣習に魅了されているが、その魅了のされ方は研究者のものではない。ウィゼイが正しく指摘しているように、クックは儀式を楽しんでいるように見え、少なくとも一度は「村を訪ねるにあたって、数人の乗組員に自分を肩車させることさえした」のである。[70]

すでにわたしはカラニッオプッウに対してある重要な政治的動機を与えているが、これは恣意的なものではなく、当時のハワイにおける政治状況と、すべての主要なポリネシア系島民がクックに対して抱いていた動機を根拠とするものであった。対照的に、クックの列聖化はたとえそれが現実に起きたとしても、他のポリネシア社会が彼のことを神と考えていたようには見えない以上、もっぱらハワイに限定された現象だということになる。そこで、たとえ裏付けとなるのがクックの失われた覚書しかないにせよ（本章註（29）参照）、ここからはさらに自分の分析の筋道をたどってみることにしたい。件の式典を今後は「叙任式」と呼ぶことにするが、それに続く出来事においてクックは徐々にハワイ文化へと社会化されていった。タブー・マンが彼の先触れにつけられたが、これは彼に栄誉を与えると同時に、彼を入り組んだハワイ文化、とりわけタブーの領域に導く道案内とするためでもあった。彼はロノと呼ばれたが、彼の呼称はそれだけではない。ポリネシア系言語における「クック」の対音であるトゥーテとも呼ばれたのである。たとえば、一月二六日にカラニッオプッウが船にいたクックを訪ねた際、彼はクックと名前を交換したが、「クック艦長はカリオプー［カラニッオプッウ］と名乗り、王は自分のことをコーキー［トゥーテ］と呼んだ」という。[71] さらにのちに、盗みの嫌疑をかけられるのを恐れたハワイの首長パレアも、「コーキー［トゥーテ］が自分を殺すだろうか」と士官たちに尋ねており、はっきりとクックの個人名を活用している。[72] まるでロノの名は群衆によって用いられるもので、首長のほうは一般に彼のことをトゥーテ（クック）と呼んでいたかのようである。クックが彼らの支配者を人質に取ろうとしたあの危機的状況においても、誰か（おそらくは首長たち）が「トゥティーは殺すために自分たちの王を連れ去ろうとしているのか」と尋ねているし、[73] クックの遺体返還が合意された際にも、まさにその名前が用いられていた。[74] いいかえるならば、クックはハワイ人にとってロノであると同時にトゥーテでもあったわけであり、これは二つ（さらにはそれ以上）の名前を使い分けるハワイの伝統にぴったりと符号する。

すでにわたしはカラニッオプッウがマウイ戦役への援助をクックに求めたと見るべきであると指摘した。これを検証するすべはないが、同じような要求はクックの死の直後にもなされている。一七七九年三月六日、北方に向けてカウアイ島の周囲を航行中のクラーク艦長は、ある首長が島の内紛で自分の味方をしてくれるように求めてきたと記している。「彼らはわたしの乗組員の何人かに大げさな提案とうまい口約束を山ほど持ちかけ、脱走して自分たちの戦争に加わるようそそのかした。しかし、かつて多くの厄介ごとをもたらすほど乗組員に広まっていたインディアンになるという発想は、いまやすっかりなりを潜めている」。[75]

したがって、カラニッオプッウがクックの援助を求め、たとえ婉曲なかたちであれ、いつものようにクックがそれを断ったとみてまず間違いないだろう。このことや食料供給の低減——島民にとっては死活問題であった——といった諸々の理由から、人々は早くイギリス人に立ち去ってほしがっていた。マストが裂けたためにクックが戻ってきた際、彼は湾にタブーが課せられ、人々が交易をしていないことに気づいている。カラニッオプッウがマカヒキの儀礼暦にそって行動していたのかもしれないが、それはポリネシア人側の戦略にもうまく合致していた。というのも、湾にタブーを課すことは食糧供給を抑制し、同時にクックを操作する有効な手段でもあったからである。平民たちに思いやりが見られなくなったことも予測の範囲内にある。長期間に渡ってイギリス人に食料を調達することは、自分たちが餓死することを意味したからである。絶えざる戦争の脅威のもとで食糧不足の現実は骨身にしみており、人々はできるだけ多くの食料を異邦人に供給せよという首長の要求に対し、危惧の念を募らせていたに違いない。クックの船の帰還はポリネシアのどの島民にもそうであったように、彼らにとって真の脅威だったのである。[76]

以上のような状況にもかかわらず、一般住民にはあからさまな敵意がほとんどみられず、サムウェルは内陸部を訪れた際、人々の礼儀正しさと歓待ぶりに感銘を受けている。[77] ハワイ人の行動があらかじめ計画されていたとはまったく思えないが（この点はのちに詳しく検討する）、それでも、最後の数日間の平穏さは突然噴出した暴力によって荒々しく打ち壊されてしまう。そのことはどの航海誌にもきちんと記録されている。クックがカッター〔小艇〕が盗まれたことに激怒し、以前にしてきたことをそっくり繰り返して、支配者に直談判して責任を取らせようとしたのである。タヒチにおけると同様に、人々は様々な方法でクックの気を逸らそうとしたが、最終的に彼は支配者と対峙することになる。ただ、クックが当の支配者のことを「事件とまったく関わりがない」と見ていたことは明白である。[78] それから起きたことを一言でまとめるならば、クックの激怒と自分たちの首長に対するハワイ人側の危惧が暴力へと高じてゆき、ついにはクックが刺殺されるにいたったのである。しかし、さしあたって本章で留意しておくべきなのは、クックの遺体処置にまつわる出来事のほうである。

クックの死の翌日にあたる二月十五日、タブー・マンが乗船してきて、キング海尉と他の士官たちに対し、クックの遺体はすでに「ばらばらに切り刻まれて焼かれているが、頭部と胴体部を除いて、すべての骨はテリーブー〔カラニッオプッウ〕と他のエリー〔アリッィ、首長〕に所有されている」と伝えた[79]。タブー・マンは「なんらかの宗教的儀式に用いるため」、主任祭司のカオに割り当てられた九ポンド分の遺体を持参してきた[80]。自分が無関係であることを証明するため、彼はこの肉片を送ってきたわけである。三日後にはある友好的な首長がさらなる情報をもたらした。海兵たちの四肢は下位の首長のあいだで分配されたが、クックの頭部は大首長のカフーーオペオン（フッオピオのことか）に、頭髪はカメハメハに、両方の下肢と太股と腕は支配者のカラニッオプッウに渡っていたのである[81]。脅迫と大規模な報復を実行した末に、ようやく二日後（二月二〇日）になって、残りのクックの遺体も大半が返還された。すなわち、一方にあった傷から彼のものと同定された両手、そっくり残った中手骨、頭皮を取り除かれた頭蓋骨と顔面骨、短く切られた毛髪のついた頭皮とそこに付着していた両耳、前腕の皮膚が垂れ下がったままの両上腕骨、つながったままの両方の大腿骨と脛骨が戻されたのである。「下顎骨と足が欠けていたが……、〔これらは〕それぞれ別の首長によって奪われたもので、テリーブー〔カラニッオプッウ〕は全力を挙げてそれを取り戻そうとしていた[82]」。そして、二一日の朝には欠けていた部分も「彼の銃の銃身や両方の靴、他の細々とした品」と一緒に戻ってきた[83]。

以上の記述からすると、ひとつだけ絶対に確実な事実が浮かび上がってくる。クックの遺体はまるで彼が重要な首長であるかのように、儀礼的に解体されてから焼かれ、首長たちのあいだで分配されたのである。こうした儀礼をおこなったあとでは、遺骨をそっくり返還できなかったのは確かであろう。重要なのは遺体が返還されたという事実であって、それが実際にクックの骨であったかどうかは取るに足らないことである。というのも、クックの遺骨が祀られたという点では後代のほぼすべての資料が一致しているからである。ここでもやはり、合理的なプラグマティクスと強力な象徴形成とがいかにしてハワイ人の社会と意識の双方で協働したのか考慮に入れつつ、祭祀の発展について解釈しなければならない。わたしの立論の中心を占めるのは、対マウイ戦でクックをカラニッオプッウの味方につけるすべがなかったという点である。おまけに、クックの死はまったくの想定外の出来事であった。ところが、ハワイ人の思考では所定の儀礼をおこないさえすれば、死んだ首長（あるいは平民でさえ）を神格に変えることができたので、彼が死んだことによって、ようやく彼のもつ力をハワイの政体に有利になるように活用することが可能になったのである。クックの並はずれた位置づけを考えた場合、彼を神格に変換する儀礼は支配的首長に適用される儀礼と同一とまではいかなくとも、それに類似していたと推定することができる。マロは儀礼がどのようにしておこなわれたのか優れた記述を残しており、[84] ルオマラはその手続きを次のように要約している。

王、すなわち最高首長の遺体は特別な配慮をもって扱われ、とりわけ彼が深く敬慕されており、神格化される場合にはそうであった。遺体は葉で包まれて浅い墓穴に横たえられ、その上で十日間に渡って火が焚かれ、ロールペ神を信奉する祭司(カフナ)たちが詠唱を続ける。その後、遺体が掘り出され、肉と柔らかい部位はタブーのかけられた夜に海に沈められる。ハワイ人は王の頭蓋骨と骨を納めるために麻で編んだ棺を産み出しており、その形状は貝殻を目として嵌め込んだ頭部と短い首、そして手足のない円筒形の胴体のようなものからなっていた。ハレーオーリーロアではそうした棺が二つ発見され、現在では保存のためにバーニス・B・ビショップ博物館に所蔵されているが、これはリーロア王とロノーイーカーマカヒキ王の遺骨をそれぞれ納めていると思われる。棺が完成すると、ムア〔男性用の会食施設〕の祠堂もしくはヘイアウに安置されたらしく、そこで祭司が祈禱を唱えることによって、霊魂が真の神に変換された。これをもって王が死んだ際に課せられていたタブーは解かれ、穢れを避けるために国外に出ていた王の後継者が戻ってくる。そして、棺のために新たな神殿が築かれ、新たな神が祈禱と供物によって祀られたのである。平民もまた神格化されることがあったが、その場合には儀礼はより長く、難しいものとなった。[85]

クックの遺骨がこのように扱われなかったとはとうてい信じがたい。そればかりか、ルオマラによれば同じくロノという名前をもつ古の王、かの有名なロノ‐イ‐カ‐マカヒキの遺体が実際にそのように扱われたという。他方、「神としてのロノの生涯に首長ロノ‐イ‐カ‐マカヒキと妻のカイキラニの仲違いが紛れ込んでいたように思われる」ことも想起しておかなければならない。[86] のちに示すように、こうした混同はヨーロッパ人や宣教師によるロノ神話の再録では歴然としており、より後代のヨーロッパ人や人類学者が首長であるロノ＝トゥーテと、神であるロノを混同したのとよく似ている。再びルオマラの記述に戻るならば、遺体の柔らかい部分が海に沈められることも指摘しておこう。おそらく狡猾な祭司のカオはクックの遺体から余剰部分（柔らかい部分とまではいわないが）を九ポンドほどタブー・マンにもたせたらしく、その小さな包みには「一本も遺骨が含まれていなかった」[87]という。そして、船の士官たちはハワイ人が求めてきたことをそのまま儀礼的に実行し、なんと包みを実際に海に沈めたのである。予想外だったのはそれによってイギリス人の恐怖（テロ）が爆発したことである。おかげで遺体の一部もしくはすべてが返還されたわけだが、同定できない部分については、一般海兵の遺体からもたらされたとみて間違いないだろう。いったいそれ以外にどんな方法があっただろう。こうして我々の分析の筋道は、ハワイの信仰では神格化が生前ではなく、死後におこなわれたというテ・ランギ・ヒロアの見解へと再びたどり着くことになるのである。

ルオマラ[4]の記述はマロに基づくもので、後者は次のような重要な一文を記している。「死せる王の列聖化が終わると、彼は真の神として崇拝された」[88]。マロの記述ではハワイ人がヒンドゥー教徒や仏教徒のように、「神の属性」（あるいはマナの質）をめぐって微妙な差異の濃淡を認めていたことが強調されている。以前に指摘したように、シヴァ神を具現化する王と、寺院で崇拝しているシヴァ神を混同するようなヒンドゥー教徒はいないだろう。そうすることは汎神論や多神教に基づく宗教に一神教的バイアスを持ち込むことにほかならない。ハワイ人の場合でもそれは同様である。マロの述べているように、死せる王はまず神格化されなくてはならず、そうすることでようやく彼を「真の神として」崇拝することができるようになったのである。もしも王がすでに神であったとするならば、彼を死後になって神格化するのはナンセンスであろう。首長を死後に神格化することはまったく異例ではなく、そのことからすると、クックもまたハワイなりの方法で神格化され、彼のマナがカラニッオプッウの王国の安寧と国力増強のために活用されたと推測することができる。以上のような分析から、これ以降は死んだ首長を神に換えるハワイの慣習に神格化という用語を用い、畏るべき白人が現地人に神とみなされたとするヨーロッパの神話に対しては列聖化という用語を当てることにしたい。本書の後半ではヨーロッパとハワイ双方の視点から列聖化もしくは神格化されたクックの祭祀をそれぞれ検討するつもりである。

分析のレベルでみるならば、ここで採用した戦略は、ハワイ人(あるいは他の前文字社会の民族)がある種の「神話実践[5]」に委ねられており、まるで省察抜きになんらかの文化図式を行動化していたかのように捉える認識を退けるものであった。逆に、わたしは常識のプラグマティクスや実践的合理性、即興的創造性がともに働くことによって、選択可能な多種多様な文化的シナリオから特定のシナリオが選択されたことを証明したつもりである。それでも、こう反論することは可能だろう。たとえ分析に幾分かの柔軟性をもたらしたにせよ、ハワイ人に単一のシナリオを帰していることには変わりがなく、それはカラニッオプッウとおそらくはハワイ島の支配階級の政治的動機を反映しているだけではないか、と。すでに明らかにしたように、わたしは合理的プラグマティクスに関連して操作される構造は多様であると想定しており、したがって、ここに関与する構造や動機がけっして政治生活に限定されないことを認めるにやぶさかではない。クックの来訪は著しく大きな不安を産み出す経験であり、人々はそれに対していろいろな反応を示したはずである。たとえば、女性や下層民が首長の解釈を共有していたとはとうてい信じがたい。仮に支配者層や彼らの祭司がもつ権力のために彼らがそうしたとしても、クックや彼の乗組員に対しては別の見方をもっていたに違いないのである。

もう一人のロノ——ハワイのダライ・ラマ、オミアー

船に乗っていた航海誌執筆者たちは、ロノが他の者にも与えられる「称号」もしくは「階級」だと気づいていたか、さもなければ、高位の首長であるカラニッオプッウと彼の一族を総称する語彙だと誤解していた。わたしは彼らの見解は一貫しており、たんなる想像の産物として片づけることはできないと考えている。実際のところ、航海誌はオミアーというきわめて重要な人物に言及しており、彼もまたロノと呼ばれたのである。キングは公式版航海誌で次のように記している。

……しかしながら、我々はカラカクーア湾にカクーア修道院を発見するまでは、一度も修道会と出合ったことがなかった。教団の指導者はオロノと呼ばれていたが、我々はこの称号がなにかきわめて聖なるものを指すと想像しており、同じ称号をいただくオミーアーという人物はまるで礼拝するように敬われていた。教団に加わる（少なくともその高位の役職につく）という特権は、特定の一族にかぎられているのかもしれない。オロノであるオミーアーはカオーの息子、カイリーキーアのオジに当たり、つい先頃はカイリーキーアが祖父の不在のあいだ、モライにおけるすべての宗教的儀式を取り仕切っていた。ほかに特筆すべきこととしては、オミーアーの一人息子である五歳ほどの幼児が、大勢の供を連れずに現れることはけっして許されず、他に類を見ない配慮と気配りを一身に受けていたことがある。このことは彼の生活がなによりも重要な関心事となっており、彼が父親の高い地位を受け継ぐことになっていたことを示すように思われる。(89)

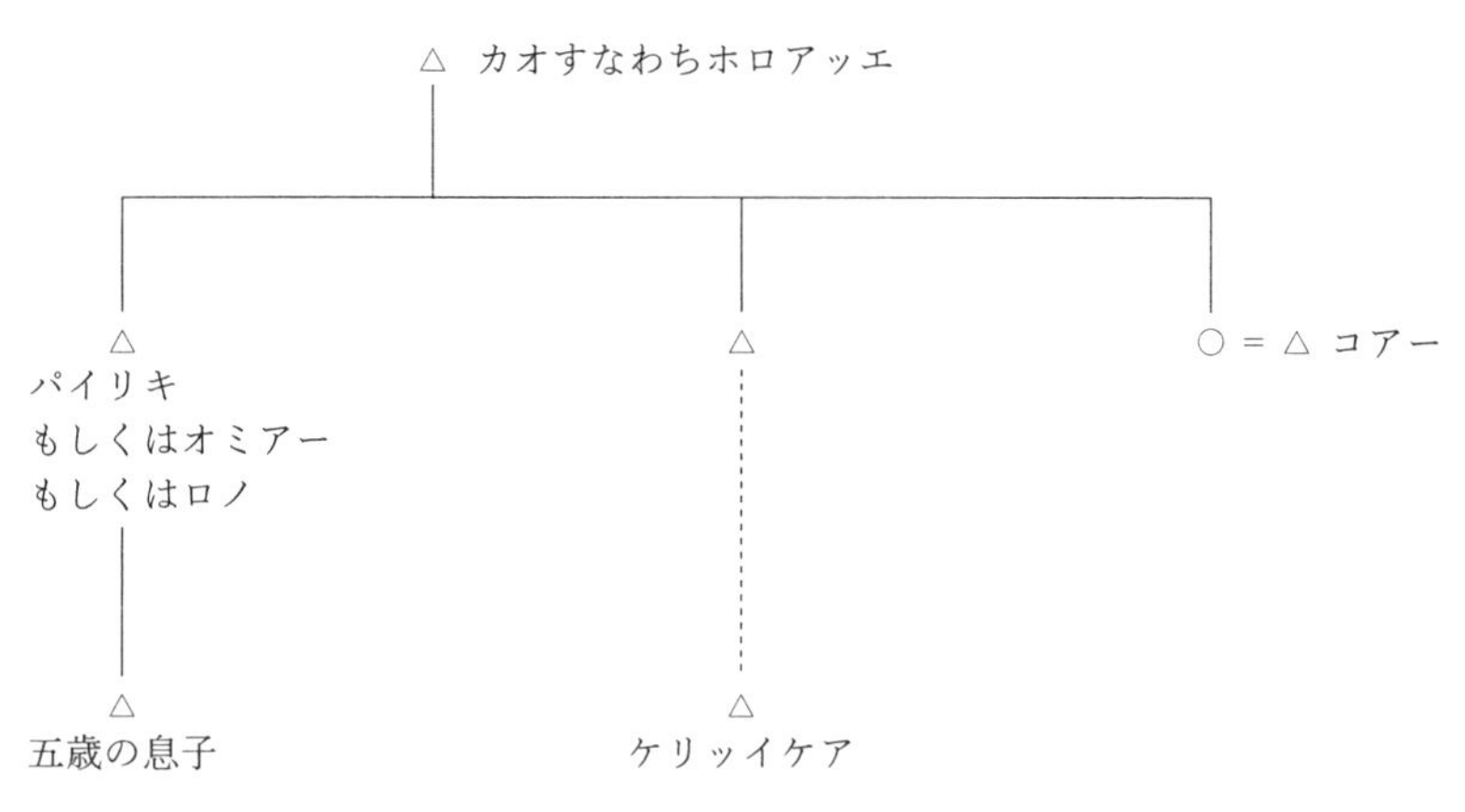

図5 カラニッオプッウの祭司たちの系譜

以上の情報から研究者たちはこの地域にロノ祭祀を司る祭司集団が存在したと推定することとなった。しかし、この証言は別のことも示唆している。前節で示したように、クー祭祀の主宰者であった可能性がきわめて高い。一方、彼の息子のパイリキはカラニッオプッウのマウイ遠征に従軍した祭司である（父親がその務めには年を取りすぎていたのだろう）。そしてここからは、ロノという別名をもつ有力祭司のオミアーも、カオの息子であったことがわかる。そうだとするとオミアーはパイリキ（もしくはその兄弟）にほかならないことになる。また、ケリッイケアはカオの孫、パイリキ＝オミアーのオイにあたり、ヴァンクーヴァーがずっとのちに伝えたところでは、ケリッイケアとともにクックの叙任式典を執りおこなったコアーは、カオの義理の息子であったという。[90] こうして浮かび上がってくる有力祭司の家系を図式化すると、上の**図5**のようになる。

ここに図示した系譜がもっとも妥当だと思われる。というのも、オミアーのもつ権力と影響力からすると、彼が進行中のマウイ戦においてカラニッオプッウの祭司を務めていたパイリキにほかならないと推測できるからである。オミアーはカヘキリがオアフから招来した有名な高僧に対抗しうるほど強力な祭司であったようだ。複数の名前を使用することはハワイではきわめて一般的であり、フレシネは「サンドウィッチ諸島の首長たちはしばしば名前を変える習慣をもっており、ときにはごく些細な理由からそうした」と記している。[21] 事実、キングもこのロノが「別の名前をもっていた」と述べている。[22] さらに、もしもパイリキとオミアーが別人だとすると、前者が重要な祭司であるにもかかわらず、船で書かれた航海誌に一度も言及されていないのは妙である。[23]

サムウェルとキングはともにこの有力祭司の家系が王と対立していると誤解していた。同じく、両者はコアー（キングが不誠実な輩とみなしていた）と、問題の祭司一族の長であるカオ＝ホロアッエとのあいだに緊密な関係があることにも気づいていない。オミアーがロノと呼ばれており、加えて他の首長もロノという名前をもっていたことから、二人の航海誌執筆者はロノがなにかの総称だと推測することになった。そのことはすでに挙げたサムウェルの重要な記述でも明らかであり、ここで改めて引用しておくことにしよう。「今日、祭司たちによってひとつの儀式がおこなわれたが、そこで彼［クック］はオロノ［ロノ］の称号と位階を授けられた。これはインディアンたちのなかで最高の地位であり、彼らによって幾ばくかの神性を帯びた人物（キャラクター）であるとみなされていた」。[24] この一節は数多くの誤解を研究者にもたらすことになった。というのも、サムウェルの記述はクックが神性を帯びた人物（キャラクター）であるということか、あるいは、サムウェル自身がクックについて神性を帯びたロノという神に関係すると考えていたことか、そのいずれかを意味すると解されたからである。実際には、サムウェルが言及しているのはもう一人のロノ、オミアーにほかならず、彼はキングと同じくオミアーが神性を帯びていたと見ていたのである。ここで動詞「である（イズ）」が使われていることは、明らかにサムウェルが「キャラクター」という語をオックスフォード英語辞典の定義通りに、「特別な性格の持ち主、人物、人格」という意味で使っていることを示している。また、サムウェルがこれを叙任儀礼と推測していることも正鵠を射ていた。サムウェルはそこからさらに進めて、オミアーがどう見ても神ではないにもかかわらず、ロノと呼ばれていることから、ここではクックをなんとしてでもオミアーと並ぶところまで持ち上げようとしているのだろうと解し、彼の地位がいまやオミアーに匹敵するようになったと推論したのである。キングですらこの点では同意見のようだ。オミアーと彼の息子に示された極端に大きな敬意について論じたのち、彼は「オロノの称号がそのすべての特権とともに、クック艦長に与えられた」と述べているからである。[95]

オミアー＝パイリキのもつ権力と聖性については、キングの公式版航海誌脚註において次のようにはっきりと述べられている。

クック艦長は一般にオワイヒーの原住民のもとではその名前〔オロノ〕で通っていた。しかし、我々は一度もその正確な意味を知ることができなかった。彼らはときにはそれを天界に住むという不可視の存在に使うこともあった。また、島において高い地位と権力を有する人物に捧げられる称号であることもわかっており、その人物はタタール人のダライ・ラマや日本の聖職者的皇帝にとてもよく似ている。[96]

このように、ロノの別名をもつ祭司オミアーが強大な権力を握る聖なる人物であり、並はずれた敬意をもって遇されていたことはきわめて明白である。だとすれば、船医の一人であるローがオミアーに向けられた敬意をクックに寄せられたものと混同したのも無理からぬことであっただろう。ローによる以下の記述は、二月一日に様々な競技や拳闘試合が乗組員のために催された際の出来事を描いたものである。

午後、わたしは見物にきた原住民がＣＪＣ〔キャプテン・ジェイムズ・クック〕に敬意を表す場面に出くわした。

彼は高位の祭司と王の幼い甥もしくは孫によって指導（メンテッド）された［「案内された」か?］。彼が近づくとすぐに合図が送られたが、これはオロノという言葉（首長を意味する）をつぶやき続けることによってなされた。彼が通り過ぎると、誰もが彼の前に平伏した。競技場に入ると、彼らの［原文ママ］が一種の歌を三、四回唱和してから彼は座ったが、わたしはそれが彼を讃えるために歌われたのだと思う(97)。

人々がひれ伏し、「ロノ」とつぶやき続けたのは、そもそもクックのためではなく、自分の息子（ローの考えたように王の息子ではなかった）を従えたオミアーのためであったのかもしれないのである。キングはおおかたこの出来事から、オミアーがダライ・ラマのような人物であると結論づけるにいたったのだろう。オミアー＝ロノがそこに臨席しなければならなかったのは、競技がスポーツの神（アクア・パッアニ）であるロノの庇護のもとで開催される以上、なんら不思議ではない。もっとのちにキングが記したコメントでは、オミアーが実際に「拳闘の余興のひとつに」列席していたとはっきり述べられている(98)。ついでに指摘しておかなくてはならないが、ローはクックに与えられた「ロノ」という称号を「首長を意味する」と翻訳している。彼もまたクックがハワイ人によって神ではなく、首長として扱われたと考えている点で、主要な航海誌執筆者たちと一致しているのである。

　オミアーがマウイ戦役に従軍した有力祭司のパイリキと同一人物だと措定してみると、そこからは実に多くのことが付随的に浮かび上がってくる。たとえば、オミアーがマウイ戦に参加した祭司であることからすれば、クックが彼と同じようにロノと呼ばれた理由もよくわかる。そう呼ぶことによって、その人物もまた進行中の戦争で王に加勢してくれるだろうと見られたのである。さらには、最初に報告されていた叙任式典の意義ももっと大きくなってくる。まずはクックにクーの優位を認めさせてから、彼をハワイの首長に変換し、その上で第二の儀式をロノ寺院で執りおこなうことによって、今度は彼をロノ神の庇護下に置いたのである。もしもクックが人の姿で降臨したロノ神だったとするならば、乗船していた航海誌執筆者たちがつねに探りを入れていたにもかかわらず、その事実にたどり着けなかった、あるいはハワイ人がどれだけ執拗に尋ねられても、事実を事実として認めようとしなかったのは奇妙というほかない。

クック、ロノ、そしてマカヒキ祭

以上のように、いったんハワイ人の思考に内省性と合理性の次元を復元しさえすれば、クックがなぜマカヒキ祭の神にちなんでロノと呼ばれたのかという問いも、容易に答えられるようになる。西欧の神話的論理では、クックはマカヒキ祭の時機に到来したからこそ、ロノ神に同定されたのだとされてきた。このため、クックの到来した一七七八年と一七七九年の二つの時期に、はたしてマカヒキ祭が実際にカウアイ島とハワイ島でそれぞれ祝われていたかどうか、この一点だけがもっぱら人類学的な議論では争われることになる。たとえばデンマークの研究者グループの説によれば、かつてマカヒキは小規模な祭りであったものが、カメハメハ一世によって国家祭祀に作り直されたのであって、クックがハワイ島に滞在した時期にマカヒキ祭が進行中であったことを示す証拠はないという。[99]

残念ながら、この論理展開ではなぜクックがロノと呼ばれたのかという問題は未解決のまま残されてしまう。サーリンズはカメハメハによって祭祀が公式化されたとはいえ、マカヒキ自体は古くから続く豊饒儀礼であると強く反論している。[100] しかしながら、そのサーリンズでさえ、なぜカメハメハの治世に公式化されたマカヒキの祭暦を、まだ島々が独立した首長制を頂いていた前カメハメハ時代に遡及的に適用し、クックがカウアイとハワイに到来した際のマカヒキ祭の時期を割り出すことが可能なのかという点については、いまだにきちんと説明できていない。

クックが一七七八年にカウアイを訪れた際、マカヒキ祭がおこなわれていなかったことはほぼ間違いないように思われる。しかし、クックの二回目の来訪がマカヒキ祭の時期に当たったのかどうかは明確ではない。拳闘やロノ神と関連する他の行事がおこなわれていたことは、なんらかのかたちでマカヒキが祝われていたことを示唆するように見えるが、だからといって、ハワイ人がこの一致からクックをロノ神とみなすにいたったとする説が立証されたことにはならないだろう。そもそもマカヒキ説への賛否にかかわらず、どちらの論者もクックの「神性」をめぐる西欧の議論を引きずっている点では変わりがない。どちらの説であっても、ハワイ人はヨーロッパ人と違って、たとえたまさかであれ、偶然の一致が起きるなどとは理解しないので、クックがマカヒキの時機に到来すれば、間違いなくクックを自らの神ロノとみなしただろうと想定されているからである。クックがマカヒキに到来した際に、ハワイ人はヨーロッパ人ならばしないような間違いを犯してしまい、それからクックが死ぬまで（宣教師や現地人キリスト教徒の見解）、さらにサーリンズの説ではクックの死後もずっと誤解し続けたというわけである。ここで用いられている論法をまとめるとこうなる。クックはハワイ人によってロノと呼ばれ、平伏と崇拝の対象となっていた。一方、彼はマカヒキの際に到来した。ゆえに、ハワイ人は彼のことをマカヒキのロノ神とみなし、彼をロノと呼んだ、というわけである。ハワイの首長にもロノと呼ばれた者がいたが、どうやら彼らにはこうした論法は適用されないらしい。たとえば、オミアーはロノと呼ばれており、平伏と「崇拝」の対象となっていた。しかしながら、ハワイ人が彼を自らの神ロノと混同することはありえない。よって、ビーグルホールに従うならば、こういうことになる。

この首長［オミアー］に「エロノ」もしくはロノの名称が与えられたことは、たとえそれが「崇拝に近い」敬意を示すにせよ、彼が神であったことを意味するものではない。彼の地位はクックに授けられた地位に匹敵するものではなかった。[101]

このように、ビーグルホールやヨーロッパの研究者たちはサムウェルとキングがおこなった関連づけをかたくなに認めまいとしている。要するに、クックの地位が実際にはオミアーのそれに匹敵するものであり、クックがロノと呼ばれたからといって、彼が神であったことにはならないという事実を直視しようとはしていないのである。

以上の問題を解決するために、クックがロノと呼ばれた理由をほかにいくつか考えてみることにしよう。

一、ハワイの命名法の論理からすれば、たんにマカヒキ祭の時期、もしくはその近くに来訪したというだけで、クックがロノと呼ばれたとしても不思議ではない。ハワイ人の思考では、他の多くの文化におけると同様に、人は関連するなんらかの出来事にちなんだ名前を与えられることになっている。そうした記念名の例はハワイの慣習を集めた集成『ナーナー・イ・ケ・クム』（『源に立ち返ろう』）でも言及されている。

ゲリット・ジャッド医師が歴史に残る有名な手術をカピオラニの胸部に施した頃、ある親戚に生まれた子供にはケーオキーヴァイウーーオ・カピッオーラニ、すなわち「カピオラニの胸切り」という名前がつけられた。エマ女王の名前自体はまったく用いられなかったが、女王の訪欧についてはケーリッイーホローイーカーヒキ「異国の土地に行ったアリッイ」という子供の名前によって記念されている……。キリスト教関連の行事もこうした記念名に着想を与えていた。たとえば最初の聖餐式がコナで執り行われた際、赤ん坊にはカッアハーアーイナッア

ーカーハク「主の晩餐」という名前が付けられた。(102)

クックがマカヒキの時機に到来したことは、それだけでロノと名付ける十分な理由になるわけであり、実際にその名を有するハワイの首長は当時ほかにもいた。いいかえるならば、これはかなり一般的な命名法だったのである。

二、クックをロノと呼ぶにふさわしい理由はほかにもあったかもしれない。ハワイ神話にはロノの名をもつ重要な首長がもう一人おり、彼の生涯はロノーイーカーマカヒキの神話よりもはるかにクック自身の到来に呼応している。すなわち、南方の島々（カヒキ）から到来したという古の首長、ロノ・カエホがそれである。フォルナンダーはマクアカウマナという首長がロノ・カエホをハワイに招来したと伝えるある歌謡を自著に引用している。

ロノよ、ロノ、ロノ・カエホよ、
ロノ・クラニ〔神々の血を引くロノ〕、カウルオナナ〔ナナの肥沃な大地〕の首長よ、
ここに一艘のカヌーあり、それに乗りたまえ、
いざ来たりて、緑の背をもつハワイに住みたまえ、
大洋のただ中に見いだされし土地に、
それは海より吹き上げられたもの……
カヌーが岸に着けば、乗りたまえ、
ゆきて、ハワイを、島〔モク〕を治めたまえ、
その島はハワイ、
その島はハワイ、ロノカエホが住まわれるところ。(103)

ここでもやはりロノなる人物はカヒキから到来したとされ、ハワイにとどまるよう乞われている。ハワイ神話ではロノ・カエホは招待を断り、代わりにピリを送り、そこからウルの家系の首長が生まれたという。わたしはこの神話や類似した神話のおかげでクックの船が「浮島」と呼ばれたのではないかと見ている。これは当を得た比喩といえるだろう。なぜならば、船はそれ自体が「海から吹き上げられた」南方の島のように見えたからである。

三、上記二つの理由よりもはるかに重要なことに、ハワイ政治をめぐるわたしの分析が正しければ、高位の祭司パイリキ、すなわちオミアーもまたロノと呼ばれ、並はずれた敬意を受けていたことになる。だとすれば、新たに到来した者が対マウイ戦でハワイ側に加勢してくれるよう、ロノと命名されたとしてもおかしくはないことになる。

以上のことからおわかりのように、クックに与えられたロノという呼称はハワイ人の知覚の錯誤や、偶然の一致に対する無理解とはなんら関係がない。むしろそれは状況の重層決定とでも呼べるものの産物であった。つまり、同時発生した出来事が特殊なかたちで接合しあうことによって、状況に対するある特定の定義が妥当なものとされてゆく過程から産み出されたのである。ここで同時発生した出来事とはマカヒキの時期もしくはその近くにクックが来訪したこと、カヒキや他の場所からハワイに到来した異邦人をめぐる先行神話が活性化したこと、対マウイ戦争、ロノの主任祭司が戦争の進展を宗教的に支える役割を担っていたことなどを指す。こうした出来事すべてがクックの到来という変則的なエピソードへと収斂してゆき、その結果として彼はロノといううってつけの呼称を得ることになったのである。それとは対照的に、クックがマカヒキ祭の時機に到来したのでロノと呼ばれたとする見解は、西欧の神話的伝統を受け継ぐものにほかならない。さらにその伝統は、一八二〇年[6]に古い宗教と道徳が自発的に捨てられ、まだそれに代わるものが確立されていなかった道徳と宗教の空白期に、改宗したてのハワイ人自身によっても採用されていった。見方を変えるならば、タブー・システムの廃止、偶像と寺院の破壊などから生じた道徳と精神の荒廃は、クックの到来をめぐってヨーロッパ人や宣教師が産み出した多様な再解釈や誤解を受け入れる素地をハワイ人のうちに築くことになったのである。ビンガムやジャーヴェス等による初期のハワイ史や、専門の歴史研究者によるもっと最近のハワイ史も、たんに神話を事実に置き換えているにすぎない。経験主義という神話に支配された世界では、いうまでもなく、事実こそが真理なのである。

では、二度目のハワイ来訪に際してクックの到来と滞在はマカヒキ祭とどう関連していたのだろう。すでにクックの列聖化はマカヒキ祭がおこなわれていたことの必然的結果ではないと論じたので、今度は副次的な問題に取り組み、仮にクックの来訪時にマカヒキ祭が進行中だったとしたならば、それはいったいどんなタイプの祭りだったのか検討することにしよう。ここではヴァンクーヴァーによる一七九三年と一七九四年の来訪を取り上げるが、いずれの出来事もカメハメハ治下のマカヒキ祭で起きたものである。ヴァンクーヴァーはマカヒキのさなかに到来した事実に気づいていたが、彼の側からはクックとともにカウアイ島とハワイ島を訪れた際にも、やはりマカヒキ祭が祝われていたといった回想はおこなわれていない。そこでまずはクックの来訪時に二度ともマカヒキ祭が進行中だったのか否かという問いを取り上げ、その上で、二回目の来訪時にマカヒキが祝われていたとすれば、それがどんな祭りだったのか論じることにする。ここでもやはりわたしはサーリンズの見解に対する応答として二つの問いに答えることにしたい。

すでに述べたように、サーリンズはマカヒキ祭がカメハメハ一世の時代に公式化され、すべての島で統一された祭暦が採択されたと論じている。マロ、カマカウ、イーッイーといった学者たちによる主なマカヒキの記述は、いずれもその時期に由来するものである。いくつかの記録ではマカヒキがプレイアデス星団の出現とともに始まるとあることから、サーリンズは現代のコンピューター技術のおかげで、一七七八年と一七七九年にマカヒキが祝われた時期を特定することができた。それによって、彼はクックの来訪がどちらの場合もマカヒキ祭の時期に合致していたと結論づけたのである。[7]

しかしながら、彼の仮説にはまったくといっていいほど蓋然性がないという難点がある。もう一度サーリンズに対するわたしの批判を思い起こしていただきたい。彼はカメハメハの時代に公式化され普遍化されたマカヒキの祭暦を、まだ独立した首長がそれぞれの島(あるいは島群)を治め、独自の祭司と寺院をもち、他の首長の支配に抵抗していた時代に遡及的に適用し、そこから当時の祭暦を正確に算出できると思い込んでいるのである。そもそも、彼の理論はカマカウによる次の記述とも矛盾する。「カメハメハ一世の時代に見られたマカヒキの祝い方は、いくつかの点で往時のものとは違っていた。たとえば、昔の人々の暦は彼が統治していた時代のものと同一ではなかった。おそらくそれはハワイ島の住民の計算法に合うように変えられたのだろう」。[104]さらにサーリンズの仮説では、内戦や飢餓、その他の有為転変があっても、マカヒキの祭暦はけっして変わることがなかったと想定されている。「紋切型的再生産と神話実践」[8]に委ねられた人々にとってみれば、そうした傾向があって当然だといわんばかりである。

なるほど、カメハメハが故郷のハワイ島で用いられていた暦、もしくは複数の暦を公式暦として採用し、すべての島々に広めたのは、わたしからしても確かなように見える。したがって、マカヒキの遡及的算出法はクックのハワイ島訪問(一七七八年十二月から一七七九年二月)に対しては正確かもしれないが、彼のカウアイ島訪問(一七七八年一月)には適用できないことになる。サーリンズはクックのカウアイ来訪もマカヒキの時期に当たったという考えをけっして捨てていないが、それでものちの著作では単一のマカヒキ暦の存在が実証的データに

	イクワー月 マカヒキの始まり	ウェレフ月24日 ロノの出現	マカリッイ月16日 ロノの巡幸終了	カーッエロ月15日 マカヒキの終わり
「11月のマカヒキ」	1778年9月22日	1778年11月14日	1778年12月6日	1779年1月3日
「12月のマカヒキ」	1778年10月21日	1778年12月14日	1779年1月4日	1779年2月2日

*グレゴリオ暦の日付と太陰暦の日付の誤差はどの場合も±1日。

図6　1778–1779年のマカヒキ主要行事に想定可能な祭事暦*

よって裏付けられないことを認めざるをえなくなっている。そこで彼は最近になってクック来訪時のマカヒキ暦に対し、二つの標準化された祭暦を新たに提起している。それをまとめると**図6**のようになる。[105]

こうして新たに柔軟性が得られたわけだが、実際にはそれは見かけ倒しにすぎない。選択可能な二つの暦も、カメハメハの時代に入手した情報に基づく点では変わりがなく、結果的に我々は単一の標準暦の代わりに、二つも標準暦を抱え込む羽目になったのである。確かにそれは一七七八年から一七七九年にかけてマカヒキ祭が進行中であったことを示すかもしれないが、おかげで、ハワイから独立もしくは敵対していた島々も同じ暦を採用していたという考え方はますますできなくなってしまう。カメハメハの時代ですら二つも暦が存在したとするならば、前カメハメハ時代には複数の暦が他の島々に存在したとしてもおかしくはないからである。

わたしの見解では、儀礼暦というものは人類学者が思っているよりもはるかに柔軟であるように思える。さらにいえば、理想的な暦が存在したからといって、必ずしも難事に際して変更不可能であることにはならない。カメハメハは近隣諸島と交戦中であって、どちらの暦を採るにせよ、統一戦争のさなかになんの変更も加えずそれを遵守できたとはとうてい思えない。なんといっても、祭りを終えるまでにはどの暦でも三ヶ月から四ヶ月もかかるのである。実際のところ、カメハメハの時代には通常一ヶ月で終わる修正版、もしくは短縮版のマカヒキ祭が数年に渡っておこなわれていた証拠が残っている。

一、コーニーによれば、マカヒキは王が自分に投げつけられた槍を払いのけるカーリッイの儀礼を皮切りに十一月から始まり、一八一七年には「自分がそこにいた」十二月二四日に終わったという。(106)「この時期は踊りや拳闘、祝宴など、あらゆる種類の余興がおこなわれる季節である。神が最初に出発した場所に到着すると、タブーが解かれる。彼らは税を払うべき時期が来たことを告げるため、三〇日ほどかけてすべての村や農園を回ってきたところであり、これを年二回おこなう」(107)。さらに八年前の一八〇九年には、長期滞在したキャンベルが次のような報告を残している。「十一月に始まって、丸一ヶ月かかるマカヘイテという時期には、税を集めるために祭司たちが雇われる……。人々は踊りやレスリング、他の余興によって祭りを祝う(108)」。

二、不都合な事態に際してマカヒキ祭を中断できたことを示す紛れもない証拠が残っている。ヴァンクーヴァーの三度目の来訪は一七九四年一月のことであったが、これはマカヒキの季節のさなかにあたり、カメハメハは自身がタブーの状態にあったため、ヴァンクーヴァーと食事をしたり、外を出歩いたりすることができなかった。ところが、ヴァンクーヴァーはカメハメハに自分と一緒に夕食を取らせたばかりか、ベルの伝えるところでは、「もし一緒に来なければ、すぐに島を立ち去ってモウィーに向かい、彼のためにもってきた贈り物をそっくりティテリー［カヘキリ］に渡すと言い出すにいたった。仰天した彼は、そのとき海岸にいた自分のタホウナ、すなわち高位の祭司から許可がえられれば、出かけることにしようと承諾した(109)」。すでに述べたように、カメハメハはマカヒキを一時的に中断することですぐに問題を解決した。たとえば、フラ・ダンスはマカヒキの一部をなしていたが、王と王妃はその場を離れざるをえなくなっている。ヴァンクーヴァーの説明によれば、「彼らは新年祭の場合を除いて、そうした娯楽に参加することを法によって禁じられており」、その日の上演は「島の既存の規則に反していた」からだという。[110] ヴァンクーヴァーは王と王妃が宗教的祝祭の場合を除いてフラの観覧を禁じられていたと考えているが、これはどう見てもありえそうもない。彼らがそうしたのは、この特殊な踊りがマカヒキとの関連で演じられるべきであるのに反し、祭自体が進行中ではなかったからにほかならない。このため、カメハメハはフラへの列席を見合わせなければならなかったのである。こうした中断はなんら異例ではなかった。ヴァレリはマロに依拠し、「中断された儀式を繰り返すのは伝統的習慣であった」と述べており、ここで扱っている事例の場合、中断された儀礼は翌月に再開されたものと見られる。[111]

マカヒキを杓子定規に実行すべき定例祭とする発想からいったん解放されれば、クックの第二回訪問にあたる一七七八年十二月から一七七九年二月にかけて、祭りがどんな状況にあったのかもっとよく理解できるように思える。実際のところ、それはマカヒキの時期にあたっていたのかもしれない。サーリンズが整理(マーシャル)してくれているように、漁をめぐる伝統的タブー、とりわけハガツオ漁をめぐるタブーが働いていたことを示す証拠が残されているのである。[112] 一方、理念的にはこの時期の一部に課されるべきであった交易のタブーは働いていない。ハワイ人たちはほぼ絶え間なく交易をおこなっていた。そこで、サーリンズは宣教師のディッブルによって編纂されたハワイ語文献『モッオレロ』に見られる単純な説明を採用し、「それはロノ［神としてのロノ］であったので、人々はタブーを破ることができると判断した」とみなした。[113] しかし、民衆にそんな決定を下すことはできない。漁に対するタブーは守り、交易のタブーを緩めることが妥当だと判断したのは、ほかならぬ彼らの首長たちだったのだろう。交易は明らかに首長の利害に合致していたのである——だとすれば、これは実利的な配慮と論点の比較検討によって少なくとも部分的にタブーを緩めることができたことを示す、もうひとつの実例ということになる。

マカヒキが柔軟な性格をもつと仮定すると、クックがようやくハワイ島に上陸した頃にも、ヴァンクーヴァーの到来によって一七九四年の祭りで起きたような、儀礼日程を揺るがす真の危機が生じたとみてまず間違いないだろう。すなわち、クックが到来したことで祭礼は中断されただろうし、どちらの場合も中断にあたって類似した政治力学が働いていたといいたいのである。カメハメハは敵と戦うためにヴァンクーヴァーの援助を得ようと必死であったが、カラニッオプッウは彼よりもさらに一段と切迫した政治的動機をもっていた。儀礼暦が延期された、あるいは中断されたということは、必要とされた人身供犠や聖域の儀礼的解体も実行できないということになる。さらに、スポーツや踊りといった活動は「俗なる」性格をもつことになり、なかには船の士官の求めに応じておこなわれたものすらあったほどである。それほど切迫してはいなかったが、カメハメハもやはりジョージ・ヴァンクーヴァーに対して同じジレンマを抱いており、食事に関するタブーを緩め、儀礼日程を延期するにあたって、彼はカラニッオプッウの先例に倣ったのかもしれない。思い出していただきたいが、大量の異邦人がクックの船（のちにはヴァンクーヴァーの船）に乗って到着した以上、どうあがこうとハワイの宗教的規範、とりわけタブーにまつわる規範を無傷のまま維持できるはずがなかったのである。サーリンズは不適切な時期に帰還してタブーを犯したためにクックが殺害されたと提唱しているが、そう考えたからといってそこにはなんの利点もない。そもそもクックと彼の乗組員はことの始まりからタブーを破っていたのだ。以上のことからして、カラニッオプッウには（のちのカメハメハの場合と同様に）、マカヒキの儀礼日程を一時的に中断する以外に選択の余地はなかったように思われる。これに反して、わたしの代替解釈を採用すれば、なぜハワイ人が一般のポリネシア人と船の士官との関係をなんとかして秩序づけようとして、後者をハワイの階層制に組み込もうとしたのか、儀礼暦の原則からすれば、まだクックがいた二月一日頃に実行されるべきロノ神殿の儀礼的解体が、なぜハワイの祭司によって執りおこなわれなかったのか、そして、ハワイの宗教生活の決定的特徴ともいうべき人身供儀が、やはり同じ時期におこなわれるべきであったにもかかわらず、なぜ実際にはおこなわれなかったのか等々、いくつもの疑問を解くことができるのである。[114]

第五章

語りの再開――最後の日々

一七七九年二月四日の朝、二隻の船は錨を上げてケアラケクア湾をあとにしたが、たちまち大強風に遭遇し、レゾリューション号の前檣に損傷を受けてしまう。二月八日にもなると、クックにはケアラケクア湾に戻るほか打つ手がなくなり、二月十日、両船はかつての港から数マイルのところにまでたどり着いた。この日を含めた数日に渡ってきわめて重大な出来事が起きているのだが、キングが記載していないため、ここではサムウェルの記述に頼ることにしよう。二月十日、最初の訪問で歓迎式典をおこなった祭司のコアーが、「一匹の小豚とココヤシの実を携えてきて、いくつかの言葉を繰り返しながら、友好とふたたび島のこの地域に歓迎するしるしとして、それらをクラーク艦長に贈った。その後、彼は我々のもとを去り、同じ儀式をおこなうために僚船〔レゾリューション号〕に移った」[1]。多くのカヌーが周囲を取り巻いていたが、うち一艘には王の甥であり、「野蛮な顔つきをした」カメハメハが、羽毛でできた優雅なマントを身につけて乗り込んでいた。サムウェルは最近では首長たちが鉄製の短剣と交換でなければ、価値あるものをまったく手放そうとせず、かつてあれほど珍重された手斧ですら役に立たなくなってきたと記している。「我々のもとに運んできたどんな大豚に対しても、彼らは短剣を要求し、しかも自分たちの武器と同じ長さでなければならないと告げるようになっている。おかげで、兵器係は通常の手斧の代わりにそれを作る作業に追われている。カメハメハは自分のマントと引き替えにそうした短剣を九本も手に入れた[2]」。ハワイ人が熱望してやまなかった鉄は、おそらくマウイ人との戦争に備えてのことだろうが、いまや明らかに短剣という凶器以外にはほとんど用いられなくなっていたのである。

船は次の日に投錨したが、サムウェルによれば、その翌日（二月十二日）にカラニッオプッウが「今回初の表敬訪問をおこない」、「クック艦長にいくつかの贈り物」をもって来たため、湾にはタブーが課せられたという[3]。しかし、船に対するタブーは翌朝には解かれた。キングはこう述べている。「短期間のうちに湾はインディアンたちでごった返した。船は豚やいろいろな種類の根菜を満載したカヌーに取り囲まれており、これが十三日の午後における状況であった[4]」。ところが、キングの公式版航海誌には興味深い観察が付け加えられている。「錨を降ろす段になって、我々に対する応対ぶりが最初の訪問の頃とは異なっていることに気づいて驚かされた。歓声や喧噪、混乱もなく、湾は深閑としており、岸に沿ってひっそりと近づくカヌーがちらほら見えるにすぎなかったのである[5]」。

右の記述でキングはカラニッオプッウによって湾にタブーが課せられただけだろうとはっきり認めている。しかし、乗組員には「この時点で原住民の行動になにかきわめて疑わしいところがあるという見解をもつ者たちがいた。より正確にいえば、あとで起きた出来事からそう想像した者がいたのである[6]」。さらにキングは翌朝のカラニッオプッウの振る舞いに「疑わしいところはなく」、「やがて原住民はもとのように我々と友好的につきあうようになっており、そのことは彼らが意図して態度を変えようとしたわけでも、それを予期していたわけでもないことを示す強力な証拠であった」と付け加えている[7]。

とはいえ、クックの死後に現地人の行動を遡及的に評価していたことは明らかであり、なかには彼らの行動がすでに変化していたとの意見をもつ者たちもいたのである。カラニッオプッウによって課されたタブーと歓迎のカヌーの不在がそうした憶測を煽ることとなった。実際のところ、聖域を囲う柵の杭に対するクック自身の態度や、すでに挙げた食料供給の減少といったより実利的な理由など、様々な理由から彼らの帰還はあまり歓迎されなかったのかもしれない。さらには、キングも二月四日付の航海誌で認めているように、親密さ自体が軽蔑を含めたありとあらゆる厄介事の温床となったのかもしれない。「彼らは我々のことをはるかに優れた一群の存在とみなしている。万が一にもこうした敬意が親密さや長期の交流によって消え失せたとしたならば、彼らの態度も変わることだろう」[8]。したがって、実際にハワイ人の態度が冷たくなっていた可能性はあるものの、その一方で、自らも熟達した航海者であるハワイ人が、船の修理のために戻らざるをえなかったイギリス人の苦境を理解できなかったとはとうてい信じがたい。仮になんらかの理由で彼らが厭わしく思っていたとしても、それは石器時代のテクノロジーしかもたない民族が鉄に寄せる飽くなき渇望の前ではなんの意味もなさなかっただろう。

「我々の推測が正しいにせよ間違っているにせよ、事態は十三日の午後まではいつものように穏やかに過ぎていった」、キングはそう述べている[9]。しかしながら、カラニッオプッウがレゾリューション号を訪れ、船に対するタブーが解かれたまさにその日の朝から、すでに揉め事はディスカヴァリー号で始まっていた。「一人のインディアンが鍛冶場から兵器係のヤットコを盗み出したが、彼は見つけられてしまい、横静索に縛りつけるよう命じられ、そこできわめて厳しい笞刑を受けた」[10]。動機は明白であった。鉄が短剣として高く評価されており、ハワイ人はそれを手に入れる危険をあえて冒したのである。笞刑に関していえば、それを命じたのがあの陽気なクラークであり、我々の知るところによれば、認可された限度のゆうに三倍を超える四〇回もの鞭打ちが加えられたことを指摘しておこう。にもかかわらず、鉄に対する差し迫った必要から第二の盗みが発生する。事件の前にはカラニッオプッウ王がクラークを訪れ、一着のマントと一匹の豚を贈り物として差し出していた。その後になって、しばしば乗組員の味方をした首長のパレアが船にやってきたが、彼がまだそこにいる間に、「別のインディアンが……大胆にも兵器係の面前で同じヤットコとタガネを鍛冶場からひったくり、それを持ったまま舷側の向こうに飛び降りたのである」[11]。クラークは「彼らに発砲するよう乗組員に命令し、同時に航海長のエドガー氏が小型カッターに乗ってカヌーの追跡に向かった」[12]。どうやらクックは事件を岸から見ていたらしく、彼もまたカヌーを捕捉しようと走り出した。

クックは激怒していたが、それも無理からぬことであった。これらの事件が起きる前に、ディスカヴァリー号の水樽に水を汲んでいた士官が、キングに対し、自分の手助けをしていた現地人たちがある首長によって妨害されていると報告し、援助を要請してきた。キングは携行武器を装備しただけの海兵を一人送ったが、「ホランビ氏はすぐに戻ってきて、インディアンたちがいまや石で武装しており、よりいっそう傲慢になっていると告げた」。そこでキングは一名の武装海兵を連れて現場に急行し、秩序を回復しようとした。すでに上陸していたクックは事件のことを知ると、キングの記述によれば、「投石もしくは傲慢な態度が見られしだい、すぐに違反者に通常弾を発砲するようわたしに命じた。そこでわたしは衛兵伍長に命じて、衛兵が散弾の代わりに通常弾を装塡した銃を装備するようにした」[13]。ここでは重大な命令の変更がなされている。散弾の代わりに通常弾をマスケット銃に装塡せよという命令には、文字通りの意味のほかに、「射殺せよ」という言外の意味が隠されていたのである。たとえば、第二回航海に際して何人かの乗組員がメラネシア人の顔に散弾を撃っているが、それは相手の顔を傷つけることはあっても、殺すことはなかった[14]。このように、通常弾への変更はクックが人々の殺害を許可するほど事態を深刻に受け止め始めたことを意味している。

まさにこうした状況のもとで、武器係のヤットコとタガネがディスカヴァリー号から盗まれたわけである。一艘のカヌーが岸に向かって漕ぎ出し、ディスカヴァリー号からマスケット銃が発射されるのが見えた頃、クックとキングはともに天体観測所にいた。盗みが起きたものと判断したクックは、キングと二人の武装海兵を連れてカヌーを捕捉しようと試みる。キングが真っ先に到着したが、舟のほうが一足先に陸に着いていたために取り逃がしてしまった。さて、ここでキングが述べている意味深長な一節を検討してみよう。

艦長はわたしやディスカヴァリー号のボートに近寄るどころか、すごい勢いで岸に沿って歩き続け……、そのまま いけばわたしは艦長を見失っていたに違いない。なんとか彼に追いつこうとして、わたしはたいへん苦労したからである。やっとのことで艦長のもとに近づき、犯人や盗品についてなにか手がかりを得たのか尋ねたところ、艦長は否定したが、情報からするともう少し先だという。こうして我々は暗くなるまで走り続け、野営地から三マイル以上も進んだと思う。我々はときおり立ち止まっては犯人について尋ね、艦長は男を連れてこなければ衛兵に発砲させると脅した。海兵が［銃を］向ける仕草をするたびに、群衆はさっと後退したものの、彼らが我々の脅迫を嘲笑し始めるのが十分に見て取れた。[15]

ここからはおなじみの狂躁状態のクックの姿が浮かび上がってくる。逃亡した盗人を捕まえようと歩き回っていたかと思うと、次には走り出し、破滅させるぞと脅しつける。ハワイ人は彼のことばの意味は理解できなかったが、確実に彼の声の調子や機嫌は理解できたことだろう。ビーグルホールはこの一節に次のような註をつけている。「カヌーと小型ボートがどこに上陸したのかまるでわからないが、クックが激怒のあまりそのことをすっかり忘れていたのは明白である」。[16] いいかえるならば、すっかり方向感覚を失い、ビーグルホールによれば、闇雲に「パレマノ岬のケエイという村か、その近くまで」進むほど、クックの「癇癪」は手に負えない状態だったということである。[17] このように、逆上したイギリス人たちが盗まれたヤットコとタガネを追って間違った方向に突進したというキングの記述からは、期せずして探索自体が奇妙な性格を帯びていたことが浮かび上がってくる。

明らかにハワイ人が偽の情報を与えていたのである。しかもキングによれば、彼らには意味がわからなかったため、クックの脅しを一笑に付したという[18]。夕方になり、さすがのクックもこれ以上追跡するのは無駄だと悟り、引き返す決定を下した。「彼らはまったく別の道に我々を案内したが、これはさらに海から離れた道で、あとから考えると、わざとそうしたのだと思う」[19]。サムウェルにいわせれば、インディアンはそもそもの始まりから意図的にクックを間違った方向に導いたのだという。どうやらハワイ人はクックの怒りを逸らし、見境もなく盗人を鞭打たせないため、独学でタヒチ流のクック操縦法を学んだようである。しかし、彼らはそれに加えてクックの混乱ぶりを嘲笑ってもいた。船上のどんな規範からしても、これは看過できない「傲慢さ」以外のなにものでもない。しかも、クックが自分のことを島の実質上の支配者とみなし、現地人に「崇拝されている」と自負していたことからすれば、彼がそうした傲慢さを容認できたとはとうてい思えない。こうして、キングに記録されたあの決定的な一言が生まれることになる。「船に戻る途中で、艦長はインディアンたちの行為のせいでついに武力に訴えざるをえなくなったのは残念だが、だからといって彼らに我々よりも優位に立ったと思わせてはならないと述べた」[20]。キングの言葉は実質的にクック自身がいったことを焼き直したものかもしれないが、その口調にはイギリスの読者のために艦長の激怒ぶりをあえて糊塗しようとする海尉の姿が滲んでいる。

一方、例のヤットコとタガネはどうなったのだろう。友好的な首長のパレアが「それらの品を取り戻す約束をして」盗人のあとを追いかけ、彼の説得のおかげなのか、貴重な道具は「盗まれたことすら知らなかった水樽の蓋ともども」すぐに戻ってきた[21]。ところが不幸なことに、盗人を追って先に出発していたディスカヴァリー号の航海長エドガーが、クックとキング、さらに二人の海兵も同じように追跡しているのを見て、自分は道具を戻しに来たカヌーを押収すべきだと判断してしまった。いうまでもなく、彼はこうした状況でクックが取る行動を予測して先に動いたわけである。サムウェルは出来事を次のように活写している。

こうして［エドガーが］陸に上がり、カヌーを海に押し出そうとしていたところに、パレアが現れ、それは自分のものなのでやめてほしいと頼んだ。しかし、抗議がいっこうに聞き入れられなかったので、彼はその士官を捉え、背後から羽交い締めにして、髪の毛をわしづかみにした。これを見てレゾリューション号の乗組員の一人［増援に来たピンネースの乗員］がオールで彼の頭を殴り、捉われていた者を放させた。これに対して、彼はオールを摑んで男の手からもぎ取ると、目の前で真っ二つにした。すでに周囲の岩礁には大群衆が集まっており、すぐに彼らに石を投げ始めた。両艇の乗組員は船の足置き板（ストレッチャー）を取り出し、手には一、二本のオールを持って上陸し、抵抗の意思を表した。しかし、インディアンたちがどっと押し寄せてきたため、彼らはすぐにボートまで押し返され、そこにも石がおびただしく投げつけられたので、ピンネースからも飛び降りざるをえなくなった。彼らはやや沖に泊まっていた小型カッターまで泳いでゆき、そこに乗っていた二人の乗員によって引き上げられた。一方、航海長と士官候補生［ディスカヴァリー号のカッターに乗ってきたエドガーとヴァンクーヴァー］は泳ぐことができず、海上に出ていた小さな岩礁に逃れたが、そこに石や折れたオール、棒などを持ったインディアンたちが襲撃してきた。一人の男が折れたオールを手にして彼らに接近し、航海長を突いたが、足を滑らせて狙いをはずし、士官候補生に軽く当たった。その間にもインディアンたちはひっきりなしに石を投げつけ、おかげで二人とも怪我をする羽目になった。おそらく、このときちょうどパレアが介入し、彼らにやめるよう命令しなければ、二人は殺されていたことだろう。それからインディアンたちはピンネースの略奪に取りかかり、舟からすべてのオールと道板（ギャングボード）を奪い、大きな石を使ってボルトや他の鉄製品を外そうと躍起となった。士官候補生がピンネースに乗り込んだが、逆に彼らに殴られて制帽を奪われてしまった。二人がパレアに対して彼の同胞から受けた仕打ちを訴えたところ、彼は自らの権威を使って介入し、敵対行為をやめさせることに成功した。彼は紳士たちに船に戻るよう望んだが、オールがそっくり盗まれていることを聞いて、それを取り戻しに行き、二本の無傷のオールと一本の折れたオールを返した。それを使って二人は野営地に向かって漕ぎ出した。クック艦長もすぐそこに到着し、なにが起きたのか報告を受けた。彼は乗組員が武器も持たずにインディアンのなかに上陸し、カヌーを拿捕しようとしたこと、なかでもピンネースの乗員が命令なしに持ち場を離れ、事件に干渉したことに大いに腹を立てた。二隻のボートが野営地に向かう途中で、パレアは自分のカヌーに乗って追いつき、士官候補生の奪われた制帽を返してきた。彼はここで起きたことのためにコーキーが自分を殺したりはしないだろうかと尋ねた。紳士たちがそんなことはないだろうと答えたところ、彼は満足したようで、彼らのもとを去り、湾を渡ってカヴァロアの町へと向かった。[22]

以上の出来事がいずれもディスカヴァリー号で起きている点には留意しておかなくてはならない。クラークはその意味について自分なりの見解を記している。「現状からすると、これは不幸な偶然のめぐりあわせにほかならない。以前から傲慢さと紙一重であったこれらの人々の自信をさらに増長させることになったからである」[23]。事実とは異なるものの、クラークとサムウェルは盗み全体がパレアによって画策されたとみなしていた。しかし、それよりもはるかに興味深いのはパレアが自分のしたことでクックに殺されはしないかと恐れている点である。要するに彼の発言からは、パレアのような首長がたとえ士官を優れた存在とみなしたにせよ、まったく恐れてはおらず、彼らの強い恐怖と尊敬はもっぱらジェイムズ・クックに向けられていたことがうかがえるのである。

翌朝の二月十四日、バーニー海尉はディスカヴァリー号のカッターが盗まれたことをクラークに報告し（のちになってキングに寄せられた情報からすると、釘と鉄を盗むためであった）、クラークは事件をさらにクックへと上申した。キングが船上でクックと会った際には、「海兵は武装を整え、クック艦長が自分の二連発銃に装塡しているところであった」。

なんらかの価値あるものが奪われた際には、この海域のどんな島でも、王もしくは主要なエリー［首長］の誰かを船に拘束し、盗品が戻されるまで人質に取るのが、いつもの艦長のやり方であった。この方法はつねに成功してきたので、今回も彼はそれに従うつもりであった。同時に、彼は湾を離れようとするすべてのカヌーを停船させ、カッターが友好的な手段で取り戻せない場合には、それらを拿捕して破壊するよう命令した。そのため、人員と武装を整えた両船のボートが湾を横切るように配置された。そして、わたしが船を去る前には、逃げようとした二隻の大型カヌーに向かって大砲が何発か発射された。(24)

公式報告のうわべをはいでみれば、激怒したクックがエイメオの悲劇を再現しようとしていたのは火を見るよりも明らかである。すでに彼は王もしくは主要な首長を人質に取る決定を下していたし、現地人のカヌーは湾を離れることができず、いずれにせよ、奪われたものが返されなければ、カヌーが破壊されることは必至であった。キングによれば、クックがカラニッオプッウを人質に取る計画を立て、彼を探しにレゾリューション号を離れたのは、朝の七時か八時のことであった。クックはフィリップス海尉と九人の海兵を連れてピンネースに乗り込み、カアワロアにある王の住まいへと向かった。キング海尉は小型ボートで上陸する前に、海兵に対して「銃に通常弾を装塡し、武器を放してはならない」と命令している。(25)

すでにカッターの盗難について知っていることがわかったので、わたしは彼ら［ハワイ人］にこう約束した。クック艦長がそれを取り戻し、盗みの張本人を罰する決心をしているが、盗人にせよ、我々の側に立つ村人にせよ、我々から危害を加えられことを恐れる必要は少しもないと。わたしは祭司たちにこのことを人々に説明し、警戒することなく、これまで同様に安心しておとなしくしているよう伝えてもらった。カオーは必死になって、テリーオプー［カラニッオプッウ］が傷つけられはしないか尋ねてきたが、わたしがそんなことはないと断言すると、彼と仲間たちはこの約束に大いに満足したようであった。[26]

キングの約束は空手形であった。彼はクックがカラニッオプッウを人質に取り、カッターが戻されない場合には、カヌーを破壊するつもりであることを知っていたからである。どちらの道をたどるにせよ、ハワイ人はイギリス人から被害を受けることになっていたのである。クックが武装海兵を伴ってカアワロアに向かったということは、カオや仲間の祭司からすれば、自分たちの聖なる王が痛めつけられるかもしれないということになる。はたして彼らがキングの「約束」に納得したかどうかは疑わしい。対照的に、サムウェルはクックの意図をもっと明瞭に報告している。クックは自分たちの火力に自信をもっており、ハワイ人は「たとえ一丁のマスケット銃でも、刃向かうことはないだろう」と述べていた。だからこそ、クックは「自分自身がカヴァロアの街に上陸し、カリオプー［カラニッオプッウ］がそこにいた場合には、彼を船に乗せ、ボートが戻されるまで拘束する決定を下したのである……。しかし、予想通りに彼と彼の民がすでに逃げ去っていた場合には、彼らの家を焼き払い、我々が陸揚げしておいた大型カヌーを押収することで報復するつもりであった」。[27] 激怒してはいてもクックの考えにはそれなりの筋道は通っていた。以前の経験から、首長たちはこの状態で彼に逆らうよりも、逃げ隠れすることがわかっていたのである。もし彼らが逃げていれば、ハワイがエイメオと同じ運命をたどるのは目に見えていた。実際のところ、クックが殺害される以前に、クラーク艦長はリックマン海尉に対し、「カヌーを捉えた場合、雑用艇で船まで曳航するよう」命令し、クックが望んだであろうことを先回りしている。[28]

一方、祭司がクックの剣呑な雰囲気を察知していた可能性もある。また、船医たちはそれが強迫症的な性質をもつことに確実に気づいていた。ハーヴェイは「まるで説明のつかない逆上」と呼んでおり、[29] エリスもこう述べている。「その際、彼はいくぶん逆上していたようで、誰に対しても耳を傾けようとしなくなっていた」[30]。激怒した状態のクックはいっさいの大局観を失っていたのである。このことは現代の伝記作家にとって当惑の種となっており、ビーグルホールはこう自問している。「なぜクックは平衡感覚を失ったとしか思えない状態に陥り、いささか思慮遠望に欠ける行動を取るにいたったのだろう。もしもカレイオプウを捕まえようというのならば、もっと普通の時間に、もっと通常の方法で、彼が船に来たところを簡単に捕まえることができたはずである」。ビーグルホールの描き出すクックはどうやらエイメオで起きたことを後悔しているようで、「あの悲惨な出来事を自ら繰り返すことを望まなかった」という。さらなる疑問がある。「ハワイ人がすでに……マスケット銃に通常弾が装填されていると確信していないかぎり、フィリップス率いる訓練不足の男たちはいったいなんの役に立つというのだろう」。ビーグルホールによれば、おそらく彼はちょっとした力の誇示を狙ったのだろうという。「しかし、それでは通常弾が込められていたことに符合しない。もしも通常弾の使用を本気で考えていたとするならば、彼は純朴な者たちを虐殺するよりは、脅かしたほうがましだという持論を捨ててしまったことになる」[31]。実のところ、すでに前日の時点でクックが銃に通常弾を込めていたことがわかっており、彼の行為はどれひとつとっても第三回航海における彼の行動様式に合致しているように思えるのである。

二月十三日から十四日にかけて起きた出来事から浮かび上がってくるきわめて興味深い問題のひとつに、あの捉えどころのないオミアー＝パイリキ、もう一人のロノがその場にいたことがある。残念なことに、彼の存在がなにを意味するのか確かめるすべはない。彼が最初に現れるのはキングによる十三日の晩の記述からであり、それは武器を向けようとする衛兵を人々が嘲笑したという前述の報告のすぐあとに見られる。「彼らは我々の脅迫を嘲笑し始めた。また、彼らがエロノ［ロノ］と呼んだ男がなんらかの情報を受け取り、そのたびに人々がどこか離れた場所にそっくり消えたことが二、三度あったことに気づいた。同時に大勢の人々があらゆる方向から集まり始めていることにも気づいた……」[32]。どのような理由からにせよ、人々は集団をなしつつあり、そうした動きにオミアー＝パイリキが関連していたのである。翌日、カッターが盗まれたあとで、彼は再び舞台に登場する。すでにクックはすべてのカヌーを拿捕し、包囲網を突破しようとした場合には発砲するよう命じていた。サムウエルの報告によれば、このとき次のような事件が起きたという。

すでに帆を上げ、湾を出る最短距離を帆走していた双胴カヌーを追って、航海長が大型カッターで派遣された。彼はすぐにカヌーに追いつき、マスケット銃を数発撃つと、カヌーを岸につけ、インディアンたちもそこから離れた。これは偶然にもオロノの称号をもつオメアという男のカヌーであった。彼自身もそこに乗っており、このとき我々の乗組員が彼を拘束してさえいればよかったのだが。というのも、彼の身分は王と同じくらい神聖だったからである。[33]

発砲された際にオミアーがどんな反応を示したのか情報がないのは残念だが、彼がイギリス人を快く思ったとはとうてい思えない。オミアーをめぐるこの一件からは航海誌がきわめて重大なある特徴をもつことが浮かび上がってくる。すなわち、航海誌は完全無欠さと語りの連続性といった幻想を産むものの、実際にはそこからは明らかに多くの事柄が抜け落ちているのである。

クックの死――イギリス・ハワイ双方の見解から

人類学にとって死とはけっして単純な生物学的出来事ではない。かといって、死者を中心に織りなされた一群の関係が再調整され、死自体に公的な意味と意義が与えられる、もっと複雑な出来事というわけでもない。死をめぐる信念と儀礼では、私的なものと公的なものがひとつに溶け合わされることがごく頻繁に見られるのである。たとえば、死者に対するわたしの愛が、彼は実際には死んでおらず、どこか「報償としての天国、安息の地」で生きながらえているといった、ひとつの願望に結実するときなどがそうである。クックが殺害された際、ハワイ人とイギリス人はともに公式な葬儀を執りおこなっている。イギリス人は残された遺体の一部をかき集めたあとで、きちんと彼を水葬に付した。他方、ハワイ人は彼の遺骨を首長のあいだで分配し、彼らの習慣に従って彼を神格化したのである。

一般の人間が普通の状態で死んだ場合、死という事実は通常の葬儀を挙げることで承認される。しかし、非凡な人物が予想もつかない異常な状況で亡くなった場合、死は容易に定義することができず、その意味は開かれたまま残されてしまう。このため、死の意味に関して次々と疑問が沸き上がることになり、意味の探求は広い範囲での文化的伝統の内部にとどまるとはいえ、死と喪にまつわる標準化された儀礼や信念にすっぽり封入(エンカプセレーテッド)されることはない。通常の死を取り巻く規則では異常な死を理解するには不十分であり、後者は絶えざる象徴的加工と議論にさらされることになる。クックの死を扱った記述の場合も同様であり、そこには真実の記述、あるいは経験的にみて正しいといえるような記述は存在しない。死の直後に記録を残した者たちですら、彼の死がヨーロッパ人の意識において担っていた、より大きな宇宙論的といってもよい意義について、とうてい無視することはできなかったのである。

ここでわたしが用いるクックの死の記録は、彼が殺害された際に同行していた海兵隊海尉のフィリップスによるものである。彼の伝える死の経緯は、新たに指揮を執ることになったクラーク艦長にも採用された。モールズワース・フィリップスは事実に基づく無味乾燥な「公式」報告書を提出しているが、それでも我々が中断したところから再び語りの糸をたぐり寄せる役には立ってくれるだろう。

クック艦長はピンネースとランチを指揮して、湾の北西の岬に位置する町に上陸したが、小型カッターのほうは、湾を離れようとするカヌーを一隻も逃さないようにするため岬の沖に残した。上陸に際して艦長は、ボートに分乗してきた九名の海兵とわたし自身に、上陸して同行するよう命じ、ただちに街中に進軍して、テリーオブー［カラニッオプッウ］と二人の息子を探した（この二人はテリーオブーが最初に我々のところにやってきて以来、おもにレゾリューション号でクック艦長とともに生活していた）。さっそく使者が送り出されると、すぐに二人の少年が現れて、我々を父親の家まで案内した。クック艦長は外でしばらく待ってみたが、はたして本当に老紳士たちがなかにいるか疑い、わたしに入っていって彼の意志を伝えるよう命じた。知り合いの老人は眠りから覚めたところで、クック艦長が入口で待っていると告げると、すぐにわたしとともに彼のところへ向かった。クック艦長はしばらく話すうちに、テリーオブーが事件とまったく関わりがないことに気づき、老紳士に一緒に船まで行こうと促した。彼が快諾したので、我々はボートへと向かった。水際まで進んだとき、彼の妻の一人であるカルナクブラという名の女性が彼のもとに現れ、大いに涙を流し、すがりつくようにして船には行かないよう嘆願した。同時に、二人の首長が彼を摑んで、行ってはならないと頑張り、その場に座らせた。老人はがっくりとし、怖がっている様子だった。(34)

カラニッオプッウの恐怖と落胆はハワイの王を神聖な存在、いわば不可侵の存在とみなす文化的伝統に対するあてこすりとなっている。ここに描かれた王は妻の嘆願に弱く、二人の首長に座らされてしまうような、カヴァの飲みすぎでやつれ果てた一人の老人にすぎない。しかし、我々はカラニッオプッウがかつて堂々たる人物であったことを知っており、どうやらすでに実権は甥のカメハメハの手に移されていたようだ。一方、クック自身の行動はどう控えめにいっても、道義的に疑わしい。彼はカラニッオプッウが「無関係」であると知りつつ、人質に取る決定を下しているからである。

王に危害が加えられるかもしれないということで、多くのハワイ人が現場に集まってきた。さらに船の大砲が発射されたことによって、状況はますます悪化してゆく。砲撃の直後に今度は「湾の反対側に配置されたボート［リックマン海尉の指揮下にあった］が、［封鎖を］破ろうとした何隻かのカヌーに発砲し、不幸にも一人の上級位の首長を殺害してしまった」という知らせが届き、村にもそれが伝わってしまう。(35) フィリップスはこう続けている。

彼らがあまり好意的ではないと気づきだしたのは、このときが最初であった。海兵たちは少なくとも二、三千人からなる大勢の暴徒のただ中で互いに身を寄せ合っていたので、わたしはクック艦長に水際の岩場に沿って配置してはどうかと進言し、彼もそれを承認した。群衆はすぐに道をあけ、海兵たちは整列した。そのとき我々には彼らが槍などを集めているのがはっきりと見えたが、狡猾な悪漢である一人の祭司が歌を唄いながら、艦長とテリーオブー［カラニッオプッウ］にココヤシの実を儀礼的に差し出しており、周囲の群衆の計略から二人の注意をそらせていた。クック艦長はテリーオブーを船に連行することをいまやすっかり断念し、わたしに次のような所見を述べた。「彼を無理に船に連れて行こうとすれば、かならずや連中を大勢殺すことになるだろう」。おそらく乗船命令を出そうとしていたのだと思うが、艦長がまさにそうしようとしたとき、長い鉄の槍（彼らのあいだではパーフーアと呼ばれていた）と石で武装した一人の男に遮られた。男はパーフーアを振りかざし、石を投げると威嚇したので、クック艦長は散弾を発射したが、小さな銃弾は男の身につけていたマットを貫通しなかった。射撃はただ相手を挑発し、調子づかせただけであり、わたしにはそれで怖じ気づいた者が一人も見いだせなかった。すぐさま一人のアリーが手にしたパーフーアでわたしを刺そうとしてきたので、わたしは自分のマスケット銃の台尻で強打し、彼の意図を挫いた。まさにこのとき、彼らは投石を始め、一人の海兵が打ち倒された。そこで艦長は通常弾を発射して一人を殺した。それをきっかけとして彼らは総攻撃を開始したので、艦長は海兵に発砲命令を出し、その後に「ボートに退却」と叫んだ。わたしは艦長のすぐあとに発砲し、海兵たちが射撃しているあいだに、弾丸を再装塡した。ボートへの退却命令を復唱したのとほぼ同時に、わたしは石に打ちのめされ、立ち上がりざまに肩をパーフーアで刺された。そして、相手が再び一撃を加えようとした瞬間、わたしは彼を射殺した。いまや事態は混乱の極みに達していた――インディアンの怒号と喚声はこれまでわたしがこうした状況で聞いた喧噪をはるかに凌駕していた。艦長とわたしはたいていの人間ならば発砲されて怯むだろうと思っていたが、連中は退くどころか、かえってまったく逆の行動に出て、兵たちが銃に装塡する暇すら与えなかった。もしもボートがうまく援護射撃を加えて彼らを少しばかり後退させ、傷が浅くてたどり着くことができた者を救い上げていなければ、奴らはすぐに乱入して、兵たちを皆殺しにしていただろう。打ち倒されてから、わたしはクック艦長の姿を二度と見ていない。わたしが見ることのできた部下はいずれも手ひどく打ちのめされ、ボートまで行き着いてなんとか助かろうともがいていた――そこでわたしは、できるだけ水中に潜ったままピンネースにたどり着こうとし、運良くそこに達することができた。ところが、寸前になってこめかみに投石を受けてしまい、もしもピンネースがすぐそばにいなければ、わたしは海の藻屑となっていたことだろう。(36)

実際の出来事の展開に関するかぎりでいえば、フィリップスの記述は大筋でほぼ間違いがないだろう。客観的で、「価値中立的」といってもよい彼の記述は航海文書の慣例に則ったものであり、ここではそれが公正な記録作成のために徹底的に生かされている。しかし、実はこの見かけの迫真性自体が死にいたるまでのクックの責任や乗組員の不審な行動、あるいは無策ぶりを黙殺したり、はぐらかしたりする技法にほかならない。わたしにはもっともなことだと思えるが、幾人かの者たちは隠蔽工作について新司令官のクラークを非難する注釈を残している。たとえば、ブライはあからさまに海兵たちを侮蔑しており、彼らのことを慌ててボートに逃げ帰り、クックの救援を怠った烏合の衆とみなしていた。[37] ウィリアムスンの場合にはさらに深刻であった。彼はクックのことを嫌っており、決定的な岐路に際してクックの救出を拒んだか、茫然自失の状態にあったと見られている。彼は多くの乗組員から毛嫌いされており、彼を軍法会議にかけるという噂さえあった。一方、リックマンは重要な首長を射殺して、ハワイ人を怒らせたというのに、責任感が強いだけではなく、献身的な士官として登場している。[38] 同じくクラークやフィリップスによるクック批判も見あたらない。しかしながら、フィリップス自身は現存しない手稿において責任の大半を艦長に帰していたことがわかっている。その手稿を読んだクリストファー・クリーストは次のように記している。「キャプテン・クックの最後をめぐるフィリップスの記述は、あなたの興味を引くのではないかと思います、……それは（島民ではなく）彼こそが加害者であったことを示しているからです」[39]。クラークですらフィリップスの報告に言及しながら、こう認めている。これまでの経験から「自分の海兵が発砲すれば、かならずや彼らを追い払うことができる」と過信し、「クック艦長がこれほどの群衆のただ中で一人の男を懲らしめようとさえしなければ、かくのごとき極端な状態にはいたらなかっただろう」[40]。キングの公式版航海誌はフィリップスの報告を要約しているにすぎず、フィリップス自身の勇敢さを強調することで乗組員の行動を相殺しようとしている。「この際に、勇敢な行為と部下に対する愛情のめざましい手本ともいうべきことが、かの士官によって示された。というのも、彼はボートに乗り込むやいなや、泳ぎの下手な一人の海兵が海中でもがき、いまにも敵にやられそうになっているのを見て、自分が傷だらけであるのもかまわず、彼を救いに海に飛び込んだからである。頭部に投石を受け、あやうく海底に沈むところであったが、彼は海兵の髪を摑み、安全なところまで運んでいった」[41]。

クックの死に関しては、英雄の死に意味深長な史劇の装いを与えるため、キングの公式記述はフィリップスの記述を歪めている。それによれば、クックは石（他の記述ではパンの実）を投げつけようとした男を思いとどまらせようとしたという。しかし、男が「あくまで傲慢であった」ので、クックは散弾を発射した。その後、彼は二連装銃に込めた残りの通常弾を発射し、「原住民の先頭にいたものを一人殺害した」[42]。そして、公式にはクックの「優しさと思いやり」を表すという、あの最後の高貴な身振りが現れることになる。

我らが不幸な司令官は、彼が最後にはっきりと見分けられた際には、水際に立ちはだかり、ボートに発砲を中止し、岸に寄るよう命令していた。その場にいた数人が推測したように、海兵とボートの乗員が彼の命令なしに発砲し、彼がさらなる流血を防ごうとしていたのが事実であるとしたならば、この場合、彼の思いやりこそが彼に仇をなしたといえなくもないだろう。[43]

この最後の身振りは同行画家のウェバーが有名な作品『キャプテン・クックの最後』で見事に活写している。そこでは背が高く、痩せた若々しい姿のクックが右手を挙げて、海兵に発砲停止を命じる一方、彼の背後ではハワイ人の首長が短剣を振り上げ、いまにも彼を刺そうとする情景が描かれている（第八章の**図14**を参照）。キングはさらにこう続ける。「彼が倒れるのを見ると、島民たちは大きな雄叫びを上げた……。〔彼の体には〕敵が群がり、彼らは互いに相手の手から短剣をひったくり、自分も彼の殺害に加わろうと野蛮な熱狂ぶりを示した」[44]。クックのことを啓蒙主義の体現者として描こうとする者たちは、この記述を様々なかたちで活用し、洗練を加えてきた。絵画や詩、演劇などの表現では、クックがヨーロッパ人の抱く悲劇の主人公像に近づけられたのである。おまけに彼は悲劇特有の激情すら備えており、キングによれば、「彼の気性は短気で激しやすく、比類なき優しさと思いやりに満ちた性格に相殺されていなければ、非難されても仕方がなかったかもしれない」という。[45]

残念ながらハワイ側には、クックの死をめぐってフィリップスの記述を補う、同時代といえるような時期の記述は残されていない。現存する記録はハワイ人が伝統宗教の大半を自発的に捨て去り、プロテスタントの影響下に身をおいた一八二〇年以降のものがほとんどである。しかしながら、クックの没後十四年経った一七九三年、ヴァンクーヴァー艦隊に所属するピュージェット海尉が、クックを儀礼的に迎え入れた同じ神殿で主任祭司を務めていた人物に質問をおこなっている。この祭司によれば、神殿周辺の柵を船の燃料に用いるよう命令した瀆神行為のせいで、クックは殺害されたのだという。ピュージェットの通訳を務めたアイザック・デーヴィスは過去五年間に渡ってハワイに居住し、ハワイ語に関してそれなりの知識を有していた。

午後、わたしはデーヴィスと我が友テリッツミティ［ケリッイマイカッイ、カメハメハの弟］とともに海岸に出向き、そこでウィドビー氏や高位の祭司と一緒になった。祭司はすぐに我々をキング艦長が木材を取り去ったというモライへ案内してくれた。彼がデーヴィスを通じて説明したところによれば、このことがクック艦長との諍いのそもそもの原因であったという。当時、それは首長たちに承認されていたが、モライへの迷信で凝り固まった住民を大いに憤慨させ、彼らは柵を荒らされたことをけっして許さなかったからである。しかし、その後に起きた悲しい成り行きのために、このモライからは礼拝所としての拘束力（サンクションズ）［聖性（サンクティティ）］が奪われてしまった。ただしそのことが木材の一件に由来するのか、それともクック艦長が最初に到来した際に、柵の内部で彼におこなわれた儀式のせいなのか、デーヴィスは我々に教えることはできなかった。ともかく祭司によるならば、以来ずっとそこにはタブーが課されているという。彼らは木材が運び去られた時点でクック艦長の死を予言したらしい。どうやら予言は彼らの職分のようで、一般に十中八九は当たるという。しかし、このことは簡単に説明がつけられる。彼らは人心を操って復讐の念をかき立ててゆき、それからおもむろに、首長が自分たちの宗教やモライに対してしかじかの罪を犯した咎で急死すると予言する。すると、しばらくしてその人物が死んでいるのがきまって見つかるというわけである。クック艦長の場合も、おそらくそうだったのだろう。というのも、わたしは彼が殺された日の朝の出来事だけに死の原因があるのではなく、木材の件で彼に激怒した祭司たちの予言を実現しようと、首長と民衆が手ぐすね引いて待ち構えていたことにあると確信しているからである……。[46]

ここではピュージェットが祭司の見解を完全に受け入れ、自己実現的な予言の一例と見ている点に留意しなければならない。我々にとってこの祭司の発言は、クックの死に意味を与えるためにハワイ人自身が企てた初期の試みのひとつとしてきわめて重要である。ただし、その発言をクックの死の「説明」として見ると、彼が儀礼的理由、つまりは寺院への冒瀆行為のためだけに殺害されたと想定されており、十分な説明とはなっていない。すでにおわかりのとおり、クックが怒りにまかせてカラニッオプッウを人質に取ろうとさえしなければ、殺されることもなかったはずである。それでも、神殿の冒瀆行為に怒ったハワイ人がクック殺害を計画しており、王を人質に取ろうとしたクックの企てがその絶好の機会、もしくは口実になったということもあながちありえなくはない。この点では、トンガやフアヒネではもっと些細な理由からクックの殺害が実際に試みられ、失敗していたことを想起するべきである。社会的行動とはおおむね重層決定されているものであり、クックの瀆神行為に対するハワイ人の怒りが、複雑な動機パターンの一部をなし、なんらかのかたちでクックの死に影響を与えていたかもしれないのである。ただし、クックの死の原因としていえば、瀆神行為はクックの怒り以上でも、それ以下でもない。

ともかく、一七九三年までにハワイの祭司たちがクック殺害の文化的理由を編み出していたのは明らかであり、おまけに、その理由はクックを啓蒙主義の体現者とする神話に真っ向から対立するものであった。よもや彼らのいう瀆神行為を「比類なき優しさと思いやりに満ちた性格」のなせる業とはいえないだろう。そこで、クックの行為を擁護する一大論陣が学者たちによって張られてきた。なかでももっとも強力な主張はトラムによるもので、これはのちにストークスやビーグルホール、サーリンズ等によっても採用されている。彼らによれば、柵は聖なるものではなく、ハワイ人自身も柵の杭を燃料に用いていたというのである。[47] さらに柵自体はぼろぼろの状態であった。なるほど、柵を取り除くよう命令を受けた乗組員[1]が主神殿にあった神像まで持ち去ったのは事実だが、彼らにいわせれば、最終的にそのうちクーの主神像は返還されたではないかということになる。こうした主張をサーリンズはさらに極端に押し進めている。彼によれば、イギリス人水夫[2]はやがてハワイ人祭司がおこなうことを先取りしたにすぎない、すなわち、マカヒキの終祭における神殿の儀礼的解体をおこなったというのである。加えて、クックが首長の許可を取り付けようとしただけではなく、十分な代価を払ったことも航海誌にはっきり述べられているという。しかしながら、識者の誰一人としてある決定的な問題にはふれようとしていない。はたして啓蒙主義の申し子であるクックが、生贄にされたマウイ人首長の頭部が二〇個も杭に打たれて並んでいるというのに、そんなハワイの神殿の柵を船の燃料に用いてなんら支障ないと即断したりするものだろうか。そもそも薪はまったく不足しておらず、船には定期的に供給されていたように思われる。だとするならば、実際は寺院の柵を壊したかったのであり、薪の必要はそれを正当化するためにひねり出されたと見るべきであろう。しかし、それでパズルが完全に解けたわけではない。どうやらイギリス人[3]は主神殿にあったすべての神像を持ち去り、祭司の嘆願を受けてキングが命令した段になって、ようやくクーの神像だけを返したらしい。寺院に入ることが一般水夫[4]に許されていたとは思えないし、まして彼らが自分だけの判断で寺院に押し入って、そこから神像を略奪し、公然とクック自身の命令を無視したとはとうてい考えられない。この航海ではクックがちょっとした命令違反で一般水夫に厳しい懲罰を科すことが幾度となくあり、トレヴネンによって「下級士官や乗組員に対する短気で、暴君的といってもよい態度」が指摘されるほどであった。やはりパズルは残っているのだ。それを解くために、再び船の航海誌に戻ることにしよう。

以下に挙げるのはキングの公式版航海誌であり、おおむねそれは一七七九年一月一日の非公式版航海誌の内容と一致する。

船には燃料が枯渇しており、艦長は二月二日に祭司たちと取引し、モライの頂上を囲んでいる欄干を買い取るようわたしに望まれた。正直にいえば、わたしは最初のうちこの申し出が礼儀にかなっているのか疑問に思っていた。それについてちょっとふれるだけでも、ひどく不信心だとみなされはしないかと危惧したわけである。しかし、それも杞憂であった。申し出てみたところ、少しも驚かれることなく、また、見返りになにか要求されることもなく、実際に木材が提供されたのである。水夫たちがそれを運び出しているあいだに、わたしはその中の一人が彫刻を施した像を運んでいるのに気づいた。さらに調べてみると、これは原住民の面前でおこなわれたのだが、彼らはすでに半円形に配された像をそっくりボートに運び込んでいた。これは原住民の面前でおこなわれたのだが、彼らは憤るどころか、運搬の手助けさえしてくれた。わたしはこの件についてカオーに話しておいたほうがよいと思ったのだが、彼はまるで無関心で、ただ前述の中央の像だけはもとに戻しておいてほしいと述べ、それを祭司の家の一軒に運び込んだ。(48)

以上の記述には腑に落ちないところがある。現地人がイギリス人[5]の手助けをして自分たちの神の像を運び出したとは信じがたいのだ。キングは非公式版航海誌で柵の杭が腐り、壊れかけていたと述べているが(49)、たった数日前におこなわれたクックの叙任儀礼では、「周囲には二〇個の頭蓋骨がはめ込まれた頑丈な欄干がぐるっとめぐらされていた」と記しており、このこともやはり妙である。頭蓋骨は最近になってクーに生贄とされたマウイ人捕囚のものであり、それが老朽化した柵の上にはめ込まれていたとはとうてい思えない。キングの記述において興味深いのは、どの神像もクックのために重要な儀礼がおこなわれたまさに同じ場所に置かれていたことである。いまやその神像も薪として持ち去られ、中心にあったクーの神像、すなわち、クックが接吻し、その前に平伏した神の像だけが、カオの要請を受けて戻されたわけである。

そこで今度は、アメリカ人海兵伍長のレジャードがこのエピソードについて記している、根底から異なる異説を紹介することにしよう。[50] 彼はビーグルホールによってエピソード自体を捏造したと非難されている。レジャードはビーグルホールのクック伝[6]では著作が言及されないほど好ましからぬ人物（ペルソナ・ノン・グラータ）とみなされており、ビーグルホールはレジャードがアメリカ人であるために反英宣伝文書を書いたのだろうと考えている。しかし、彼の航海誌には反英感情が微塵もうかがわれない。事実、レジャードは著作の公刊からまもない一七八八年、バンクスがニジェール川流域調査のために組織したイギリス探検隊へ参加している。[51] また、彼はクックともうまがあったようだ。クックはウナラスカ島を探索し、そこにいると目されたロシア人と接触する重要な任務を託すにあたって、ゴアの推挙を受けてレジャードを選んでいるからである。[52] ハワイに到着するまで、レジャードの航海誌にはクックに対する批判が見られない。実のところ、彼はキングとは違って、タヒチ諸島におけるクックの暴力を否定していないのである。彼の批判はクックが上陸することなくハワイ諸島を巡航し続け、乗組員が必要としていた食料や運動、休息を与えるのを実質的に拒んだ際にはじめて現れる。「司令官のこのような振る舞いは強く非難され、ついに両船の乗組員によって抗議がなされた……。クックの行動は完全に利己的な動機に動かされたものであり、明らかに彼は船ばかりか、やがて彼の額を飾る月桂冠を編み上げている、彼ら勇敢な男たちの健康と幸福を犠牲にしていた」。[53] このことがクックに関して作り話をでっち上げる理由になるとはとうてい思えない。なんといっても、クックの軽率で非合理的な行動様式についてはすでに見たとおりであり、レジャードの記述の蓋然性はきわめて高いように思える。

彼［クック］はボートに乗ってキリーカクーアに向かい、船の燃料とするために、モライ周辺の柵を購入して運びだそうとした。上陸すると、彼は祭司のキキニー［ケリッィケア］と何人かの首長を呼び寄せ、柵の見返りに二丁の鉄の手斧を贈った。首長たちはこの不釣り合いな対価ばかりか、申し出自体に驚き、拒絶した。

彼らの驚きが大きかったのと同じくらい、クックのほうも腹の虫がおさまらなかった。自分の要求が思ったようにすんなり受け入れられなかったことから、彼はすぐにモライに登って柵を壊し、ボートに積むよう乗組員に命令し、命令が確実に実行されるように自ら陣頭指揮に当たった。意気消沈した哀れな首長たちは彼の不興を買うのを恐れ、彼が近づいてくるのを見ると、そのあとに従ってモライに向かい、自分たちの高貴な祖先の館を囲む柵と、神々の像が一握りの無礼な異邦人によってバラバラにされるのを、冒瀆的な破壊に逆らう力や覚悟さえもなく、ただ黙って見守るしかなかった。モライに登ってくると、クックは再び手斧を贈ろうとした。もしも実直な首長たちがこの賄賂を受け取っていたならば、それはきわめて不公平な対価といわざるをえず、クックにしても彼らの所有物を支払いなしに奪ったと誹られるのを避けるために贈ったにすぎない。首長たちは再びそれを拒絶した。そこでクックはもう一丁の手斧を付け加え、怒りに駆られて、それを受け取るか、なにも受け取らないかのいずれかだと言い放った――この申し出を受けたキキニーは蒼白になり、立ったまま震え上がったが、それでも受け入れることはなかった。クックは自分の着ていた服に手斧を突っ込み、命令の実行をせかすためにすぐに彼のもとを離れた。そして、彼はキキニーの代わりとして、今度は彼の召使いたちのほうに向かい、自分では触れることなく、彼らに手斧を服から引き抜かせた。(54)

レジャードの記述からはエイメオやフアヒネ、ライアテアでも見られた破壊的ペルソナのクックが浮かび上がってくる。いつものあの激怒したクックがせわしなく動く姿が見えるのである。取引の交渉をするのも彼であるし、他の場所とまったく同様にここでも彼自身が先陣を切っており、やがてここハワイでもカアワロアの岸辺で死への道をたどる際に再び同じ姿が見られるだろう。激怒してはいなかったものの、トンガでもクックが横柄な態度でタブーを破ったことを思い出していただきたい。ここには紛うことなきクックの存在特有の香りがするのである――レジャード自身の説教臭さを除きさえすれば。一方、この種の事柄は船の士官がとうてい文字にはしえないことであった。たとえば、士官候補生のトレヴネンは「彼の性格のもっと荒々しい面を表沙汰にするのは正しいこととはいえないかもしれない」と気づいていた[55]。殺害されたばかりの自分たちの艦長が、実は現地の神殿の一部を破壊していましたとは、とても彼らにはいえなかっただろう。キングには事件を隠蔽する正当な理由があったが、レジャードにはそれがなかったのである。レジャードの記述が一蹴されている事実は、従来のクック神話を育むにあたって学問がいかに大きな力をふるってきたか明らかにしてくれる。レジャードは次のように付け加えている。「この頃までに、原住民たちが続々とモライの壁の下に集まってきていた。我々が木材を引き倒そうとしているのを見て、彼らは怒り狂い、我々が傾けると、木材と神像を押し返しさえしてきた。そのことがさして支障になったとは思わないが、ともかく我々は折よくすべてをボートに積み終え、無事に乗船した[56]」。

大筋でいえば、彼の記述通りだった可能性がきわめて高いように思える。また、それはレゾリューション号の船医ジョン・ローが自分の航海日誌のなかでこの出来事にふれた箇所とも一致する。「両艦長はそろって上陸し、祭司たちから古いモライの一部を燃料として購入した。このことはわずかな鉄のためならば彼らが教会と埋葬地(彼らが聖なるものと呼んでいた)をそっくり売り飛ばすことも厭わない証しといえるだろう[57]」。そのことはディスカヴァリー号のエドガーによっても部分的に裏付けられる。彼は自分の艦長であるクラークが「燃料として埋葬地」の一角を購入するために上陸したと述べているのである[58]。レジャードやローの記述をキングの記述と両立させる唯一の方法は、クックがキングに対し(おそらくは他の士官にも)柵の杭を購入する交渉を命じ、それが失敗したために彼とクラークが乗り出したと考えることである。いうまでもなく、クラークの健康状態はひどく悪化しており、おそらく彼はクックのいわゆる「交渉」に立ち合ったにすぎないのだろう。

記録全体を通してはっきりと述べられているクックの行動の理由は、船が燃料を必要としており、柵が老朽化していたのだから、それを燃料として購入しても当然だということにつきる。いうまでもなく、大半の乗組員は自分の艦長の見解を額面通りに受け取っていた。にもかかわらず、ツィマーマンはこう述べている。「杭を取り除いたことは人々を大いに憤らせた。自分たちの王がその行為を許可した以上、怒りをあからさまにすることはなかったが、彼らの感情を表情のうちに読み取るのは容易であった」[59]。ツィマーマンは実際の出来事を目撃しておらず、所属も僚船のディスカヴァリー号であった。それでも、彼がハワイ人のうちに怒りを読み取ったことは間違いないだろう。レジャードの記述の真偽は別にしても、民衆が怒っていたことは、一七九三年にピュージェットが同じ神殿の祭司におこなったインタヴューからほぼ確実だからである。同様に、カメハメハが一七九三年二月に次の命令をヴァンクーヴァーに出させようとしたのも、この出来事の記憶からと見てまず間違いないように思える。ヴァンクーヴァーは「乗組員の誰一人として、いかなる理由があろうと、彼らのモライ〔寺院〕や聖域に立ち入ってはならず、彼らの権利や聖なる特権を侵害してはならないと厳命する」ように求められたのである[60]。

最後になるが、クックが参加したヒキアウでの儀礼と、のちになって同じ神殿から頭蓋骨の並べられた柵と「偶像」が船の燃料として撤去されたことのあいだには、なにか内的な連関があるのかどうか、深層の動機の面から解釈しておきたい。単純に二つを結びつけてみよう。そうすれば、あたかも後者の行為は前者の意味を無効としているかのようであり、結果として物理的にも、心的にもその「打ち消し」〔心理的に受け入れられない行為をしたあとで無意識におこなわれる防衛機制〕になっていることがわかるだろう。ヒキアウでおこなわれたクックの儀礼をどう解釈するにせよ——列聖化の儀礼であれ、歓迎式典であれ、叙任式であれ——少なくともハワイ人がクックのことを自分たちの首長に匹敵する首長として扱ったことだけは疑問の余地がない。では、クック自身はこのことをどう考えただろう。すでに見たように、トンガ人のもとでも彼は同種の儀礼を進んで受け入れ、それを使って十分に儀礼化されていなかった船の階層制を補っていた。したがって、ハワイの儀礼はタヒチにおける以上に彼こそが船の艦長であり、島々の支配者であることをクックに実感させた、つまり、自分は首長のなかの首長だと思わせたことだろう。ただし、ヒキアウでおこなわれる儀礼について彼が前もって予測できたはずがない。そんな彼がハワイの神々の前に平伏させられ、クーの神像に接吻までさせられてしまったのである。この時点でクックがハワイの神々への服従がどんな意味をもつのか気づいていたとは思えないし、服従させられることなど予想もしなかっただろう。しかし、のちになってクックはことの顚末について、好悪は別として、じっくりと考えてみたに違いない。[7] 彼は熱心なキリスト教徒ではなかったが、かといって不信心だったわけでもない。彼はキリスト教的価値が重視される家庭や村落社会において社会化されたはずである。そのことからわたしは、ヘイアウの杭と神像をのちに破壊した行為が、傷つけられた自尊心に加え、クックの罪悪感によっても動機づけられていたと提起することにしたい。破壊の対象として選ばれたものは意味深長である。杭はヘイアウを囲っていたただの柵ではない。そこには人身供犠の生贄の頭蓋骨が二〇個も並べられていたのである。タヒチにおいてクックは人身供犠を目撃し、それに対する恐怖と憤りをタヒチの首長であるトゥに伝えている。しかし、ハワイではそのクックが供犠の献げられる神々の像に接吻し、平伏するよう強いられたのである。遅かれ早かれ彼の良心や罪悪感、嫌悪が表面化しないわけがない。だからこそ、生贄の頭部を載せた杭と半円形に並べられた神像は破壊されなければならなかったのである。やがて船の乗組員がクックの死の報復として実行するものの、十分な挑発もないのにクックが寺院を実際に焼き払うことなどできるはずもない。そこで、代わりにそこにあった信仰対象が船の燃料という実利的目的のために利用されることになる。こうして、祭司に適切に相談し、適切な支払いをおこない、現地人が適切に水夫たちの手助けをすることで、[8] すべては丸く収まったというわけである（詳細については、附論一「ヒキアウの破壊とウィリアム・ワットマンの死」を参照されたい）。

第六章

言語ゲームとヨーロッパにおけるジェイムズ・クックの列聖化

これまでわたしはジェイムズ・クックがハワイの文化構造、および合理的なプラグマティクスに照らし合わせて、ハワイ特有の方法で神格化されたという説を唱えてきた。そこで今度は列聖化神話のほうを取り上げ、クックのことをハワイ人が人の姿で到来したロノ神とみなしたとするヨーロッパ側の信仰が、いったいどのようにして産み出されたのか明らかにしてみなくてはならない。彼のことを地平線の彼方のカヒキから到来したという者もいれば、さらに神話を潤色して、もっと多くの神的存在が二隻の船に乗り込んでいたという者もいるのである。なお、念のためもう一度指摘しておくならば、ここでいう「列聖化」という語はヨーロッパ側の神話を、「神格化」はハワイ側の神話のことを指すものである。さて、ジェイムズ・クックの列聖化というヨーロッパ神話はどのようにして発生し、発展していったのだろうか。

ヨーロッパ人に強い印象を植えつけたのは、ハワイ人がクックに対しておこなった敬譲の礼と平伏行為であった。こうした慣行はヨーロッパ側の視点からすると「崇拝」、「礼拝」、「敬神」のように見え、おかげでケネディやビーグルホール、サーリンズといった現代の学者ですら欺かれることとなってしまった。しかし、ディスカヴァリー号のジェイムズ・クラーク艦長による次の一節を取り上げてみよう。「彼らが王や二、三人の首長に払っている敬意は著しいものであり、そのうちの誰かが近づくのが見えると、あえて仰ぎ見ようなどとはけっしてせず、顔をべったりと伏せ、彼が二、三〇ヤード通り過ぎるまでそのままの姿勢でいるほどであった。また、カヌーに乗っている場合は、漕ぐのをやめ、ボートに沿ってひれ伏した」[1]。したがって、クックが重要な首長に捧げられるカプ・モエという儀礼的な頂礼を受けていただけであるのは明らかである。すでに第四章で指摘したように、同じような頂礼はクラーク艦長にも捧げられたが、一般水夫にまではけっして広げられていない。高度に階層化された社会に住むハワイ人は、自分たちのものではない階層制にも敏感だったわけである。

儀礼的平伏行為は王自身を頂点とした首長たちと平民とのあいだに横たわる、政治的・社会的な亀裂の深さを物語っている。ハワイ語で「聖なる」ものを意味する語彙はカプであり、これは他のポリネシア文化におけるタブーを意味する。王は神聖なものであって、一般の人間が触れることはできなかった。だとすれば、イギリス士官のような部外者との交流はそれ自体で侵犯行為にあたったことだろう。事実、クラークが最初にカウアイを訪れた際、彼は重要な首長の肩に親しげに腕を回し、首長の従者たちをぎょっとさせている[2]。したがって、もしもハワイの首長が士官たちと交流する一方で、臣民に対する権威を維持しようとするならば、あるいは女性首長が白人士官と同衾しようとするならば、士官たちを「聖化」しなければならないのは当然であった。クックの叙任式は多種多様な意味や動機によって高度に重層決定された重要な儀式であった。これに対し、下位のイギリス人士官に対していたるところでおこなわれた副次的な儀式は、もっと一般的な政治的動機を表している。すなわち、彼らを「不可蝕」にし、現地の首長に類似した階層に変換しようとしたのである。交流のルールはイギリス人士官と関係する平民と首長の双方に向けて定められたものだが、厳密にいうならば、ハワイ側のルールは一連のダブルスタンダードの出現を抑えるようにできており、それによって首長に対する平民の態度が変質したり、深刻な価値の衝突――イギリス人の価値観とハワイの首長の価値観との衝突――が起きたりする事態をなんとか避けようとしたのである。また、そのルールは首長たちが支配権をもつ領域、つまりは島自体と近海にかぎって適用された。ビーグルホールは少なくともハワイ島では、「船に群がった人々が頭を垂れたという記述はない」と述べており、これまでの分析からすればしごく当然の現象といえるだろう。[3] ちなみに、もし仮にクックが実際にロノ神であったとするならば、事態はこうなってはいなかっただろう。ロノが圧倒的な権力をもつ領域〔イギリス船のこと〕では、より厳格な平伏行為がおこなわれたと予想できるからである。

以上のような伝統的な頂礼の儀式はいずれをとってもキリスト教的な意味での「礼拝」や「崇拝」、「敬神」に相当するものではなかった。むしろまったく逆に、頂礼儀礼は高度に様式化されており、謙遜の念やときには恐怖すら表すものであった。航海誌執筆者によって指摘されていた「恐怖」は、まさに平伏行為の本意を捉えたものだったのである。しかし、主要な執筆者はおおむねキリスト教から借りた「言語ゲーム」を活用している。一方、これから示すように、その言語ゲームはジェイムズ・クックという強烈なペルソナに向き合いながら船上で繰り広げられた「生活形式」にも対応していたのである。

まずは、いまやおなじみとなったこの言語ゲームについて、簡単に概括してみることにしよう。カニバリズムをめぐる言説を締めくくるにあたって、ジェイムズ・キングはハワイ人がクックの帰還について何度も問いただしたことにふれ（すでにクックが死んでいるにもかかわらず）、「彼らが彼のことを優れた性質の存在とみなしていた」と付け加えている。[4] また、叙任式に際してキングは、「クック艦長自身に関連するかぎりでいえば、それら〔の儀式〕は礼拝に近いように見えた」と推測している。[5] さらに彼は「礼拝がクック艦長に捧げられた」、頻繁に彼の前で演じられた儀礼は「一種の宗教的礼拝」であるとも述べている。[6] 以上の表現はいずれも当時のイギリス人読者が読んでいた一七八四年版に見られるものである。今度はクックの遺体を見たときの乗組員の反応にふれたサムウェルの記述と比較してみよう。「彼らが目にした状況はかくのごときものだったが、彼らはクック艦長のことを自分の父親と仰ぎ、彼の偉大な人柄をまるで礼拝するように敬っていた……」[7]。別の箇所で彼は自分がクックに対して「大いなる尊敬の念」を抱いていたとも述べている[8]。次はトレヴネンによる記述である。「実をいえば、わたしも他の者たちと同様に、彼［クック］のことを我らが守り神、善き導き手、一種の優れた存在とつねに仰いできたので、彼がこれまで絶大な権力をその心身にふるってきたインディアンたちの手で倒されたなどとは、とうてい認めることができず、あえてそう考えないようにしたのである」[9]。一方、トレヴネンは船上での厳しい懲罰という文脈において、クックのことを「暴君」とみなしており、同じような感情は他の者によっても表明されている。要するに、クックは優しさと厳しさを兼ね備えた、まさに「父」を体現する人物だったのである。別の乗組員であるロバーツは、彼に「匹敵するほど有能な航海者は少なく、上回るものなど皆無であり、まさしく乗組員たちの父親と目されていた」と述べている[10]。サムウェルによれば、水夫たちは彼の死に際して、「目に涙をため、父を失ってしまった」と叫んだという[11]。そうした水夫の一人にツィマーマンがいたが、彼もやはり「我々は父親を失ってしまった」と感じていた[12]。

以上の分析からすると、ハワイ人がクックを礼拝もしくは崇拝したとする言語ゲームは、実際には士官や乗組員たちがクックに示していた態度を投影したものであることがわかる。その根底に横たわっているのは船上における生活形式にほかならない。クックは愛情深いが厳格な父親であり、超然としており、乗組員によって導き手、守り神として理想化されていたのである。しかし、そうした態度にもかかわらず、すでに指摘したように士官は誰も（ただしリックマンを除く）、ロノと呼ばれたクックをロノ神と同一視するような関連づけをおこなっていない。しかも、士官たちはロノという名のハワイの神が存在する事実を十分に認識していたのである。彼らがそうすることを阻むなにかがあり、クックが首長と同じように遇されたことを知りながら、あえてハワイ人が彼のことをロノ神や別の神とみなしたとは一言もいわなかったのである。

航海誌を記した者のなかで右のような関連づけをしたのはたった二人しかいない。一人目はリックマン海尉だが、彼が一七八一年に匿名で発表した航海誌は出版物としては最初のものであった。彼の著作は拙速に書かれたもので、出来事の経緯を正確な日付に沿って並べてすらいない。しかし、ビーグルホールのように彼のことを完全に黙殺するわけにはいかない。彼がよくテクストに加えた恋愛話ですら、意図的な作り話や捏造ではなく、むしろ船上の噂話を記録したものだと思われる。[13] そして、クックに対する彼の言及が意義深いのも、まさにそれが噂話であることにあるのだ。彼は一度も叙任式を目撃したことがないにもかかわらず、こう述べている。クックは「一種の玉座のようなものに座らされ、色とりどりの式服をまとった一人の祭司によって長い祈禱を捧げられた……。祭式のこの部分が終わると、彼らは彼の足下にひれ伏し、王はいまやこの建物が彼のものであり、これ以降彼はエアートゥーアーヌエーと呼ばれることになると告げた」[14]。さらにリックマンは特別な首長がつねに彼のことを待ち受けており、「いまや水夫たちにクックの祭壇と呼ばれるようになった彼の家に導いた」と付け加えている。[15] 以上の記述はまったくのでたらめである。というのも、そこには王も列席していなければ、クーの足下にひれ伏したのもクックのほうだったからである。しかし、船上の噂話ではクックをハワイの神格とするために現実が転倒されていたわけである。同じことは二人目のツィマーマンについてもいえる。一般水夫であった彼は同じく一七八一年に短い著作をドイツ語で著している。「住民たちは……クック艦長に神の位を与え、彼を讃えるために偶像を建てた。彼らは像のことを彼にちなんでオールナ・ノ・テ・トゥティと呼んだが、オールナは神を、トゥティはクックを意味する」[16]。年老いたウィリアム・ワットマンが亡くなった際にも、再びツィマーマンは当時流布していた噂話をそのまま繰り返している。「我らが操舵長の死はこれまで彼らが我々に抱いていた不死だという思いこみを壊してしまった。そして、その思いが消えたために、我々に対する敬意も失われてしままったのである」[17]。

ハワイ人がヨーロッパ人を不死とみなした、あるいはクックは神であったとするツィマーマンの見解は、まず確実にヨーロッパの船乗りに広く流布していた伝承に由来するものである。同じような見解は一七六七年にタヒチを発見した最初のヨーロッパ人であるウォリスの乗組員たちも抱いていた。カヌーに乗ったタヒチ人に発砲して数人を殺害し、彼らを恐怖に陥れたあとで、ドルフィン号の航海長ロバートソンは次のように記している。

最愛の者たちが殺害され、これまで一度も見たはずもない方法でずたずたに引き裂かれるのを見て、彼らはさぞやひどい衝撃を受けたに違いない。あえてこの哀れな無知蒙昧の輩が我々のことをどう思っているのか述べようというならば、わたしは自分になしうる以上のことを引き受けることになるだろう。

わたしの仲間のなかにはこう考えるものもいた。いまや彼らは我々のことを半神とみなしており、彼らが過去に犯したなんらかの罪を償わせるためにやってきたと見ているのだと。すぐあとに起きた出来事からして、我々は彼らが部分的にはそう考えていると信じるにたる理由を得ることになったが、わたしとしてはまだ彼らが完全にそう考えているわけではないだろうと思っている[18]。

この一節は上陸してまもない時期に書かれたものであり、白人の神という観念はすでに船乗りの伝承の一部となっていたとみてほぼ間違いない。野蛮人や原住民はヨーロッパ人を神と崇めるものだという伝承をもとに、一般水夫たちはジェイムズ・クックの列聖化を組み立てていったのである。もちろん士官も伝承の存在に気づいており、同じく自分の艦長に対して「優れた存在」に捧げられるような「礼拝」や「崇敬」の念を抱いていたが、まさにそれが一般水夫のあいだに流布していたという点において、彼らはクックをハワイ人の神とみなす等式を受け入れることには慎重だったのである（**図7**参照）。

図7　「キャプテン・クックを崇拝する原住民」．A・キッピス *A Narrative of the Voyages Round the World* より．

ヨーロッパ人は野蛮人にとって神であるとする発想は、たんなる船乗りの伝承ではなく（もちろん、彼らのもとではより根強いものではあったが）、ヨーロッパの文化と意識において長期的に持続してきた構造でもある。ここでは伝承の核心をごく簡単に紹介するだけにとどめておこう。ご存じのように、コルテスや、おそらくはコロンブスもまた列聖化されていたが、コルテスのほうは土着のケツァルコアトル神とみなされ、ヨーロッパ人の想像力に大きな衝撃を与えており、この神もまた姿を消した後に再来するとされている。以下にトドロフによる要約を挙げておこう。

征服以前からインディオ側の物語によれば、ケツァルコアトルは歴史上の人物（指導者）であると同時に、伝説上の人物（神格）でもあった。あるとき彼は自分の王国を離れざるをえなくなり、東方（大西洋）に向かって出発した。そこで彼は姿を消したが、神話のいくつかの異伝によれば、いつの日にか戻ってきて、自分のものを取り戻すと約束（あるいは脅迫）したとされている。ただし、ここでは次のことに注意しておきたい。メキシコ神話では救世主の再来という概念が重要な役割を果たしておらず、また、ケツァルコアトルも多くの神格のなかの一神にすぎず、特権的な位置を占めているわけではない（とりわけアステカ人のもとではそうで、彼らはケツァルコアトルをチョルーラ人の神とみなしている)。さらに、その帰還を約束しているのはいくつかの説話にすぎず、他の説話はただ彼が消え去ったと記すにとどまっているのである。(19)

はたしてこの列聖化もヨーロッパ人によるでっち上げなのかどうか、その疑問は別の人々に委ねることにしよう。しかし、出来事自体は実際に起きたこととしてヨーロッパ人に受け止められてきた。だとするならば、まさに発見航海の始まりとともに、畏るべきヨーロッパ人航海者を列聖化し、文明の使者とする伝統は始まっていたことになる。こうした文化構造はより大きな背景、すなわち、神話史実説(エウヘメリズム)や人の姿をして人間のなかに現れる神、神になる人間、人間になる神といった、インド・ヨーロッパ語族の古い価値観に依拠して産み出されたものである。キリスト教における聖人崇拝も、より以前から存在した神話史実説の伝統か、さもなければ非業の死を遂げた者を列聖化する伝統を継承したものにほかならない。

図8　「うまくいったら，神として崇めてくれるかもしれんぞ」．ゲーリー・ラーソンの漫画「ファー・サイド」より．

現地人にとって神的存在となるヨーロッパ人という、船乗りに広く流布していた語りは、このように古くから存在した伝承であり、その伝統は人気風刺漫画(**図8**)や、フォン＝デニケン〔古代宇宙飛行士説で有名なスイスの作家〕の著作のような似非歴史書、ある種のSF作品などのうちにいまなお連綿と続いている。クックや彼の乗組員が神格化されたという船乗りの語りが意味をなすのも、まさにこうした背景に即してのことなのである。

以上のような文化的背景があるにもかかわらず（もしかすると、そうした背景があるからこそ）、航海誌を記した者たちは経験的な観察によって裏付けられないことを理由に、あえてクックに神性を結びつけることはしなかった。しかし、キングが航海誌の第三巻を執筆するにあたって、ツィマーマンやリックマンのテクストを読んだことや、クックの死をめぐってイギリスで繰り広げられた議論から影響を受けたことを示す手がかりがはっきりと認められる。作者というものが特定の時間や場所で状況による規定を受ける以上、それもなんら不思議ではないだろう。たとえば、キングは公式版のなかでクックに捧げられた敬意をこう描写している。「この儀礼［平伏行為と小豚の奉納］は我々がオワイヒーに滞在しているあいだ頻繁に繰り返され、多くの情況証拠からして、それは一種の宗教的礼拝であるように我々には見えた」[20]。「宗教的礼拝」に関する言及はキングの非公式版の航海誌には見出せない。さらに公式版航海誌には次の一文も認められる。「彼らの贈り物は定期的におこなわれ、それはたんなる気前良さの表れというよりは、むしろ宗教的義務の履行のように思えた……」[21]。非公式版航海誌には「宗教的義務」に対する言及はなく、代わりに次のようなことが述べられている。「以上のことはどれも義務であるかのようにおこなわれた……、まるで和解のための供物としてか、自分たちよりもはるかに優れた死すべき人間への義務であるかのように」[22]。また、トレヴネンも一七八四年の公式版に書き込みを加えて、クックのことを「偶像化された人」と言及している。というのも、彼がそう記した頃には、クックが偶像化されたとする議論がすでにロンドンの福音主義者たちの集まりばかりか、演劇界すらも賑わしていたからである[23]。こうして、クックへの供物が「宗教的」なものであったとするキングの発想から、エリスや後代のハワイの歴史家たちは、クック＝ロノを宥めるために供犠が捧げられたと信じ込むことになったのである。

公式版航海誌はクックの死から五年後の一七八四年にダクラスの編集によって出版された。同じ年に詩人のウィリアム・クーパーは友人のジョン・ニュートン師に次のように書き送っている。

この著作を読んで大いに楽しみましたが、わたしとしてはそこからなにがしかの教訓を引き出してみたいと思います。わたしがキャプテン・クックの最後をめぐって抱かざるをえなかった所見ほど、激しくわたしに迫ってくるものはほかにありません。神とは妬み深いものですが、オワイヒー［ハワイ］でこの哀れな男は自分が崇拝されることを許したのです。そのときから、それまで彼に注がれてきた神の摂理の素晴らしい働きは一転し、彼の意図をことごとく挫くことになってしまいました。彼は神格化の舞台を離れましたが、強烈無比な嵐によって引き戻され、それ以前に経験したどんな嵐によるよりもはるかに大きな損害を受けることになりました。出発にあたって、彼は崇拝者たちに自分が神であるという考えを思い込ませたままにしており、彼らも相変わらず彼に仕えるつもりでした。ところが戻ってきてみると、彼らは無愛想で疑い深くなっており、謎めいた態度を取るようになっていたのです。そこでささいな盗みがおき、彼自身が盗品の戻されたあとで盗人を追求するというへまをしでかしたため、ことは最悪の事態へとふくらんでいきました。おまけに、彼らに好かれていた首長の一人を殺害するというへますら犯してしまいます。要するに、息絶えて水中に沈むまで、彼がしたことといえばへまと過ち以外のなにものでもなかったのです。そして、彼の死後すべては何事もなかったかのようにもとに戻りました。なるほど、俗人はこのような定めが神の不興のはっきりとした御しるしであることに気づかなかったり、そう理解できなかったりするかもしれません。しかし、わずかでも敬虔な精神をもつ人物ならば、それを見過ごすことはないでしょう。わたしたちはヘロデの死も同じような罪によるものだということを明白な真実として知っています……。加えて、たとえ木石が崇拝されたからといってなんの咎もありませんが、洗礼を受けた者となるとそうはいきません。彼は自らのなすところを知っており、自分に払われた敬意に苦しみながら、瀆神の罪を背負うことになるのです。[24]

まさにここには一人のヨーロッパ人であると同時に、キリスト教の神話制作者としてテクストに取り組むクーパーの姿が見られる。彼はクックの聖人伝でやがて中心的位置を占めることになる二つのテーマ、クックの列聖化とその冒瀆的性質を取り上げている。ハワイのロノ神話がイギリスにもれ伝わってきたのはずっとあとのことであり、クーパーはまだそれを利用することはできなかった。したがって、クーパーに代表される神話化の伝統はヨーロッパの歴史と航海誌の特殊な読解を基盤に構築されたヨーロッパ独自のものだったことになる。かといって、クーパーが個人におこなった独創的な読解であったとも思わない。むしろそれは著名な探検家の劇的な死ののちにイギリスとヨーロッパで巻き起こった一連の「討論」に基づいていたに違いない。ヨーロッパに様々な伝統があったこと、さらに、ハワイ人によるクックの「宗教的礼拝」をめぐってテクストがいかようにも取れる魅惑的な筆致を示していることからすると、クックの列聖化に関してあからさまな議論が起きないことのほうがかえって不思議というものだろう。

たとえば、クックの死の直後からヨーロッパではすでにクック神話の異伝がいくつか発展していたようである。クックが野蛮人の神として扱われる異伝もあれば、偶像崇拝者とされた福音主義的な異伝もある。さらに第三のきわめて大きな潮流では、クックが知識人によって啓蒙主義の体現者として神話化されている。この種の理想化はすでにクックの存命中に始まっており、彼の死後になって完全に神話化されたのである。それは大衆的詩歌や頌歌、演劇などのかたちをとって現れている。やがて第三の潮流はクックを文字通りに野蛮人の神とする説よりも有力となり、比喩的な意味においてだが、彼のことをヨーロッパの偉人群に輝く不滅の存在に高めることになるだろう。そこで、以下では簡単にジェイムズ・クックの人文主義的な神話化を取り上げることにしよう。

キッピスの伝記（一七八八年）にはクックの死後すぐに創作された数編の詩が引用されている。あるフランスの詩人はクックの乗船を「聖なる船」と呼び、「才気あふれ、心優しきハンナ・モア嬢」は次のように詩作する。

もしもかの者どもが進取果敢な精神をもちて、
茫漠たる未踏の大洋を越え、待ち焦がれた岸辺を探索していれば、
また、富であれ、権勢であれ、飽くことなく
浪費するあの征服者や、貪り食らう悪党どもが、
ああクックよ、あなたのような穏やかな高邁な気質、
文芸への愛、人類への愛をもっていれば、
あなたのように穏やかで寛容な計画を追っていれば、
発見航海者も人にとっての祟りとはならなかったものを。
博愛精神に幸あれ。あなたの救いの手は
ばらばらに切り離された世界を同胞のもとに結びつけた。
肌の色や国が違えどかわりなく。
愛し愛され、かの人はかく生き、かく亡くなりぬ。(25)

これは実際のクックとはなんの関係もない純然たる聖人伝にすぎないが、クックを文明の使者、啓蒙主義の申し子とするヨーロッパ人の意識にあった発想を極端なかたちで描き出している。キッピスによればスアード嬢の挽歌（エレジー）をはじめとして、別の詩も「一大事業においてキャプテンを動かしていた人類愛の原理を見事に活写している」という。(26) すでに見たように、そうした人類愛の詩想は成長の象徴や、雄牛（ジョン・ブル）[1]を含めイギリス産の植物や家畜で異国の地を肥沃にする行為などによって表現されている（図9と10を参照）。

かの者ら〔ニュージーランドの住民〕に英雄は自らの暮らしの蓄えをもたらし、
未開の岸辺に新たなる驚異を注ぐ、
絹のごとき羊毛、美しい果物、黄金色の穀物を。
そして来るべき畜群と収穫は平原に恵みをもたらす。
緑なす大地の上で彼の子山羊らは跳ね回り、
雄鳥は高らかに彼のラッパを吹き鳴らす。
丘陵の雁は逆立てた胸毛を洗い、
白き翼を整え、水面に戯れる。
雄牛は岸辺を睥睨し厳かに歩み、
そのいななきで無数の民をおののかす。[27]

こうした理想化は彼の死をほぼ神聖視する詩想と対をなすものである。

御身ら〔九人の詩の女神（ムーサイ）〕はクックの輝かしき額に飾ろうと、
緑なす月桂樹の葉と、樫の枝を手折り、
墓標の櫂に色鮮やかな花輪を掛け、
幾千もの岸辺に彼の名声をとどろかせたばかり。
いまや、緩やかに弔鐘を鳴らし、聖なる詩節を編め、
そして、葬礼の棺に糸杉を撒きたまえ。
悲しみにくれた葬列をもって神殿をへめぐり、
死すべき定めの彼に涙したまえ、御身らが神と讃えた彼に。[28]

図 9・10 「キャプテン・クックと彼の家畜たち」.
キッピスの著作につけられた二枚の挿絵.

クックの死後に産み出された大衆文学やその時代特有の議論をもっとうまく分析するためには、より多くの研究が必要だろう。ことによるとこの主題を直接ないしは間接的に扱った演劇や絵画を論じたほうが有益かもしれない。たとえば、一七八五年十二月二〇日にコベント・ガーデンで上演された道化芝居（パントマイム）『オマイ、あるいは世界周遊旅行』がそうだ。演出家は演劇界における主要な技術革新者の一人、ジャック・ドゥ・ルーテルブールであり、彼はクック最後の航海に同行した画家、ジョン・ウェバーを顧問として雇っている。『オマイ』の筋立ては航海誌を用いた完全な戯作であった。以下ではハンティントン図書館に所蔵された原本に基づいて、その魅力的な結末部を紹介することにしよう。[29]

宣伝広告（プレイビル）によれば、舞台ではクックの訪れた十五ヶ国の首長や平民男女が、現地人の実物そっくりな衣装を着け、大規模な仮装行列を繰り広げるという。[30] その他の登場人物はイギリス人船長、オマイ（マイ）、オベレア（プレア、彼女はウォリスの航海とクックの第一回航海の際にタヒチを治めていた有名な「女王」だが、ここでは「魔女」に変えられている）、そしてインディアンのコーラスからなっている。さて、イギリス人船長はオマイに一振りの剣を授与する。

船長　偉大なる我らがジョージ国王より、
　イギリスの親愛の証しに、このイギリスの剣を受け取りたまえ。
オベレア　ああ、なんという喜び。我が無益な呪文や魔法など捨て去りましょう。
　イギリスの剣こそは、武具を携えた何人にも屈せぬ鎧。
船長　［インディアンに向けて］同盟に幸あれ。オワイー（二七）の運命の浜辺には、
　勇敢なるクック、汝等の偉大なオロノ（二八）はもはやいない。

インディアンのコーラス　悼みたまえ、オワイーの運命の岸辺には、
　　クック、我らが偉大なるオロノはもういないのだから。

ここで「巨大な絵画が降ろされ、イギリス人船長が歌う」。[31] この絵画は「ブリタニアと名声によって王冠を授けられるキャプテン・クックの列聖」と題され（本書の**図11**はそこから着想を受けたものである）、それを引き下げる仕掛けはイギリス演劇史における画期的な技術革新であった。さらにイギリス人船長はこう歌う。

大海原の首長たちよ、月桂冠を投じたまえ、
あるいは糸杉の冠を編みたまえ。
汝等の人類愛を示すため、そっとため息をつき、
彼の死を悼んで一粒の涙を流したまえ。
しかし、ブリテンの守護霊は嘆くのを我らに許さず、
なんとなれば、クックは永劫に讃えられ、不滅のまま生き続けるのだから。[32]

次の詩連ではクックが「マケドニアの英雄」に比較され、アレクサンダーが死をもたらすのに対し、クックは「人類にいかに生きるべきか説いた」と歌われる。そして、次のような最終詩節へといたる。

彼は来た、見た、勝つためではなく、救いをもたらすために。
彼こそはブリテンのカエサル。
奴隷を求める野心を蔑まん、

ブリテン人自身がかくも自由であるかぎり。
そして、ブリテンの守護霊は嘆くのを我らに許さず、
なんとなれば、クックは永劫に讃えられ、不滅のまま生き続けるのだから。[33]

先ほどの船長の台詞に括弧で示した番号二七と二八は、それぞれ印刷台本に見られる重要な脚註を指すものである（ただし、同じくハンティントン図書館に所蔵された手稿には見られない）。最初の註は「オワイー」の後につけられており、「キャプテン・クックが殺害された島［ハワイ］」とあり、第二のものは「オロノ［ロノ］」について「半神、あるいは英雄、原住民がキャプテン・クックに授けた特別な称号」と記している。[34] 印刷台本が出版されたのは、公式版航海誌が出版された翌年の一七八五年のことである。この脚註から我々にわかることは、（a）クックが半神であった（船乗りに流布した噂話にみられる見解）、あるいは（b）英雄として「特別な称号［ロノ］」を与えられた（こちらは開明的な航海誌執筆者たちの見解）、そのいずれかである。クックの死後にヨーロッパ人が最初にハワイを訪ねたのは一七八六年のことであり［フランスのラペルーズ艦隊による来訪］、その前年にジェイムズ・クック信仰に関する情報がロンドンに届いていたはずがない。したがって、ここで脚本家はクックをハワイ人に崇められた半神、もしくは英雄とみなすヨーロッパ側の見解を活用していたことになる。この時点で議論は決着しておらず、演出家たちも彼がハワイ人にとってどちらであったのかはっきり決めかねていた。イギリスの演劇でハワイ人がクックの死を悼むようになったことからわかるように、航海をめぐる曖昧なテクストにはやはり曖昧な解釈が加えられていたのである。

「キャプテン・クックの列聖」（『オマイ』で用いられた舞台用絵画）から着想を受けて、同名の絵画が一七八五年から九三年にかけて何枚か制作されたが、なかでももっとも興味深いのは、クックの殺害されたケアラケク

ア湾の風景上部に、クック、ブリタニア、「名声」という一組の寓意を雲間に漂うように描き込んだ作品である（図11）。いうまでもないことだが、画家たちは既存のヨーロッパの伝統や、ジェイムズ・クックの死と列聖化をめぐって当時進行中であった議論を活用しただけであって、それらの寓意とハワイはなんの関係もない。

わたしにしても列聖化を描いた絵画をそのまま額面通りに受け取れるなどと思っているわけではない。詩人による理想化と同じように、それらはクックを文明の使者の模範、啓蒙主義の申し子とするヨーロッパ側の捉え方を寓意として表現したものなのである。教養ある十八世紀のヨーロッパ人ならば、クックがまるでヨーロッパの聖人のように「神格化」された、あるいは死後に昇天したなどと考えたはずがない。それに比べて、野蛮な民族についてヨーロッパ人はどう見ていただろう。彼らならば自分たちのもとに来た恐れ知らずの探検家を臆面もなくそのまま神格化できる、そう考えたのではないだろうか。さらにいえば、自分たちの幻想を野蛮人に投影するプロセスは、少なくともイギリス人一般水夫の場合がそうだが、彼らのスペイン人嫌いという文脈において理解しなければならない。スペイン人にはアステカ人によって神格化されたコルテスがいたように、いまやイギリス人は新世界を探検して解放する自前の英雄、我らがクックを手に入れたのである。まさにクックとはコルテスの化身にほかならないわけである。

ニュージーランド史における人道主義的神話

啓蒙主義的なクック観は当時もその後も様々な形態で表されており、わたしはそれらを人道主義的神話と呼ぶことにしたい。そうしたクック観はオーストラリアやニュージーランドでは極端に大きな意義をもち、彼のことがまるで白人植民者の始祖のようにみなされている。そこで、本節ではニュージーランドに限定した上で、クックの人道主義的神話を取り上げることにし、主要な資料として、この非凡な人物を現代的視点から批判的に再評価したという最近の著作、『キャプテン・クックとその時代』を用いることにする。[35] クックの航海を扱った傑出した美術史家のバーナード・スミスは、わたしと同様にクックのことを啓蒙主義の神話的体現者とみなし、彼の悲劇的死は「彼の記憶をたんなる名声の次元から、聖人や英雄、殉教者のみが住まう人類の想像の王国へと高めた」と認めている。[36] 続けて彼はこう述べる。クックの死後すぐに「彼の声望はともに航海した仲間ではなく、学識者や詩人、芸術家によってきわめて意図的かつ用意周到に英雄へと祭り上げられていった。彼の成し遂げた偉業が彼らの想像力をがっちりと捕らえて離さなかったのである」。[37] そして、そこからさらに知識人による人道主義的クック神話の形成をめぐって見事な学問的記述が続けられている。私見では、人道主義的な神話形成はクックの航海をめぐる多様な歴史記述や伝記を通じて現代もなお連綿と続けられているように思える。

ところで、クック神話にはもうひとつ別の面もあり、スミスがやはり人道主義神話の一環として考察しているが、こちらのほうは新生ヨーロッパにとって彼が担った意義と関連する。「クックの死後、世界規模で拡大するヨーロッパの新興産業社会が、自らの必要にぴったり当てはまる新たな英雄像を形成するにあたって、彼の生涯と偉業が必要な題材を提供することになった……。一言でいえば、〔クックは〕ヨーロッパ帝国主義を〔十八世紀後半において〕体現する原型的英雄となったのである」。[38] しかし、なぜネルソン〔トラファルガー海戦で有名な提督〕やウルフ〔フレンチ・インディアン戦争で活躍したイギリス軍人〕ではなく、クックなのだろうか。スミスはこう述べる。新たな帝国主義は人道主義を自認しており、クックの生涯こそが「戦争に依拠せず、宥和策に傾倒する世界帝国（パックス・ブリタニカ）」という自己像にうってつけだった。[39] それればかりではなく、啓蒙主義時代やそれ以降の知識人にとって「普遍的平和（パックス・ユニヴェルシタス）」の理想は自由貿易の諸原則の上に築かれており、クックはそれをポリネシア

図11 『キャプテン・クックの列聖』. フィリップ・ウーヴァーマンによる版画.

人との接触を通じて彼なりの方法で南太平洋に導入したという。[40]「ある意味でクックはアダム・スミスの地球規模での代理人といえよう。彼は市場を開発し、市場経済の隠れた抑制と均衡を先史文化にもたらすことによって、賢明な自己利益という概念を広めたからである」[41]。要するに、クックは「未開人に冶金術とそれに関連した文化形態をもたらしたプロメテウス的英雄」でもあるというわけである。

以上の見解はあくまでもスミスが「再評価」したかぎりで成り立つにすぎない。彼はヨーロッパ人にとってクックという神話的ペルソナがもっていた多面性を鮮やかに腑分けしてみせるが、はたして神話的イメージが実際にクックの性格とどう関連していたのか、たとえば、クック自身や他の同行者の記した網羅的な航海誌に現れているのかといったことは、批判的に検討していない。むしろ存命時のクックがそうした捉え方にふさわしい人物だったからこそ、ヨーロッパ人は彼をそのように神話化できたといいたいように見える。スミスにとって、生身のクックと人道主義的神話のクックは互いに協和するものであった。「どう解釈してみたところで、クックが有徳の人物であったことを疑う余地はほとんどない。むしろわたしがいいたいのは、彼自身の数多ある美徳や、状況に応じて倫理的決断を下す天賦の才が、社会や時代にかなっていたと認めるべきだということである……。己にもっとも忠実に振る舞う際に、彼は自分の存命中に新世界秩序として出現しつつあった新たな世俗的かつ産業的な秩序と完全に調和したのである」[42]。

こうなると、クックをめぐる最新の研究というのも、実際には彼を啓蒙主義の体現者とする旧来の見解をいっそう強め、スペインによる初期の暴力的拡張主義を批判的に考察することを可能とする、世界史に登場した新たなタイプの英雄とみなしているにすぎないように思える。

スミスの論文はクックの人となりと航海を再定義しようとする試みだというが、結局のところ初期の研究者たちのようにそれを物象化することで終わっている。彼はJ・C・ビーグルホールの記念碑的伝記『キャプテン・ジェイムズ・クックの生涯』に対して、批判的に距離を取ろうとする。なるほど、ビーグルホールはクックの性格を評してこんなことをいっていた。「優しさや思いやり、寛容さ、人あしらいのうまさといった人間性は、意図して発揮しようとしただけではなく、自然に発露したものでもあり、そうした人柄こそがクックの確固たる操船技術や卓越した航行法と同じように、彼の航海に成功をもたらすもととなった」[43]。ところが、再評価と称する問題の論文集の巻頭論文では、アラン・フロストがよりいっそう追従的な言葉を使い続けているのである。「この並外れた人物が成し遂げた事績の偉大さや謎に思いを馳せるならば……、ヨーロッパを越えた世界に現実味を与えたという点において、彼がニュートンやダーウィンに匹敵する影響を当時の想像力に与えたこともわかるだろう」[44]。わたしの見るところ、追従と評価はともに臆面もなく誇張されており、依然としてクック研究に蔓延しているわけである。

一九九〇年の夏、わたしはクック関連の古文書調査のためにロンドンに滞在しており、そこでクックを讃えるある式典に参加する機会を得た。これはマオリ人がニュージーランドの統治権をほぼそっくり譲渡したワイタンギ条約の締結一五〇周年を記念し、ニュージーランド大学学友会が王立協会で開催したシンポジウムの一環として祝われたものであった。昼食時間のあいだに我々はそろって混雑した講堂を抜け出すと、ペルメル街に繰り出し、キャプテン・クックの銅像に献花をおこなった。この行事はクックの人道主義的神話を祝うものであった。実行委員長を務めた海軍元帥であるグリニッジのレヴィン卿は、第三回航海におけるクックの行動という厄介な問題をシンポジウムで取り上げたが、彼は著名な内科医サー・ジェイムズ・ワットの見解を踏襲し、なんとクックの常軌を逸した行動を回虫の体内侵入によるものと述べていた[45]。クックを自らの行動の責任から解放するにあたって、これ以上に感動的な試みはとうていなしえなかっただろう。

ニュージーランドを発見した最初の西欧人はタスマンだが、クックは精神的な意味でこの近代国家の創始者とされている。先の式典の式辞ではニュージーランド人歴史家のデイヴィッド・マッケイがこう述べていた。マオリ人は「彼［クック］のことをかなりの長身で、品格と威厳をもちながら、思いやりに満ちた人物として思い描くのがふつうである。同時代［クックの時代］のマオリ人指導者たちは彼をなんらかの貴族階級に属する人物、交渉事や略奪の苦情を申し立てる際には、まず真っ先に訪ねるべき相手とみなしていたようである」[46]。いったいどこをどうすればマッケイが船の航海誌からマオリ人のこんなクック観を引き出せるのか不思議というほかない。彼とすればマオリ人がクックを愛していたと証明することで、クックがマオリ人・白人双方にとって建国の父であることを明らかにしたいわけである。

この彫りの深い相貌は……、過去のどの政治家や総督、軍事的指導者、さらにはラクビー選手よりもよく知られている。クックの名前はどの時代の国王よりも多くの街路や町村、公園、モーテル、ホテル、学校、その他の公共機関に冠されている。彼の率いたエンデヴァー号は五〇セント硬貨の裏面を飾っており、さらに意義深いことに、紙幣を光にかざしてみるならば、我らの通貨が完全であることを保証する証人として、その厳めしい顔が再び透かしのなかに浮かび上がってくるのである。[47]

マッケイもやはりクックがここで描かれたような人物になりえたのは、実際に彼がその通りの人物であったからだといいたいらしい。しかし、その彼も第三回航海では、「判断間違い、怒りっぽさ、安定感や平衡感覚の減退といった欠点があらわになっている」と認めており、その上でなおクックは「時と歴史家の双方による被害を切り抜けた」と主張する。[48] どうしてそういえるのだろう。ほかにもいろいろとあるが、なんといってもその理由はこうである。「彼は新たな入植地を開墾する開拓者にふさわしい徳と資質と技量を一身に兼ね備えていた。適応能力、臨機応変さ、忍耐力、不屈の精神……。身体的には大柄な痩身、開拓者や辺境住民の典型的な姿をしており……、叩き上げの男として、安易な成功の道を退け、もっぱら己の努力だけで頂点にまでのし上がったのである[49]」。とりわけクックがオーストラリアとニュージーランドの平等主義的伝統のなかで無傷で生き延びてきたことは特筆に値するという。「それでもジェイムズ・クックは神聖にして冒すべからざる存在であり続けてきた。歴史的にみて、これは注目すべき偉業である[50]」。

このように、ここで研究者は歴史家であると同時に神話制作者としても振る舞っており、むしろ彼は歴史家の肩書きをもった神話制作者といったほうがよいだろう。マッケイは「解放の英雄」を持たないニュージーランドという国では、クックが「神聖にして冒すべからざる存在」となっていると述べる。では、マオリ人についてはどうなのだろう。マッケイはあらかじめ白人国家から排除されてしまったオーストラリアのアボリジニーとはまったく異なり、マオリ人がこの新生国家の切っても切り離せない一部をなしていると認める。そしてそれが可能であったのも、航海誌のなかでクックが恐れを知らず、独立心に富み、独自の主権観や国家観をもつマオリ人というイメージを築き上げていたからだという。おかげで、イギリスは流刑植民地として〔オーストラリアの〕ボタニー湾に入植する決定を下すことになり、ニュージーランドの植民地化は「五〇年以上も延期され、より人道主義的な時代になって達成されることになった」わけである[51]。さらにマッケイは一八五一年に水路測量をおこなっていたジョン・ロート・スタウトがクックの航行技法に感銘を受け、こう提案したと付け加えている。「ニュージーランドのもっとも顕著な陸標は彼にちなんだ名前を与えられるべきであると。クック山のマオリ名はアオランギだが、これは雲を突くもの、すなわち、雄渾なサザンアルプス山脈にあって他を圧倒する高峰であることを意味している。並ぶものなき航海者にとっては、うってつけのニュージーランドにおける記念碑といえよう[52]」。

まさにマオリ人と白人の双方を凌駕する男、真の創始者にとっては。この記述では歴史はまごうことなき神話の域に達している。
マオリ人がクックに高貴さを認めていたとする際、歴史家がきまって用いる資料は、船の航海誌ではなく、むしろマオリの語りに由来するものである。おそらくそのなかではシンクレアが『ニュージーランド史』で紹介した語りがもっとも有名だろう。

これらの思いもよらない異邦人がマオリ人にいったいどう見えたか思い描くには、火星人が来襲してきた際に我々がどう反応するか想像してみればよい。クックがマーキュリー湾に到来したときに幼い子供として居合わせたマオリの首長、テ・ホレタ・タニウハによれば、はじめマオリ人たちは白人を鬼（ゴブリン）、彼らの船のことを神だと考えたという。八〇年後になって、この老人は鬼の一人が杖を鵜に向け、雷鳴と閃光に包まれて死んだ鳥が落ちてきたときの驚きを振り返っている。「その船には一人の卓越した男がおった。彼の非の打ち所がないくらい礼儀正しく高貴な物腰から、わしらには男が全員の支配者であるとわかった」。この鬼の長は少年に一本の鉄釘を与え、彼はそれを道具として、また神として長いあいだ大切に取っておいたのである。[53]

これが「歴史」だということになっており、わたしが目を通したほぼすべての資料でも取り上げられている。このマオリ人の回想はウィンヤード総督代理の命令で作成された一八五二年の記録（名称不明の人物による）にはじめて登場し、その後、一八六二年にはチャップマンの『ニュージーランド・マガジン』誌に、さらにホワイトの『古代マオリ史』に再録されることになった。[54] 物語は大衆文化から正統的な歴史記述にいたるまで広く知れ渡っている。ただしシンクレアの短い要約ではいくつかの魅力的な細部が落とされている。マオリ人が船のビスケットを軽石と間違えたこと、彼らが鯨の脂肪を嫌ったこと（航海誌では彼らが好んだことになっている）、船がトゥプア、神とみなされ、そこに乗った不思議な生き物が後頭部に両眼をもっていたこと、などがそうである。

これらの鬼が岸にやってきたとき、わしら(女子供)は彼らに気づいて、すぐに森の中に逃げ込み、戦士だけが鬼のいる場所にとどまった。しかし、鬼たちがしばらくそこに残り、勇者たちになにも悪さをしないので、わしらも三々五々に戻ってきて、彼らを眺めたり、その衣服をなでてみたり、彼らの白い肌や何人かのもっていた青い眼にはしゃいだりしたものじゃ。[55]

これらの鬼たちは親切であった。あるマオリ人が彼らの一人に撃たれたが、その男は「有名な盗人であった」という。[56]クック自身も驚くばかりに親切で、彼らに対して父親のように振る舞った。「彼はとてもいいお方じゃった。わしら子供のところにくると、頬をさすり、頭を優しくなぜてくれた……。彼が再び甲板に上がってくると、わしや二人の遊び仲間がいるところにきて、頭をさすり……、再び頭をさすり、行ってしまわれた[57]」。

はたして白人に「鷲鼻老」の名で知られたこのテ・ホレタが、ここで描かれたアンクル・トムのような人物であったかどうかは定かではない。しかし、驚くべきはこの神話が一八五二年に誰とも知らぬ人物によって記録されたということである。クックの最初の来訪は一七六九年のことであり、したがって、一八五二年にはテ・ホレタはゆうに八三歳を上回る老人であり、五歳に満たない時期に起きたとみられる出来事を回想していることになる。この種の資料は繰り返し再録されて歪曲されるが、しまいにはそれが歴史に、公共の知識になってしまう。そして、やがてそれはひとつの伝統になり、マオリの白人観を論じる学問的著作にまで影響を与えることになるのである。たとえば、最初の宣教師のマースデンがニュージーランドに到来したとき、彼はマオリ人にどう見られただろう。「マースデンが愛馬に乗って浜辺を行き来する際、たんなる人間を越えた地位が与えられていたというのが衆目の一致するところであった」[58]。優れた研究者であるウィゼイも、第二回航海において一人のマオリ人がクイーン・シャーロット湾でクックに緑の小枝を渡したことにふれ、「おそらくイギリス人の神を宥めようとした」のだろうと記している[59]。ここにはマオリ人の声はない。ただマオリ人にある特殊な声を転嫁するヨーロッパ人の声があるだけである。今度は別の歴史家、ハリソン・ライトを取り上げてみよう。彼はテ・ホレタの比喩表現だけではなく、そこにニュージーランド史の初期から練り上げられてきた別の比喩を加えている。彼によれば、ニュージーランド人はエンデヴァー号の船影を最初に水平線に認めた際、船を巨大な鳥だと考え、その大きくて美しい翼について驚嘆の念をもって語ったという。船が近づいてくると、翼のない小さな鳥が水面に降ろされ、「明らかに人間の姿はしているが、色とりどりの姿をしたたくさんの生き物」がその中に降りてきた。大きな鳥には「ぎっしりと神々」が乗り込んでいたのである。仰天したニュージーランド人はそこにいるのは雷を自在に操ることのできる、人間の姿をした神だと考えたという[60]。注意しておかなくてはならないのは、ここでいうマオリ人の白人観がクックと彼のイギリス人乗組員にしか適用されなかったということである。フランス人のマリオン・デュ・フレーヌやドゥ・シュルヴィル[2]もそこを訪れたことがあるが、彼らはいずれも神格化されていないばかりか、哀れデュ・フレーヌにいたっては、申し分なく折目正しい人物であったにもかかわらず、マオリ人によって食べられてしまったのである。

テ・ホレタの語った神話はすぐに伝統の一部となり、明々白々の事実として受け止められ始め、やがては大衆文化や知識人文化に多様なかたちで現れることになる。ときには現地人と白人が協力して神話を形成することもあるが、不均衡な権力構造のもとでは白人側の神話が勝利を収め、最終的にサバルタン文化にも受け入れられるものである。ハワイ人と違って、マオリ人が神話の異伝を数多く抱えていたとは思えないし、まして前章末で扱ったハワイのように、植民地化や布教活動の初期段階において異伝が印刷物として表面化できたとも思えない。

一方、テ・ホレタの神話自体にはなんら目新しいところがない。すでに論じた文明の使者たる畏るべき白人という神話モデルを下敷にしたものであって、ただニュージーランドではそのモデルが特殊な使われ方をしたにすぎない。これらの神話は様々な議論を呼ぶことになり、テ・ホレタ神話からいろいろな異伝が生まれたり、クックを半神とする神話からウィリアム・クーパーの福音主義的異伝が作られたりしたように、議論を通じて古い神話に新たな装いが与えられ、次々と異伝が産み出されることになるのである。

クックを偶像崇拝者とする福音主義的神話は一八二一年以降になってハワイの宣教師たちによって広められたが、クックを近代国家の創始者と確信する者からすれば、すんなりと受け入れられる神話とはいいがたい。そこで、先のマッケイはオーストラリアのアボリジニーがクックのことを「先祖を殺して土地を奪った邪悪な人物」とするショッキングな神話を持っていると指摘する。[61] 彼の見立てによるならば、マオリ神話のようなもっと友好的な異伝には良好な異人種間関係が反映されているのに対し、こちらの神話は白人入植者によるアボリジニーの過酷な扱いの結果として産み出されたそうであり、わたしにはあながち間違ってはいない気がする。他方、クックとアボリジニーとの接触は短いものであり、暴力を伴わなかった。ところが、こうした対比からマッケイはこんな持論を展開しているのである。すなわち、アボリジニーの神話は現実に根ざしていない以上、未開人がもっているような意味での神話にすぎない。対照的にテ・ホレタの物語（さらに白人の神という類似した神話）のほうは真実を伝えている。それは事実に基づいており、だからこそ現代の歴史に組み込むことができたのだと。しかもそれはクックの人となりについてわかっている事実とも合致するという。ここに見られるのは紛れもなく現代の神話形成固有の特徴といえるだろう。テ・ホレタの語る物語のたぐいは事実や証拠に基づいて正当化され、理にかなったものとされる。おかげで歴史として偽装することが可能になり、多くの場合それこそが歴史になってしまうのである。以上のように、ある近代国家が辿ってきた固有の歴史や、その国家が歴史をもとに作り出したと主張する民間伝承の中にも、神話モデルはやはり埋め込まれており、わたしはただここでそれを掘り起こしてみただけのことである。[62]

ジェイムズ・クックの復活と再来

さて、イギリスの演劇界や偉大な探検家を讃える人道主義神話を離れ、今度はクックの遺骨がハワイにおいて、そして後代の船長たちの想像力において、どのような運命をたどったのか検討することにしよう。航海誌にはある興味深い問いのことが言及されており、それによれば艦長の死後すぐに祭司たちが、いつロノ（クック）は戻ってくるのかと、ジェイムズ・キングや他の者たちに問いただしたという。再来という発想は列聖化自体と同様に、まず間違いなく聖書における救世主概念から影響を受けたものであろう。ハワイでは他の多くの文化と同じく、死者の霊魂が様々なかたちで戻ってくると信じられていたが、ヨーロッパ側の記述ではその幅が狭められ、ジェイムズ・クックのロノ神としての再来に一本化されている。そこで、以下ではハワイ人が自分たちの考えるロノ＝クックの再来についてどのような文脈において語りえたのか、もつれた文脈をいくらか解きほぐしてみることにしたい。

サーリンズが強調するクックの帰還をめぐる決定的出来事は、二人の祭司がクックの遺体の一部を携えてレゾリューション号に乗船してきた際に起きたものである。「大いなる悲しみを表しながらそれをイギリス人に手渡すと、彼らはいつロノが戻ってくるのか尋ねた」[63]。さらにサーリンズはこう付け加える。「これはこの時ばかりではなく、後年になってもイギリスの航海者たちが別のハワイ人から聞かされることになる問いであった」[64]。最初に問いが発せられた状況は一七八四年の公式版航海誌に詳細に記録されており、おおむねそれはキングの非公式版航海誌やサムウェルの記述とも一致する。

まずはキング海尉による出来事の記述全体を検討することにしよう。当然のことながら、船の士官たちはこの身の毛のよだつ事物を見て度を失ったが、すぐに自らを抑えてしまう。なんといっても、彼らは科学的探求心に突き動かされた初期の民族誌学者であった。忘れてはならないが、彼らは王立協会を代表しているのであって、白衣に着替えるのもお手のものだったのである。キングは次のように報告している。

この［会合］は彼らが食人種なのかどうか知る絶好の機会となったので、我々もみすみす逃したりはしなかった。まず多くの間接的な質問を別々に与え、残りの遺体がどう処置されたのか知ろうとした。結果として、彼らの答えが肉を切り離した後ですべて焼いてしまったという申し立てで一致していることがわかった。そこで、最後に我々は肉の一部を食べなかったかどうか直接問いただしてみた。すると彼らはどんなヨーロッパ人でもそうするように、想像しただけで恐れおののき、しごく当然のことだが、それがお前たちの習慣なのかと聞き返した。そして、彼らはきわめて真剣に、またあからさまな不安を示しつつ、こう尋ねてきた。「いつオロノは再びやってくるのか、戻ってきて自分たちをどうするつもりなのか」と。同じような質問はその後も別の者たちによって繰り返された。こうした考え方は彼に対する態度全般と一致しており、彼のことを優れた性質の存在とみなしていたことを示していた。(65)

では、発話の文脈はどうだったのか、もう少し詳しく検討してみることにしよう。クックの遺体のうち自由にできる部分をもってきた祭司たちは、遺骨の主たる部分が慣習的な遺体処理のために別にされていたことをはっきりと知っていた。もしも我々の仮説が正しければ、クックはこの時点ですでに神格化儀礼にかけられていたのだろう。ところが、そうした文脈において船の乗組員はハワイ人にカニバリズムの習慣を帰す別系統の不安な質問を発動させてしまう。イギリス人の視点からすれば、クックの遺体を焼いたとするならば、ハワイ人が「その一部を食べた」かもしれず、調査も理にかなったものであった。しかし、ハワイ人は人肉食をおこなわないので、キングの述べているように、彼らはそれを素直に受け止めてカニバリズムをイギリス人の慣習にしてしまったのである。もっとも噂はすでに広まっていたのかもしれない。クックが前年にカウアイとニイハウでまったく同じ質問をしており、そんなことを聞く異邦人こそ食人種ではないかとハワイ人に疑わせていたからである(66)。いずれにしても、以上のような文脈がきっかけとなって、ハワイ人が「きわめて真剣に、またあからさまな不安を示しつつ」、いつクックが再来するのか、「戻ってきて自分たちをどうするつもりなのか」と質問したのは明らかである。また、彼らの抱いていた感情がサーリンズのいうような「大いなる悲しみ」ではなく、クックの「亡霊」に対する恐怖、あるいは彼が復讐の神として再来することへの恐怖であったのも明白である。どうやらカニバリズムに対する不安から、ハワイ人にとってすでにおなじみのクックの性格の恐ろしい側面が言説上で焦点化されたようである。やがてその恐怖はイギリス人がクックの死の報復としてハワイ人に容赦なく恐怖(テロ)をもたらしたことでさらに強められ、今度はハワイ人の想像する食人鬼に対する幼年期の恐怖が活性化されたのだろう。事実、そうした怪物の何体かは異邦の土地から到来したものであった(67)。おまけに、キングに従って指摘しておいたように、ハワイ人はイギリス人がどこか食料の枯渇した国から到来し、そのために島の産物をがつがつと貪り食らうのだと信じていた。そうしたハワイ人の誤解は「ブリタニー」という異邦の地からきた食人種への恐怖を、少なくとも一時的には強めたことだろう。ともかく、カニバリズム言説が恐怖(テロ)という大きな文脈におかれていたために、ハワイの祭司は自ら神格化したばかりの人物がひょっとすると復讐の霊になったかもしれないという不安に苛まれることになったのだと思う。はっきり認めておくべきだが、自分のおかれた文脈や社会的位置づけ、進行中の出来事に対する関与に応じて、様々なハワイ人がジェイムズ・クックの「再来」について異なった見解を有していたかもしれないのである。

サムウェルは二月二〇日付の航海誌にこう記している。「夜間、一人のインディアンがレゾリューション号の警護艇にやってきて、そこに乗り込んでいた士官候補生にオロノのものだという焼いた骨を何本か渡した。インディアンたちはクック艦長がオロノなので、すぐに自分たちのところに戻ってくると考えていた」[68]。文脈上からするとこの発言はクックがすでに神格化されているので、彼の霊がすぐに戻ってくると読めることになる。しかし、ここでもやはり恐怖(テロ)というさらに別の文脈が関与していたことを想起しなくてはならない。二月十七日には数多くのハワイ人が殺害され、祭司の居住区や聖域の櫓も根こそぎ破壊されていた。しかも、怒り狂った水夫たちが二人のハワイ人の頭部を切り落とすと、恐怖に凍りついた住民の前でこれ見よがしに振り回し、レゾリューション号の甲板に無造作に並べていたのである。こうした文脈からすると、善良なるクックが再び平和の神ロノとして戻ってきて、彼らの島に祝福をもたらすといったイメージが産み出されたとはとうてい信じられない。クックの神格化は彼らにとって予測可能であり、当然なすべき慣習的な行為であったが、その後の文脈によって禍々しくおぞましい人物が霊魂として再来するのではないかという恐怖を産み出してしまったのである。ベックウィスが記しているように、「ハワイ人は霊魂が生きていたときのままの姿で、自分が現世で知っていた場所に戻ってくる力をもつと信じていた」[69]。コーニーも一八一七年に関連した信仰を記録し、「原住民は……死者の霊魂がこの世を再び訪れることができると信じている」と述べ、恐ろしい再来をめぐって真に迫った描写を残している[70]。だとすれば、ハワイの祭司やおそらくはサムウェルのインフォーマントが不安げに尋ねてきた問いは、クックの霊の再来に対して彼らが抱く強い恐怖と関連していたことになる。ベックウィスは先の文章をさらにこう続けている。「とりわけ、そのことは神々や霊魂の行列について当てはまる。彼らは決められた聖夜に聖域を訪れたり、亡くなった親類を出迎え、アウマクア〔一族の庇護神〕の世界に導いたりするという……。彼らはクーやロノ、カーネ、カナロアの聖夜に見られるが、亡くなった親類の霊を出迎える行列の場合には、昼でも見えることがあるという。そうした行列を見ることはきわめて危険なことである」[71]。多くのハワイ人がすでに殺害され、あるいは臨終の床についており、クック＝ロノの再来についておずおずと質問するには、これほどふさわしい文脈はほかにはないだろう。サーリンズのように、その問いからクックがマカヒキの神ロノとして再来すると見られていたなどと推断してはならない。サーリンズの立場はエリスのような宣教師たちに由来するものであり、彼らはそれと知らずにこの問題を死せる神の再来というキリスト論用語の枠にはめていたのである。

ベックウィスによるならば、そもそも神を指すアクアという語彙自体が「明確に規定できない使われ方」をしているという[72]。多種多様なアクアの意味を知ろうというのならば、プクイとエルバートによって編纂された『ハワイ語辞典』を一瞥するか、『いにしえの人々（カ・ポッエ・カヒコ）』に見られる次のようなカマカウの考察を参照しさえすれば十分だろう。「祖先の神はアウマクアもしくはクムパアと呼ばれ、アクア・ウニヒピリ（神格化された霊魂）、アクア・カクッアイ（自らの本源であるアウマクアの姿に変えられた遺体）、アクア・ホッオラッア（聖別儀礼によって神となった霊魂）、アクア・マケマケ（欲望や欲求から生まれた神）、アクア・ホッオウル（誰かに呼び起こされて捕捉された神）、アクア・マリヒニ（新参の神）、アクア・ハオレ（新たに導入された神）とは異なる」[73]。さらにまたクプア（化身として現れた霊魂）も存在し、ベックウィスによれば、亡霊（ラプ）ですら場合によってはアクア・ラプと呼ばれることもあるという。「人間以外の霊魂が森羅万象に宿っており、これは小さな神（アクア・リッイ）と呼ばれ、毎日のようにその加護を求める祈りが唱えられる」[74]。したがって、クックがアクアと呼ばれるのを聞いて、後代の西欧の宣教師や旅行者がその語を「神」と訳し、ハワイ人にとって彼がロノ神だったと解したとしても、致し方ない状況だったのである。

そのほかにも、一七八六年以降にハワイを訪れた船長のなかで初期の者たちが、クックの再来について誤解していたことを示す手がかりがいくつか存在する。クックの死後たった九年しか経っていない一七八八年、ミアーズはハワイ人がイギリス人を「ブリタニーの人々」と呼んでいたと述べ、こう付け加えている。「キャプテン・クックが亡くなってからというもの、彼らは自分たちの島に寄港するすべてのヨーロッパ船の指揮官を、著名な航海者の息子と信じていたので、その事件を切々たる調子で嘆き悲しんだ……」[75]。どうやらミアーズは「航海者の息子たち」という言葉を文字通りに解しているようだが、ハワイ人はむしろ「息子」という語を転義で、つまり類別呼称として用いたか、こちらのほうがありそうだが、仏教文献で僧侶を「仏陀の子」と呼ぶように、慣用語法として「著名な航海者の末裔」の意味で用いたようである。少なくとも、クックの船に乗っていた士官の一人であるブライは、「クックの再来」がイギリス船に乗って海軍士官が戻るかもしれないといった程度のことを指すにすぎないと見ていた[76]。

ハワイ人の文化と意識のなかでは「再来」に対するさらに別の捉え方も共存していたかもしれない。一七九一年のコルネットによる次の一節を取り上げてみよう。

実際のところ、彼らはクック艦長が殺されてからずっと戦争状態にあり、おまけに彼の到来前には罹ったこともないたくさんの病いを抱えており、彼を殺害したせいでそうなったのだと言い立てている。彼らはいつかまた彼が戻ってくるのか、わたしが最後に彼と会ったのはいつかと、執拗にわたしに問いただしてきた。そこで、わたしはこういった。あなたたちの世界にずっといたのでわからないが、これだけはいえる。スペイン人があなたたちから国を奪い、あなたたちを奴隷にしに来るところだと。すると彼らはクック艦長が彼らを派遣したのか、彼はいつまで我々に腹を立てているつもりなのか、クック艦長に頼んで、スペイン人に対抗する援軍を送り、我々を援助してくれるよう、彼のエリア［アリッィ、すなわちイングランド王のこと］を説得するにはどうしたらよいのか、などと聞いてきた。(77)

スペインの進出で頭がいっぱいのコルネットが、ハワイの思考様式に真剣に耳を傾けたとは思えない。仮に彼の報告にいくぶんかの真実が含まれていたとしても、それはクックをロノ神とする学説にとってさほど大きな寄与とならないだろう。明らかにこの頃までにはハワイ人も、クックが「ブリタニー」から到来したことや、別の首長（イングランド王）の下に仕えており、その首長がハワイ人のためにスペイン人を撃退する手助けをしてくれるかもしれないことを知っていたことになるからである。とはいえ、クックが死後に神格化されていれば、神格という意味では「生きている」ことになり、イギリス人水夫の庇護者にだってなれるかもしれないのだが。

また、コルネットとは別の解釈を下すことも可能である。たとえば、カマカウがその複雑さについて記している、霊の憑依として解するのもひとつの方法である。

神であり霊魂でもあるアクアにとって不可能なことはなにもない。人は様々な場合に憑依される。第一に、神々が隠された事物について明かそうとし、これから起こる重要な出来事を伝えようとする場合（憑依された人物はカウラ、すなわち予言者と呼ばれる）。第二に、誰かがアウマクアに選ばれ、彼らの物理的形態（キノ）やそれに関連したことを世話するよう命じられる場合。第三に、アウマクアに命じられて、ウヒニピリ（もしくはウニヒピリ［神格化］）された霊魂が憑依する場合。第四に、聖別儀礼を受けた（ウハネ・ホッオラッア）霊魂が自分の望むままに憑依した場合。第五に、ウニヒピリされた霊魂がポ・パウ・オレな霊魂［すなわち悪霊］とひとつになって憑依する場合。(78)

カメハメハ自身が憑依儀礼と治癒儀礼を鼓舞奨励したことからすると、コルネットの解釈した事例をはじめとする多くの文脈において、「ロノの再来」はたんにその霊魂が肉体から離れて再来することか（霊魂の移動）、誰かへ取り憑いて再来すること（霊魂の憑依）を意味した可能性も排除できない。霊魂移転の事例はオアフに住んでいたキャンベルによって報告されており、彼は一八〇九年にウェールズ出身のウィリアム・デーヴィスがハワイ人によって「自分たちの同胞の一人であり、死後にいったんカヘイテ［カヒキ］かイギリスに行ったものの、現在は故郷に戻ってきた」とみなされていたことを記している。[79] もしもシャーロットの説が正しいとするならば、霊魂移転のもっとも興味深い事例は、イギリス訪問中に亡くなったリホリホ（カメハメハ二世）の例であることになる。フォルナンダーの集成には「ヘ・カニカウ・ノ・リホリホ・イ・コノ・ホロ・アナ・イ・ベリタニア」（「ブリタニアに旅立ったリホリホに捧げる葬送歌」）と題された歌謡が収められており、そこではリホリホの霊魂がイギリスから故郷に戻り、臣下の首長たちと会うように乞われている。[80] このことからすると、「ロノの再来」をめぐるハワイの言説には、ただ霊魂の移転について言及しただけのものもあったかもしれない。いずれにしても、わたしがいいたいのは「クック＝ロノの再来」に対するハワイ人の関心が、人や状況に応じて異なった事柄を意味したかもしれないということである。ハワイ人の思考を単一のシナリオに凍結してしまうことは、ここでもやはり誤謬といわざるをえない。

航海者の伝承に見られる列聖化の異伝

これまで我々はハワイ人の思考を理解するにあたって初期の探検者の単純すぎる解釈に捕らわれることなく、

もっと複雑な枝葉にいたるまで理解しようとしてきたが、それはあくまでも準備段階での戦略にすぎない。同じことはクックの列聖化に対するヨーロッパ側の解釈にも平行しておこなわなくてはならないのである。なるほどサーリンズのいうように、確かに船上で書かれた記録のなかには現地のハワイ人がジェイムズ・クックを列聖化しつつあったと言及するものがあるが、それをもって列聖化の仮説が「立証された」とみなすのは誤りである。そうした神話を報告している船長たちは、クックの死後にハワイとヨーロッパの双方で繰り広げられていた様々な論議の影響を受けており、彼らの依拠する情報源もハワイのものなのか、ヨーロッパのものなのか、はたまた両者を独自に結びつけたものなのか、必ずしもはっきりしないからである。ロシアの探検家オットー・フォン・コツェブーは一八一五年から一八一八年、一八二三年から二六年の二度に渡って世界周航探検をおこない、ハワイをめぐって最良の記録を残しているが、まずはそのいくつかを取り上げて右のような難しさを明らかにしてみよう[81]。

最初の航海でコツェブーは一八一六年十一月と一八一七年九月にハワイ諸島を訪れている。彼によればハワイ人は「かつて彼［クック］のことを神と崇め、いまもなお彼の遺徳を敬虔に敬っている」という[82]。コツェブーはロシア語訳を通じてクックのすべての航海に精通しており、自身の著作でもそれについて長々とふれている。彼は次の事実をはっきりと意識していた。「クックも彼の仲間たちも、神に捧げられる礼が自分たちに捧げられて[3]いるとは考えなかったようである……。［クックは］自分の呼称が一種の尊称であり、首長か祭司を意味するのだろうと推測するだけで満足した[83]」。しかし、コツェブーはそれで満足はしない。彼にとってクックがロノと呼ばれた事実は、クックが神であったことの証し以外のなにものでもなかったのである。サーリンズが考えているように、コツェブーは実際にハワイ側の資料から情報を得ていたかもしれない。しかし、それと同じくらい確実に彼はヨーロッパの資料からすでに影響を受けていたように思える。先に示したように、こうしたクック観は彼の死後にヨーロッパ船がはじめてハワイに到着する前からヨーロッパでは練り上げられていたからである。したがって、コツェブーの記述は偉大なる航海者が亡くなり、公式版航海誌が出版されて以降、ヨーロッパで繰り広げられてきた対話が最終的に結実したものと読むこともできる。いいかえるならば、クックの列聖化というひとつの伝承がすでにヨーロッパには存在しており、たとえ船長たちが公正な視点から調査したとしても、後代の記述はたやすく伝承に汚染されてしまうということである。この点で印象深いのは、それでもなお伝承を修正したり、そこから逸脱したりする見解が根強く生き残っていることである。たとえば、コツェブー率いるリューリク号に乗船した博物学者で、しばしばコツェブーに批判的であったアーデルベルト・フォン・シャミッソーは、艦長の記述に対し次のような重要な修正を施している。「彼らは彼を神のように敬い、いまもなお彼の遺徳を敬虔に敬っている[84]」。おまけにシャミッソーの所見はハワイ人へのインタヴューに基づくものではなく、もっぱらキングによる一七八四年の公式版に依拠したものであった。さらに先の箇所ではシャミッソーはより洞察力に富んだ独創的なコメントを残している。「以前ならばどんな白人でもすぐに貴族階級の一員とみなされたものだが、この頃ではそうした待遇は彼の人柄しだいとなっている[85]」。対比のために、コツェブーの同時代人であるもう一人の有名なロシア人、カムチャツカ号を率いたV・M・ゴロヴニンの発言を取り上げてみよう。ゴロヴニンはヴァンクーヴァーがクックと違って超自然的存在とはみなされなかったと述べ、そこに自分なりの未開民族観を付け加えているが、実はそれは先行する船乗りたちの伝承にじかに由来するものであった。「未開民族のなかには鋭敏な頭脳と並みはずれた精神力を兼ね備えた人物が確かに存在するものである。そうした人々は最初ヨーロッパ人を超自然的な存在とみなしたものの、すぐに彼らのうちに自分たちと同じ欠点を見いだし、彼らがあらゆる点で自分たちと同等であることに気づいた[86]」。ここでゴロヴニンはクックに先行する伝承を利用しているのであって、彼はウォリスの航海に参加したロバートソンの伝える船乗りの神話や、さらにそれを超えてコルテスやコロンブスの神話へと我々を連れ戻してくれる。ただしゴロヴニンの名誉のためにいっておかなくてはならないが、少なくとも彼は現代の研究者たちとは違って、前文字社会の知識人に自分たちの誤認をすぐに正せる能力を認めてはいたのである。

コツェブーが第二回航海においてハワイ諸島を再訪したのは一八二四年の十二月のことであったが、その際に彼はカメハメハ一世の死、伝統宗教の廃絶とそれによる精神的荒廃、伝道団体の権威の増大といった、すでにハワイ社会で起きていた劇的な変化を記録している。したがって、『第二回世界周航記』におけるハワイの記述はこの遅い時期の議論、とりわけ宣教師のエリスとビンガムが「記録」した神話に影響を受けることとなった。「クックの［船］が現れると、彼らはそれを泳ぐ島だと考え、彼らが最大の敬意を払い続けてきたエトゥアーロノ［アクアーロノ］がついに約束を果たして戻ってきたのだと考えた[87]」。そしてコツェブーはここに新たな神話的要素を加える。ロノのことを「島に黄金時代を取り戻す」ために戻ってきた神だとしたのである[88]。コツェブー自身によれば、彼のインフォーマントはリホリホ（カメハメハ二世）の死後に国政を取り仕切った有力首長のカライモク（ビリー・ピット）と、すでに入植してから長い、進取気鋭の農園主であったスペイン人のマリン〔本章註(70)に登場するドン・フランシスコ・デ・パウラ・マリン〕の二人であったという。カライモクは一八二七年（彼の歿年）までほぼすべての著名なヨーロッパ人のために主要な通訳の役を務めている。しかし、一方で彼はハワイで最初にキリスト教に改宗した人物でもあり、一八一九年のフレシネの探検の頃にある祭司からカトリックの洗礼を受けている。おそらくは形式的な改宗であったのだろうが、西欧的価値に対して特別な態度を取っていたことを示す強力な象徴的行為の一端ともいえるだろう。カライモクはその後すぐにアメリカ人宣教師のビンガムの教化を受けて、事実上のプロテスタントに転じている。彼は英語名のビリー・ピットのほうを好み、ヨーロッパの衣装を身につけ、ヨーロッパ風の気取った物腰や食事を採用し、概して西欧の慣習を賞讃した。だとすれば、彼が西欧人のインフォーマントを演じるにあたって、彼らがすでに慣れ親しんでいたたぐいのクック神話を提供したり、そこまではいかなくとも、ハワイ側におけるクックの神格化をヨーロッパ流の列聖化に合わせて脚色したりしたとしても不思議ではないだろう。

コツェブーはクック以降にハワイを訪れた船長たちのなかでもっとも知的で興味深い人物の一人であり、現地のハワイ人に対して共感を覚えてもいた。しかし、彼の記述は他の者たちの記述と同様、そのまま無批判に受け入れることはできない。博識ではあったものの、彼は学者ではなく、自分の用いている資料を批判的に区別することもなかった。たとえば、クックの死をめぐってキングの公式記録から長々と引用したすぐあとで、彼はカライモクがそれらの出来事を自分に語ってくれたと述べている。[89] なるほどカライモクはクックの死に関する物語を彼に語ったのかもしれないが、それがキングの記述に似ていた（あるいはそう見えた）ため、コツェブーにはキング自身の記述を引用したり、要約したりするほうが手っ取り早かったのである。また、彼は訪れた土地ではつねに宣教師を訪ねるようにしていたので、ここでもビンガムと会話を交わしており、ひょっとするとカライモクやマリンの話を彼なりに語りなおすうちに、ビンガム自身の見解が紛れ込んでしまい、さらにそれがヨーロッパ人としてすでに彼がクックの列聖化に抱いていた予断によって強化されたのかもしれない。加えて、この時点までにハワイには国籍を離脱したヨーロッパ人の大規模な共同体が成立しており、ヨーロッパ人の優位と覇権を暗黙のうちに正当化する神話が広まるのを、あえて彼らが拒まなかったことも忘れてはならない。

以上のことから、クックの列聖化と神格化をめぐって寄港した船の航海誌執筆者たちが抱いた見解にはばらつきがあったと見てよいだろう。だとするならば、彼らの見解が歴史上で起きたことを経験的に正確だといえる程度に再現しているなどと考えるのは間違いであることになる。むしろそこには歴史を構築する上で生じたことが表されているのである。したがって、そうした記述を妥当な歴史としてうまく再構築できるようにするには、まずはそれを脱構築しなければならない。この点からすると、サーリンズがクックの列聖化を立証するために用いた資料の多くは、いろいろな方向に読み解くことができる。

すでに指摘したように、ジョージ・リトルのインフォーマントたちはサーリンズとは対照的にクックを「偉大な首長」と考えていた〔第四章参照〕。さらにはマリナーの記述もある。こちらはカメハメハの港湾長を務めたヘアーボトルや、一八〇七年にトンガに住んでいたハワイ人たちとの会話に基づくものである。マリナーによれば、ハワイ人は「彼を超自然的存在とみなしていたので」、クックを殺すことができるとはまるで思ってもみなかったという。クックを殺害したのは「大工」だそうで、この人物は「内陸の遠隔地に住んでいたために、彼のことをあれほど何度となく聞いていた並外れた存在だとは知らずに」、刺してしまったのだという。[20] 残念なことに、マリナーの記述は伝聞を積み重ねたものにすぎず、おまけに彼はクック神話がまさに興隆していた一八一一年に、ロンドン在住の「編集者」ジョン・マーティンに対して、自分のトンガ体験を「伝える」という体裁を採っており、事態をよけい複雑にしている。サーリンズが活用しているもう一人の権威であるマティソンは、すでにタブー・システムと現地の儀礼が廃止されていた一八二一年にハワイを訪れた人物だが、ハワイ人がクックを殺害したことを後悔しており、「彼の記憶を永遠のものとするため、神格化することに決めた」と述べている。[21] この記述は生前の列聖化よりも、死後の神格化をめぐる伝承を示しているのかもしれない。ヴァンクーヴァーの航海(一七九一―九四年)は、ハワイについて長い記述を残しているにもかかわらず、彼がクックの列聖化に一言もふれていない点で、とりわけ興味深いものとなっている。もしもクックが実際にロノ神とされ、この神の信仰がハワイに存在したとするならば、ヴァンクーヴァーが言及していないのは奇妙である。ヒキアウの祭司たちと対話を交わしたピュージェット海尉も、クックの遺骨がカラニッオプッウの骨と並べて置かれていたと述べてはいるが、列聖化されたクックについてはやはり言及していない。逆に、ピュージェットはロノ神が「クック艦長に与えられたのと同じ名前をもっていた」と述べており、両者がはっきり区別されていたことを暗に示している。さらに彼はクックが「あらゆる地位の人々によって最大の敬意をもって敬われており、まだ彼の名前は一種の熱狂的な尊敬の念をもって口にされている」と付け加えている。[22]

今度は伝道団体に先行する資料のうち、サーリンズがおもに活用している二つの資料を検討することにしよう。それらは一見するとクックがロノ神であったことを裏付けているように見える。最初のものはジョシュア・リー・ディムズデルのもので、彼は一七九二年から一八〇一年にかけてハワイ島に滞在した。彼は「オロナー「ロノ」という語が暗に示している」ように、クックが「第三位の神」とみなされたと断定しており、いったい彼がどんな人物だったのか興味がかき立てられる。[23] しかしながら、ロノが「第三位の神」を意味しないことがわかっている以上、ディムズデルの言葉を鵜呑みにするのは控えなくてはならない。無意識裡にではあるが、ディムズデルもやはりクック神話をヨーロッパ中心主義的な三位一体論へと鋳直しているのである。それに比べると一八一九年にハワイを訪れたフランス人探検家、フレシネの次のような言葉のほうが信頼できる。

ロノは古代のオウィイ王であり、カヌーで島を去る際に戻ってくることを約束した。ところが、彼が戻ってこないために、住民たちは彼を神として崇拝し始めたのである。のちになってクック艦長がこの国に到来した際、原住民は自分たちの神であるロノが戻ってきたのだと信じ、彼の足下にひれ伏した。[24]

ところで、これは宣教師の到来以前の記録のように見えなくもないのだが、実際には本文への脚註にすぎず、フレシネがハワイ関連の資料を出版した一八三九年か、その前に付加された可能性が高い。要は、彼が情報源として広く活用している宣教師のエリスからそのまま取り入れられたのである。[25]

サーリンズの引用する資料のなかには、問題になっているのが列聖化なのか、神格化なのか、それともジェイムズ・クックの「再来」なのか、かいもく見当がつかないものも見られる[96]。他方、クックが神格化された首長として死後に祀られたことを証明する資料もすぐにみつけられる。たとえば、ロンドンで客死したリホリホ（カメハメハ二世）の遺体を返還するため、一八二五年に訪問したバイロンの事例を取り上げてみよう。グラハムによって校訂されたバイロンの士官たちの証言は、これほど遅い時期であるにもかかわらず、あいかわらず曖昧模糊としており、生前の列聖化をすんなりと指している保証はどこにもない。

> 彼［カライモク、ビリー・ピット］は最古老の首長の一人であり……、キング艦長がかつておこなった、騒乱全体が偶発的なもので、我々同様に原住民によっても大いに遺憾とされているという大胆な推測を裏付けてくれた。彼らの信念に従って彼の遺体に払ったという敬意や、いったん死んだにもかかわらず、彼がオロノ［ロノ］神として彼らのもとに戻ってくるとする信仰については、いまやカライモクの証言を待つまでもなかった[97]。

カライモクのいわゆる「証言」なるものに注意しなければならない理由についてはすでにふれたとおりである。しかし、ここで証言されていることは生前の列聖化とも、死後の神格化とも取ることができ、ここでもやはりカライモクがヨーロッパ人の聞き手のために二つのクック神話を折衷しようとした結果、曖昧さが生まれてしまったことがうかがえる。それから数日後の七月十二日付けの航海誌には、よりはっきりと神格化とみなせる記述が見出される。「彼の死は純然たる偶然であり、原住民によって心から悼まれていた。彼らは自分の手中に収めた彼の遺体に礼を尽くしており、彼を神とみなし、その霊魂がいつか彼らのもとに戻ってくると信じていた[98]」。さらに英国海軍艦ブロンド号［バイロン卿の指揮するフリゲート艦］に乗船した博物学者のアンドリュー・ブロクサムは、カメハメハ一世が亡くなった場所を表敬訪問したのちに、彼の遺骨が入念に保存され、首長たちのあいだで分配されていたと述べ、こう付け加えている。「これは亡くなった首長に対して払われる通常の礼節であり、同じことはクック艦長の遺体に対してもおこなわれた」[99]。

さらに、カラニッオプッウの死とカメハメハの権力奪取によってハワイ諸島に生み出された政治状況からすると、クックのことを戻ってきたロノ神とみなし、彼が再び「二度目の来訪」を遂げると主張することは、ハワイ人にとって不可能であったように思える。一七八六年以降、欧米の船舶が定期的にハワイの港を訪れるようになり、ハワイ人は急速に西洋の技術と生活様式を理解し始めるようになった。とりわけ彼らが手に入れようと躍起となった技術は、西欧の兵器とその専門知識であった。当初からカメハメハはヨーロッパ製の大砲を入手しようと試みており、この点で初期の貿易業者は彼にとって（そして他のハワイ人首長にとっても）かけがえのない存在であった。カイケンドールによれば、オアフ島のカラニクプレ王はマウイからの侵略を撃退する手助けをしてもらおうと、一七九四年十二月にイギリス船の援助を求め、実際にそれを得たという[100]。一七八九年にはダグラス船長がカメハメハに武器弾薬と、大型双胴カヌーの台座に据えるための旋回砲を提供している。同じ年にはカメハメハがエリアノーラ号のジョン・ヤングを拘束しており、彼はスクーナー船フェア・アメリカン号の唯一の生存者であるアイザック・デーヴィスとともに、カメハメハの信任厚い顧問、実質上の建設技師の役割を果たすことになる[101]。このあとすぐにハワイはアメリカの貿易業者にとって格好の寄港地となった。ロシアのリシアンスキー艦長がインフォーマントから伝え聞いたところによれば、早くも一八〇四年の段階でカウアイ島の支配者は多数の大砲を所有し、カメハメハも七千名のハワイ人と五〇名のヨーロッパ人から成る軍隊を擁していたという。このほかにカメハメハは六百挺のマスケット銃と八門の四ポンド砲、六ポンド砲一門、三ポンド砲五門を所有し、さらに四〇門の旋回砲と六門の小型臼砲、そして十分な量の火薬、銃弾、砲弾を備えていた[102]。これだけでも恐るべき規模だが、続く数年のうちに海軍力と火力は増強され、戦力はさらに増大することになる[103]。

軍事技術の発展と平行するように、またその影響を受けるかたちで、他の面でも進展が見られた。ハワイ人自身が優れた西欧式の海員となり、アメリカの貿易業者にとくに重用されるようになったのである。ロシアによるリシアンスキー・クルーゼンシュテルン探検隊に参加したベルクは、乗員補給のために十数人のハワイ人を雇ったアメリカ人と一八〇四年に出合っている。「彼は八週間のうちに現地の若者たちがこれ以上望めないほどの熟練水夫になったと語っていた」[104]。ハワイ人はきわめて急速に西欧の習慣を呑み込んでいったのである。ミアーズは中国に向かう自船に二年ものあいだ乗り込んでいたあるハワイ人女性について言及しているが、彼女は航海の終わりにはイギリス人女性とほとんど変わらなくなっていたという[105]。同じくリシアンスキーの探検に参加したラングスドルフは、ハワイ人のほうが「ヌクヒヴァ人［マルケサス人］よりもヨーロッパ人に親近感を覚えており、おそらく彼らのほうがより頻繁にヨーロッパ人の訪問を受けていたからだろう」と述べている[106]。また、ロシア人たちは通訳として連れてきたマルケサス人よりも、ハワイ人と話すほうが、英語がうまく通じることにも気づいている。ラングスドルフが付言するところによれば、カメハメハは「ずっと英語を臣民の日常語としてきたので……、いまやこの言語を話さない原住民は、たとえどんな地位や身分の者であろうと、オワイヒ［ハワイ］には数えるほどしかいなくなった」[107]。これはさして驚くにはあたらない。キャンベルの報告ではオアフだけで六〇人のイギリス人とアメリカ人がおり、多くはカメハメハに仕えていたからである。彼は白人の大工や指物師、石工、鍛冶屋、煉瓦職人を雇い入れており、うち何人かは自分たちの技能を交代でハワイ人に指導したという[108]。キャンベルとジョージ・リトルのいずれも滞在中に一件の人身供犠も記録することができなかった。代わりに新たな見世物が流行するようになったようである。たとえば、王のお抱え滑車職人であるジェイムズ・ビーティーは「かつてイギリスで舞台に立った」経験から、何本かの芝居を演出しており、キャンベルも「オスカーとマルヴィナ」という舞踏劇（パントマイム）を観劇している[109]。

さて、以上のようにかいつまんで紹介してきた政治的・経済的出来事は、ジェイムズ・クックの遺骨に対する後代の信仰にとってどんな意味をもつだろう。ヨーロッパ人との接触や外国船での経験を基盤として考えるならば、この時点でジェイムズ・クックがイギリス人船長であることを知らないハワイ人が大勢いたとはとうてい思えない。したがって、クックが自分たちのロノ神であり、いつかまた戻ってくるという信念を彼らが守り通せたはずがないのである。サーリンズですらヴァンクーヴァーの時代（一七九二―九四年）には、ヨーロッパ人を神と信じるハワイ人はいなかったと認めざるをえなくなっている。ただし唯一の例外はジェイムズ・クックだという。サーリンズにとっては、彼「だけが自らの神性を保ちえたのである」[110]。

サーリンズの執拗さと比べて人目を引くのは、彼の承認する「現地人」の証言が、少なくともクックが死んだ時点で死すべき人間だとわかったと述べる点で、どれも一致していることである。つまり、サーリンズの考えとは逆に、仮にクックの儀礼的地位が昇格したとすれば、それはほぼ確実に死後の神格化の結果であったに違いない。

これほど過ちに固執する根底にはいったいなにがあるのだろう。わたしの考えでは、サーリンズを含めて西欧の著作家たちはクックの遺骨に関連した後代の信仰のことを、おおむね古代や中世のキリスト教に見られた儀礼的崇拝の一種として思い描いたのではないかと思う。聖遺物信仰やキリストの受難にまつわる信仰は、首長や祖先の遺骨に対するポリネシアの信仰にかろうじて似ているにすぎない。後者では遺骨が中傷や侮蔑の対象とされるか、さもなければ所有者に権威と力（マナ）を授けるアウマクア信仰（祖霊信仰）の対象として扱われた。確かにそれらの遺骨は聖なるものと呼べるかもしれないが、そう捉えるためには、ポリネシアにおけるもっと広い聖性観（タブー）をキリスト教的概念と混同してはならないのである。ともかく、ヨーロッパ人のこうした誤解をサーリンズは真に受け、クックの遺骨に「実際の崇拝」が捧げられたと考えているのである[111]。クックの遺骨が信仰されたのは否定できない事実だが、それはあくまでも彼が首長として扱われたことの論理的帰結であった。たとえば、カラニッオプッウとカメハメハの遺骨も同じように扱われているが、それは彼らが神であったからではなく、死に際して神格化されて「真の神」に転じた首長だったからにすぎない。いいかえるならば、クックの遺骨信仰があったからといって、彼がマカヒキ祭のあいだに人の姿で到来したロノ神であったことの裏付けとはならないのである。

とはいうものの、逆の過ちを犯して、どの首長の遺骨も重要であったなどと考えてはならない。リトルやマリナーなど様々な立場の外国人が観察したことからして、クックの遺骨が特別な敬意をもって扱われたのは確かである。この点ではクックの遺骨がカメハメハにとって大きな意味をもっていたというサーリンズの主張にも首肯できる。クック信仰のもつ意義やロノ信仰との関連について十分に理解するためにも、もう一度ピュージェット海尉による二つの重要な情報に立ち戻ってみよう。まず第一に、クックの遺骨はカラニッオプッウの遺骨とともにヘイアウに安置されていた。第二に、カメハメハはロノ神にとくに親しみを覚えており、さらに重要なことに、ピュージェットの言葉を借りれば、「王が遠出する際にはつねにこの神が一緒であった」という。[112] なるほど、カメハメハは行幸に様々な神格の像を運ばせているが、ピュージェットのいう「つねに」という言葉はロノに対する特別な関与をうかがわせる。二つの信仰がもっていた意義をつかみ取るためには、カメハメハが伝統宗教にどのような態度を取っていたのか検討してみなくてはならない。

政治的な生き方や活動の面では、カメハメハはハワイ国家の統一という目標実現のために現実主義的な方策を巧みに操った優れた戦略家であった。にもかかわらず、宗教的信仰の面では彼は本質的に伝統主義者にとどまっており、自らの信仰が真理であり、効験があると固く信じていた。彼が新生国家から排除した唯一の制度は人身供犠であった。伝統国家にとって重要であった祭祀をあっさり消滅させてしまう決定を下した背景には、おそらく西欧との接触が影響していたのだろう。しかし、カマカウが記録しているように、彼は他の宗教儀礼——とりわけ憑依儀礼や予言、治癒儀礼など——を奨励し、[113] 彼自身の人格と男女の共食規制の双方に係わるタブー・システムを堅守した。彼は急進的改革者であると同時に、伝統主義者でもあったのである。彼の宗教改革は国家行政組織の体系化と並行して進められたが、あくまでもそれはハワイの伝統宗教に基礎をおくものであった。外部からの観察者たちは彼がどこに行くにも専用のたん壺を持った従者を連れており、邪術に対してポリネシア人特有の恐怖を抱いていたことに気づいている。彼は一人で食事を取り、邪術に用いられるのを避けるため排泄物はすべて密かに始末された。一八一六年に彼はこんなことをコッツェブーに述べている。「これが我らの神々であり、わたしはそれを崇拝している。自分のしていることが正しいのか、誤っているのか、わたし自身にはわからないが、わたしは自分の信仰に従う。それはわたしに間違ったことをけっしてするなと命ずるのだから、邪なはずがないからである」[114]。こうした人物だったからこそ、彼は伝統主義者であるにもかかわらず、人身供犠が廃れるに任せたのである。さらには神々が役に立たない場合、彼はきわめて実利的に振る舞うことができた。V・N・ベルクは一八〇四年にこう報告している。「王はトマリに対して軍を進める際に多数の神像を運んでいったが、それらがなんの助けにもならなかったために、帰路につくにあたって公衆の面前でそっくり焼き捨てた」[115]。この種の実用主義は他の宗教でも見られなくはないが、これほど極端なかたちで表されることはないだろう。カメハメハが伝統宗教を固く信じていたと見られることや、彼の実用主義から考えると、他の首長の遺骨とは違って、クックの遺骨に国家祭祀における大きな意義が与えられていたとしても不思議ではない。それは支配者に権力と威信を与えたばかりではなく、船長たちに由来する西欧の知識が突出して重要な役割を果たした新生国家にとって、一種の正当性をもたらしたからである。しかし、クック信仰の重要性を誇張し、それをロノ信仰と混同するのは過ちである。ロノ信仰は王の個人的信念や国家祭祀にとって中心的位置づけを占めていたからである。

カマカウによるならば、国家祭祀の基本をなすのは二つの祭司教団であったという。最初のものはホロアッエの教団で、これについてはすでにカラニッオプッウの治世との関連でふれたとおりである（第四章）。この教団を司る神格は戦争と供犠の神クーとその多様な形態であった。もうひとつの祭司教団はクアリッイの教団であり、その儀礼はロノヌイアケア神の目に見える発現形であるロノイカッオウアリッイに捧げられた。このため、こちらの祭祀はロノ神とその多様な発現形に関連している。ロノを崇めるクアリッイの教団に属す首長の数は多く、カマカウによれば、ロノマウキとその一党もそこに含まれていたという。[116] クーは供犠と結びつけられており、そのことからして、カメハメハによる供犠の廃止がクー祭祀の凋落をもたらし、ロノを王個人の信奉する神、国家祭祀の要にまで高めたのも当然であろう。サーリンズは「実際にロノのマカヒキ祭が十九世紀の最初の十年間のうちに、伝統的に戦争の幕開けとされてきたクーへの供犠儀礼を凌駕することになった」と述べている。[117] カメハメハはクーを放棄などしていないので、これは誇張といわざるをえないが、おそらくロノを個人的に信奉したのは、その信仰のほうが新たな体制にふさわしいと考えたからなのだろう。こうして、彼はロノのためにマカヒキ祭を体系化し、定例祭として定めたのである。ロノはマカヒキに現れるかぎりにおいてロノーイーカーマカヒキと呼ばれたが、カマカウによれば、この神を同じ名の伝説上の首長と混同してはならないという。「実在の人物であるロノーイーカーマカヒキは神とは別であるが、彼もまた頭に鳥の羽をまとい（ウヒ）、カッウプ鳥〔コアホウドリ〕を自らの旗幟（レパ）、名誉の旗印（ハエ・ノ・カ・ラナキラ）としていた」。[118] はたしてカマカウのいうとおりなのか、それとも首長のロノーイーカーマカヒキが神のロノに同一視されたのか、わたしにはよくわからない。ともかく、カメハメハの時代になって平和的なマカヒキが国家祭祀となり、かつてクー儀礼、とりわけ供犠関連の儀礼が占めていた中心的役割を徐々に浸食していったようである。かといって、新たに再編されたマカヒキで崇拝されるロノ神が、イギリス人のジェイムズ・クックであったことを示す証拠はほとんど存在しない。カメハメハの時代になると、そうした過ちを犯すのはまったくといって不可能だったのである。

すでに述べたように、ロノはたんにマカヒキという国家祭祀の神であるだけではなく、カメハメハの個人的庇護神でもあった。早くも一七九三年〔ヴァンクーヴァーの二度目のハワイ訪問の年〕には、カメハメハは先王であるオジのカラニッオプッウの庇護神、軍神クーという古い神に対して距離を取り始めている。だからこそ、ロノが王とともにつねにいたという、先ほどのピュージェットの観察が生まれたわけである。一八二二年にマティソンはある風習で用いられた「古い遺物」を見つけ出しているが、彼のインフォーマント（たち）によれば、その風習ではロノが「彷徨える神」と呼ばれていたという。ただし、彼はロノをクック自身と取る、いかにもヨーロッパ人らしい過ちを犯している。マティソンの時代にはすでにタブー・システムは廃止され、宣教師が到来するようになっており、彼らはロノ信仰をジェイムズ・クックの偶像崇拝的信仰に置き換え始めていたのである。マティソンは問題の神について、こう述べている。

長年に渡って、「彷徨える神」の名前で実際にオワイヒー中を引き回されていた。この神像のすぐ前で一本の槍を担いだ人物が巡幸のあいだずっと先導した。槍には一ヤードほどの長さの紐を二〇本も備えた道具がつけられており、紐自体はマントや偶像を作るのに使われるのと同じ種類の羽毛によって縒られていた。彼はまるで露払いするように、それを神像の前で振り回した。不幸にもそれに触れた者がいれば、タブーの禁を犯した咎ですぐさま殺されることになった。(119)

いまやこうした誤認がなにに由来したのかはっきりと見定めることができる。ハワイ人にとって彷徨える神とはロノ、すなわち、新たに特別な重要性が付与されるようになったマカヒキの神を指していた。ロノが「彷徨える神」と呼ばれるようになったのは、カメハメハが自らのゆくところに必ず従えていたからである。一方、マティソンや伝道団体にはさらにこの等式に加えるべき項目があった。つまり、クックもまたハワイ人にとってロノ神だという事実である。ここまでくれば、ヨーロッパ人が等式を完成させ、彷徨えるロノ神を同じくロノと呼ばれた不滅の探検家、ジェイムズ・クックと同一視するのはまず避けられないだろう。

以上のことからすると、カメハメハ一世の治世以降のハワイの文化的、政治的状況がきっかけとなって、キングの公式版航海誌の特別な読解に弾みがつき、ヨーロッパにおけるクックの列聖化伝承が強められていったようである。たとえ出来事の時間的な継起を特定するのは無理でも、こうした発展を促していったプロセスについてならば、いくつかの事例を用いて明らかにすることができる。ここではピュージェットの同僚に当たるヴァンクーヴァー艦隊所属のある士官の反応を検討してみよう。ピュージェットがヒキアウの祭司にインタヴューした日の前日にあたる一七九三年二月二五日、チャタム号の航海士助手トーマス・マンビーはカメハメハの宮殿と神殿がある一角を訪ねた。彼は中に入ることを禁じられていたが、主任祭司の住居を訪ねることは許された。彼はこう述べている。住居の入口には「オワイヒーの神である巨大なオローナ［ロノ］が立っていた。オローナは木材から切り出された大きな像で、男の顔に似ており、歯がぎっしりと埋め込まれたとてつもなく大きな口と、真珠貝でできた二つの眼を持っていた」[120]。そこから彼はこの神や他の神に捧げられた大量の「夕食」について詳しく記し、実際にそれを食べるのは強欲な祭司たちであり、「毎夜のご馳走に舌鼓を打ち、同胞の騙されやすさをあざ笑っていた」と述べている[121]。嫌みなコメントを別とすれば、マンビーはピュージェットの見解の正しさを証明し、ロノ神が島の主要な神としてばかりか、カメハメハの個人的神格としても卓越した位置づけを得るようになったことを裏付けてくれるように見える。一週間後、ピュージェットとマンビー、エドワード・ベル（チャタム号の事務官）、さらに他の紳士たちは、王の弟であるケリッイマイカッイ（テリッツミティ）を伴って、クックが殺害された「岩場」を訪れた。ベルは彼の死がきわめて強烈な出来事であったため、「おしゃべりのできる子どもならば、誰でもそれについて説明することができる」と述べ、こう付け加えている。

当時、彼らは超自然的存在に対するのと同じように彼のことを尊敬し、実際に彼を「オロノ」、すなわち偉大なる神と呼んでいたので、もしも原住民にとって彼の名声や威厳が今にいたるまで少しも褪せることがなかったとするならば、いまだに彼について語る際には、オロノと称していたことだろう……。[122]

ベルもやはり現地人に対してインタヴューをおこなったわけではいない。彼は一七八四年の公式版航海誌に見られるクックの死の記述を脚色し、自分が実際に経験したこととつじつまが合うようにしたのである。ベルは公式版に従ってハワイ人が超自然的存在に対するかのようにクックを尊敬していると述べており、キングやサムウェルが用いた直喩表現との関連を明らかに示している。ところが、ベルはクックを超自然的存在、偉大なるロノ神になぞらえており、これは初期の航海誌執筆者たちがけっして犯さなかった過ちである。なぜかといえば、この時点ですでにロノ信仰が完全に卓越した地位を得ていたからであり、ベルはロノと呼ばれたクックを「偉大なる神」ロノと結びつけることで、事態をより複雑にしてしまったわけである。要は、名前が一致していたことからすんなりとペルソナも比定されることになったのである。

三二年後、バイロンの艦で航海誌を著した者のうち少なくとも画家のロバート・ダンピアだけは、はっきりとクックがハワイ人にとって神であったという等式を打ち出している。彼はクックが亡くなった際に少年であった首長のナイへから情報を得たと主張している。「彼［ナイへ］の説明によれば、クックが現地人のほうに顔を向け続けてさえいれば、彼らは彼のことを神と崇めていたので、あえて人として扱って襲ったりはしなかっただろうという。彼が乗組員に発砲停止を命じようとした際、最初に彼に傷を負わせたのは平民のカナカであり、彼は島の僻地から来たために、クックに付与された神性について知らなかったのである」。[123] 明らかにこの記述はいくつかの異なった出典を混ぜ合わせたものである。乗組員に発砲停止を命じようとするクックは、彼を慈悲深い人物として描くキングの記述から着想を得たものであるし、攻撃者を平民とするのは、無知ゆえにクックを殺害した内陸部出身の大工というマリナーの記述を焼き直したものにほかならない。

すでに指摘したことだが、ダンピアとともに航海したすべての者がクックの死をめぐる彼の見解を共有していたわけではない。しかしながら、彼のような見解があったとしてもこの時点（一八二五年）ではなんら不思議ではなかった。なぜなら、伝道団体はすでに五年前からそこで活動しており、彼らに先だって、いろいろな立場のヨーロッパ人がこの点について多種多様な自説を披露してきたからである。ご存じのように、バイロンの士官たちも宣教師の見解に影響を受けており、とりわけビンガムとエリスの影響が強かった。すでにビンガムは「島のあらゆる政治問題に口を出すようになっており、国務大臣、幼い王子たちの家庭教師、精神的指導者、娯楽の取締役として振る舞っていた……」[124]。こうして、一八二五年以降になると、ハワイ人によるものにせよ、ヨーロッパ人によるものにせよ、列聖化を含まないクックの死の記述はほとんど見られなくなるわけだが、だからといってそれは格別驚くべきことでもなんでもないだろう。

最後に、いささかぎょっとするほどばかげた列聖化の事例を、後代の民俗学者ウェスターヴェルトが一九二九年に記した記述から紹介することにしよう。マンビーは「木材から切り出された巨大な像」がハワイ人のロノ神であると述べているが、なんとウェスターヴェルトはそのロノ像をジェイムズ・クック自身に結びつけたのである。彼の著書『ハワイの歴史伝説』の口絵にはそれらの彫刻の写真図版が掲載され、そこに「キャプテン・クックの崇拝に用いられた偶像」という表題がつけられている[125]（**図12**）。ウェスターヴェルトが伝えることによれば、これらの偶像は実際にクックが崇拝された寺院で使用されたものでもあるという。以下に挙げるのは、ウェスターヴェルトがハワイの歴史伝説に依拠しながら再現した出来事の顛末である。

ロノが西岸のケーアラーケークア湾に赴くと、祭司は彼のことを神だと考えたので、寺院へ導き入れた。そこで彼らは神々の像が置かれた壇上の一角を彼にあてがったが、その場所には生贄が並べられていた。祭司は神に対する慣習通りに、キャプテン・クックにオロア（祈禱が捧げられるあいだに神にかけられる白い小さなタパ布）と、ハエナという赤いマントを掛けて引き下がり、次のような祈禱を捧げた。

「おおロノよ。あなたの身体は諸天にて様々なかたちでおわします。長き雲、短き雲、曲がった雲、空に広がる雲。ウリウリからきたもの、メレメレから、カヒキから、ウルヌイから、ハエハエから、アナオクウルから、ハカラナイからきたもの。ロノが下天に、上天に、大洋の揺れ動く水底に切り開いた大地、下層の大地、丘のない大地からきたもの。

「おおクーよ。ロノよ。カーネよ。カナロアよ。上方から来たりし神々と下方から来たりし神々よ。もっとも遠く離れた場所から来たりし神々よ。ここにある生贄、供物、首長と一族から寄せられた生き物を受け取りたまえ。輝く雲と漂い浮かぶ土地に吊り下げられたものを。アーママ（アーメン）。マ・ノア（タブーは解かれた）」[126]。

図12 「キャプテン・クックの崇拝に用いられた偶像」. W. D. Westervelt, *Hawaiian Historical Legends* の扉絵より.

このように、一九二九年にはクックの列聖化をめぐる記述は決定的な性格をもつようになっていた。なにが先例となったのかは明白である。名前の一致をペルソナ間の一致に換えてしまった宣教師たちの解釈や、ダンピア、マティソンといった旅行者の記述に基づいていたのである。そして一九二九年ともなると、ヨーロッパの神話形成に見られたこの一コマは、完全に歴史的事実として受け入れられるようになり、結果としてクックは神そのものと目されることになる。彼には「供物」と「供犠」が捧げられていたとされ（図7と12を参照）、クックの士官たちが意味不明だと告白していた歌謡も、次世代の研究者たちのたゆまぬ作業を通じて再発見され、ウェスターヴェルトの場合のようにテクストに組み入れられる。いうまでもなく、そうした歌謡は不滅のイギリス人航海者、ハワイ人にとってのロノ神、ジェイムズ・クックその人に捧げられた祈禱とみなされることになるのである。

第七章

クック、姦淫、そして罪悪――宣教師たちの神話

本書のはじめのほうで指摘しておいたように（第三章）、宣教師たちの見解ではクックの到来が三角形のカヌーでハワイに戻ってくるロノの神話の再現と見られていた。とはいえ、当の神話からして来歴が怪しい。まず、そこではロノ神話がハワイの伝説で有名な首長ロノ＝イ＝カ＝マカヒキと妻のカイキラニをめぐる説話と混同されている。第二に、すでに紹介した神話は宣教師のビンガムに引用されたものだが、彼はそれをマウイ島のラハイナルナ神学校の生徒たちによる論集から採取し、一八三八年に『モッオレロ・ハワイイ』として出版しているのである。[1] かつてこの学校にはデイヴィッド・マロのような著名なハワイ人学者たちが通っており、カマカウもやはりラハイナルナ出身研究者の第二世代に属していた。カマカウによるクック神話の理解には『モッオレロ・ハワイイ』に由来する部分も見受けられる。マロは計画自体には参与していたものの、自著『ハワイの遺風』ではあえてそこに一線を引いているように思われ、もっぱらカメハメハの改革期だけを扱うとはいえ、彼の著述は唯一学究的と呼ぶにふさわしい出来となっている。しかもマロは他の者たちよりもはるかに疎外された人物であった。他の現地人歴史家と同様に熱烈なキリスト教徒でありながら、一方で彼は愛国心あふれるハワイ人としてハ

ワイの過去に共感を覚えており、ハワイがしだいに外国人によって乗っ取られてゆく様に憤りを感じていたのである。[2] マロは列聖化のことをはっきりとは扱っていない。ただごく短いことばで、「キャプテン・クックはある神のタパ布に彼の船の帆が似ていたことから、その神にちなんでロノと名付けられた」と語っているだけであり、いまや彼の解釈は完全に度外視することができる。[3]

現代のクック研究に見られる人を当惑させる特徴のひとつに、宣教師や『モッオレロ・ハワイイ』の語りからちょっとした情報の欠片を取り出して、列聖化説が証明されたとみなす横柄な態度があり、ビーグルホールの著作についてもやはりその例外ではなかった。こうした方法は反論することのできない無文字民族を扱った研究に固有の病いであるように思う。もしもヨーロッパ史を再構築しようというならば、そうした資料は退けられてしまうか、少なくとも批判的に考証されるはずである。『モッオレロ・ハワイイ』は執筆時の歴史的文脈におかれて、はじめて活用可能となるような資料なのである。接触以前の文化を記述するどころか、むしろそれはジェイムズ・クックに関する議論を、おおむねウィリアム・クーパーに先取りされた方向へと推し進めている。[4]

わたしは初期の文化接触の文脈からして、クックの「神格化」というハワイ側の言語ゲームを、西欧の「列聖化」に翻訳しないわけにはいかなかったろうとみている。ハワイ人によるクックの死後の神格化がどんな特徴をもつか要約するならば、以下のような命題に整理することができるだろう。

一、クックは二回目にハワイにやってきた際に、なんらかの理由でロノと呼ばれた
二、クックのためにある複雑な式典が祭司によってヘイアウで執りおこなわれた
三、同じくロノと呼ばれる有名な神が存在した
四、平伏（礼拝）がロノ＝クックの前でおこなわれた

五、死後、クックはハワイの流儀に則って神格化された
六、十九世紀初頭にはクックの遺骨と関連する国家祭祀が存在した

現地のハワイ人にしてみれば、白人はまず例外なく片言のハワイ語しか知らないのだから、彼らに向けてこれらの命題を「説明」する、つまりクックをめぐる物語形式に仕立て、具象的に表現するのは不可能であっただろう。とりわけ宣教師に対してはそうであった。これから示すように、彼らは彼らでクックに対して別のもくろみを持っていたからである。ハワイ人の「言語ゲーム」は白人にとってまったく意味をなさなかった。そのため、彼らの言語ゲームが西欧の「生活形式」に取り込まれた段階で、クックはロノ神であった、彼はハワイ人によって崇拝された、彼の遺骨は生きた聖遺物であった、などと解されるようになったに違いない。ハワイにおける死後の「神格化」は言語ゲーム間の翻訳の論理に従って、ヨーロッパ的「列聖化」に変換されなくてはならなかったのである。そこまでくれば、初期の神話を膨らませて多種多様な神話が咲き乱れるのもあとほんの一歩のことである。後代の神話は当時のハワイで進行中であった歴史論議から産み出されたものであり、本章ではそうした神話について模索してみることにしよう。

最初の宣教師は大半がアメリカ人カルヴァン主義者であったが（特筆すべき例外はエリスである）、彼らはカメハメハ一世の息子リホリホが現地のタブー・システムと「偶像崇拝」を廃止した年の翌年、一八二〇年になってハワイに到来したにすぎない。[5] クック後にはじめて到来した外国人はイギリスとアメリカの交易業者であって、すでに彼らがハワイ社会に存在した亀裂をより押し広げていた。先に指摘したように、首長たちは船上で進行中の出来事と、彼ら自身の領域で起きている出来事を切り離そうと大いに腐心していた。しかし、それが長続きするはずもない。船上で規則が破られているというただそれだけで、より広い社会に波紋を投げかけずにはいられ

なかったからである。ポリネシアのどの島でもそうだったが、規則違反は平民女性の場合にもっとも劇的に広まっており、いまや彼女らは下層の水夫だけではなく、「紳士」たちとも関係を持ちうるようになっていた。おかげで、すぐに女性たちは彼らの社会の基礎をなす禁忌、男女の共食関係の禁忌を破るよう誘われることになる。こうして、ヨーロッパ人の到来自体が皮肉なことにポリネシア女性の「解放」を助けることになった——皮肉というのは、彼女たちは船とそこでの「風俗習慣」以外に比較の基準をもたないからだが。新たな自由もすぐにカルヴァン派による抑圧的な規範（そこまでいかなくとも、紛らわしく混乱した規範）に取って代わられてしまうが、少なくともそれまでのあいだ、男女の共食と食事の規制といった領域では、彼女たちはどう見ても同時代のヨーロッパ女性よりはるかに解放されていたのである。

さらなる難題が聖なるものやタブーをめぐるハワイの概念をめぐって持ち上がってきた。白人の士官や船長が大挙して訪れるようになると、彼らを従来のように形式的に自分たちの首長に変換する方法が通用しなくなってきたのである。人数が増えるにつれ、ハワイ人とヨーロッパ人との争いも増えてゆき、もはや敬譲儀礼を維持するすべはなかった。ロシアの探検家であるリシアンスキーは一八〇四年に訪れたが、それまでの十二ヶ月間に十八隻もの船舶がハワイ諸島に到来したと見積もっている[6]。カイケンドールが述べているように、来訪者たちはタブーにまつわる複雑な観念を敬うことはなく、そうしたからといって大きな厄介ごとにはならなかったので、それを踏みにじってはばからなかった。タヒチの支配者であるポマレ二世はすでにタヒチのタブー・システムを廃止しており、ついにハワイでも機は熟したのである。伝統宗教からの解放に向けた運動が支配者の母親や他の有力女性たちに主導されたことや、西欧では両性間の礼儀にかなった行動規範とされた男女同席での会食が運動の象徴的な焦点になったことは、なにも偶然の一致ではなかった[7]。そのことは次のような神話化されるほど劇的なシナリオで表現されている。リホリホ王は首長や選ばれた数人の外国人、そして女性たちを饗宴に招待し、ヨーロッパ風に男女別々に当てられた二つのテーブルを配置しておいた。

招待客が席に着き、食事を始めると、王はそれぞれのテーブルでなにが起きているのか見回るかのように、各テーブルの周囲を二、三度回って歩いた。それから突然、内密に知らせておいた者を除けば誰にも予告せず、女性用のテーブルにあった空席に座り、明らかに落ち着かない様子ではあったが、旺盛に食べ始めたのである。招待客たちはこの行為に驚愕したものの、手をたたいて、こう叫んだ。「アイ・ノア、食事のタブーは破られた」と。[8]

食事が終わると、リホリホは国中のヘイアウを破壊し、偶像を残らず焼き捨てるよう命令を下した。はたして彼の命令が完全に実行されたかどうかは疑わしいが、それでも一八一九年十一月の最初の週に起きた出来事が革命的であったことは確かである。

タブーの廃止、偶像や神殿の破壊がもたらした社会心理的な影響は、まず間違いなく深刻なものであっただろう。旧来の宗教の根幹をなす要素は取りのけられたものの、まだ新しい宗教は確立されていなかったからである。社会の最高エリート層が旧宗教に対する信仰を失ったのはなにも突然のことではなく、すでにその前兆は過度の飲酒やだらしなくすさんだ身なりとして顕在化した心理的な混乱のうちに見てとれる。不潔な生活状態は一八一九年のタブー廃止の直前にハワイに滞在したフレシネによって指摘されている。さらに彼は王族のアルコール中毒についてもふれている。「これら王族の招待客は三ヶ月のあいだ十人の人間をまかなえるほどの量を、二時間のうちに飲み干し、持ち去ったといってもいいすぎではない」。[9]これらの観察はマティソンによっても裏付けられ、彼もやはり旧宗教の喪失によって引き起こされた混乱についてふれている。[10]わたしの見るところでは、こうした状況が絶好の下地となって、ハワイ人のなかにもヨーロッパ人の見解を受け入れ、ジェイムズ・クックを自らの神ロノとする者たちが現れるようになったのだと思う。最初の宣教師たちは一八二〇年三月三〇日に到着した。そしてその直後からハワイ、ヨーロッパを問わずほぼすべての資料で、クックはロノ神であった、さらに、その役割を受け入れたことで偶像崇拝者になったといわれるようになるのである。

ラハイナルナ神学校、すなわちラハイナルナ高等学校は一八三一年になって創立されたが、宣教師による教育や説教、改宗はすでに一八二〇年から急速に推し進められていた。このことから、クックをめぐる最初の宣教師による記述は、『モッオレロ・ハワイイ』ではなく、エリスに由来する。エリスは一八一六年にタヒチに赴任したイギリス人宣教師であり、ハワイへは一八二二年に入島した。翌年、彼は数人のアメリカ人伝道師とともに、二ヶ月かけてハワイ島を旅して回り、その成果が彼の『ハワイ島周遊記』やのちの『ポリネシア研究』に結実したのである。[11] おまけに、彼は大半の宣教師よりもポリネシア文化に同情的であった。ただし、この種の著作にはつきものだが、彼のインフォーマントたちの名前や特徴が明らかにされることはほとんどない。エリスが述べるところによれば、彼の情報は「不幸な諍いに自ら立ち合ったか……、あるいは……その憂鬱な出来事の詳細をよく知る……数多くの人々」に由来するものだという。さらに「彼らの見解は大筋において彼［クック］の後任を務めたキャプテン・キングが出版した記録と完全に一致していた」。[12] しかし、キングがクックの事例を「列聖化」としなかったのに対し、エリスはそっけない言い方ではあるが、そう扱っている。どうやら彼はクーパーの作品に反映されたクックの死の捉え方をすでに受け入れていたようである。そのことからすると、彼のインフォーマントがクックの叙任式と神格化にいたる複雑な出来事について述べていることは、イギリス人が抱いていた列聖化論に合うようにあらかじめ修正されていた可能性がかなり高いように思える。

エリスの記述では有名なハワイの首長ロノ－イ－カ－マカヒキの説話がロノ神の説話に取り込まれてしまっている。これはエリス自身の神話に対する寄与というよりも、むしろカメハメハ改革の産物と見たほうがよいだろう。ただし、エリスは誰よりもうまく説話を溶け合わせ、一貫性をもつようにつじつまを合わせている。[13] これは現代民族誌学が発展する以前には、ほぼどんな記述でも一般に採用されていた戦略である。矛盾や異なった観点、現地における複雑な解釈は刈り込まれ、現地のインフォーマントの見解はひとつの理念型へと体系化されてしまうのである。以下はエリスの記述である。

実際のところ、キャプテン・クックの遺体には神への崇拝が捧げられたわけだが、ここではその理由についても記しておかなくてはならない。年代記的にいえば伝説時代と呼べる時代に、ハワイを支配したり、島の広範な領地を治めたりした王のなかに、ロノ〔Rono〕あるいはオロノという人物がいた。ある伝承によれば、彼は妻に腹を立て、殺してしまったという。しかし、のちになって彼はこの行為を大いに後悔し、一種の精神錯乱状態に陥ってしまった。そうした状態で彼は島々を渡り歩き、出合った者に見境なくボクシングやレスリングを挑んだ。その後、彼は風変わりなかたちのカヌーに乗ってタヒチ、すなわち異国の地へと乗り出した。彼が立ち去ったのちに、同胞たちは彼を神格化し、彼の栄誉を讃えて毎年恒例のボクシングとレスリングの大会を開くようになった。キャプテン・クックが到来すると、すぐにロノ神が戻ってきたとみなされ、そう告知されることになった。すなわち、祭司たちは神のみがまとうことのできる聖なる布で彼を包み、神殿に導くと、彼の歓心を買うために動物を生贄に捧げ、それからは彼が村々を歩くたびに、民衆が彼の前に平伏すようになったのである。しかし、彼に攻撃を仕掛けてみると、彼の体からは血が流れるのが見え、うめき声が聞こえたので、彼らはこういった。「いや、これはロノではない」と。(14)

もはや我々はこの記述を額面通りに受け入れることはできない。年代記を構成する個々の要素を検討してみよう。クックが滞在していた時期に、はたして伝説的首長ロノ－イ－カ－マカヒキがロノ神と同一視されていたかどうかは疑わしいが、そればかりではなく、他の点についてもほとんど根拠がないのである。ロノ－イ－カ－マカヒキが風変わりなかたちのカヌーで出帆したという見解は、マカヒキ儀礼の締めくくりに演じられる、模型のカヌーを海に流す行為に依拠している。しかし、この儀礼的再現はバレールによればカメハメハの治世になって発案されたものだという。また、「祭司たちは神のみがまとうことのできる聖なる布で彼を包んだ」というが、そう主張する根拠はどこにも見いだせず、ただクックはロノであり、祭司によって赤い布に包まれたのだから、その布が神の衣装に違いないと憶測されたにすぎない。[15] クックを懐柔するために一般のハワイ人が動物供犠を捧げたという一節は、せいぜいいって、クックに対するハワイ人の態度をでたらめに解釈しただけのことである。最後の一節にいたっては、西欧の神話化作業から取り入れられたのかもしれない。思い起こしていただきたいが、年老いたワットマンが亡くなった際に、クックの乗組員はこれで「自分たちが不死であるという思いこみが壊されてしまった」と考えていたではないか。ここではクックの死もやはり彼を不死としたハワイ人の思い込みを打ち壊したと見られている。おそらくこうした見解は、肉体と霊魂に対して独自の概念をもつヨーロッパ人によってハワイ人に帰されたものなのだろう。他方、ハワイ人はカメハメハ一世の時代をとおして自らのクック観を作り変えており、おそらくはヨーロッパ的概念もそこに加えられていたと見るべきである。

列聖化自体に関しては、エリスはごく短い記述しか残していない。「彼の死後、みなは悲しみに泣きくれた。自分たちの首長が亡くなった際のしきたり通り、彼の骨をばらばらにし、肉は剝ぎ取って焼いた。これまで彼をロノ神〔Rono〕とみなして、そう崇拝してきたので、死後は彼の遺骨を敬うことにした」[16]。ちなみに、以上のようなエリスの物語は最初期に著されたハワイ史の一冊であるジャーヴェスの著作に、ほぼそのまま組み込まれ、事実へと変えられている。[17]

エリス以降になると、マウイ島のラハイナルナ神学校の生徒たちによって著された『モッオレロ・ハワイイ』が決定的に重要な著作となる。ただし、ハワイの出来事にはあらかじめマウイという色眼鏡がかけられているようである。序文によれば、学生たちは自分の書いた報告書を一人の教師に渡し、それを彼が監修して、「自らの所見をいくつか加えた」という。[18] この教師とはシェルドン・ディッブル師のことで、彼によれば『モッオレロ・ハワイイ』の撰述はもっぱら彼自身の発案であるという。もっとも優秀な生徒十人が単独もしくは集団で外に出かけ、土地の古老から情報を集めてくると、得られたデータは学校の会合で朗読された。ディッブルは「食い違っている点を解消してから、わたしが訂正をおこない、そこから首尾一貫した正しい記述を産み出そうと心がけた」と付け加えている。[19]

とはいえ、ディッブルが彼の抱くひどい偏見に影響されなかったとはとうてい信じられない。宣教師たちが真の宗教を伝えようとして直面した様々な障害についてふれ、彼は自著『サンドウィッチ諸島史』でこう述べている。ハワイ人は「省察力、すなわち思索をめぐらしたり、論理を次々に繰り出したりする能力をまったくといってよいほど欠いている。教育を受けていない異教徒のなかに……、論理の環を三つほど結びつけ、そこから満足のゆく結論を引き出すことができるほどの思考力をもち、精神的鍛練を積んだ者が見出せることはきわめてまれであった……。無知な一般大衆は神の霊に動かされている場合を除いて、虚ろで精彩を欠いた瞳をしており、そのことは内面の虚無を物語っている」。[20] 他の宣教師たちと同様に（ハイラム・ビンガムも例外ではない）、彼は「島民たちの無知蒙昧さ、あらゆる面での貧困さ、深刻な堕落ぶり」についてもふれている。[21] なるほど、『モッオレロ・ハワイイ』のもととなったデータは学生たちによって集められたものだが、彼による校訂と監修を受けており、多くの箇所で監修者はテクストに異議を唱えている。たとえば、「これらの記述がでたらめなのは確実である」、あるいは「なんというまやかしだろう」といった具合である。[22] ストークスは『モッオレロ・ハワイイ』をめぐってこう語ったほどである。「むしろそれは未熟で多感な彼の生徒たちの心から、彼ら自身の歴史に対する理解と敬慕の念を根こそぎにする、ひとつの便法であったように思われる」。[23] にもかかわらず、サーリンズはそんな著作からジェイムズ・クックの列聖化をめぐる情報を引き出そうとしているのである。

ここでは『モッオレロ・ハワイイ』をめぐる分析はごく簡単なものにとどめ、それがある意味では現代の福音主義的キリスト教のために意図的に産み出された「神話的憲章」であったことを明らかにしよう。つまり、その神話でのクックの役割は伝道団体がハワイの地から根絶しようとした偽りの信仰、偶像崇拝を象徴することにあったのである。もしもサーリンズのいうように、『モッオレロ』がカメハメハ時代の伝統的祭司の手によるものだとするならば、彼らはずいぶんと変わった連中であったに違いない。「大昔のハワイはどのようなものであったか」と題された一節を取り上げてみよう。[24]

外国船がこれらの島々に到来した際、ハワイの人々は大いなる闇のなかに暮らしていた。彼らは偶像崇拝者であり、娯楽やありとあらゆる邪な活動を教え込まれ、それに長けていた。彼らは悪魔の意志を実行するようにそそのかされていたのである。長らく邪な生活にふけっていたために、光は失われて、心は闇に閉ざされてしまい、無関心が横行し、彼らはどん底にまで落ちてゆき、獣のほうが高くなるほど、深く堕落していた。[25]

このような深淵の闇に包まれた状態が当初から存在したはずがない。ハワイ人もまた他のすべての人間と同様に、「アダムとイヴの子孫であり、大洪水後の人間はみなノアの子孫」だからである。[26] したがって、彼らの遠い祖先は真の神を知っていたのだが、のちになって「人が罪を好み……、神とその戒律を顧みなかったために」、その知識が失われた、ということになる。こうしてハワイ人は「どん底まで落ちてゆき」、「偶像崇拝者、快楽を追う者、すぐ挑発に乗ってかっとなる人間」となったわけである。[27] おまけに、これを書いたカメハメハ時代の伝統的祭司たちは、過去の堕落ぶりをめぐる自説を根拠づけるため、聖書から長々と引用することもできたようである（「ローマの信徒への手紙」第一章、第二一―二五、二八節[28]）。

以上のような福音主義神話によるならば、真の道徳的な回心は伝道団体から始まることになる。『モッオレロ』には伝道団体がなぜもっと早く来なかったのか（結果として、クック以降に到来した交易業者や捕鯨業者が勝手に国を荒らすのを許すことになったのはなぜか）、その理由を説明する巧みな弁明も見られる。『モッオレロ』の述べるところによれば、もしも伝道団体がもっと早くやってきていたならば、首長たちが互いに争っていたためにまったくまとまりがなく、神の言葉をうまく広めることはできなかっただろうという。「そこで、神は深謀遠慮をめぐらされ、すべての島々をひとつの王国にうまくおまとめになったのである」[29]。では、神はどのようにして目的を達したのか。いうまでもなくカメハメハをとおしてである。カメハメハは愚かにも自分のために王国を得ようとして戦さをしているつもりだったが、実際には神のために王国を得たのである。「彼は自分（カメハメハ）をとおして神がご意志を遂げられようとしているとはついぞ知らなかった。しかし、カメハメハが島々をひとつの王国に併合できたのは、神のご加護にほかならず、おかげで宣教師が到来した際には平和が広まり、御言葉はハワイからカウアイにかけてうまく伝わっていったのである」[30]。同様に、様々な禁令の廃止もあらかじめ定められたものであった。「かくして神のご意志は遂げられ、あらゆる障害が宣教師の到来以前に取りのけられたのである」[31]。神話のこの部分が「宣教師の到来以前に神がなされた地ならしに関して」と題されているのもうなずけるところである。

クックは様々な道徳的教訓を彼の神話上での人格（ペルソナ）に包摂できることから、こうした福音主義的憲章の中心を占めることになる。根本的なところでいえば、彼は「同じく神を信じていたにもかかわらず、なぜ白人水夫たちがかくも宣教師と異なるのか」という大問題を解決してくれる。クックは最後の最後になって「悪しき白人」を体現することになってしまった。つまり、彼は自分を神と偽ったばかりか、ハワイのある女性首長と性的交わりを結び、彼女が誰とでもみさかいなく姦淫にふけったため、島々に致命的な性病をもたらすことになったとされたのである。そこから、「ロノ（キャプテン・クック）の到来について」と題された節の重要性が生まれ、「ケアラケクアへのクックの上陸と彼の死をめぐって」へと引き継がれていくことになる。ロノ到来の神話はディッブルの『サンドウィッチ諸島史』でもほぼそのまま引用されており、この点についてはあと回しにすることにしよう。ここでは彼の列聖化と死をめぐる神話のほうを簡単に検討してみたい。クック到来の日付など、神話の一部はキングの報告から取り入れられたようだが、マカヒキの際に到来したとされている点、彼の死自体や死後の遺骨処理などの面では、標準的な「歴史的」クック観が採用されている。わたしの分析に関連するのは次の一節である。

人々はロノ、すなわちクックのことを神だと信じていたので、彼を崇拝し、誉め讃えた。彼らは豚や果物、衣服などありとあらゆるものを、自分たちの神に捧げるのと同じように彼に捧げた——彼らはそれを売りつけたわけではなかったのである。祭司たちは彼に近づいて跪くと、彼の肩に羽毛のケープをかけ、豚やあれこれの品を与え、あるときはゆっくりと、あるときは早口で語りかけた。それが彼らの祈禱であり、礼拝であった。
　クックが上陸する際には、多くの人々が恐怖に駆られて逃げ出したものだが、残った者は礼拝するように跪いた。彼は神々の家に案内されると、神殿の中にも入り、そこで崇拝された。彼はヘロデのように崇拝されることを許した。彼はそれを止めようともしなかったのである。おそらくは、ロノ、すなわちクックの側がこうした過ちを犯し、加えて彼がここに性病を広めたため、神は彼に死をもたらしたに違いない。[32]

『モッオレロ』はクックをヘロデになぞらえる点で、はっきりとクーパーに始まる言説を受け継いでいる。姦淫や罪悪、罪のしるしとして性病を導入したことは、カルヴァン派独自の神話への付加である。同様に、神話の後半では非物質的存在としての神という西欧的観念も導入されている。「人々はクックが神であり、死ぬことはないと信じていた。ところが、彼が倒れる際に叫ぶのを聞いて、カーライマノーカホッオワハ［混戦においてクックに斬りつけられた首長」は彼が不死身ではないと判断した。彼はもはやクックを神とはみなさなかった。そこで彼はクックを死に至らしめたのである」。[33]

『モッオレロ・ハワイイ』に見られる主題はディッブルによって『サンドウィッチ諸島史』でも再び取り上げられるが、有力な宣教師のハイラム・ビンガムによってさらに発展させられている。

キャプテン・クックと彼の仲間たちの絶大なる優位は原住民に広く認められており、彼らがもっとも賢明な途を選んでさえいれば、そのことから人がうらやむほど強い善導力を得て、キリスト教世界に対する第一印象をはるかに健全なものにできたことだろう。成功を収めたこの傑出した航海者が至高の神の栄光をなんとしても守ろうとし、愚闇な原住民が彼自身に誤って宗教的敬意を帰そうとも、良心に従ってことごとく拒絶してさえいれば、さらに、仲間と一丸となって自からの礼節と義務にこだわり、彼らにおぞましい偶像や空疎な祭儀、タブーを捨てさせ、生きておられるわが主(エホバ)のみを神として知らせしめていれば、彼らはこの地の愚かで血なまぐさい偶像崇拝を廃絶する道を切り開いていたかもしれない。しかし、それは探検の目的ではなかったし、仮に探検の影響が取るに足らないものであったならば、何事もなく黙認していただけたかもしれない。

しかしながら、我々としては次のような結論を避けられない。直接的に偶像崇拝を鼓舞し、なによりも、傲岸不遜なヘロデのように偶像化されるのを恥知らずにも許したことで、彼は慢心に溺れてしまい、神の裁きによって死んだのだと。

地を這う虫にもかかわらず、なんという驕りと不遑、なんとまた浅ましきことか。悪魔や見るもおぞましい被造物を崇拝する愚かで汚れた者たちから、宗教的敬意や供犠を受け取り、あまつさえ彼らを言葉と行為でそそのかし、天上からのもっとも明白なご命令、なすべき務めの掟を破らせようとは。全能の創造主への侮辱だと諫められることもなく、彼らが知る最高位の人間たちの本分として放逸や復讐、不正、唾棄すべきみだらさを広めようとは。[34]

「全能の創造主への侮辱」、これは一八二〇年以降の宣教師の言説で重要となってきた主題である。クックと彼の士官のために公正を期するならば、彼らが現地の宗教についてこのように見下した口調で語ることはめったになかった。儀礼を扱う現地人専門家は彼らのよく知る呼称で呼ばれ、そこには敬意さえこめられていた。たとえば、ポリネシア人の祭司を呼ぶにあたって、「副牧師」、「牧師」、「主教」といった呼称がサムウェルやその他の者たちに用いられており、クックもトンガの祭司たちを「尊師」と呼び、彼らのなかの一人をカンタベリーの大司教に比較していた。[35]また、タヒチの供犠で用いられる道具は「エアトゥアの聖櫃」と呼ばれている。[36]とはいえ、クックの士官の誰それが無神論者を自認していたというわけではない。彼らは啓蒙主義と十八世紀の科学的精神を十分に吸収していたため、たとえ彼らの視点がヨーロッパ人を頂点におく自民族中心主義的な進歩の図式に立脚していたにせよ、ある程度の公正さをもって異質な信仰を自分たちの信仰と比較することができたのである。カニバリズムや人身供犠といった主題を扱う言説では、クックの士官はヨーロッパ社会ですら先史時代にはそうした習慣をおこなっていたかもしれないと認めてはばからなかった。このように、クックと士官たちは伝道団体に比べれば文化的な信念については寛容であった。彼らが不寛容になったのは、おおむね、彼らが意識と無意識の双方で抱いていた帝国の理念や、前ダーウィン時代の進歩観に本質的に含まれた文化的、人種的な優越感に抵触する場合だったのである。

以上のような観点からするならば、『モッオレレロ・ハワイイ』は福音派伝道師の新たなハワイ観にとって神話的憲章として機能していたことになる。なるほど、ハワイの過去をめぐる貴重な歴史情報も含まれている以上、テクストの内容がそれですべて言い尽くされるわけではない。しかし、ディップルやラハイナルナ校の生徒たちは偶像崇拝の邪悪さや姦淫のおぞましい帰結を例示しようと、クック神話を自分たちの説教向けに新たに鋳直したのである。性病をめぐる彼らの言説は十九世紀になっても新たな方向で受け継がれることになる。すなわち、クックと彼の乗組員たちはそれでなくとも無知蒙昧な野蛮人たちに、この過酷な苦難をもたらした罪深き被造物とされたのである。こうしてクックはほぼ十九世紀全体を通じて、ハワイ人に嫌われることになる。フォルナンダーによれば、「哀れなハワイ人にとって［性病のもたらした］結果とは、死と言語に絶する悲惨さであって、彼らがキャプテン・クックの記憶を懐かしむことがないのも当然である」という。[37] ハワイの歴史や神話の過去をめぐっていうならば、『モッオレロ・ハワイイ』はせいぜいのところ偏った歴史資料といわざるをえず、本来は罪や悪、偶像崇拝をめぐる新たな言説と神話を網羅した一大集成にすぎないのである。

現地の古伝について——神話、議論、論戦的言説

カマカウをはじめとする現地人歴史家たちは批判的に選り分けることもないまま、雑多な資料源に基づいて現地の古伝を記録している。そうした古伝はどれも真剣に受け止めなければならないが、同時に、特定の出来事が実際に起きたのか見極めるという、目下の作業目的に照らし合わせて考察してみなければならない。要するに、サーリンズのような研究者にとっても、そしてわたし自身にとっても、クックが到来時やそれ以降に本当にロノ神と扱われたのかどうか、経験的な次元で確証することこそが決定的に重要なのである。おまけに、サーリンズ理論の中心を占めるもうひとつの経験的次元の問題として、クックがマカヒキの時期に到来した事実から、ハワイ人が彼をロノと誤認した理由を説明できるかという問題もある（正直いって、わたしにはどうでもよいことだ

が)。そこで、以下では現地の古伝を検討してみることにするが、瞥見しただけでハワイ人の過去の捉え方には多様性があるばかりか、互いに食い違っていることがわかるだろう。だからといって、古伝の正当性を否定するつもりはない。むしろ、それらがハワイ人によるクックの列聖化を経験的次元で裏付ける手がかりとなるか見極めてみたいのである。カマカウやマロ、フォルナンダーによって収集、校訂された現地の古伝のなかには、現代的な歴史記述に家族的類似性を示しているものもあれば、そうでないものもある。ところが、どちらの場合であっても、古伝は伝道団体の思惑にしっかりと絡み取られているために、まさにクックを扱う段になると、深刻な問題を引き起こすことになる。たとえば、カマカウの例を取り上げてみよう。バレールによれば、「カマカウは熱烈で精力的、かつ雄弁なキリスト教改宗者であり……、[そのことから彼は]神と人間の捉え方をめぐってハワイ人とキリスト教のあいだに比較可能な信仰の土台があることを示そうとした」という[38]。マロが宣教師によってハワイ文化に着せられた汚名を晴らそうとして、「浄化された」といってもいいカメハメハ時代の理念型的記述を産み出したのに対し、しばしばカマカウはハワイ文化をきわめて意図的にキリスト教の信仰枠に統合することで対応しようとした。たとえば、カマカウの描くハワイ人たちは地平線の彼方(カヒキ)からクックが到来するのを見て、「これで我々の骨は生き返るだろう」と歓喜の声を上げたが、これは「エゼキエル書」第三七章、なかでも次の第三節から影響を受けたものである。「そのとき、主はわたしにいわれた。人の子よ、これらの骨は生き返ることができるのか[39]」。ちなみに、「エゼキエル書」第三七章、第二三節には布教活動にとってもっとも強力な憲章のひとつも含まれている。「彼らは二度と彼らの偶像や憎むべきもの、もろもろの背きによって汚されることはない。わたしは、彼らが過ちを犯したすべての背信から彼らを救い清める。そして、彼らはわたしの民となり、わたしは彼らの神となる」。エゼキエル書や他の預言書は初期の福音主義運動にとっても、また、カマカウやマロ等が学んだラハイナルナ神学校の伝道師など、後代のアメリカ人カルヴァン派伝道師にとってもきわめて重要なものであった。したがって、サーリンズのようにこれらが接触以前の信仰を反映しているとみなすことは、わたしにはどうしても受け入れがたいのである。

カマカウは現地の宇宙論と歴史的系譜について優れた記述を残しているが、彼の福音主義的な偏見のためにハワイの宇宙論は至上神を頂点に頂く一種の汎神論へと変換されてしまっている。[40] おまけにカマカウはアイデンティティをめぐる深刻な問題も抱えていた。彼の強い福音主義的な悔悟は、改宗したての者に特有の熱烈さを帯びていたのである。ただし公正を期するならば、彼はそのことを腹蔵なく（ノー・ボーンズ）認めていた（つまらない隠喩を使うのをお許しいただきたい）。クックを扱った章でカマカウはこう述べている。「いまとなってはキャプテン・クックが祭司たちに崇拝されることを受け入れたのかどうかは定かでない。彼は自分の土地でおこなわれるような崇拝を彼らがおこなっていると考えたのかもしれない。しかし、彼はキリスト教徒であって、偶像崇拝の場に立ち入ったのは間違いであった。また、偶像の前に並べられた供物を受け入れたり、そこに供えられた食物を食べたりしたのも間違いであった。だからこそ神は彼に神罰を下したのである」[41]。なるほど、これが現地の古伝であるのは事実であるが、ただしそれは福音主義的憲章の影響を意識的に受け入れた歴史であって、その憲章を築くにあたってカマカウ自身も他のラハイナルナ校の生徒たちとともにディッブルを助けていたのである。クックの列聖化は憲章の核心をなすものであったため、現地人キリスト教徒がハワイ史について考える場合、必ずそれと折り合いをつけざるをえなかった。なかにはマロのようにうまく無視することができた者もいたが、他の者たちはカマカウのように列聖化を要となる出来事として扱っている。カマカウは現地の語り部が語るハワイの過去を見事に再現することができたし、時間的に遠く隔たっているばかりか、新たな宗教への傾倒ぶりとも無縁であるため、過去自体を理想化することもできた。しかしながら、ことクックに関するとなると、彼はエリスやディッブル、ビンガム等の見解を繰り返すことになる。つまり、現地の祭司たちはクックに「供犠」を捧げ、彼を「崇拝した」、クックは偶像崇拝者としてそれを許した、というわけである。
カマカウがこれらの出来事を扱うにあたっては、さらに別の問題も生じている。接触以前の過去を扱う場合とは違って、彼はジェイムズ・クックの航海誌を含め、ヨーロッパ側の歴史記述にも取り組まなくてはならないからである。『ハワイの支配的首長』第七章以降を繙いてみれば、そのことは一目瞭然である。たとえば、「キャプテン・クックはカウアイを出発し、北方に土地を求めて、ベーリング海峡を抜けてアメリカ大陸北西岸を航行した」という一節は、明らかに西欧の歴史が現地の古伝に組み入れられた一例である。さらに驚くべきことに、キラというハワイ人が船とその乗組員について以下のような演説をおこなったという。

偉大にして力強きパカクがこのカヌーの長であり、「揺れ目玉」（ナーマカーオカッア）と「大目玉」（マカーロア）が彼の天体観測員である。彼らが大海に乗り出すと、偉大なるパカクは「揺れ目玉」と「大目玉」を呼びつけてこういった。「揺れ目玉とその同僚よ、目玉開いてよく聞け。マストに登って辺りを見回し、我が船に仇なす不届き者を探し出せ。ハッエハッエーケ！」。「偉大にして力強きパカク様、我ら見回しに見回してみました。ご覧くださいい、あちらに不届き者がおります。なんと、我らの前に大口を開けた長犬のクー（クーイリオーロア）がおりますぞ。犬の上顎は我らが上に伸び、下顎は我らの下にあります。もう一度大波がくれば、我らは貪り食われてしまうでしょう」。そこでパカクは船の乗組員に呼びかけた。「噴火のロノ」（ロノーペレ）に、「稲光」（カーフイラ）とその仲間に、「閃光」（アナプ）とその仲間に、「雷鳴のカーネ」（カーネーヘキリ）に、「父なるロノ」（ロノーマクア）とその仲間に、「蒸気」（マフイア）とその仲間に……、そして火の番をする「種火」（ラパラパーイキ）に。「おお、種火よ。周囲をよく見よ、周囲を。構え、待て、装塡せよ。ホイーヘーケ！　ホイーヘーケ！」。それから偉大にして強大なパカクは「ほとばしる水」と「爆発する水」に呼びかけた。「わたしが撃ったら、突撃だ、わたしが撃ったら突撃……。ああ、グレートブリテンの滑らかな小石よ、グレートブリテンの堅い粒の小石。ああ、アメリカの爆発する水よ、わたしが撃ったら突撃だ、わたしが撃ったら突撃」。一発の銃弾が飛び出し、長犬のクーの額を撃ち抜くと、その頭蓋骨をばらばらにした。ここにある皮は彼のものである。ここに転がっているココヤシの実は「彷徨えるココヤシの実」の亡骸である。この船のロープは「大黒亀」（カーホヌーヌイーマエーロク）の腸である。錨の先端はロノーカーッエホ、クーーアヌエヌエ、レレーイアーナハの額である。こうして大海の神々はことごとく殺されたのである。[42]

これについてカマカウは次の私見を付け加えている。

キラの物語が終わると、人々はいった。「本当だ、これはロノ、我らが神だ。これはロノ、我らが神だ」（おそらくこのキラという男はクックが同衾した女首長からクックの名前を聞き及び、彼によって「キャプテン・クック」が「パカークカ」、あるいは「パークカ」と転訛したのだろう）。それから人々は彼のことを自分たちの神ロノだと考え、豚やタロイモ、芋、バナナ、鶏など、彼の望むものならなんでも差し出した。[43]

キラの演説はテクストの流れからするとクックが船にいた際におこなわれたことになる。しかし、少なくともその一部は明らかに事件のあとで作られたものであり、ハワイ人がアメリカについてよく知るようになり、おそらくは彼らが自分たちの神々を自発的に廃絶したあとになって作られたのだろう。カマカウ自身のコメントは、クックが最初にカウアイに到来した際に、有名な女首長のカーマカーヘレイが自分の娘をクック、すなわちロノに差し出したという、おなじみの神話に言及したものである。すでに示唆したように（本書二七四頁）、これはハワイの娘たちがイギリス人水夫と寝た事実を正当化し、体面を繕うために産み出された憲章的神話にほかならない。その原型になる神話的行為が女首長と寝たクック自身によっておこなわれたというわけである。クックの神としてのペルソナについても同様である。やはりそれは先に大略を示した福音主義的憲章に沿うものとなっている。カマカウはクックを扱った章をこう締めくくる。

キャプテン・クックはインド洋、大西洋、そして太平洋を探検したことで有名なイギリス［の男］である。彼は［それまで］知られていなかった外洋の土地を発見した。彼がハワイで過ごしたのはほんの一時にすぎなかったが、神は彼の犯した罪に対して罰をお与えになった。彼を聖なるものとみなし、自らの崇拝する神のように敬ったからといって、なにもハワイ人に落ち度があるわけではない。しかしながら、彼のほうは人々を殺害したために、容赦なく殺されてしまい、腸は闘技場を仕切る綱に、両手の掌は闘鶏で蝿叩きに使われることになった。背信者の末路とはえてしてこういうものである。彼がここに蒔いた種は芽を出し、成長し、やがて他のものの親となり、島々の現地人人口を減少させることになった。淋病がそうであるし、他の社会的病弊、たとえば売春や彼の崇拝［につながった］自分が神だという迷妄、蚤や蚊、疫病などもそうである。これらの事柄はどれも我々の呼吸する空気に変化をもたらした。体を弱める様々な事物が到来し、植生を、宗教を、医術を、そして土地を治める法を変えてしまったのである。[44]

現地人歴史家が訴えるこうした「致命的衝撃」説に対して、わたしは共感を禁じえないのだが、サーリンズの擁護する経験的次元での命題についていえば、それはなにひとつ裏付けてはくれない。たとえば、クックの遺骨と腸が汚されたことにしても、敗北した首長を屈辱的に扱う際のポリネシア全般の方法にはぴったりと合致するものの、カラニッオプッウの遺骨とともに神殿で聖遺物として崇拝されたという、サーリンズの主張する扱いとはかけ離れており、クックの遺骨の辿った末路をめぐって新たな議論を招くことになる。にもかかわらず、サーリンズはカマカウの歴史を、少なくともジェイムズ・クックの列聖化にかかわるかぎりにおいては、文字通りの真実として受け止めるよう我々に力説しているのである。では、我々にはなにができるだろう。

文字通りの真実とはとれないまでも、カマカウのテクストを使いさえすれば、ハワイの言説が有している特徴、すなわち、論戦的もしくは論争的な性格を明らかにすることはできる。カマカウによって収集されたクックをめぐるハワイの言説をいくつか振り返ってみよう。そうすれば、たとえ後代の校訂と編纂を受けたにせよ、過去をめぐるそれらの神話的言説のうちには次の事実がはっきりとうかがえるだろう。ヨーロッパの学者たちはすぐにそうみなしたがるが、実際にはハワイ人はジェイムズ・クックの神としてのペルソナをめぐって単一の見解など抱いていなかったのである。なるほど、あくまでも議論の糸口としてテクストがまるでクックの来訪と同時期であるかのように扱われているだけかもしれない。仮にそうであったにせよ、言説自体が論争的性格をもつことには変わりがなく、そこからジェイムズ・クックの人柄や存在、彼の到来をめぐって多様な「議論」があったことを立証するのは容易である。加えて、そうした言説は必ずしもジェイムズ・クックだけを扱っているとはかぎらない。ハワイの伝説にはクックのはるか以前に異邦から来訪した者たちのことが語られており、そこには白い男たちすら含まれているからである。以前に議論したフォルナンダーの記述に現れる、白い祭司の家系や、ロノ・カエホの代理として送られたピリの家系などがそうである（第四章参照）。ほかにも、サモアから到来した祭司首長のパアオをめぐる込み入った神話があり、エリスの伝える別の神話によれば、パアオの息子のオピリの時代にも白い男たちが到来し、彼らについて「現地人は……神か人間なのか決めかねた」という。[45] 要するに、異国からの来訪者については「白い」人間ともども先行する神話が存在しており、彼らが神なのか人間なのかといった、彼らの本性を論じる言説もやはり伝統的に存在してきたわけである。だとするならば、カマカウによって収集されたクックをめぐる言説も、先行する伝承によって条件付けられていたのではないだろうか。それらの言説がいつ作られたのかは定かではないが、それでもクック来訪時になって一（デ・ノヴォー）から産み出されたわけではないのである。

さて、次はベックウィスに話を移すことにしよう。彼女はカマカウを典拠とした上で、クック一行が神か人間か尋ねられたカフナ（祭司）たちが、「カエカエ（カカエ）とクーカナロアの地から来た人間」と答えたとしている。[46]その土地からやってきた異邦人は以前にもハワイ諸島に上陸したと見られていた。それらの人々をめぐる神話を語ったのちに、ベックウィスはカマカウの言をかいつまんで、「彼らの言葉は丘に住むラレ鳥のさえずりのように意味不明であった」と述べている。[47]わたしが思うに、こうした伝承は見知らぬ人々の到来によってかき立てられた多様な議論を、専門の祭司たちがのちになって結晶化したものなのだろう。対照的に船の航海誌では、同じく論争的で探求心旺盛ではあっても、さほど比喩的ではなく、もっと直裁的な言説形態について言及されている。一例として、帰国の途についたキングが一七七九年のはじめに出会ったカウアイ島のある首長の例を取り上げてみよう。キングはこう述べている。

その男［カッエオクラニ］について、わたしはとても堂々とした感じのよい容貌の持ち主としてすでにふれているが、彼は我々の風俗習慣についてきわめて探求心旺盛であった。彼が聞いてきた質問だけでも、これらの人々がごく多様な観念をもつことの証左となるだろう。彼は我々の王や我々の人口、船や家の建て方、土地の特産品について、さらには戦争をしたかどうか、我々の神はどのようなものかなどと尋ねてきた。

なんと、この人物と彼の妻は「ブリタニーに見物に行きたいと熱望した」という。[48]内戦においてクラークの援助を求めたのも、まさにカウアイの人々であった。同じ年のもっと早い時期に今度はハワイ島で、キングはクックの死後の乱戦で殺害されたハワイの首長をめぐり、次のような偏見にとらわれない考察を述べている。

我らが哀れな友人カニーナは、これらの人々にはめったに見出せないことだが、好奇心の節度をわきまえ、明敏

> な理解力の持ち主であった。彼は我々の風俗習慣についてきわめて探求心旺盛であった。彼は……我々の船や家の建て方、我々の国の特産品について尋ね、我々が戦争をしたか、したとすれば誰とどのような機会に、どのようにしておこなったか、我々の神はどのようなものか、こういったたぐいの質問を数多く聞いてきた。このことは高い理解力をもつ知能の存在を示している。[49]

以上のような綿密で合理的な民族誌学的調査は、かつてハワイ人が同じような質問をイギリス人から受けたことに刺激されたものであり、その結果に基づいてクックと乗組員をどう扱うか、とりわけ彼らが敵に対抗する実利的同盟を結ぶ上で役に立つかどうかが判断されたのである。この種の合理的なプラグマティクスは、クックのことを三角形の船でカヒキからやってきたロノだとする一八二〇年以降の神話とは、そう簡単には折り合いをつけることができない。

　このように、『モッオレロ・ハワイイ』と宣教師の記述は我々の時代まで伝わってきたジェイムズ・クック神話に対して論戦を挑むものだったのである。「歴史」として、あるいは伝統的神話の一覧として見た場合、福音主義者の記述にはなんの価値もない。せいぜいのところ、後代のハワイ人がかつてのハワイ人のクック観をどう考えていたのかうかがわせてくれるだけである。それでも、別の読みは可能である。というのも、そこにはまだ多くの事柄が隠されており、表面に持ち上げられるのを待っているからである。そこで、以下ではカマカウのテクストに懐疑的な眼差しを注いでみることにしたい。そうすることによって、ハワイ土着の言説が福音主義的言説とは正反対の性格をもつことがかなりはっきりと見えてくるはずである。ハワイ人たちは神話的に思考するとみなされがちだったが、彼らの神話的思考というものは、内輪での議論をほとんど容認できない硬直した伝道団体の言説よりもはるかに柔軟だったのである。さらには、カマカウの著作を検討することによって、ハワイ人がけっして「紋切型的再生産」に委ねられてなどはいなかったことも明らかにしたい。むしろ彼らはクックの到来と島における彼のあり方をめぐって様々な質問を繰り返し、議論を戦わせていたのである。わかりやすくするため、以下では神話のなかでそうした議論を表している箇所に傍点をふることにする。

一、何人かの首長は「奴らがカ‐ププッウを殺したのだから、殺してしまおう」と叫んだが、カフナのク‐オフはこういった。「それは正しい考えとはいえない。彼らを非難すべきではないからだ。カ‐ププッウが掠奪にいった以上、非は掠奪した我々のほうにある。すでにいったように、我々は法の下で生活している。もし誰かが強盗や盗みを働いた場合、その者の骨を肉から引き剝がすのが定めである。したがって、彼らを親切に扱うことが正しい道である。よく聞きたまえ、首長と平民たちよ。彼らが神なのか人間なのか、わたしは知らない。ただし神かどうかを確かめる方法はひとつある。もしも我々が彼らを誘惑して、彼らの祖先の神々（アウマクア）が収められたヒョウタンを開けなければ、彼らは神々であり、もしも彼らが聖なるヒョウタン（イプ・カプ）を開けたならば［すなわち、彼らが女の誘惑に負けたならば］、彼らは神ではなく、むしろ異邦人（ハオレ）、カッエカッエとクー‐カナロアとその仲間たちの土地から来た男であることになる」。老人たちの多くは異邦人について聞いたことがあったので疑わしく思っていたが、たいていの人や若者はこう叫んだ。「神だ、神だ、ロノは神だ、ロノは神だ」と。こうして、ロノの名前はカウアイからハワイへと広がっていったのである。[50]

記述の真偽のほどはどうでもよい。むしろこうしたテクストの助けを借りることで、神話的主題を扱うハワイの言説が論争的性格をもつことをくっきり浮き彫りにできることのほうが重要である。

二、カウアイの首長カ‐エオはカ‐ネ‐ア‐カ‐ホッオワハとカウ‐カ‐プアッアをオアフのカ‐ハハナのもとに送り、キャプテン・クックがカウアイに到来した際になにが起きたのか、白人がどんな格好をしていたのかすべて報告させた。彼らは白人のことばがオッオ鳥の震えるようなさえずりに、ラリ鳥のように長く伸ばした喉頭音、そして甲高い音を混ぜたようなものだったといった。また、彼ら［異邦人］が頭の先から足下まで衣に覆われ、頭には三角形のものをかぶり、両足に靴を履いていたと述べた。カーネーアーカーホッオワハはいった。「彼らは聖なる網ヒョウタンを開いたのだから神ではない。カーエオは女首長のレレーマホアーラニにヘイアウで寝るよう命じたのである」。カーハハナの主任祭司であるカッオプルプルはいった。「彼らはヒッイクア、ウリウリ、メレメレ、ケッオケッオから来た異邦人であり、彼らは土地を支配することになるだろう」。ある者たちはいった。「おそらく彼らはクピヘアの予言者（カウラ）、ケキオピロがやってくると予言した、人が乗れるほど大きな長耳の犬を連れた、あの白い男たちなのだろう」。また他の者たちはいった。「彼らはクアリッイの時代にケキオ・ピラカロのいっていた男たちである。すなわち、

使者は天界からのクー、
異邦人はカヒキからのクーである」と。

このように、キャプテン・クックをめぐってはいろいろなことが喧伝されたのである。[51]

ここに神話として結晶化した議論の伝承（「いろいろなことが喧伝された」[1]）は、さらに論戦的な性格を強めており、ひとつにまとめられた声は互いに相容れないものとなっている。とりわけ最後の二行連句が興味深い。これほど遅い時代になっても、クックをノロではなく、逆にカヒキから到来したクーとみなす者がいたことを暗に示しているからである。「長耳の犬」とはもちろん馬のことだが、クックの到来時に船に馬が乗せられていたとは

思えない。この言説の冒頭に現れる首長のカｰエオ（カエオ、カッエオクラニ）は、キャプテン・キングにイギリスの「風俗習慣」を問いただした首長と同一人物である。ここでも彼は同じような調査を進めていたのだが、彼の言説自体はずっとのちになってカマカウの祭司インフォーマントたちによって比喩的（トロピック）形態で再表象されたのである。

三、ハワイ人たちに対して、彼［クック］は布や鉄、一振りの剣、小刀、首飾り、鏡などの贈り物を贈った。彼らは布のことをココヤシの実の繊維に似ていることから、「異国の繊維」（アッア・カヒキ）と呼んだ。また、ガラスをキロと呼び［キロと呼ばれる占い師の慣行によるもので、浅い水皿を見つめると、そこに占われている人間や行為が映るという］、鉄のことは「短剣」（パホア）と呼んだ。彼らは異邦人を神とみなすのをやめた。はじめ彼らは縁反帽のことを頭の一部、衣服のことをしわになった皮膚だと思っていた。[52]

ここでは「常識のプラグマティクス」がどのように働き、通常の知覚がどんな意義をもっていたのか一目瞭然である。まるでハワイ人たちは皮肉を込めてこういっているかのようだ。「鏡に映るならば、彼らは人間である。かつて我々は彼らの帽子のことを頭の一部だと思っていたが、それは誤りであった。彼らも我々と同じだ」と。

四、二月四日にノロは自分の船に乗って出帆したが、カワイハエ湾の沖に出たところで、一本のマストがぼろぼろになっていることを発見し、修理のためにやむなくケアラケクア湾に戻ることになった。彼が戻ってくるのを住民が認めると、女たちは再び水夫と関係を結び始めたが、その数は前ほど多くはなかった。住民は疑い出し、なかにはこんなことをいう者もいた。「あれは神じゃない。あれは人間、クーｰカナロアの土地から来た白い人間だ」。これに対してあくまでも彼らが神だと言い張る者もいた。さらにはこう述べる者もいた。「カーネ、カナロア、ク−、ロノの伝説によれば、彼らはカヒキから到来し、女とは寝ないそうだ。ロノ−イ−カ−マカヒキは挑発された男であって、神ではなかった」。またある男はこういっていた。「船にいた女［レレ−マホア−ラニ］によれば、彼らは傷つけられた時に呻き声を上げたそうだ。女が爪を彼らの体に食い込ませると、彼らはこういったという。お前はまるでフクロウみたいに引っ掻く。おまえの爪は長すぎて、カモが引っ掻くようだ。それからさらに女のわからないことをいろいろいったという」。住民たちはロノが怒るかどうか確かめるために、彼を挑発しようとした。彼らはこう推測していたのである。「おそらく神はお怒りにならないだろう。なぜなら、すでにロノ神は豚や布、レッドフィッシュ、バナナ、ココヤシの実などの供物をお受け取りになっており、それによって慰撫されていたからである[53]」。

声はよりいっそう論戦的となり、さらには、死者の霊を試すために伝統的におこなわれてきた方法のように、ほぼ実験といってもよいやり方で、異邦人が自分たちと同じように痛みや怒りに反応するのか確かめようとしている。ここで述べられている内容の大半は後代の産物だが、そこには論戦的言説と多様な解釈がハワイではどのような様態を取ったのか表現されており、常識のプラグマティクスに基づいて神話や出来事の現実味を比較検討する能力がハワイ人にあったことを裏付けてくれる。そうした言説はハワイ人が合理的で一貫した思考を展開できないとする宣教師の見解とも、彼らがあらかじめ決められたシナリオ通りに行動するという構造主義者の見解とも両立しがたい。とりわけ後者の見解では、ハワイ人は歴史をロノ神話の単純な再現と見ていたことになり、歴史と神話の一致が彼らのもつ別の信念に反しても、運命の二年間のあいだ彼らの現前で起きていた出来事を捉える物理的知覚に反していても、[2] まるで意に介さなかったことになる。文化が物理的知覚を継ぎ接ぎすることもあるかもしれないが、物理的知覚もやはり無垢の（文化的な）概念形成に継ぎを当てるものではないだろうか。以前の著作で示したように、ここでいう「議論」とは歴史のなかに突如噴出し、神話の発展する方向に影響を与える論戦的言説のことを指している[54]。たとえば、宣教師の言説は罪と悪をめぐる議論を産み出し、今度はその議論がクックの神話的ペルソナの内実と意味を変容させていた。わたしはこれまで神話を特定の時間、場所、伝承といった文脈に位置づけてきたが、だからといって神話的要素が過去に触手を絡ませていないなどといいたいわけではない。そうではなく、その触手はあらかじめ目に見えるものではなく、神話を批判的に読解することではじめて仮説として歴史について推論することができるということなのである。

ここでは先に紹介した二つのタイプの言説について振り返りながら考えてみることにしよう。ヨーロッパ人の風俗習慣、とりわけ彼らの武力に関して二人の首長がおこなった調査は、民族誌学的といってもいいような知的探究心に動かされていたように見える。首長たちは新参者の生活様式を明らかにしようと努めている。彼らは新たな武器に対してとくに興味を示しており、おそらく島嶼間戦争に役立つか見定めようとしていたのだろう。質問はいずれも直裁的で歯に衣を着せないものであった。一方、こうした声をカマカウのインフォーマントとなった祭司たちの声と対比してみよう。彼らの述べていることは間接的で比喩的なものであり、物語や逸話のかたちに仕立てられている。まるで最初のタイプの声は「助言者」によるものであり、第二のタイプの声は祭司や他の宗教的専門家のものであるようにわたしには思える。

望まれた目的を達成するためには、祭司と助言者はともに文化的に規定された手段をそれぞれ独自に組み合わせ、戦略的に操作できなくてはならないが、操作可能な選択肢と行動の幅についていえば、助言者のほうがより大きなゆとりをもっているように思われる。助言者は実践的合理性の鑑であって、言説にもそうした方向性が反映されているのである。

二つの類型の決定的違いは言説の領域にある。祭司と助言者の発言はともに論争や議論の沈殿物であるか、その可能性があるわけだが、ただ、祭司の言説の論争的性格が間接的で隠喩的、比喩的な思考、つまりは神話的な思考の枠組みのなかで産み出される点が異なる。助言者の言説がもっと直截的で、さほど回りくどくなく、我々にとっても容易に理解できるのに対し、祭司の言説はそれを表現する象徴形式に関して専門の知識をもたないかぎり解釈することができないのである。先ほど挙げた祭司の言説の場合には、事態はさらに込み入っている。カマカウのインフォーマントたちはおそらくクックの到来と滞在のはるかのちになって比喩的な発言をしているからである。それとは対照的に、キングの報告する助言者たちの発言はクックの滞在時になされたものである。ただし、祭司と助言者が別種の人間であるといいたいわけではなく、彼らは異なった伝統を体現するにあたって別個の言説に関与しているにすぎない。実際のところ、同一人物がある文脈では助言者、別の文脈では祭司として振る舞うこともあるのである。

モンテレーの西瓜、あるいは熱帯(トロピカル)の比喩(トロープ)という話題(トピック)をめぐるある現地人の省察

シェルドン・ディッブルは『モッオレロ・ハワイイ』の流れをそのまま汲みながら、二度目にハワイに近づいたジェイムズ・クックをめぐって、新たな神話形成の試みを記録している。

> 人々は異邦人について伝令に問いただした。これに答えて、彼はこういった（いささか誇張されてはいるだろうが、伝承ではこういわれている）。「男たちは白く、彼らの肌はたるんでいて、ひだになっています（文明化された習慣について無知であるために、肌にぴったりとした衣類など思いもよらず、男たちの衣類を皮膚と誤解した）。頭は奇妙なかたちをしています（粗野な状態にある彼らには頭を覆うという発想がないので、遠くから見た帽子を

頭と誤解した）。彼らは神、火山です。火と煙が口から吐き出されるからです（タバコをふかす場面を遠くから見たために生まれた誤解）。体の表面にはいくつも扉があります（ポケットが体に開けられた穴と誤解された）。その穴に彼らは手を突っ込み、いろいろな貴重品を取り出しており、彼らの体には財宝が詰まっています」。こう述べると、彼は立ち上がり、外国人を真似るようにヒョウタンを自分のマロ〔男性の日常用の下帯〕の脇に突っ込んでから取り出してみせ、さらには彼らの言葉の理解しがたい性格についてなんとか伝えようとした。そして、カウアイでおこなわれた大砲の発射と花火の打ち上げについて恐ろしい報告をおこなった。[55]

そしてここにモンテレーの西瓜が登場する。

キャプテン・クックはマウイからハワイという大きな島へ進み、ククイパフに近いコハラ地方の沖に現れた（十二月二日）。彼が島に近づくにつれ、住民のなかには思い切ってカヌーで近づき、遠巻きに船を眺める者も現れるようになった。彼らは異邦人がなにか赤いものを食べているのを見て、それを人肉だと確信した。また、彼らはすでに聞いていたように異邦人が口から火を吐くのを見て、それが体の中から吐き出されているのだと思った。岸に戻ると、彼らは船にいる者たちが神々、火山の神であると報告した。彼らが生の人肉だと思ったのは、モンテレーから持ち込まれた西瓜の赤い果肉であり、彼らが一度も見たことのないものであった。いうまでもなく火はタバコの火のことである。[56]

残念なことに、クックは一度もカリフォルニアには上陸していない。しかし、ヴァンクーヴァーは一七九二年から一七九四年にかけて何度かモンテレーを訪れており、実際にそこからハワイに西瓜を持ち込んだのかもしれない。一方、ディッブルのインフォーマントたちはヴァンクーヴァーの船についても覚えており、それを「こっちに漂ってくる……珊瑚礁」と述べている。ヴァンクーヴァーと彼の乗組員もやはり彼らにとっては神であったという。ところが、一人のハワイ人が水夫の顎に石をぶつけ、彼らが実際には神ではないことを知ることになる。ディッブルはこう述べている。

> 白人は痛みに耐えかねて叫んだが、それについて住民はこういった。「彼らは叫んだぞ。ひょっとすると人間じゃないのか。彼らの目がとても輝いていたので、てっきり神だと思っていたのに」。それに抗議する者もいた。「慌ててロノイカオウアリイ神を殺すようなことがあってはならない。偉大なるロノがハワイ島で殺されてしまったのに対して、この方は生きていらっしゃるではないか。この方こそ偉大にして力強きペケク、神であられるぞ[57]」。

ディッブルはかなり変わったインフォーマントを抱えていたに違いない。サーリンズですら、さすがにヴァンクーヴァーの時代ともなると、ハワイには白人の列聖化や神格化を鵜呑みにする者が皆無に等しいといってもよく、ハワイ人がヨーロッパ人の前に儀礼的に平伏する慣行もなくなったと述べているからである。

　さて、今度は右に紹介してきたハワイのいわゆる白人神話の前半部分を扱うことにしよう。ディッブルにとってそれらの神話は「誤解」であり、サーリンズにとっては、ハワイ人が船から宝物を無償取得することを可能にした神話的現実を表現するものであった[58]。わたしとしてはそうした言説が比喩であって、その本性を理解できなかったために、研究者（そして一般大衆）は比喩を文字通りに受け止め、少なくともディッブルの著作に代表される西欧の大衆的言説では、現地人に底抜けの軽信性が帰されるようになったのだと提唱してみたい。

　まずはわたしの子供時代の思い出を振り返ることから始めて、現地人の比喩に対する誤解を批判することにしよう。一九三〇年代、我々スリランカ人の多くは大人も子供も含め、汽車がコロンボの家のそばを走り抜ける際に、こんな繰り返し歌（リフレイン）を唄ったものである。

アングル・カカー・ウァトゥラ・ビビー——コラムバ・ドゥウァナ・ヤカダ・ヤカー
石炭喰って、水飲んで、コロンボに駆けるよ、鉄の悪魔。

そして、キャンディに向かってシュッシュッと音をたてながらゆっくり進む高地行き列車は、こんな歌を唄っていた。

ウダ・ラタ・マェニケテ——パタ・クダ・デカデカ
高地の淑女に、絹傘、ふたつ、ふたつ。

最初の繰り返し歌では言葉が重要である。汽車は石炭を食べ、水を飲む姿で即物的に描かれている。歌詞によれば汽車は悪魔であることになるが、誰もそれを真に受けたりはしていなかった。我々の大半にとって、汽車が悪魔ではない以上、「鉄の悪魔」というのはいささか大げさだったが、その不釣り合いさのおかげでさびが利いたわけである。これに対して、二番目の繰り返し歌では言葉に意味はない。むしろ重要なのは丘を登ってゆく汽車のリズムに合わせた発話の律動性である。同じリズムを持ちさえすれば、別の無意味な歌詞を代わりに使えたし、実際にそうされていた。大人になってからも、キャンディを訪れるたびに、汽車がまだ「ウダ・ラタ・マェニケテ——パタ・クダ・デカデカ」と唄っているのを聞き取れたものである（後に登場してきたディーゼル機関車に呪いあれ）。こうした例を手がかりにしながら、現地の比喩に不慣れな者たち（現地人を含む）が言語使用を誤解するプロセスについて、もっと大きなレベルに広げて考えてみよう。
本章で扱っているハワイのインフォーマントのように、スリランカの年代記『ラージャーワリヤ』（「王統史」）もやはりポルトガル人について肌の白い人々と述べ、彼らの大砲の音が宇宙に聳えるユガンダラ山に轟く雷鳴のようであったと伝えている。さらにテクストではそれらの異邦人たちが石を食べ、血を飲んだとも付け加えられている。[59] これまで西欧や現代スリランカの歴史学者たちはこの事例を字義通りに解して、パンとワインを石と血に取り違えた人々の見間違いや、粗忽者ぶりのせいにしてきた。ずいぶん前のことになるが、スリランカの僻村でフィールドワークをおこなっていた際、あるインフォーマントから村人がはじめてイギリス人に遭遇した際のことを聞いたことがある。そのイギリス人は巡回中の役人であり、出合った際には岩に座っていたという。「いいかい、なんと奴は石を食べて、血を飲んでいたんだよ、あっはっは」。そして、一同もつられて笑い出したものである。このことからすれば、文脈を削ぎ落とされた『ラージャーワリヤ』の言及もようやく意味をなすことになる。つまり、そこでの発話は不釣り合いなものを並置することから生まれた冗談だったのである。こちらの例でも暗に悪魔のことが示唆されているが、たとえ血を飲む悪魔はいても、石を食べる悪魔などいるわけがない。このように比喩の基盤は則物的な類似にあるが、比喩の意義自体は実際には似ても似つかない類似を弄んで茶化すことにあったのである。

この二つの比喩はいくつかのポリネシア文化にも見いだされる。思い出していただきたいが、マオリ人のテ・ホレタはイギリス人が「軽石」を食べると述べていたし、[3][60] 第二回航海でもタヒチの首長トゥが厳めしいテトッオファ(トウハ、「提督」)とともにレゾリューション号に乗り込んだ際、おそらくテトッオファを困惑させるためだろうが、自分の飲んだワインが血だと冗談をいっていたではないか。[61] しかし、反語法(アイロニー)とはわかりにくいものであり、比喩の意味がもっと捉えどころのない場合もある。たとえば、一九五八年にフィールドに入っていた際、わたしが近づくと子供たちが床に転げ回り、手のつけられないくらい泣き叫んで癇癪を起こすことがあった。すぐにわかったことだが、母親たちが子供を脅かして大人しくさせるため、わたしを人さらいとして利用していたのである。つまり、わたしは隠された宝を得るため、子供を袋に詰めて生贄にしてしまう苦行者(サニヤーシン)にされていたわけである（わたしを知るものにとっては思いもつかないことだろう）。さて、こうした発想を白い肌の異邦人にも転用してみよう。ひょっとすると、そこでも白人について石を食べ、血を飲む悪魔だと述べることによって――ただし「あっはっは」抜きで――子供たちを脅かそうとしていたのかもしれない。トゥ、テトッオファ、そしてワインを血とする滑稽な等式（少なくともこのタヒチ人たちには）についても同様である。しかし、等式がいつまでも滑稽であるとはかぎらない。それが頻繁に語られるようになると、不安を引き起こす様々な状況と結びつきかねないからである。たとえば、いくつもの場所で見られたことだが、一般人や首長ですら、殺されるかもしれないという恐怖から、船に乗り込んだり、とりわけ船の下層階に踏み込んだりすることをためらうことがあった。そうした恐怖はポリネシア人のなかにイギリス人を食人種とみなす幻想を抱く者がいたことから、さらに強化されることになった。そうなると、「イギリス人は血を飲む」という冗談はこうした不安を催す文脈と信念に結びつけることが可能となり、少なくともある種の人々にとっては冗談ではなくなってしまうだろう。例の軽石や西瓜にしても同じことである。大人の村人たちは笑ったのかもしれないのだが、謹厳実直な歴史学者のほうはそれをきまじめに受け止めてしまったわけであり、口から火を吐く男たちや体の一部となった帽子、ポケット一杯の（ライ麦ならぬ）宝物などといったハワイの比喩もしかりである。わたしはそれらの比喩を扱えるほど十分にハワイ語に通じているわけではない。したがって、そうした比喩的な言明は自分たちの言語の機微に精通した現地人学者の研究を待たなくてはならないが、時にはそうする必要のないくらい発話のパロディー的性格が明白なこともある。

たとえば、商人のレイノルズによる次の記述を検討してみよう。これはすでにハワイ人が十分にヨーロッパの文物に慣れ親しんでいた一八二四年に書かれたものである。

原住民のあいだでは、モウィー［マウイ］で伝道団体の建物が焼き討ちにあい、追い払われたという噂が広まっている。ピット［カライモク、「首相」］は彼らを島から永遠に追放するため、オワイヒー［ハワイ］に向かったが、これは伝道団体が幼い王子［カウイケアオウリ、後のカメハメハ三世］と王女［ナヒエナエナ］に糞を食べさせようとしたためであるという。どうやら二人は宣教師の家を訪ね、そこでパンとバターが出されたようだ——王子のそばにいた原住民がバターを知らなかったため、こんな報告が生まれてしまったのである。(62)

石頭な宣教師たちはハワイ人の発話のパロディー的性格を完全に取り違えてしまったわけである。しかし、ひょっとするとその裏にはバターと糞以上のなにかが隠されているのかもしれない。サーリンズにとっては、この発話が「ハワイにおける食物と排泄物との範疇的対立」を示すものと見られているからである。(63) 思うに、食物と排泄物がカテゴリーとして対立しないような社会もきっとどこかには存在するのだろう。

比喩を文字通りにとるのは民族誌学特有の病いといってもよい。バフチンやより最近ではサールが「発話意味」として論じてきたような、発話の様々なニュアンスをくみ取れる部外者はごくわずかだからである。(64) さらに付け加えるならば、「白い異邦人が血を飲む」、あるいは「軽石を食べる」、「糞を食らう」といった言明は、「発話の文脈」において意味を得るものである。発話の文脈は発話共同体の範囲内にかぎられているものだが、それはきわめて安定していることもあれば、時間や場所、歴史によって流動的で危うい土台となることもある。たとえば、ヨーロッパ人がある共同体に慣れ親しむようになると同時に、比喩のほうがひからびてしまうこともあるだろう。このように歴史的文脈が変動してしまうと、以前の発話共同体に誤って軽信性を帰してしまうのは容易である。むしろ軽信性とは我々の側の問題であって、我々が発話の文脈と比喩の硬直化にいたるプロセスをはっきり見分けられないことに由来するのである。

以上の考察を通じて主張したいのは、「神話生成的思考」の否定ではなく、神話の世界もまた閉じられてはいないということである。経験を濾過する構造は多様であって、それらは機械的に働くものではなく、合理的な省察に照らし合わせて操作される。ときにはポリネシア人の行動が「前論理的」で、慣習に拘束されているように見えることもあるが、子細に検討してみるならばそうした幻想は消え失せてしまうだろう。たとえば、第三回航海においてサムウェルはハワイ人がいかにしてイギリス人の天体観測の習慣を自らの神話的構造に組み込んでしまったのか記している。「インディアンたちは天体観測所で見た大時計と携帯時計をエトゥア［アトゥア、神］と呼び習わしており、それらが我々の神であり、我々が崇拝しているのだと考えていた[65]」。タヒチでも同様であり、ウォリスがイギリス王のために勝手に土地を儀式的に占有してからというもの、ポリネシア人は英国国旗に供物を捧げていた[66]。しかしながら、このポリネシア人たちはイギリスの慣行を自らの神話構造に組み込む方法については実利的で良識的な判断を下していた。結局のところ、占有のためにおこなわれた儀式はどんな観察者から見ても儀礼的なものであり、ポリネシア人も宗教に対して排外主義的な偏見を抱いていなかったので、彼らとしては英国旗を自分たちの生活形式へと組み込み、まさに実利的な目的から慰撫し続けたわけである。この点でいえば、観測所の件はもっとよくできた実例といえるだろう。というのも、イギリス人は自分たちに割り当てられたヘイアウのそばのイモ畑にタブー化された空間を実際に有していたからである。キングによれば、「我々はパレアにその畑（境界が［ヘイアウの］石垣によって縁取られており、そのままで他と隔てられていた）にタブーをかけるべきだと理解させ」、「祭司たちが自分たちの杖を壁の上に立てることによって」そうしたという[67]。したがって、天体観測機材がイギリス人にとって聖なる事物であるという推論は妥当で合理的なものといえなくもなかったのである。さらには、イギリス人は機材を使って定期的に天空を見つめるといった、「奇妙な」行為もおこなっていた。ことによるとハワイ人はイギリス人が気づいていた以上に真実に近づいていたのかもしれない。たいていの場合、定期観測は機械的におこなわれ、さして深刻な意味や実利的な意味をもたなかったからである。レゾリューション号には専門の天文学者が配属されておらず、キング海尉がその仕事を引き受けなくてはならなかったほどである。イギリス人がハワイ人の儀礼的行為を合理的に解釈しようとして（たいていは誤っていた）のと同じように、ハワイ人もやはりイギリス人の儀礼的行為に合理的な意味を与えようとしたのである（そして、彼らも見立てを誤っていたかもしれない）。実際のところ、時計の機能と仕組みに関して説明を受けた際、タヒチのある首長はなんの苦もなくそれを理解していた。[68]

一方、イギリスの航海誌執筆者ですら賞讃できた創造的な即興行為の例もある。ずば抜けた才能をもつトゥパイアがその傑出した例だろう。彼は広汎な地域に関して該博な地理学的知識を有しており、クックに島嶼群の詳細なリストを与えたばかりか、ペンとインクに慣れていなかったにもかかわらず、彼のためにそれらの島々を海図にしたためさえしたのである。[69] 第二回航海の際に出合ったもう一人のタヒチ人、トゥアハも同じくらい聡明であった。「クックは彼にタヒチの地図を［それがなんであるかいわずに］見せたところ、彼は一度も地図など見たこともないにもかかわらず、すぐに島のそれぞれの地区を識別して名前を告げた。彼はヨーロッパ船［スペイン船］が停泊していた場所を、ヴァイテピハ湾のすぐ北に指し示した」。[70] さらに第二回航海でクックの通訳を務めたあの驚嘆すべきボラボラ人、ヒティヒティもここに加えることができるだろう。彼は南極圏の寒さに凍えながらも、長さの異なった小枝を束にしたものを使って、誰にも真似できない彼なりの流儀で航海誌を記していたのである。「彼らが島を訪れるたびに、彼はその発見を表す一本の小枝を選び出していた。それらの枝はイギリス人にはどれも同じに見えたが、彼はその束を指し示しながら、彼が見たすべての土地について正しい順序で語ることができた」。[71] こうした事例は枚挙に暇がないのである。

第八章

人類学的語りに見られる神話モデル

これまで提唱してきたことをまとめてみるならば、基本的にいってクックをロノ神とする神話は、畏るべきヨーロッパ人が野蛮な民族の神となるという西欧的観念を土台として形成されたことになる。前章で見たように、ヨーロッパ的思考ではそれがさらに変化して、偶像崇拝という福音主義的観念に転じたわけである。のちになってそうした観念はハワイ人にも受け入れられることになるが、だからといってハワイ人が初めからそう考えていたという証拠にはならない。いい方を変えれば、ハワイでクックが首長として神格化されたこともそうであったが、ヨーロッパ的思考において彼を神聖視したことも、やはり長期持続的構造に基づいていたということである。そこからさらに進んで、本章ではクックの生と死をめぐるサーリンズの人類学的語りも、彼のいうように構造の連続性と接合状況をめぐる理論を立証するだけではなく、意図的ではないにせよ、ジェイムズ・クックの列聖化というヨーロッパ神話を継承していると提唱することにしたい。理論的思考というものはえてして非理論的な伝承の神殿に祀られているものである。

サーリンズによって練り上げられた死にゆく神ジェイムズ・クックという神話を分析するためには、彼が乗船していた航海誌執筆者の経験的記述を微妙に書き換え、ときにははっきりと改竄しているので、まずは彼の言語使用をじっくりと検討してみなくてはならない。そこで、死を迎える運命の日にカラニッオプッウ王と接触を取ろうとしたジェイムズ・クックの姿を、サーリンズがいったいどのように描いているか検討することから始めよう。

最初に、彼が「王を探すために」出かけた際には、幾頭もの小さな豚が彼に押しつけられた。カラニッオプッウが目覚めるのを待つあいだには、さらに赤いタパ布も捧げられている――これはイギリス人船長がまだハワイの神の生きた姿であったことを示すものである(1)。

この件をめぐって我々が有している唯一の目撃証言はフィリップスによるもので、彼の記述には豚や赤いタパ布の「供物」を受け取るクックはどこにもでてこない。キングもやはり非公式版航海誌では供物について言及しておらず、前の晩にカッターが盗まれ、揉め事が始まった際に、人々が次第に「傲慢」になってきたと述べているだけである。クックが衛兵に発砲させると脅したところ、「海兵が［銃を］向ける仕草をするたびに、群衆はさっと後退したものの、彼らが我々の脅迫を嘲笑し始めるのが十分に見て取れた(2)」。おまけにクックは骨折り損の追跡劇を繰り広げ、失望と激怒のうちに船に引き上げざるをえなかったが、こうした扱いが神の生ける姿とされた人物に似つかわしいとはとうてい思えない。

そうなると、どんな資料からクックが「供物」を受け取ったとされたのかという疑問がわいてくる。これはサムウェルに由来するものであった。「クック艦長が通り過ぎると、インディアンたちは地面にひれ伏し、いつもと変わらぬ敬意を彼に示した……。彼らは豚か根菜がいるかと尋ねたが、彼はそうではなく、王に会いたいのだと伝えた……。彼らは何度も［カラニッオプッウがいると思われたある首長の家から］出てきて、幾枚かの赤い布を彼に差し出した……(3)」。サムウェルが現場近くに居合わせなかったことは指摘しておかなくてはならないが、基本的に記述自体には疑わしいところがまるでない。キングは公式版航海誌でサムウェルのデータを広範に活用しているが、ハワイ人がクックに豚か根菜をいるかと尋ねたという出来事はすっかり別のものに変えられている。「彼はただちに村に進軍したが、そこで彼はいつもの敬意のしるしをもって迎えられた。人々は彼の前にひれ伏し、いつもの小さな豚の供物を捧げたのである」[4]。以上二つの出典がサーリンズによって単一の出来事に圧縮され、クックが神格として小さな豚と赤いタパ布の供物を与えられたことになったわけである。

サーリンズの語りの続きを見てみよう。

王が自ら進んでその場を離れ、クックに手を取られて待機中の艦のボートに向かって歩いていたところ、彼の最愛の妻カネイカポレイと二人の首長が彼を呼び止め、行かないようにと懇願した。イギリスとハワイ双方の記述でも、彼らは無理やり王を地面に座らせるほど長々と王たちの死をめぐる物語を語り聞かせたといわれており、おかげで彼は――フィリップス海尉の報告によれば――「がっくりとし、怖がっている」ように見えたという[5]。

ハワイにはこうした出来事をめぐる同時代の記述がない以上、ここではイギリス側の記述に頼らざるをえないはずである。ところが、カラニッオプッウの妻と二人の首長が「王たちの死をめぐる物語」を王に語り聞かせたとする記述は、たとえ婉曲的なものであれ、イギリス側にはひとつとして見出せない。それどころか、ここでは緊迫した進行中の局面が問題であって、物語を語る暇などなかったのである。フィリップスはこう述べている。「カネイカポレイが「彼のもとに現れ、大いに涙を流し、すがりつくようにして船には行かないよう嘆願した。同時に、二人の首長が彼を摑んで、行ってはならないと頑張り、その場に座らせた。老人はがっくりとし、怖がっている様子だった」。フィリップスの記述はこのように逼迫した人間的状況を反映しているが、一方のサーリンズの語る神話はというと、王たちと神々が互いに対立し合い、まるで偉大な神話制作者のフレイザーが注解したような象徴的な闘争を繰り広げている。そこで、サーリンズはカネイカポレイと首長たちを登場させ、カラニッオプッウに向けて「王の死をめぐる物語」を語らせることになったわけである。彼らの姿は次のように嘆くシェイクスピアのリチャード二世を思わせなくもない。

さあ、神のために地面に座り、
王たちの死をめぐる悲しき物語を語ろうではないか。

（『リチャード二世』、第三幕、第二場）

イギリス側の記述では、艦砲射撃やカヌーの拿捕、「上級位」の首長の殺害、さらにその知らせが村に届くと、二、三千人もの人々が槍で武装して集まってきたことなどが強調されている。これに対してサーリンズの記述では、疑念をもたなかった王が突如として神であるクックに象徴的に対立することになったとされる。

その移行は、王がクックのことを死すべきものである敵と認識するようしむけられた瞬間に、突如として生じたものである。それはすべての社会関係がその記号を変え始めるような、構造の危機にほかならなかった。それに伴い、まるで神々を宥める行為として神々を汚すあのマオリの供犠のように、物の交換もある種の両義性を帯びることになる。一人の老人があまりにも執拗に詠唱しながらココヤシの実を捧げるので、クックは苛立ちつつも、彼を止めることができない。これは王の解放を乞う嘆願だったのだろうか。一方のフィリップス海尉の考えでは、その数二、三千人にも及ぶ住民が自分たちの王を守ろうと集結しつつある事実を隠すため、「狡猾な悪漢である祭司」が頑張り続けていた、ということになる。そんなときに、主だった首長の一人が湾の南端を封鎖していたイギリス側によって殺害されたという知らせが入ってくる。王はまだ「極度の恐怖を表情にあらわにして」地面にうずくまったままであったが……、すぐにその場から立ち去った。(6)

まず指摘しておきたいが、サーリンズはテクストを無批判に読解したために、ここではある誤解が生じている。具体的にいえば、まだ王が「極度の恐怖を表情にあらわにして」地面に座り込んでいたという言及がそれである。この一文はキングの公式版航海誌によるもので、彼の非公式版航海誌を含めて、他にはいっさい見られない。さらにサーリンズは「恐怖」のあとに現れる「落胆」という語をうっかり省略してしまっている。キングの表現は「恐怖と落胆を表情にあらわにして」となっており、先に紹介したフィリップによる王の記述（「がっくりとし、怖がっている」）を受けていたのである。ただし、フィリップスの描く王がそうした感情を抱いたのは首長たちに座らされた際のことだったが、キングの王はもっとあとになってからそう感じたことになっている。[1] サーリンズはキングの叙述のほうを借用し、あえてそこに王が「すぐにその場から立ち去った」という一節を付け加えた。だが、裏付けになる記述はひとつとしてない。むしろ王の存在はこれらの出来事をめぐるサーリンズの命題の核心をなす演劇論的観点から必要とされたにすぎない。だからこそ、まるで劇中人物のようにカラニッオプッウは「その場から立ち去った」わけである。

ところで、配下の首長に教わるまで、王はクック＝ノロが自分にとって「死すべきものである敵」だとは知らなかったという。そこで浅学な者にとっては、さらなる疑問が生じることになる。サーリンズ自身の理論では王と神が象徴的に対立することになっている以上、王は自らの役割からあらかじめ対立を独力で理解していたはずではないか。神聖王であるならば、王は自分が何者か知るために、なにも首長の助けなど必要とはしないだろう。実は、航海誌執筆者の記録した出来事は錯綜しており、サーリンズはそのつじつまを合わせなければならなかったのである。航海誌では王がクックとともに（人質として）船に向かうことを進んで受け入れていたにもかかわらず、王妃と首長に強いられるとすぐに思いとどまっており、まるで右往左往する頼りない老人のように描かれている。ところが、これをサーリンズの儀礼劇に転換してみると、突然の移行ということになり、そこから「王がクックのことを死すべきものである敵と認識するようしむけられた」というのである。こうして、カラニッオプッウ王とクック神とのあいだに突如として対立関係が認められたため、すべての社会関係は記号を変え、いまにも構造の危機が生まれそうになる。ただし、すぐさまそうなるわけではないという。危機の前には「物の交換」として表現された未決定もしくは両義性の時期があるからである。ところが実際には、サーリンズの言及する物の交換は、祭司がクックに捧げたココヤシの実と詠歌の一例があるだけであって、どうすればそこに両義性が見出せるのか、皆目わたしには見当がつかない。一方、「王の解放を乞う嘆願」だったかもしれないとするサーリンズの解釈は、いかにも西欧におけるクックの神話化におあつらえ向きの解釈である。唯一の目撃証人であるフィリップスによれば、一人の祭司が歌を唄い、「艦長とテリーオブー［カラニッオプッウ］にココヤシの実を儀礼的に差し出した」という。[7] カラニッオプッウを解放するために、祭司が彼自身（カラニッオプッウ）にココヤシの実を捧げるというのは、まるで筋が通らないのではないだろうか。もちろん、これこそが構造的危機に先行する両義性だというならば話は別だが。わたしの考えでは、供物がクックとカラニッオプッウに同時に捧げられたことについて、もっともらしい仮説はいくらでも立てられるが、本当の理由になると、我々が知ることはけっしてないと思う。解釈の本性からいって、何事か解釈不能なものは残されるものなのである。

対立する両陣営の衝突はいまや危険な局面を迎え、「互いに相手に認めた脅威に暴力的に反応しあい」、やがて運命の結末にいたることになる。しかしながら、こうした出来事は「ある文化図式におけるシステム上の価値、つまりそこでの位置づけに基づく価値」を獲得しないかぎり、そのままでは意味をもたないという。[8] 決定的瞬間を迎えれば、クックとカラニッオプッウ、神と王は「互いに宇宙論的な敵対者としてあいまみえることになるだろう」。それはカーリッイの儀礼を思わせるものであり、新年の祝いや他の重要な機会には同じ儀礼がおこなわれ、神を表す一行の投げた槍を王が振り払っていた。ただし、ここでは儀礼が「逆さまに演じられ」、神のほうが守備側についたというのである。つまるところ、サーリンズにいわせれば、神＝クックと王＝カラニッオプッウとの対峙はハワイ人にとって儀礼の実演にほかならず、事後の解釈どころか、出来事が進行中の時点ですでにそう認識されていたということになる（本書の附論二「カーリッィと王たちの神性」を参照されたい）[9]。

ロノ神（クック）は王と対峙するため、戦士たちとともに浅瀬を岸へと向かっていた。そこに、王がクーの庇護のもとで人身供犠を再開するどころか、ロノの一行のほうが一人の首長……を殺害したという知らせが入ってきた。王のほうはいまにも海へ連れ去られそうである――ロノがカヌーで流される代わりに。では、他の役者たちも伝説に現れる役割を演じていないだろうか。ここではカラニッオプッウがお気に入りの妻カネイカポレイの嘆願を受けて、クックに同行することを阻まれていたことを思い出していただきたい。短いとはいえ決定的なこの瞬間に、対決は神と男と女という「ハワイ神話における」原初の三幅対へと立ち戻り、結果は再び女の選択によって決まってしまったのである[10]。

わたしにはここでの分析が根底から間違っているように思えるし、サーリンズはあたかもハワイ人が儀礼を通じていしか出来事を認識しないといわんばかりであるように見える。クックの乗組員がハワイの首長を殺害しているが、本来ならば供犠のために生贄を殺害するロノ一行の役を演じるのは王のほうであったはずである。やはり「逆さまに演じられた」とでもいうのだろうか。御しがたい事実を手なずけるにはなんともうまいやり方である。そもそもイギリス人には儀礼的手続きを伴う供犠に取り組むことなどとうていできないのだから、ロノ＝クックがなにかするたびに、ハワイ人が自分たちの規則を緩和したというのでなければ、供犠という概念を持ち出すのはサーリンズの仮説にそぐわないはずである。おまけにサーリンズは神話に合わせるためにイギリス側の記述を改竄しなければならなかった。「ロノ神（クック）は王と対峙するため、戦士たちとともに水際を進んでいた」

という一節がそうだが、これはどんな記述にも見られない。なぜならば、クックはフィリップスと他の九人の海兵とともに上陸し、そこからカアワロア村に赴き、王と会ったからである。サーリンズにとってみれば、ここで扱っているのが逆さまに演じられたカーリッイであり、カーリッイが浜辺でおこなわれるものである以上、証拠をねじ曲げるしかなかったわけである。[11] のちになってクックが浜辺で殺害されたのはまさに事実だが、彼は浅瀬を岸に向かっていたのではなく、彼の「戦士たち」とともに正反対の方向を目指していた。少なくともブライによるならば、[12] 彼らは自分の命を救おうと、死にものぐるいでボートに向かって逃げだしていたのである。仮にカーリッイだとすれば、サーリンズが想像した以上に多くの点で逆さまに演じられたのは確かであり、なんとも奇妙なカーリッイというほかないだろう。

　サーリンズの記述ではもうひとつ別の逆転現象も生じている。ロノのカヌーが沖に流される代わりに、王が海に向けて連れ去られるというくだりである。もちろんここで言及されているのは、食物を満載したカヌーの模型を海に流すマカヒキの終祭のことである。しかし、ここには曖昧模糊とした同形性が認められるだけである。カラニッオプッウは自ら進んで船に乗ることに同意したが、これは彼が以前からしていたことであって、そこには海の向こうに立ち去るといった含意はない。さらにいえば、ドロシー・バレールが主張するように、カヌーの儀礼がクックの時代には存在せず、ずっとあとになってカメハメハによって産み出されたとするならば、サーリンズの主張にはなんの意味もないことになってしまう。[13]

　王の村で演じられた一幕のことを原初の三幅対をめぐるハワイ神話の再現とみなすのも、やはり誤りである。思うに、原初の三幅対という発想自体がキリスト教の影響を受けたものであって、ハワイの偉大な創造神話『クムリポ』の第八歌を読み違えたことに由来するのではないだろうか。[14] それは別としても、サーリンズはここでもやはり資料を誤読している。彼にとってみれば、カラニッオプッウがクックに同行することを妻に阻まれたからこそ、彼女が決定的な役割を担ったということになる。しかし、現場にいたフィリップスは妻が「涙を流し、すがりつくように」嘆願したと述べているものの、決定的な役割は二人の首長によって演じられたことになっており、彼らは「彼を摑んで、［行っては］ならないと頑張り、その場に座らせた［ところ、］老人はがっくりとし、怖がっている様子だった」という。[15] 王はまだこの時点でもクックに同行しようとしていたかもしれないが、キングの公式記述では、「王が彼について行くそぶりを見せるたびに、そばにいた首長たちが口出しをしてきて、最初は祈りと懇願をもって、のちになると強制と力に訴えながら、彼にここに残るよう言い張った」とされている。[16] サーリンズはこの二人の首長を排除することによって、王の村に原初のハワイ神話の三幅対を再現したのである。むしろ彼のデータはその場に居合わせもしなかったサミュエルに由来するものである。「老女が泣きながら王のもとにやってきて、彼の首に抱きつき、王に仕えていた二人の首長の手を借りて、彼を岩場に陸揚げされていた双胴カヌーのそばに座らせた」。[17]

さて、死にゆく神、ジェイムズ・クックをめぐるサーリンズの語りに戻ることにしよう。すでに述べたように、これは逆さまのカーリッィという宇宙論的演劇であった。カーリッィでは王自身が自分に投げられた槍を払いのけるか（カメハメハの場合がそうであった）、こちらのほうが一般的であったが、「勇者」が王の代わりを演じることになるので、ここではモールズワース・フィリップス海尉が後者の役を務めることになる。「クックは岸にいるあいだずっと副官（セカンド）のモールズワース・フィリップス海兵隊海尉を従えていた」。[18] そして、サーリンズが最初の著作で美しく描き出した神の死が訪れる。クックの死は「儀礼的殺害であり、最後の場面は集団で執り行われることになる。百人以上ものハワイ人たちが倒れ落ちた神へと殺到し、彼の死に与ろうとしたのである」。[19]

こうした記述ではクックはカーリッィの演者というよりも、むしろ西欧神話の英雄に近い――場合によってはキリストのような人物とすらいえるかもしれない。モールズワース・フィリップスも、死で終わるヨーロッパの決闘との連想で、やはり「介添人（セカンド）」としてヨーロッパ化されている。対照的に、どんな資料でもカーリッィは死者を出さない「模擬戦」、あるいは「戦闘の真似事」であると強調されている。[20] ところが、ここで扱っている事例ではクックが五人の彼の「戦士」とともに死んでおり、さらに多くのハワイ人が殺され、傷つき、手足を失ったことはいうまでもない。それでもなおカーリッィをモデルとした儀礼劇などといえるのだろうか。サーリンズは百人以上ものハワイ人がクックの死に与ったという。人数の見積もりが完全にサーリンズの創作であることを別としても、カーリッィとの類似性は認めがたいだろう。「儀礼的殺害」はあくまでも儀礼であって、実際の殺人ではないはずである。

サーリンズがクックの死を神話的に解釈するにあたって直面した深刻な問題のひとつとして、ハワイ文化に「逆さまのカーリッィ」に相当するものがまるで認められないことがある。せいぜいのところ、カーリッィでは王が象徴的に殺害されるというのが関の山であって、神が殺されることはけっしてないのである。それでもなおサーリンズにとっては、クックはフレイザーの扱った西アジアの宗教やキリスト教における死にゆく神にほかならない。では、ハワイ側の対応事例はどこにあるのだろう。サーリンズはそれをすでに検討した儀礼（第五章参照）、すなわち、マカヒキの終わりに神々が王の神殿に運び込まれ、保管のために解体される儀礼に求めている。[21] 残念なことに、ヴァレリがやや的外れに神格の「象徴的な死」と呼んでしまったために、サーリンズは彼の発想を借り受け、マカヒキの神像（長い神と短い神）の解体と保管を毎年演じられるロノ神の死に相当するとしたわけである。しかしながら、サーリンズは次の事実にはあえて目を背けている。たとえ儀礼的解体が「象徴的な死」であるとしても、それは実質的にも構造的にもカーリッィにはまるで似ていない。つまり、王であるカラニッオプッウと神であるクックを対峙させて「構造の危機」をもたらし、後者の「儀礼的殺害」で終わる宇宙論的な対立に似つかわしいとはとうていいえないのである。

では、誰がキャプテン・クックを殺害したのだろう。サーリンズはその栄誉を求める者が数多く存在すると認めている。ただし彼によれば、平民がクックを殺すのは、「社会学的カテゴリーが間違っている」以上、まったく問題外だという。[22] モールズワース・フィリップスがクックの介添人とされたのだから、「クックの殺害者についても、王に随行する家来のなかで神の槍を払いのける人物に探して」みなくてはならない。[23] どうやら、ここでサーリンズはクックの死が逆さまのカーリッィであり、王の位置をクックが、彼の勇者の位置をフィリップスが占めるとした自説をすっかり忘れてしまったようだ。西欧の決闘や騎士の一騎打ちをモデルにして、両陣営に勇者を配した奇妙なカーリッィだというのでもなければ、王の側にもう一人の勇者を受け入れる余地などないはずである。こうして、サーリンズの神話では参加者が二手に分かれ、一人の勇者と複数の戦士を伴った王が、同じく一人の勇者と複数の戦士を連れた神に対峙することになる。故意ではないにせよ、戦いもヨーロッパ化されているわけである。サーリンズはフィリップスをクックの勇者としているが、カラニッオプッウの側では誰が勇者なのだろう。「これから証明したいのだが、謎の鍵は基本カテゴリーにあるのだよ（親愛なるワトソン君）[24]」。「我々はこれまで歴史的出来事の文化的分析（あるいは文化的事象の歴史的分析）をおこなってきた。当然の結果として、それが《殺人事件の謎》を文化的に解明してくれるはずである」[25]。のちのハワイの記述にはクックの死がカーリッイによるものであった、あらかじめ計画されていたなどとは一言も述べられておらず、そのことを思えばずいぶん尊大な解決法である。

にもかかわらず、当の人類学者のほうはなにが起きたのか克明に語ることができるという。「クックを襲った者を特定することはホームズ流に基本カテゴリーから演繹可能である」――らしいぞ、親愛なるワトソン君。[26] クック（ロノ）とマカヒキ、カーリッイとクックの死のあいだに同形性を見出したのと同じ戦略を使うことによって、サーリンズは殺人者を同定することができるというのである。殺人者の名はヌッア（ヌハ）。主立った航海誌執筆者のなかではサムウェルが王の近親としてはっきりと彼を特定していた。

サムウェルはヌハをはじめて王の一行に見出したときから、彼の体格の良さにたいへん強い印象を受けていた。「彼は背が高くがっしりとした体つきで、獰猛な顔つきと物腰をしており、かつてわたしが見たどんな男にも勝るほど、強さと機敏さという二つの長所を容姿に兼ね備えていた」……。そのことからすると、ヌハは王の側近を務めるカウカウ・アリッイ、すなわち下位の首長の一人であり、働きぶりに応じて特権が決まるような人物だったのだろう。彼は戦士であり、その日必要とされた条件をすべて満たす人物だったのである。

地位と風貌の点からすると、まさにこれは探検隊付きの画家ジョン・ウェバーが有名な『キャプテン・クックの最後』で描いたクックの殺害者像にそっくりである［図14参照］。我々は図像資料を無視すべきではない。実際のところ、この絵画の芸術的な価値は正確さを目指した努力につきると一般的に見られているではないか。そこで、ウェバーがクックを襲った者をどのように特徴づけているか確かめてみよう。彼はずば抜けて背が高く、筋骨逞しい若者として描かれている。カーリッイに参加するには完璧である。そればかりか、彼は特別なマントを——戦士風に片方の肩に——掛けており、おもに黒雷鳥や軍艦鳥の羽毛から作られるそのマントが、絵の右側に見える繊細な色とりどりの羽毛でできた衣装や兜と好対照をなしている。後者は珍しい山鳥の羽毛でできている……[27]。

なるほど、多くの候補のなかでヌッアこそが致命的一撃を加えた張本人であったのかもしれない。しかし、そうした仮説を裏付けるにあたってウェバーによって描かれ、バルトロッツィによって版画化された「正確な」肖像画を用いるというのは問題外である。というのも、バーナード・スミスによれば、こうだからである。

ウェバーはエキゾチックな風景をきわめて正確に描き出したが、彼の描いた人物像は十八世紀末の画工職、とりわけスイスのそれにつきものの流麗さと、細く伸びたプロポーションをとどめている。バルトロッツィやシャーウィンのような版画家たちがクックの第三回航海のために図版を制作するようになると、そうした様式的な特徴はいっそう顕著になり、ホークスワースの著作の挿絵に対して同時代の批判があったにもかかわらず、相変わらず現地人はおおむね高貴な野蛮人のように描かれている。[28]

当時のある批評家によれば、ウェバーは第二回航海のホッジスとは対照的に、「チプリアーニ風の美をかたちだけ匂わせ、気の抜けた焼き直しを産み出すために、彼の眼前に広がる現実を犠牲にしたようである」という。[29] 容姿が引き伸ばされた例として、スミスは『ヴァン・ディーメンズ・ランドの住民とクックの邂逅』(図13)を挙げている。ウェバーの描くオーストラリア人(タスマニア人)が実際の姿とかけ離れていることは一目瞭然だろう。長く伸びきった人物像は『キャプテン・クックの最後』に描かれたポリネシア人たちとそう違わない。サーリンズはウェバーの描くヌッアが正確な再現であると考えているが、問題の油絵(さらに図14の複製画)をよく見てみると、そこに描かれたハワイ人はいずれもサーリンズのヌッアと同じプロポーションをしているように思える。プロポーションの面では彼らはオーストラリア人にも似ており、ただ彼らのほうがより筋肉質(「がっしりとした体つき」)である点が違うにすぎない。それもしごく当然で、ヨッピエンとスミスによれば、細長く伸ばされた人物像が貴人を描く際のウェバーの流儀だったからである。[30] 事実、高貴なるクックもやはり高貴なヌッアと同じプロポーションを有しているように見えるではないか。一方、クックを死にいたらしめた乱闘がたった数分で終わり、どの記述でも混乱状態にあったとされていることも想起しておかなくてはならない。そんななかでフィリップスが、殺害者である小首長のヌッアと、すぐそばにいた貴族階級の大首長を、彼らが身につけた羽毛

図13　『ヴァン・ディーメンズ・ランドの住民とクックの邂逅』. ジョン・ウェバー画.

図14　『キャプテン・クックの最後』. ジョン・ウェバーの原画によるF・バルトロッツィの版画.

の種類によって、社会学的にうまく区別できたとはとうてい信じがたい。そもそも、その場にいなかった画家のウェバーは、どうやって出来事を「正確に」再現したのだろう。この点についても、ヨッピエンとスミスが答えを与えてくれる。『キャプテン・クックの最後』はハワイで描かれたものではなく、おそらくはヨーロッパにおけるクックの神話化という文脈をうけて、「航海後に制作された」らしいというのである[31]。では、羽毛についてはどうだろう。「いくつかの羽毛製品がハワイ人と交換されており、興味深いことに右側の襲撃者が着ているマントは、ウェバー自身の収集物にあったマントを模写したものである」[32]。

こうなると、いったい誰が実際にキャプテン・クックを殺害したのだろう。わたしは乗組員に特定された人物や、自ら名乗りでた人物ならば、大半が彼を殺害した可能性をもっていると考えている。トレヴネンはそれが入念に計画された儀礼というより、「突然の混乱したやり取り」であったと判断しており、この点ではイギリス側やのちのハワイ側の記述もすべて彼と一致しているのである。マリナーが犯人として挙げる、内陸部に住んでいたために一度もクックにあったことのない大工のように、あからさまにばかげた容疑者ならば除外することができるが〔本書二四八頁参照〕、トレヴネンの挙げる犯人となるとそうはいかない。彼によれば、犯人は「前日に盗みを犯し、クック艦長自身が怒りをあらわにして船から叩き出した年老いた盗人」だという[33]。この人物は適切な社会学的カテゴリーには入らないかもしれないが、面目をめぐるポリネシア人の捉え方や公衆の面前での侮辱に対する過敏さからすると、心理学的には適切な動機をもっていたことになる。さらには、あの捉えどころのないオミアー、もう一人のロノはどうだろう。彼は誰も知らない理由から人々を集団にまとめ上げていたところであった。王に仕える高位の祭司として、王の神殿に収められた神像の解体をあまり快く思っていなかったことからすると、彼には適切な社会学的な理由があったことになる。文化的カテゴリーにもきちんと合致している。ロノ（オミアー）がもう一人のロノ（クック）を殺す以上に望ましい「儀礼的殺害」がほかにあるだろうか。おまけに、彼には適切な心理学的な動機もあったようである。キングはこう述べている。「最初の拳闘試合の際に、エロノ［ロノ］と呼ばれていた首長の妻は、ある士官のそばに座っていたが、会が散ずると、彼の腕を取って一緒に歩き出した。激怒した夫はすっかり嫉妬の炎に駆られ、妻の髪の毛をつかむと、静止されるまで無慈悲に殴り続けた[34]」。

他方、ヴァンクーヴァー艦隊のピュージェット海尉は「パヘアーという首長がかくも名高き航海者であるクック艦長の命を絶った」と考えている。首長自身がそのことを認めており、数人のハワイ人も同意したことから、船の乗員たちは大いに関心を寄せ、なかには髪の毛を一房もらおうとする者すら現れたという[35]。サーリンズも喜んでくれるだろうが、彼もまたヌッアをめぐるサムウェルの記述に符合する。ピュージェットによれば、「三四歳くらいで、背が高くがっしりとたくましい体つきをしていた」というのである[36]。ピュージェットはサミュエルによるヌッアの描写から「獰猛な顔つきと物腰をした」人物という一節は省いている。ご丁寧なことにこちらの表現についても、チャタム号でピュージェットの事務官を務めたベルが、クック殺害の別の容疑者に対して用いている。「我々のもとにやってきたカヌーの一艘にはある男が乗っていたが、彼はクック艦長殺害の主犯格であると指摘された。疑う理由がなかったので、彼はそのような目でじろじろ見られる羽目になり、そのことに気づくと、こっそりと立ち去り、我々が彼を見ることは二度となかった。彼は背の高いがっしりとした男で、獰猛な顔つきをしていた……[37]」。とはいえ、「背が高くがっしりとしたたくましい体つき」という表現は、ポリネシア人を描くにあたって船の航海誌でごく一般に使われるものであって、ウェバーの描写と同様に彼らに対する紋切型にほかならない。要するに、彼の描写はそれを翻訳したものだったのである。

服喪と死の余燼

死のあとには喪がくるものである。クック以前に神がポリネシア人によって殺されたことはなかったため、ポリネシアには死せる神を悼むにあたってモデルとなる慣習は存在しない。フレイザーの論じた西アジアのアッティスやアドニス、オシリスとは違って、再現行為として儀礼的に殺害された神を儀礼的に悼むこともないし、血を流すキリストや嘆きの聖母も存在しないのである。ただし、王や首長の死と関連する服喪の慣行ならば、ポリネシア人もひとつのモデルを有している。カメハメハの兄弟が亡くなった際に居合わせたアーチボルド・キャンベルはこう書いている。

原住民は自分の髪を切り、全裸に近い格好になった。とりわけ女たちがそうだったが、彼らの多くが自分の前歯を折り、赤く燃えた石を使って顔に烙印を入れ、ヒョウタンの小さいほうの口を燃やしたまま丸い跡が残るまで顔に押しつけたりして、自分の顔を醜くした。それと同時に、わたしとしては全員といってもよい気がするのだが、ほぼすべての女たちが公衆の面前で売春をおこなった。王妃と故人の妻だけがその例外であった。[38]

もっとあとになってコーニーも別の首長の死がもたらした反応を同じように描いている。性的放埒に対する言及はないものの、「男女ともにほぼ全裸に［なり］、深い悲しみを表した」という。[39] カメハメハの死に際しても、時代が変わったにもかかわらず、同じような反応が見られた。[40]

もしもサーリンズの仮説が正しいとするならば、クックの死に対してもハワイ人は同じように対応していたはずである。しかしながら、航海誌の証言からすると、彼らはクックのことを戦闘で殺した敵として扱ったようだ。

ハワイ人たちは挑発と「傲慢さ」をあらわにしており、両陣営の怒りを静めようと仲介者を演じたのは、ケリッイケアのような数人の祭司だけであった。キングによれば、一人の男が「尻をまくり上げて傲慢さ」を示したので、彼は危うくマスケット銃を撃ちそうになり、バーニーに制止されたという。[41] ほかにもハワイ人はいろいろな反応を示しており、たとえばホラガイを延々と吹き鳴らしたという(「反抗の意思表示」に)。[42] 一七八四年の公式版航海誌では、キングは数人の現地人が「我々の哀れな仲間たちの衣服を身につけて練り歩いており、なかにはクック艦長の短剣を振り回す首長や、刀の鞘を抱えた女もいた」と言明している。[43] さらにトレヴネンも自分が所有する公式版航海誌の同じ箇所に、次のような書き込みを残している。彼は血まみれの短剣をもった男に出くわし、「男はお前たちの首長の身体を切り刻んできたところだが、お前たちも上陸すれば、同じような目にあわせてやると述べた」。[44] いまや指揮を執ることになったクラーク艦長は、こうした事態にまったく我慢ならなかった。それは「耐え難いほどに下劣な侮辱」であり、「群衆が格好の大きな標的になっていたので、わたしは彼らに向けて四ポンド砲を何度か発射させ、彼らは蜘蛛の子を散らすように逃げていった」。これは「彼らをひどく怯えさせ」、「夕刻になると二人のアリー[首長]がやってきて、二度と砲撃しないように嘆願し、和睦への願いを口にした」。[45]

しかし、和睦を求める彼らの願いが叶えられることはけっしてなかった。クックの死に対するイギリス人の反応は、実際のところハワイ人のそれとさほど異なっていなかったからである。最初の茫然自失の沈黙がすぎ、乗組員の父親であるクックが亡くなったことを実感すると、士官たちは正式な海葬に付すために艦長の遺体を返還するよう脅しをかけた。すでに述べたように、身体の各部は二段階に分けて集められ、遺体は海軍の伝統に則って大海原に委ねられた。しかし、死と喪の正式な儀礼について、テクストはざっと述べているにすぎない。大きく扱われているのはクックの死がかき立てた爆発的な怒りのほうであって、それが正式な服喪儀礼自体をほとんど無意味にしてしまったのである。まるで極度に動揺をもたらす予期せぬ出来事が起きたために、通常の手順が破綻してしまい、多種多様な反応が産み出されたかのように見えるが、それでもまだ反応は標準を超えるものでなく、文化的にいっても予測の範囲内であった。

激怒に油を注いだのはハワイ人の耐え難い「傲慢さ」だったのである——いまやこの語彙が航海誌に現れる頻度はうなぎ登りである。とりわけ耐え難かったのは、ハワイ人がクックの衣服と帽子をかぶる姿を見たことであった。サムウェルは当時の気分をうまく伝えている。

こうした許しがたい侮辱は、すでに燃え上がっていた我々の怒りにさらに油を注ぐことになった。帽子が我々の乗組員に見せつけられた状況はカエサルのマントがローマ人に見せられたようなものであり、彼らを狂わんさんばかりに激怒させ、復讐を求める雄叫び以外にはなにも聞こえなかった。彼らはクラーク艦長のもとに大挙して詰め寄ると、もう侮辱には耐えられないと伝え、クック艦長の死に復讐させてほしいと願い出た。艦長は翌日そうすることを約束し、明日、すべてのボートを陸に送り、カヴァロア［カアワロア］の村を焼き払い、援護のためにディスカヴァリー号を引き綱で岸に寄せるという作戦が立てられた。これによって両船にはあまねく喜びが広がっていった。しかし、ディスカヴァリー号の新指揮官［ジョン・ゴア］が反対したために、計画は後日に延期された……。[46]

いうまでもないが、以上のことはクラークやキングの航海誌では一言もふれられていない。

実際のところは、延期された行動がまさに翌日の二月十七日になって実行されている。ただし、標的となったのはカアワロアの町ではなく、王の神殿（ヒキアウ）のあったケアラケクア湾に面する村であった。二隻の船に水を必要としていたクラークは、悪名高きリックマン海尉とハーヴェイ海尉を給水班に同行させ、「原住民を一人たりとて近寄らせてはならないが、彼らが最初に敵対的行動で挑発してこないかぎり、けっして手出しをしてはならない」と命令した[47]。前日の決定からすれば、危険なほどに両義的な命令といわざるをえない。現下の緊迫した情勢からすれば挑発は避けられないし、すでに復讐の準備を整えていた乗組員が反応することもまた不可避であった。人々は乗組員に投石し、ワッツによれば、それを「きっかけにリックマン氏が家屋に火を放つよう命令した。これは多量のアルコールを使って実行されたため、半時もしないうちに一五〇軒ほどの家が燃え尽き、一面焼け野原となった」[48]。次はローの記述である。「火災のあいだに六人ほどの男が我々の仲間によってむごたらしく撃たれた……。家にとどまっていた別の原住民は銃剣によって刺し貫かれ、逃げようとした哀れな人々も撃たれた」[49]。だが、これで終わりではない。二人の人間が首を切られ、彼らの首は「杭の上に突き刺され、半マイルほど離れた丘に集まっていた大勢のインディアンたちに向けて振り回された」[50]。そこにトレヴネンはコンラッド風の筆致を加える。「たちまち恐怖に悲鳴を上げ、彼らが本能的に後退りするのが見て取れた……」[51]。ワッツによれば、怯えきった丘の上の者たちは「すぐに和睦のしるしをいたるところに掲げ、贈り物をもった少年少女を我々のところに送ってきた」という[52]。一行のなかには、忌まわしい襲撃者たちを宥めようとして、ココヤシの実とバナナの束をもってきた老人も含まれていた。彼は縛り上げられ、同胞の頭と一緒くたにボートに放り込まれた。そして、彼らは「二人の同胞の首を振り動かすと、……そこから彼の顔に血が滴り」（サムウェル）、「お前もこうなるんだ」と告げたのである[53]。老人が船に乗せられた際のことをキングはこう記している。「わたしは恐怖がこれほどまざまざと表情に表されたことを見たこともなければ、縄を解かれて、危害は加えないといわれたときのように、表情がかくも劇的に一変するのを見たこともなかった。彼は陸に戻ると、こうしたひどい目にあった際に運んでいたものをすぐに運んできて、以後もっとも忠実な友人となった」[54]。

士官のなかには「祭司のカイリーケア［ケリッイケア］」の家が、他の家や近くにあった神聖な建物、神像もろとも焼き払われた」ことに動揺した者もいた。[55] ケリッィケアが乗船してきた際には、彼と祭司たちが食料や物資を補給しただけではなく、ときには返礼も受け取らず、つねに乗組員を助けてくれたことから、士官たちは彼に謝罪の言葉を伝えている。「彼は我々の友情の薄さや忘恩ぶりについてしばらく切々と訴えた……。船に乗り込んだところ、彼は甲板に同胞の首が転がっているのを見つけて大いに衝撃を受け、船外に投げ捨ててくれないかと本気になって頼んできた」[56]。トレヴネンによれば、血まみれの頭を顔に突きつけられた老人もまだ乗船しており、クラークはケリッィケアの希望を入れて、そのおぞましいものを船外に投げ捨てるように命じたそうである。[57]

激しい怒りが生まれるのは当然としても、これをして正常な喪とはとうてい呼ぶことができない。それればかりか、イギリス側による度を超した復讐劇にはなにか別のことも働いており、わたしとしては最後にこの点を簡単に検討してみたい。要するに、恐怖と怒りと悲しみの入り交じった状況において、彼らは野蛮と文明の境界を曖昧にしようとするかのように行動していたのである。もちろん、境界は文明の使者自身が産み出したものにほかならない。コンラッドのはるか以前からこうした野蛮な土地にはクルツが存在したわけである。グループ・セラピーを実践している精神分析医は「幻想の共振」という用語を用いて、グループの成員が別の成員の幻想を自ら再現することで反応してゆくプロセスを記述しており、同じことはベッテルハイムも重度障碍児のうちに指摘している。[58] ここではそれと類似したプロセスが生じているのである。危機的な状況において文明の使者は無意識のうちに野蛮な他者の属性を取り込むことになる。事実、人間の頭部を切断したのは野蛮人のほうが先であった。寺院を囲う柵にはマウイの首長の首を突き刺した杭が二〇本もあり、いささか不適切な言い方かもしれないが、野蛮人性の生きた見本となっていたのである。そして今度はイギリス人水夫たちが二人のハワイ人の首を切り落とし、反対側にいる怯えた野蛮人に向けて振り回してから、船の甲板に放り出す。このように他者[2]に帰せられた文化的属性を自ら繰り返して相手に送り返す行為は、まさしく「象徴的な精神模倣（サイコミメーシス）」とでも命名することができるだろう。

一方、キングやクラークも報告していないある奇妙な出来事からすると、これほどあからさまではないものの、船の士官たちもやはり野蛮性の模倣をおこなっていたようだ。エドガーによれば二月十五日の午後、「ジェイムズ・クック艦長の所持品が売りに出された」というのである。[59] サムウェルから確認を取ることもでき、彼は「クック艦長の衣服が士官室において両船の紳士たちに売却された」と述べている。[60] この出来事は奇妙で説明のつかない性質をもつため、ほぼどの伝記でも割愛されている。当代の権威であるグールドですら、「海軍尉官の場合に同じような慣行がおこなわれた事例は、ほかに一度も見たことがない」と述べており、[61] まして最近殺されたばかりの最愛の艦長となればなおさらであろう。また、「売る／譲る」という語はたんに彼らのあいだで衣服を分けあったことを示す婉曲語法にすぎない。所有者のクックは亡くなっており、クック未亡人に売上げが渡ることもなかったからである。サムウェルによれば、「売却」はクックの遺体の一部を取り返す前に早くもおこなわれたことになっており、エドガーの記述では太腿の肉だけが船内に運び込まれ、残りの遺骨がまだ行方不明であった時点のこととされている。いったいこの象徴的行為はどう解釈すればうまく全体に収まるのだろう。わたしとしては、ここでもやはり野蛮人に帰せられた心的属性が文明人によって取り込まれ、他者の演じた行為が文明人の類似した行動の直接的なきっかけになったのではないかと考えている。では、野蛮人のどんな属性が取り込まれたのか。実は、野蛮人は文明の使者である畏るべき白人を殺害すると、彼の衣服を身につけていたのである。たとえば、マオリ人によってフランス人のマリオンが殺された際、彼らはマリオンの衣服を身につけ、彼の剣と拳銃を勝ち誇ったように振りかざしていた。[62] クックは第二回航海の帰路においてマリオンを襲った不幸について聞き及んでいた。おそらく彼の辿った末路やそれに類した物語は、すぐに船上の語りや噂話の一部をなすことになったのだと思う。クックの第二回航海でもロウとその一行が虐殺されたが、彼らの衣服と所持品はごく一部がバーニーによって回収されただけであり、乗組員にとってみれば、彼らの衣服もマオリ人に着られたと推測するのは容易であった。今回の場合にはなにが直接の引き金になったのか明白である。勝ち誇ったハワイ人がクックの帽子をかぶり、クックの剣を振り回していたのである。これはすぐさま船の側に反作用として象徴的模倣行為を引き起こした。士官たちはクックの所持品を売りに出すことで、亡くなった畏るべき航海者の衣服を着用し、故人の力あるいはマナを取り入れようとした――つまり、相手側の行為と平行するように象徴的な精神模倣が無意識のレベルで引き起こされたのである。

以上の考察を通して、どちらの側でも通常の服喪行為がほとんどおこなわれなかったことが明らかになってきた。なるほど、サーリンズが著作でクックの死に対する公的な対応を論じていないはずである。それと関わってサーリンズが立てるのはこんな問いである。いったいなぜハワイ人はクックのことを自分たち神格の体現者として扱い、適切な時期に出立したものの、儀礼に合わない時期に戻ってきてしまい、その間違った動きのために儀礼的な死を遂げた神だなどとみなすことができたのだろう。冒頭にバーナード・スミスの言葉を引きながら、サーリンズが述べる理由はこうである。「クックは寛容の精神を支配という目的のために世界規模でうまく活用できた最初のヨーロッパ人だったに違いない。だからハワイ人が彼のことを自分たちの神として受け入れようとするならば、彼は喜んでその名誉を受け入れたのである」[63]。もちろん生死を省みずに。そうだとするならば、サーリンズによって予示された西欧神話の新たな段階では、この死にゆく神に対して儀礼的な喪がなければならないはずである。なんといっても、彼によれば、「人類のために大地を実らせる神、平和と農業の技術を司る生殖の神」だというのだから[64]。一般のハワイ人は無理だとしても、王ならば喪を執り行う資格を十分に満たしていることになる。「神聖なるクック」を殺害したのちに、王であるカラニッオプッウは日常の雑事を離れ、たった一人で喪に服したという。サーリンズの捉え方からすると、まさにカラニッオプッウはコベント・ガーデンの俳優たちと和するようにこう唱えたかもしれない。[3]

悼みたまえ、オワイーの運命の岸辺には、
クック、我らが偉大なるオロノはもはやいないのだから。

では、カラニッオプッウはどのようにして喪に服したのだろう。キングによれば、彼は「ロープの助けを借りなければたどり着けないような、湾にせり出した山の急斜面にあった洞窟に引き籠もり、食べ物を紐で降ろさせながら、そこに何日もとどまった」という。[65] 確かに彼はクックを悼んでいたのかもしれない。だが、彼の親族であったかもしれない五人の殺された首長や、その日のうちに殺されたもっと多くの一般の住民たちについてはどうだっただろう。[66] それに穢れの問題もある——死の穢れだけではなく、以前に神殿でイギリス人水夫が聖像に手を触れ、手荒に扱ったことで生じた穢れもあり、そこには神聖な役割を担った王自身を表すクーの主神像すら含まれていた。さらには、村や王の寺院が焼き討ちされて破壊されたこと、その後に数多くの一般人がむごたらしく殺害されたことはどうだろう——カラニッオプッウは悼むべき理由を有り余るほどもっていたのである。リミナルな再現行為としてみれば典型的といえなくもないが、カラニッオプッウは一時的に社会的世界から身を引き離し、丘の険しい斜面に隠れた窪みに引き籠もり、象徴的に母胎に包まれた胎児になる。[67] 彼の食物は上から吊り下げられたロープで運ばれ、いわば一種の臍帯を通して与えられる。最終的に、侵略者が去ったあとになって、彼は死と瀆聖の穢れから清められて再び生まれ変わり、古き王国の熾火から蘇った新たな王国を支配することになるだろう。しかし、歴史がもと通りになることは二度と再びなかったのである。

附論一　ヒキアウの破壊とウィリアム・ワットマンの死

わたしがのちの著作で扱おうと考えている重要な問題のひとつに、なにが触媒になってクックが寺院の破壊に駆り立てられたのかという問題がある。おそらくそのきっかけになったのは、死に瀕していたウィリアム・ワットマンなのだろう。ビーグルホールの推定によれば、ワットマンは四四歳になる一般水夫であった[1]。しかし、船で記されたどの記述でも彼は老人と言及されており、ローなどはゆうに六〇歳をすぎていると考えていたほどである[2]。実年齢とは無関係に、明らかに彼は乗組員の主観の上では老人として捉えられていたわけである。ワットマンは前回の航海でもクックに仕えており、彼と特別な関係を有していたようだ。クックが第二回航海後に引退した際、彼は自分にしたのと同様に、ワットマンのためにもグリニッジ海軍病院での名誉禄を手に入れている。クックがワットマンに特別な好意を感じていなければ、彼の行為はまったく説明がつかないだろう。これまでにもクックは自分にとって父親像を体現する老人たちと良好な関係を築いてきた。たとえば、かつての雇用主であり、後援者でもあったウィトビーのジョン・ウォーカーに対して、クックは特別な愛情を抱いていたし、第二回航海ではフアヒネの年老いた首長リのことを父と呼んでいた。[3] 同じような人物であったワットマンが、長患いの末、神殿破壊のたった数日前に脳卒中で倒れたのである。

様々な航海誌の記載からすると、ワットマンの死に際して、彼がどんな埋葬法を望んだのかという論議が巻き起こったようである。最終的な結果からいうと、ワットマンはヒキアウというクーの神殿、つまり、クックが儀礼的に受け入れられたまさに同じ場所に埋葬されることになった。しかし、よく考えてみるならば、これはきわめて奇妙な行為といわざるをえないだろう――なにせイギリス人水夫を異教徒の神殿に葬ったのだから。一年前のカウアイ島で一般水夫が亡くなった際には、クックは水葬を命じている。[4] では、なぜ今回は変更されたのだろう。ワットマンをヒキアウに埋葬する決定をめぐっては、二通りの憶測があったことが船で記された記録からわかる。第一の見解は船上の噂話に由来するもので、リックマンの伝えるところによれば、ワットマン自身が「彼の望み通りに王のものであるモライ［寺院］に」埋葬されたがったという。[5] ワットマンが異教の神殿に埋葬されたがったとはとうてい信じられない。それに比べれば海岸に埋葬されたいという希望のほうがまだ納得がゆく。キングの非公式版航海誌によれば、「彼の死を知った首長たちが彼は浜辺に埋葬されたいのではないかと伝えてきたので、その要望通りに彼はモライに葬られた」という。[6] 公式版航海誌のほうでは要請したのがカラニッオプッウ王自身にすり替えられている。[7] ただしこちらの第二の見解は王の行動によって暗に打ち消されることになる。もしも埋葬場所が彼ら自身に選ばれたのだとすると、まったく信じられないことだが、なんとカラニッオプッウも他の首長も葬儀には列席していないからである。ただ祭司たちだけが「容認されて」そこに立ち会った。[8] そうなると、首長と王がヒキアウでの埋葬を求め、クックが了承したにもかかわらず、おかしなことに祭司しか列席が許されなかったことになり、イギリス人の側があえて非礼を働いたことになってしまう。こうしたことからして、どう見ても葬儀がハワイ人の要請で執りおこなわれたとは思えないのである。

ポリネシア人は階層制や身分に敏感であり、士官と一般水夫をはっきりと区別していた——船の側でも区別は制服のちがいによって象徴的に表されている。ヒキアウは一般のハワイ人にはタブーとされており、そのために首長が一般水夫の埋葬を承諾したとは思えない。また、クックとワットマンの特別な関係はあくまでも私的な友情関係であって、公には知らされておらず、彼らが知るよしもなかった。対照的に、クックとキング海尉との関係は公然と知られており、ハワイ人はキングをクック自身の「息子」と呼んでいたほどである（おそらく類別呼称として）。ありえないことではあるが、百歩譲ってワットマンが王の求めに応じて埋葬されたとしても、なぜクックが友人を異教の神殿に葬ることを許したのかという疑問はやはり残される。イギリス人水夫を「オーヘケアウ［ヒキアウ］という石塚にあった一本の像の下に」埋葬したというのだから、航海誌としてもやはりこの異常な行為を正当化しなくてはならなかったようである。(9)

クック自身の覚書や航海日誌がなかったために、船の士官の誰一人として実際になにが起きたのか知らなかったらしい。レジャードの一節には皆が抱えていた当惑がそのまま反映されているように思える。祭司たちは「クックがそうすると彼［ワットマン］に約束していたので……」、「クックの願いを先取りし、モライのなかに埋葬場所を提供した」という。(10) レジャードはワットマンが浜辺に埋葬されたがったこと、実際にはヒキアウに埋葬されたこと、そうした埋葬法はクック自身が望んだことであったが、祭司側が彼の望みを先に実現したことなど、ばらばらな事実をうまくひとつにまとめ上げたわけである。

そこでもう一度クックの非合理な行為を産み出した根本的な理由を分析してみることにしよう。ワットマンは老人であるばかりではなく、クックにとってみれば、第二回航海後にグリニッジ海軍病院で引退を計画した際、自分に同行してもらおうとしたほど大切な友人であり、同時に父親のような存在でもあった。おそらくワットマンは浜辺に埋葬されることを望み、クックも王にこそふさわしい大葬を彼のために執りおこなうべきだと感じたのだろう。では、どこに埋葬すべきだろうか。ポリネシアの神殿は船の航海誌では「墓地」と呼ばれ、ヒキアウは「王家の墓地」とされていた。またそこはクック自身が儀礼的に受け入れられた場所でもあった。だとすれば、ワットマンはハワイの王族の傍らに埋葬すべきことになる。しかし、人身供犠が捧げられ、偶像が崇拝される場所に彼を葬ることができるだろうか。ここにいたって、クックが自身の儀礼的歓待に抱いていた両価性が再び浮上してきたに違いない。だからこそ、生贄の頭部が据えられた杭と半円形に並べられた神像は、引き抜いて焼き捨てなくてはならなかった。つまり、そうした行為はクックが異教の神の前に跪き、接吻したことの意味を相殺すると同時に、その場から偶像崇拝に関連した事物を一掃し、ワットマンをキリスト教の儀礼に則って王族のなかに埋葬することを可能にしたのである。わたしはこれもやはり意図的な挑発行為、ハワイの聖なる価値への意図的な侵犯行為であったと思っている。こうして、王も首長も列席せず、ただ「カオとその仲間が立ち合いを容認された」のである。(11)

レジャードは荘厳な葬儀に関して次のような記述を残している。

我々の亡骸の扱い方を含めて、この男の死に伴って起こる出来事は原住民の耳目を大いに惹きつけることになるので、状況が許すかぎり式全体を厳粛かつ正式に執りおこなう決定が下された。そこで、遺体は国旗をかけられた棺に収められ、司令官艇の乗員たちによって運ばれた。彼らが中央を歩き、そのあとにはクックや士官、その他数人が階級に応じて二列に並んで従った。最前列では海兵の儀仗隊が一定の距離をおいて先導し、武器を逆に担ぎながら、葬送曲を奏でる横笛の音に合わせて行進した。我々がモライを登り、墓地に到着すると、儀仗隊は隊列を開き、こうした場合に通常の式次第を執りおこなった。クックと士官たちが祈禱を読み上げると、キキニー［ケリッイケア］と彼の［お供］はしゃがみ込んでから、それに強い関心を寄せ、表向きは感動したかのように振る舞っていた。我々が遺体の埋葬を始めると、キキニーは自ら運んできた小さな豚の後ろ脚を摑み、その頭を石にぶつけてから墓に投げ込んだ。クックが介入しなければ、彼らは運んできた豚をさらに一、二頭そこに投げ込んだことだろう。[12]

どんなことでもくまなく日誌に記したサムウェルのような人物が、この出来事については詳述しておらず、現地人の反応にもふれていないのは奇妙に思えるかもしれない。しかし、レジャードの記述から彼の沈黙の理由も明らかになる。そこにはある不都合な事実が隠されていた。実は、盛大な葬儀の催しはがらがらの観客の前で演じられていたのである。レジャードはこう述べている。「ワットマンの遺体を乗せたピンネースが上陸すると、我々は好奇心に駆られた原住民が我々の一挙手一投足も見逃すまいと、押し寄せてくるものと予想していた。ところが、実際はまったく逆であった。人々はみな自分の家に閉じこもり、キキニーに仕えていた二、三人の男を除いて誰の姿も見えなかった」[13]。要するに、祭司は「立ち合いを容認された」わけではなかったのである。そもそも、サムウェルやキングですら他に誰かいたとは言及していないではないか。これはハワイ人のボイコットだったわけであり、その理由も平民を埋葬することで王のヘイアウが汚されたことに対する反動だと見れば、うまく解釈することができる。さらに、資料が示しているように神殿の破壊が前日におこなわれたのだとするならば、ハワイ人が盛大な見世物に立ち合うのを拒否したのも当然であろう。祭司だけがそれに立ち合ったわけだが、そこで彼らがおこなった儀礼的行動はワットマンに敬意を表すこととはなんの関係なく、むしろ穢れのもたらす様々な影響や寺院のタブー侵犯に対抗しようとしたにすぎない。つまり、ケリッイケアはキリスト教側の儀礼を台無しにするために一匹の豚を殺して墓に入れたのであって、だからこそクックは彼を止めざるをえなかったのである。しかも、それは一時的な中断にすぎなかった。キングとレジャードのいずれの記述でも、ハワイ人は類似した儀礼を数夜に渡って執りおこなっていたからである。レジャードは繰り返される儀礼に立ち合っていたが、その意味は理解していなかった。また、彼は祭司たちが葬儀に際して「強い関心」を寄せながら、「表向きは感動したかのように振る舞っていた」とも述べている。このように感知可能な両価的な感情の徴候は、神殿の聖性が犯されたことに対する彼らの恐怖と憂慮をまさに示していたのだろう。

附論二　カーリッィと王たちの神性

サーリンズに従うならば、カーリッィに見られるクーとロノの対立は、同時にカラニッオプッウとクックの対立でもあったことになる。サーリンズのこうした分析の根底には、ハワイ文化では首長が実際に「神的」存在とされており、彼らは神（アクア）の本質を帯びているか、さもなければ神の「化身」とみなされていたという大前提がある。しかしながら、最近になってシャーロットはその前提自体を疑問視し、首長に対してアクアという語が用いられた事例が初期の文献にはほとんどないことをきっぱりと証明した。[1] ただし、明確な言及がないからといって、言外の認識がなかったことにはならないと反論することもできる。[2] わたしもまたキング海尉がクックの叙任儀礼の際に、アクアは「我々のなかにも宿っている」と祭司にいわれたことを示しておいた。[3] だとすれば、叙任儀礼自体がそうした「宿り」をもたらしたことになるだろう。この種の情報をめぐってどれだけキングがあてになるのか定かではないが、少なくともなんらかの神性が、おそらくは「神の血筋」（ワイアクア）という概念をもとにして、彼らのもっとも神聖なる首長に与えられていた可能性はなくもない。しかし、そうなると正しい出自が絶対的な鍵を握ることになり、兄弟姉妹婚こそが「神の血筋」の維持に与っていたことになるだろう。だからこそ、カメハメハは王ではあったものの、人間（カナカ）ならぬものと呼ばれるほど高い地位は与えられなかったのである。[4] 確実といってもいいのは、ハワイ人がフレイザー的な意味での「神聖王」をもたなかったということだ。ひょっとするとフィジーの場合には当てはまるかもしれないが、わたしがマオリやマルケサス、タヒチ、サモアなどの民族誌を読んだかぎりでは、王が明白な神性をもつという推定は裏付けられなかった。首長の「聖性」は神性よりも、むしろマナとタブーという汎ポリネシア的概念に主として立脚しているのである。

同様に、アクアという語彙が首長や他の人物を指すように拡張されているからといって、必ずしもそこでは神性が含意されているわけではない。たとえばスリランカでは、誰もが神ではないと知っているにもかかわらず、首長に対してデイヨ（神）と呼びかけることがある。こうした隠喩はごく一般的なものであり、スリランカの場合には神格に本来備わっている力という観念が敷衍されたのである。別の状況では神の属性が異なった方向に拡張されることもある。たとえば、デイヨの変異体を使って、子供のことを親愛の情を込めてデイヤ、あるいはデウィヨと呼ぶこともあれば、ときには長いあいだ留守にしていた民族誌学者に挨拶するため、同じ語を拡張して使うこともできる。アクアを異邦人に拡張するポリネシアの用例についても事情は同様である。ハワイ人はタヒチ人を指すのにアクアという語を用いるが、これは彼ら（タヒチ人）が通常のハワイ人（カナカ）に対置されていることに由来する。[5] 白人を指すためにアクアを対比的に用いる用法はポリネシア全域にくまなく広がっているが、だからといってポリネシア人が異邦人を神とみなしていたなどと誤解してはならない。対比的用法はむしろ白人が進んで命名を受け入れようとしたことによって強化されたのだろう。グレッグ・デニングは私信において、白人に対するアトゥア／アクアの拡張はマルケサス人のもとではごく一般的だが、それを「神」と訳すべきではないと伝えてくれた。このように、高貴な出自の首長が備えていた神性をめぐって、ハワイ人がなんらかの概念を抱いていた可能性はあるが、呼称や指示語としてのアクアの有無は概念のあるなしを決める証拠とはならないのである。

以上のことからすると、カーリッィ儀礼のことを王（クー神）と彼の儀礼的対立者（ロノ）たちとの荘重な闘争と見ることができるかどうかも怪しくなってくる。カーリッィに関するもっとも信頼できる記述は、カメハメハ一世の宮廷唱導師を務めたカアワロアのカマカウによるものだが、それとても解釈の裏付けとはならない。

王が海からやってきて、寺院の海側の低まったところに近づくと、多くの平民が神格のところにいるのが見えた。大勢の男たちが一斉に槍を手にして神像の正面に走り寄る。彼らのなかには数本の槍を手にした者が一人おり、王とともにカヌーから下りた男に投げつけようと待ち構えた。王と供の者たちが上陸し、数本の槍をもった男が彼らを認めると、たちまちそこに駆けつけ、王の供に向けて一本の槍を投げつける。相手は跳び上がりながら手にしたもので槍を払いのける。そこにいた平民は彼の技量に歓声を上げた。それから彼は二本目の槍を使って王に触れ、王を様々な規制から解き放つ。そして、平民たちのあいだで全面的な模擬戦が繰り広げられるのである。[6]

次の記述は一八〇四年にリシアンスキーが記したものである。どうやら彼は儀礼を文字通りに受け止めているふしがある。

数艘の小舟を従え、ときにはただ一艘の小舟に乗り込んで、王は沖に乗り出し、太陽が登ると再び陸に上がるために舵を切った。もっとも屈強で熟練した戦士のなかから、上陸した王と戦う者が一人指名される。その戦士は王の小舟を追いかけて浜ぞいに動き、小舟が到着し、王がマントを投げ捨てるやいなや、三〇歩も離れていないところから自分の君主に向けて槍を放つ。王は槍をつかむか、さもなければ殺されるしかない――彼らによれば、こうしたことにいっさい遊びはないからである。槍をつかむと、王は石突が上になるようにひっくり返して脇に挟み、再びゲイアヴァ［ヘイアウ］、神々の住まう本殿へ向かうことになる。……そして、突然いたるところで模擬戦が繰り広げられる……。(7)

一方、コーニーの記述からすると、まるでカメハメハがカーリッイの際に投げられた槍を三度も自分自身で払いのけたかのように読める。(8) どうやらカーリッイにはひとつの定型があったわけではないようだ。他のハワイの儀礼と同様に、カーリッイの儀式にも即興や工夫の余地があったのである。それに引き替え、王への儀礼的な攻撃があったことははっきり示していても、儀礼がロノとクーとの戦いであったことを示唆するような資料はひとつとして存在しない。同様に、カーリッイ儀礼とクックの死のあいだにも、実質的であれ、構造的であれ、類似性は認められないのである。

原註

この原稿を仕上げるにあたって、わたしは二組のクックの航海誌を活用した。一方は一七八四年にジョン・ダグラス師によって編纂された公式版である。その第一巻と第二巻はクック自身の航海誌をダグラスが校訂したもので、第三巻はキング海尉の航海誌からなり、ハワイでの最後の日々を扱っている。キングはそれをジョン・ダグラスの協力のもとに執筆した。本書ではこちらの版についてCook (D) 1, 2, 3と、それぞれ略号で記した。

他方、クックの三度の航海における航海誌は最近になってJ・C・ビーグルホールがハクルート協会のために編纂し直している。こちらの航海誌はCook (B) の略号で示し、エンデヴァー号による第一回航海についてはCook (B) 1、レゾリューション号とアドヴェンチャー号の第二回航海についてはCook (B) 2と記し、レゾリューション号とディスカヴァリー号による最後の航海については、二巻からなるので、それぞれCook (B) 3a、および3bという略号を用いた。なお、最後の二巻にはサムウェルとキングの航海誌、および他の航海誌執筆者からの抜粋も収められている〔邦訳については『クック 太平洋探検』（全六巻）増田義郎訳、岩波文庫、二〇〇四―二〇〇五年を参照した〕。

序文

（1） 次の著書の引用による。Rodney Needham, ed., *Imagination and Proof, Selected Essays of A. M. Hocart* (Tucson: The University of Arizona Press, 1987), p. 1.

第一章

(1) Ralph S. Kuykendall, *The Hawaiian Kingdom 1778–1854: Foundation and Transformation* (Honolulu: University of Hawaii Press, 1938), p. 16.

(2) J. C. Beaglehole, *The Life of Captain James Cook* (London: The Hakluyt Society, 1974)〔『キャプテン・ジェイムス・クックの生涯』佐藤皓三訳、成山堂書店、一九九八年〕; Lynne Withey, *Voyages of Discovery: Captain Cook and the Exploration of the Pacific* (Berkeley and Los Angeles: University of California Press, 1989).

(3) J. C. Beaglehole, "On the Character of Captain James Cook", *The Geographical Journal* 122, 4 (1956), p. 428.

(4) Douglas L. Oliver, *The Pacific Islands*, 3d ed. (Honolulu: University of Hawaii Press, 1989), p. 45.

(5) R. A. Skelton, *Captain James Cook: After Two Hundred Years* (London: The Hakluyt Society, 1969), p. 30.

(6) Paul Carter, *The Road to Botany Bay: An Exploration of Landscape and History* (Chicago: University of Chicago Press, 1989), chs. 1–3, pp. 1–98.〔とりわけ二四頁以降を参照のこと。興味深いことにそこでは、新たに発見された土地で博物学的調査を徹底しようとする博物学者バンクスと、あくまでも南方大陸確認のために航海を続けようと固執するクックの対立が、発見者と探検家の対比として論じられている。〕

(7) 金星の太陽面通過がもつ科学的意義については、次を参照されたい。Sir Richard Wooley, "The Significance of the transit of Venus", in G. M. Badger, ed., *Captain Cook, Navigator and Scientist*, (London: C. Hurst, 1970), pp. 118–135.

(8) Cook (B) 1, p. 171〔邦訳第一巻、二四九頁〕.

(9) Johann Reinhold Forster, *Observations Made during a Voyage round the World* ... (London, 1778).

(10) "British Cannibals: Contemplation of an Event in the Death and Resurrection of James Cook, Explorer", in *Identities*, special issue, *Critical Inquiry* (June 1992), eds. Henry Louis Gates, Jr., and Anthony Appiah.〔「食人種としてのイギリス人」、拙訳、「みすず」第三五巻第十一号、一九九三年、三四―六一頁。この論文は著者が二〇〇五年に公刊した論文集『食人談義――南太平洋における人食い神話と人身供犠』(*Cannibal Talk: The Man-Eating Myth and Human Sacrifice in the South Seas*, Berkeley and Los Angeles, University of California Press, 2005) の第二章と三章に拡張されて再録された。事件自体は一七七三年の十二月十七日に起きたものである。〕

(11) 実際にはハワイの出来事はクックのすべての航海を含み込んだより大きな文脈におかなければならない。しかし、より複雑なこちらの問題は将来の研究課題として残しておくことにしよう。

(12) この主題をめぐってマーシャル・サーリンズは二冊の重要

な著書を上梓している。Marshall Sahlins, *Historical Metaphors and Mythical Realities: Structure in the Early History of the Sandwich Islands Kingdom* (Ann Arbor: University of Michigan Press, 1981); *Islands of History* (Chicago: University of Chicago Press, 1985)〔『歴史の島々』山本真鳥訳、法政大学出版局、一九九三年〕. 同じ主題を扱った彼の個別論文については、本書の流れのなかで適宜指示することにする。

(13) Frederic Spotts, ed., *Letters of Leonard Woolf* (London: Weidenfeld and Nicolson, 1989), p. 131.〔レナード・ウルフ（一八八〇―一九六九年）はヴァージニア・ウルフの夫。一九〇四年から一九一一年までスリランカに赴任していた。〕

(14) J. P. Lewis, ed., "Journal of a Tour to Candia in the Year 1796", *Journal of the Royal Asiatic Society*, Ceylon Branch, vol. 26, no. 70 (1917), p. 95.〔アンドリューズは一七九六年に大使としてキャンディ王と協定を結び、一七九六年から一七九八年までセイロン全体の総督代理を務めるが、引用に描かれた出来事は、協定交渉の開始にあたって彼が一七九五年九月二九日にはじめてキャンディ王の謁見を賜った際の出来事である。〕

(15) Claude Lévi-Strauss, "The Structural Study of Myth", in *Structural Anthropology* (New York: Basic Books, 1963)〔『構造人類学』荒川幾男・生松敬三・川田順造・佐々木明・田島節夫訳、みすず書房、一九七二年〕.

(16) Tzvetan Todorov, *The Conquest of America: The Question of the Other*, trans. Richard Howard (New York: Harper Torchbooks, 1987), p. 253〔『他者の記号学――アメリカ大陸の征服』及川馥・大谷尚文・菊池良夫訳、法政大学出版局、一九八六年、三五二頁〕.

(17) Clifford Geertz, "Religion as a Cultural System", in *The Interpretation of Cultures* (New York: Basic Books, 1973), p. 93〔『文化の解釈学』第一巻、吉田禎吾・中牧弘允・柳川啓一・板橋作美訳、岩波書店、一九八七年、一五四―一五五頁〕.

(18) Carter, *Road to Botany Bay*.

(19) James Douglas, Earl of Morton, "Hints Offered to the Consideration of Captain Cooke, Mr. Bankes, Doctor Solander, and the Other Gentlemen Who Go upon the Expedition on Board the *Endeavour*", reprinted in Cook (B) 1, pp. 514-519. モートン伯は住民に火器の威力を示すため、最初に鳥や獣を撃つよう士官に強く勧め、現地人は「手荒な扱いよりも、穏やかな扱いによって容易に味方につけることができる」と述べている。また、このような「示唆」を著した理由についても明らかにしている。すなわち、最近の探検において「原住民がいかなる正当な挑発もなしに不当に殺害されてきた」のである。

クックの航海に従事した英国士官は自分たちが人道的に進んだ時代の慣行を身につけていると考えていた。しかしながら、実際のところはこのモートン伯の示唆も一五七三年にスペインのフェリペ二世が下した勅令とそう異なるものではなかった (cf. Tzvetan Todorov, *Conquest of America*, pp. 173-175〔邦訳二四〇―二四三頁〕)。「これらの発見を征服と呼ぶべきではない。我々はこの発見が平和裡に、慈悲心をもっておこなわれることを望むがゆえに、征服という語を使用することによって、武力を行使したり、インディオを不当に扱ったりすることの口実を与えたくないからである……。〔政府と入植者は〕交易と物々交換を通じて彼らとの友好的な関係を求めるべきである……。だがどんなことがあっても彼らに害をなしてはならない。なぜなら我々が望んでいるのは、彼らの幸福と改宗にほかならないからだ」。

(20) Cook (B) 2, p. 435.〔邦訳第四巻、一〇一頁以降を参照。ただし、ここで引用されている文章は原文の註に挙げられたウェールズの記録によるものであって、邦訳には見られない。〕

(21) Ibid., p. 435〔邦訳第四巻、一〇三頁〕; p. 437.

(22) John Hawkesworth, *An Account of the Voyages Undertaken by His Present Majesty for Making Discoveries in the Hemisphere...*, 3 vols. (London, 1773), p. xvii.

(23) *Diary and Letters of Madame D'Arblay, Vol. I, 1778–1781* (London: Macmillan and Company, 1904), p. 318.〔ファニー・バーニー（一七五二―一八四〇年）はイギリスの著名な女流作家であり、兄のジェイムズがクックの第二回、第三回航海に参加している。〕

(24) これはダグラス版航海誌の第二巻と第三巻に記されたトレヴネンの書き込みに見られる見解で、今日では次の稿本の補遺で読むことができる。*Penrose Memoirs of James Trevenen*, in the National Museum in Greenwich, P. 6.「クック艦長にまつわる逸話でイギリス人の興味を引かないものはひとつとしてないが、もしもこの偉大な人物が下級士官や乗組員に対して短気で、暴君的といってもよい態度を取っていたことを世間が知らないとするならば、彼の性格のもっと荒々しい面を表沙汰にするのは正しいこととはいえないかもしれない。願わくは人類が仲間の人間に完璧さを求めないほど十分に己をわきまえてあらんことを」。〔この手稿は次の書籍として出版されている。*A Memoir of James Trevenen*, eds., Christopher Lioyd and R. C. Anderson (London: Navy Records Society, 1959), p. 20. 引用された文章はクックの公式版航海誌第二巻、一七七八年四月一日の項に書き込まれたもので、そこではヌートカ・サウンドの住民の窃盗について記されている（『クック 太平洋探検』第六巻、六〇―六二頁を参照）。〕

(25) Greg Dening, *The Bounty: An Ethnographic History* (Melbourne: University of Melbourne History Department Monograph Series #1, 1988). 以下にデニングの作成した統計を紹介しておこう。「クックは三回の航海においてそれぞれ乗員の二〇、二六、三七パーセントに笞刑を課し、ヴァンクーヴァーは乗員の四五パーセントを鞭打っていた。一方、ブライはバウンティー号において一三パーセント、プロヴィデンス号で八パーセントの乗員を鞭打ったにすぎず、これは太平洋に乗り出した船舶でもっとも少ない懲罰数となっている」(p. 22)。また、ヴァンクーヴァーはたんに最多の笞刑を記録しているだけではなく、もっとも激しい鞭打ちを実施しており、一回につき十二回の殴打までという海軍本部の規範を一貫して破り続けたことも付言しておこう。

(26) Michael E. Hoare, ed., *The Resolution Journal of Johann Reinhold*

Forster 1772–1775, vol. 2 (London: The Hakluyt Society, 1982), p. 365.

(27) この記録は以下の文献の補遺に収録されている。U. Tewsley, trans., *Zimmermann's Third Voyage of Captain Cook 1776–1780* (Wellington, 1926), pp. 47–49.

(28) Ibid., p. 48–49. [ラテン語の格言はオウィディウス『黒海からの手紙』第二巻、第九歌による。「自由学芸を熱心に勉強すれば/性格は穏やかになり猛々しくはならないものです」(『悲しみの歌/黒海からの手紙』木村健治訳、京都大学出版会、一九八八年、三三五頁)。]

(29) Michael E. Hoare, ed., *The Resolution Journal*. 残念なことにフォルスター親子はウェールズのような同時代人によって激しい攻撃を受けたばかりではなく(William Wales, *Remarks on Mr. Forster's Account of Captain Cook's Last Voyage* [London, 1778])、ビーグルホールのような現代の伝記作家のあいだでも悪評を得ていた。次に挙げるのは歴史家のジェイムズ・A・ウィリアムスンが一九四八年にフォルスターについて評した一節である。「多くのドイツ人と同様に、フォルスターは他の民族の若者ならば成長とともに捨ててしまうような青臭い生意気さを生涯もち続けた人物であった」(James A. Williamson, *Cook and the Opening of the Pacific* [New York: Macmillan, 1948], p. 160)。クックに対する他の批判者たちもやはり無視されるか忘れ去られている。たとえば、コネチカット出身のアメリカ人レジャードは第三回航海で海兵伍長を務めたが、ハワイにおけるクックの行動に対して厳しい批判を投げつけていた(James Kenneth Munford, ed., *John Ledyard's Journal of Captain Cook's Last Voyage*, Corvallis: Oregon State University Press, 1963)。ところが、クック研究者は「当てにならない人物」、「剽窃家」として蔑む以外に彼にふれることはめったにない。もっとも実際のところは、クックの航海をめぐるどの航海誌も現代の水準からすれば当てにならないし、乗船時に書かれた航海日誌であろうと、後になって書かれた航海誌であろうと、どの作者も互いに「剽窃」しあっているのだが。

クックの不合理な暴力をめぐるもっとも興味深い記録のひとつに、父親も第二回航海でクックに仕えていたジョージ・ギルバートの記録がある。十七歳の素朴な士官候補生であるギルバートはクックを理想化していたにもかかわらず、暴力の爆発を目の当たりにしてショックを受けていた。彼の航海誌は出版を想定して執筆されたものだが、一九一二年に大英博物館に寄贈されるまでは、未公刊のまま一族のもとに保管されてきた(George Gilbert, *Captain Cook's Final Voyage...*, ed., Christine Holmes [Honolulu: University of Hawaii Press, 1982], p. 1)。ビーグルホールやサーリンズを含め、現代の作家はこの航海誌についてふれてはいるものの、そこに記された不穏当な内容については言及していない。草稿は一九八二年になってやっと出版されたばかりで、まだ研究者によって活用されたことはほとんどなく、まるでクックに厳しい批判を投げかける作品を黙殺する暗黙の協定があるかのようだ。クック自身と太平洋における探検航海の双方を批判する数少ない現代作家の一人にアラン・ムーアヘッドがいるが、彼の著作についても研究者たちは「ジャーナリスト的」として一蹴している（Alan Moorehead, *The Fatal Impact: An Account of the Invasion of the South Pacific 1767–1840* [London: 1966]）〔『運命の衝撃――南太平洋、未開と文明との邂逅』村上啓夫訳、ハヤカワ文庫、一九七八年〕。さもなければ、彼の主張や『致命的衝撃（ファタル・インパクト）』というタイトルに対して批判的態度を取っている。「致命的衝撃」というタイトル――どんな研究者でも使いそうな隠喩だ――によって引き起こされた論議のせいで、ムーアヘッドの倫理的な憂慮がかき消されてしまったのは、まさに不幸なことといわざるをえない。

（30） Lucien Lévy-Bruhl, *How Natives Think*, trans., Lilian A. Clare (Princeton: Princeton University Press, 1985)〔『未開社会の思惟』山田吉彦訳、岩波文庫、一九五三年〕.

（31） Claude Lévy-Strauss, *The Savage Mind* (Chicago: University of Chicago Press, 1966), p. 234〔『野生の思考』大橋保夫訳、みすず書房、一九七六年、二八〇頁〕.

（32） 野蛮人を幼児と同一視する発想の最近の傾向については、次の見事な批判を参照されたい。Richard Shweder, "On Savages and Other Children", *American Anthropologist* 84 (1982), pp. 354–366.

（33） Todorov, *Conquest of America*.

（34） Ibid., p. 62〔邦訳八五頁〕.

（35） Ibid., p. 87〔邦訳一二〇頁〕.

（36） Ibid., p. 67〔邦訳九一頁〕.

（37） マッキム・マリオットはこの主張を立証するために全学者生命を捧げてしまったといっても過言ではない。私見によるならば、「個人主義」という西欧資本主義の発展と結びついた特殊なタイプの社会的動向〔第二版修正箇所。初版では「社会的局面」〕もしくは条件を、「個人」、「個別性」、「自己＝同一性」と重ね合わせてしまった点に根本的な誤りがあるのだと思う。それは言葉の陥穽にほかならない。たとえ集団的責務に価値をおくような社会に住む人間でも、自己の独立性や個別性を感知することはできる。なるほど、自分を個人として捉える感覚は部分的には彼の共同体的価値によって構成されている。しかしながら、そのように共同体文化が無意識裡に内面化されているからといって、彼が「可分体」、つまり集合体の一単位であるわけではないのである。

（38） Todorov, *Conquest of America*, p. 68〔邦訳九三頁〕.

（39） Ibid., p. 67.

（40） Ibid., p. 88〔邦訳一二一頁〕.

（41） Ibid. ここに挙げたベルナール・ディーアスの記述をアステカ人が「カニバリズム」、つまりは見境のない人肉食をおこなっていた証拠と取ることはできないように思える。スペイン人はある種の現代の研究者と同様に、アステカ人が人間の肉体を食料代わりに食べると考えていた。スペイン人はことあるごとに人身供犠とカニバリズムに対する恐怖と嫌悪を表明しており、アステカ人は彼らをからかい、捕虜になれば供犠にかけて食べてしまうと述べることで、うまくそれを利用したのである。トドロフに引用されたシナリオでは、彼らはスペイン人に屈辱を与えて震え上がらせる技法として、トマトと胡椒をかけてスペイン人を食べたり、野獣小屋に投げ込んだりしたことになる（あるいは身振りを使ってその行為を演じてみせた）。したがって、そのシナリオからアステカ人が「食人種」であると結論づけることはできない。むしろ彼らはコルテスや彼の兵士との紛争という文脈において、自分たちの儀礼的カニバリズムを新たな目的のために活用したのである。

(42) Ibid., p. 111〔邦訳一五六頁〕.

(43) Ibid., p. 104〔邦訳一四五頁〕.

(44) 本書の執筆時には、次の重要な論文に目を通すことができなかった。Inga Clendinnen, "'Fierce and Unnatural Cruelty': Cortés and the Conquest of Mexico", *Representations* 33 (Winter, 1991), pp. 65-100. 彼女はコルテスに対する見事な批判を展開すると同時に、インディオたちの即興行為について数多くの事例を挙げている。

(45) ここでいう「世界の猥雑さ」という概念は同僚のジェイムズ・ブーンに負うところが大きい。彼の著作のとりわけ第三章と第四章を参照されたい。James Boon, *Affinities and Extremes* (Chicago: University of Chicago Press, 1990).

(46) Todorov, *Conquest of America*, p. 49〔邦訳六九頁〕.

(47) Ibid., pp. 89-90〔邦訳一二三頁〕.

(48) ヴェーバーは「合理性」という用語をいくつかの意味で用いているが、その中ではとりわけ次の二つの意味が重要である。まず第一に、「合理性」とは体系的思索家が抽象概念の精確さをしだいに増しながら世界を統御してゆくあり様を意味しており、この種の合理性は多くの文化に存在しうることになる。他方、西欧では思考の合理的体系化が技術的に効率のよい手段を用いて目的を達成しようとする「実用主義的合理性」と結びつけられており、この意味での合理性は現代資本主義において頂点に達することになる。ヴェーバーは後者の過程が西欧固有のものであると信じていた。これに対してわたしは、概念的思考の体系化はさておき、「実践的合理性」のほうはほぼどんな社会にも存在しており、ただその重要性が異なるにすぎないという立場を取っている。ヴェーバーの見解を概観するには、次の彼自身による論文を参照されたい。"Social Psychology of the World Religions", in Hans Gerth and C. Wright Mills, eds., *From Max Weber* (New York: Oxford University Press, 1976), p. 293〔「世界宗教の経済倫理　序論」『宗教社会学論選』所収、大塚久雄・生松敬三訳、みすず書房、一九七二年、八一頁〕. また次も参照のこと。Guenther Roth and Wolfgang Schluchter, *Max Weber's Theory of History* (Berkeley and Los Angeles: University of California Press, 1979). とりわけ次の著作に収められた彼自身による定義を参照のこと。Guenther Roth and Claus Wittich, eds., *Economy and Society*, vol. 1 (New York: Bedminster Press, 1968), p. 26.「目的と手段、および副次的結果をすべて合理的に考慮に入れ、吟味する場合、行為は目的合理的（zweckrational）なものとなる」〔『社会学の根本概念』清水幾太郎訳、岩波書店、一九七二年、四一頁〕

(49) たとえば、ハワイ人が開発したきわめて複雑な生け簀（養殖）システムは、マネージメント能力と実践的合理性なしには機能しえないだろう。この問題をめぐる議論と概観については、次の論文を参照されたい。Diana M. Clifford, *Lokoi'ao Hawai'i. Ancient Hawaiian Fishponds and Their Changing Role in Society*, Senior Thesis, Princeton University, 1991.

（50） Clifford Geertz, "Common Sense as a Cultural System", in Clifford Geertz, *Local Knowledge* (New York: Basic Books, 1983), pp. 73–93〔『ローカル・ノレッジ――解釈人類学論集』梶原景昭・小泉潤二・山下晋司・山下淑美訳、岩波書店、一九九一年〕.

（51） Ibid., p. 80〔邦訳一四〇頁〕.

（52） たとえば、次の著作を参照されたい。Bryan Wilson, ed., *Rationality* (Oxford: Blackwell, 1970). より最近のものでは次を参照。Martin Hollis and Steven Lukes, eds., *Rationality and Relativism* (Cambridge, Mass.: M. I. T. Press, 1982). 当然のことながら、アフリカ的思考をめぐるまさに膨大な文献についても参照していただきたい。

第二章

（1） J. C. Beaglehole, *The Life of Captain James Cook* (London: The Hakluyt Society, 1974), p. 475〔邦訳三八九頁〕.

（2） Ibid., p. 141〔邦訳一〇九頁〕.

（3） Ibid.

（4） ここでの皮肉を理解できない人のために、わたしがバンフィールドの「不道徳な家族主義」という用語に言及していることを念のため指摘しておきたい。Edward C. Banfield, *The Moral Basis of a Backward Society* (Glencoe, Ill.: The Free Press, 1958). ただし、同じ現象を指すにあたって、異なった視点を用いて「道徳的家族主義」という用語を使うことも容易である。私はまったくのおふざけでバンフィールドを茶化しているわけではない。というのも、彼の用語は現象を別の倫理的観点から見つめると、研究者の用いる概念の意味が正反対になってしまうという、社会科学上の悪名高き問題の格好の実例になっているからである。

（5） Beaglehole, *Life*, pp. 472–475〔邦訳三八七―三八九頁〕.

（6） Ibid., p. 464〔邦訳三八一頁〕.

（7） こうした陰謀の詳細については、ホアーの序文を参照されたい。Michael E. Hoare, *Resolution Journal of Johann Reinhold Forster, 1772–1775*, 4vols. (London: The Hakluyt Society, 1982, pp. 59–76). さらに彼自身の著書も参照のこと。*The Tactless Philosopher: Johann Reinhold Forster (1729–98)* (Melbourne: Hawthorn Press, 1976). ちなみに、息子のゲオルク・フォルスターも一人前の民族誌学者であり、父親の日誌に基づいているとはいえ、問題の著作がゲオルク自身の見識と省察を数多く含んでいることも忘れてはならない。

（8） Beaglehole, "Introduction", in Cook (B) 3a, p. xxxi.

（9） Ibid.

（10） 現代の主要なクックの伝記作家であるビーグルホールとウィゼイはともにこの賞金についてなにもふれていない。しかし、なかにはそれに言及している者もおり、とりわけツィマーマンの記述が特筆に値する。「これ〔北西航路の発見〕に対しては、一万ポンドの賞金が懸けられており」、さらには「北極点から緯度にして五度の地点に達した場合には、五千ポンドが付け加えられた」という（U. Tewsley, *Zimmermann's Third Voyage of Captain Cook 1776–1780*〔Wellington, 1926〕, p. 11）。

（11） ジョン・メイスフィールドの詩をもじってしまったことをお詫びしておきたい。ブライはマイが一匹の猿を得たと記しているが、それは後に訪れたヨーロッパ人から購入したのではないだろうか。〔第二版修正箇所。初版ではウォルター・ドゥ・ラ・マールの名が挙げられていた。二人とも詩人にして児童文学作家である。ここではメイスフィールド（一八七八―一九六七年）の「貨物」Cargoes（一九〇二年頃の作）が言及されているのだろう。この詩ではニネヴェの漕船、スペインのガリオン船、イギリスの蒸気船がそれぞれの詩節でうたわれ、後半でその貨物が列挙される。猿は最初のニネヴェの漕船の貨物。「貨物には象牙／猿と孔雀／白檀、ヒマラヤ杉、甘き白葡萄酒を積み込み」。〕

（12） 「ヘブライ人」という表現はビーグルホールによる。*Life*, p. 510〔邦訳四一七頁〕.

（13） Cook（B）3a, p. 23〔邦訳第五巻、三七頁〕.

（14） Ibid., p. 48, n. 1〔邦訳第五巻、四八頁を参照〕.

（15） Ibid., p. 52〔同上、五三頁〕.

（16） Ibid., p. 53〔同上、五五頁〕.

（17） Ibid., p. 69〔同上、八一頁〕.

（18） Ibid.

（19） Cook（B）3b, p. 996.〔この一節は女好きのサムウェルならではの記述であり、彼の航海誌は邦訳では用いられていない。〕

（20） Ibid., p. 999.

（21） Cook（B）3a, p. 77, n. 1.

（22） Ibid., p. 77, n. 1.

（23） Ibid., p. 100.〔邦訳第五巻、一二五頁。それによれば、出来事はフィナウがクックの船にいるあいだに、浜に設置した歩哨所で起きたとあり、人払いを命じたのも一人の首長とされている。〕

（24） Ibid., p. 101〔邦訳同上〕.

（25） Ibid〔邦訳第五巻、一二六頁〕.

（26） Ibid.

（27） Cook（B）3a, p. 101, n. 4.

（28） Beaglehole, *Life*, p. 139〔邦訳一〇七頁〕. Lynne Withey, *Voyages of Discovery: Captain Cook and the Exploration of the Pacific*（Berkeley and Los Angeles: University of California Press, 1989）, p. 48. Richard Hough, *The Last Voyage of Captain James Cook*（New York: William Morrow, 1979）. ここでの引用に関しては、最後の著作の四八頁以降に掲載された口絵のうち、クラークの肖像画につけられた

表題を用いた。

（29）Cook（B）3a, p. 101〔邦訳第五巻、一二六頁〕.

（30）Ibid., p. 108, n. 3.

（31）Ibid., p. 102〔同上、一二七頁〕.

（32）John Martin, *An Account of the Natives of the Tonga Islands... Communications of Mr. William Mariner*, vol. 2（London, 1817）, pp. 64-65.

（33）Cook（B）3a, p. 132, n. 1.

（34）Thomas Edgar, *The Edgar Journal of Captain Cook's Third Voyage 1776-78*, Adm. 55/21, Public Record Office ms., London.

（35）本書の七三頁、一二七頁、および第三章の註六二を参照されたい。

（36）Edgar, *Journal*.

（37）Cook（B）3a, p. 133.〔邦訳第五巻、一七四—一七五頁〕

（38）Ibid〔同上、一七五頁〕.

（39）Ibid〔同上、一七六頁〕.

（40）Ibid., p. 134.

（41）Cook（B）3b, p. 1029; George Gilbert, *Captain Cook's Final Voyage, The Journal of Midshipman George Gilbert*, ed., Christine Holmes（Honolulu: University of Hawaii Press, 1982）, pp. 33-34.

（42）Ibid., p. 33.

（43）Cook（B）3a, p. 175〔邦訳第五巻、二四〇頁〕.

（44）Cook（B）2, pp. 246-247, 269.〔邦訳第三巻、二〇〇—二〇一頁、二三五頁。トンガでは首長が他の者にカヴァの根を噛ませ、それを吐きだしたものが飲料の材料として用いられた。〕

（45）Cook（B）3a, pp. 123-124, n. 4.

（46）Beaglehole, *Life*, p. 543〔邦訳四四四頁〕.

（47）Cook（B）3a, p. 151〔邦訳第五巻、二〇四頁〕.

（48）たとえば、前回のトンガ滞在中も、クックは自分が「礼拝の場」だと考えた場所に赴いているが、「わたしはそれらの像や彼らの神々を冒瀆するつもりがなかったので、〔実際に〕触れることすらしなかった」と述べている。Cook（B）2, p. 251〔邦訳第三巻、二〇七—二〇八頁〕.

（49）Cook（B）3a, p. 149〔邦訳第五巻、二〇〇頁〕.

（50）第二回航海の際にクックの通訳のヒティヒティが採用した引き延ばし戦術については、次のような驚嘆すべき記録が残されている。Cook（B）2, pp. 393-397〔邦訳第四巻、三五—四四頁〕.

（51）Cook（B）3a, p. 197.

（52）Cook（B）3b, p. 1344.〔タヒチ人によるスペイン人への言及に関しては、邦訳第五巻、二六四—二六五頁も参照されたい。〕

（53）Ibid., p. 974.

（54）Cook（B）3a, p. 224.〔邦訳第五巻、三〇六頁。タヒチ島は二つの島が南北につながってできており、北部の大きい島がタヒチ・ヌイ、小さい島がタヒチ・イティと呼ばれている。〕

（55）Cook（B）2, pp. 386-88〔邦訳第四巻、二二一—二二五頁〕.

（56）Cook（B）3a, p. 197〔邦訳第五巻、二六五頁〕.

（57）Ibid., pp. 197-198〔同上、二六六頁〕.

(58) Ibid., p. 198〔邦訳第五巻、二六七頁〕.
(59) Ibid. さらには寺院の位置づけに関するビーグルホールの註（6）を参照。
(60) Ibid., p. 206〔同上、二七九頁〕.
(61) Ibid., p. 214〔同上、二九〇頁〕.
(62) Ibid.
(63) Ibid., p. 226.
(64) Ibid., p. 227.
(65) Ibid.
(66) Ibid., p. 228, n. 1.
(67) Ibid., p. 228〔同上、三一〇頁〕.
(68) Ibid., p. 229〔同上、三一二頁〕.
(69) Ibid., p. 229, n. 1.
(70) Ibid., p. 229〔同上、三一三頁〕.
(71) Ibid., pp. 229–230〔同上、三一四頁〕.
(72) Ibid., p. 230. 傍点は引用者による。〔同上、三一四―三一五頁〕
(73) Ibid.
(74) Ibid., p. 231〔同上、三一六頁〕.
(75) Ibid〔同上、三一七頁〕.
(76) Ibid., p. 231.
(77) Ibid., p. 231–232.
(78) Cook（B）3b, p. 1069.
(79) Cook（B）3a, p. 232, n. 1.
(80) Gilbert, *Journal*, p. 47.
(81) Cook（B）3b, p. 1383. 傍点は引用者。リックマンの次の記述が信頼に足るかどうか分からないが、それでも引用しておく価値はあるだろう。「これに加えて、たまたま乗船していた二人の高貴な生まれの若者を人質に取り、もしも山羊が決まった時間までに返されなければ、死刑に処すと伝えた。若者たちは自分の無実を訴え、罪人についてなにも知らないと主張した。にもかかわらず、両人を死刑にする準備がこれ見よがしに進められていった。太い綱が主甲板に運び込まれ、船体の縦方向に張られた。また、斧や鎖、拷問器具が若者たちに見えるよう後甲板に置かれた。しかも、これらの厳めしい手はずをすべて使ってから、お前たちの運命が最終的に決められる、とオマイが伝えたため、彼らの恐怖はその情報でいや増すばかりであった」。John Rickman, *Journal of Captain Cook's Last Voyage to the Pacific Ocean*（London, 1781; rpt. Readex Microprint, 1966）, pp. 166–167.
(82) Cook（B）3b, p. 1069; Cook（B）3a, p. 231, n. 5. ここでは次の事実を指摘しておくのが興味深いかもしれない。ギルバートによれば、エイメオに上陸した際、「我々の食糧の備蓄はどれも……きわめて不足した状態にあった」という。ところが、レジャードは暴力についてふれずに、エイメオで彼らが「食料の備蓄を大幅に増やした」と述べている。要するに、増加分はそっくり略奪によってまかなわれたわけである。Gilbert, *Journal*, p. 46; James Kenneth Munford, ed., *John Ledyard's Journal of Captain Cook's Last Voyage*（Corvallis: Oregon State University Press, 1963）, p.

58.

（83） Rickman, *Journal*, pp. 171–172. リックマンはこのエピソードについて次のように記している。「最初のインディアンの盗人を同胞の嘲笑にさらしたが、この見せしめ行為は千回の鞭打ちよりも大きな効果を上げた。というのも、鞭打ちは打たれてしまえばすぐに忘れ去られたからである。これに対し、仲間によって片耳を切られ、頭を半分だけ剃られた滑稽な姿は、後々まで残る罰であり、それを隠すこともできない。このような理にかなった厳しい罰と士官たちの警戒のおかげで……、数日間のあいだ我々は悩まされることがなかった」。

（84） Cook（B）3b, p. 1383. 現地人の両耳を切り落とす伝統はヨーロッパでは古くから存在していたようである。次を参照のこと。Tzvetan Todorov, *The Conquest of America: The Question of the Other*, trans., Richard Howard（New York: Harper Torchbooks, 1987）, p. 40〔邦訳五五頁〕. そこではコロンブスがインディアンの「盗人」から鼻と両耳を切り落とした事実がふれられている。トドロフによれば、こうした刑罰は当時スペインでもおこなわれていたらしい。

（85） Cook（B）3a, p. 234〔邦訳第五巻、三二二頁〕.

（86） Ibid., p. 236〔同上、三二三―三二四頁〕.

（87） Cook（D）2, p. 100.〔この事件が起きた日付は非公式版航海誌（邦訳第五巻、三二四頁）では十月二二日だが、ここに指示されている公式版では十月二三日のこととされている。本文の段落冒頭の日付は後者によるものである。〕

（88） Cook（B）3a, p. 237〔邦訳第五巻、三二五頁〕.

（89） Ibid., p. 238, n. 2.

（90） Ibid., p. 237〔同上、三二六頁〕.

（91） これはベイリーの記録による。Cook（B）3a, p. 243, n. 2.

（92） Cook（B）3a, p. 244.

（93） Ibid., p. 248.

（94） 第二回航海における彼らの関係については、次の記述を参照のこと。Cook（B）2, pp. 224–231.〔邦訳には省略部分があるが、第三巻一七一頁から一八〇頁までを参照されたい。また、第二回航海においてタヒチを再訪した際にも、クック一行は熱烈な歓迎を受けている。これについては、第四巻八〇頁から九二頁までを参照。〕

（95） Cook（B）3b, p. 1318.〔ビーグルホール『キャプテン・ジェイムス・クックの生涯』、四六三頁を参照。〕

（96） Cook（B）3a, pp. 249–250〔邦訳第五巻、三三七―三三八頁〕.

（97） Ibid., p. 265.「これはわたしが最初にフレンドリー諸島を訪れた際に実行したことにほかならないが、あとになってみて、それが成功しなかったことに気づいた。このため、ここでもそうなるのではないかと大いに恐れた……」（pp. 265–266〔邦訳第六巻、二〇頁〕）。

（98） Cook（B）3b, p. 1348.

（99） Cook（B）3a, p. 267.〔邦訳第六巻、二一―二二頁。邦訳ではこの引用部の見解がウィリアムスンに帰されているが、本書ではクックの見解とされている。つまり、「どうやらウィリアムスン氏には、彼らがボートにいる誰かを殺害する意図をもっておらず、ただはしゃいでいただけだとは見えなかったらしい」というあてこすりだったわけである。これは著者の個人的解釈ではなく、該当頁にビーグルホールが付けた註に基づくものである。それによれば、クックがこうした判断を下すにあたって、ウィリアムスンに同行した天文学者ベイリーの報告が影響したらしい。〕

(100) Cook (B) 3b, p. 1349.〔いささか状況がつかみにくいので、以下にウィリアムスンの航海誌の関連部分を引用しておこう。「わたしが発砲するやいなや、ボートの乗員全員が銃をつかみ、発砲許可を求めた。わたしは必要にかられないかぎりけっして発砲せずに、その上で使命を全うすると固く決めていたので、わたしがそれを拒んだと思ってもらって当然である。わたしとクック艦長はインディアンの扱い方についてまったく異なった見解を抱いており、そのために、かくも細心の注意を払っていたのである。艦長はインディアンのもとに最初に出向く際には、いつも散弾の発砲で目的は達せられると断言している。しかし、彼と航海したクラーク艦長や他の多くの士官は、散弾の発射がつねに悪い結果をもたらしたと断言している。またカリフォルニア海岸に入植しようとした際、流血を避けようとあらゆる手立てを取ったというスペイン人の記録を信用するならば、彼らもそう判断することだろう。わたしとしては彼の地の歴史を記した書物の第二巻に収められた、ある宣教師の見解を挙げるだけにしておきたい。彼は自分に対するインディアンの攻撃を罰せずにおくほうがよい結果を生むだろうとうぬぼれて、彼らになにがしかの贈り物を贈る気になった。しかし、経験から彼は自分の誤りを悟り、次のように考えるようになった。こうした野蛮人ははじめに力ずくで押さえ込まなくてはならない。そうすれば、彼らに示されたどんな小さな好意でも愛情によるものだと、進んで信じ込むようになるからである。さもなければ、彼らはそれを弱さや臆病さのせいにして、たとえ贈物をしても彼らの傲慢さを増長させるだけだ、と」。少なくともウィリアムスンの視点からすると、自分が火器の使用を必要最小限に自制しつつ、必要な場合には通常弾による殺害も厭わないのに対し、クックは現地人との接触にあたって殺傷能力の低い散弾の使用を常態とし、おかげで彼らをつねに増長させたということになるのだろう。なお、ウィリアムスンが挙げる典拠とはミゲル・ヴェネガスの著作の英訳版である（Miguel Venegas, *A Natural and Civil History of California*, 2 vols, London, 1759）。〕

(101) Cook (B) 3a, p. 269〔邦訳第六巻、二二二頁〕.

(102) Cook (B) 3b, p. 1349.

(103) Cook (B) 3a, p. 269〔同上、二二四頁〕.

(104) Ibid., p. 274, n. 4.

(105) Ibid., p. 239. クックがこの行動に与えた理由も同じくらい奇妙である。「彼の武器はマスケット銃一丁、銃剣、弾薬箱、猟銃、二丁の拳銃、二、三本の剣および短刀からなっていた。さらにわたしは約二〇ポンドの火薬、マスケット銃用の弾薬筒を若干、そしてマスケット銃と拳銃用の弾丸を彼に与えた。これは彼を非常に喜ばせた。わたしはただ彼を喜ばせたいためにこれらを渡したのである……」(p. 239〔邦訳第五巻、三二九頁〕)。

(106) Ibid., p. 278〔邦訳第六巻、三八頁〕; Beaglehole, p. 278, n. 2.

(107) Cook (B) 3b, p. 1421; Beaglehole, *Life*, p. 603〔邦訳五〇〇頁〕.

(108) Rupert T. Gould, "Bligh's Notes on Cook's Last Voyage", *The Mariner's Mirror* 14 (October 1928), p. 377.「これははなはだしい誤りであった。というのも、アンダーソン島とクラーク島の東端は同じ土地だったからである」〔ブライのこの注釈は彼が所有していた公式版航海誌に書き込まれたものである〕。Beaglehole, *Life*, p. 628〔邦訳五二一—五二二頁〕.

(109) Hough, *The Last Voyage*, p. 248.〔ボナヴィスタ島の岩礁については、『クック 太平洋探検』第五巻、二八—二九頁を参照。〕

(110) Beaglehole, *Life*, p. 619–620〔邦訳五一五頁〕.

(111) Cook (B) 3b, pp. 1453–1454. ビーグルホールはこの問題をめぐる様々な意見を手際よくまとめている。次を参照のこと。Cook (B) 3a, pp. 419–420, n. 2.〔邦訳第六巻、一七六—一七七頁を参照。〕

(112) Hough, *The Last Voyage*, p. 249.

(113) James Trevenen, *Penrose Memories of James Trevenen*, Greenwich Maritime Museum ms.〔*A Memoir of James Trevenen*, p. 21.〕

(114) 一七七八年十月二〇日付、海軍本部秘書官に宛てたクックの書簡。次に再録されている。Cook (B) 3b, p. 1532.

(115) Cook (B) 3a, p. 474〔邦訳第六巻、二三二—二三三頁〕.

(116) Ibid., p. 475〔同上、二三三頁〕.

(117) Cook (B) 3b, p. 1534.

(118) Beaglehole, *Life*, p. 640〔邦訳五三一頁〕.

(119) Cook (B) 3a, p. 475, n. 2.

(120) Beaglehole, *Life*, pp. 640–641〔邦訳五三二頁〕.

(121) Cook (B) 3a, p. 504.

(122) Ibid., p. 479〔邦訳第六巻、二三八頁〕.

(123) Ibid.

(124) Ibid., pp. 479–480, n. 4.

(125) Beaglehole, *Life*, p. 641.

(126) Cook (B) 3a, pp. 479–480, n. 4.

(127) 愛情の言説は性病を持ち込んでしまったことに対する罪悪感の言説とも呼応関係にあるが、本書で扱う主題としては複雑すぎる。そこで、この点についてはより大きなクック論を執筆する際に議論をふくらませたいと思う。

(128) Cook (B) 3a, pp. 479–480, n. 4.

(129) Ibid., p. 503.

(130) Ibid., pp. 502–503. これらの概算については次を参照されたい。David E. Stannard, *Before the Horror: The Population of Hawaii on the Eve of Western Contact* (Honolulu: University of Hawaii Press, 1989), pp. 13–21.

(131) ケネディやサーリンズ、その他の者たちは、これほどの数の群衆が集まり、ハワイ人が極度の興奮ぶりを示したことが、クックをロノとみなしたことのさらなる証拠になると考えている。しかしながら、これはまったくの偏見といわざるをえない。なぜなら、乗組員はクックの死後、帰途につこうとしてカウアイ島で同じような規模の群衆に直面しているからである。サムウェルの一七七九年三月一日の記載にはこうある。「一万人か一万二千人は下らないインディアンたち」が海岸におり、彼らは「我々がそこに配置した一握りの人員を楽々と壊滅できただろう」。Cook（B）3b, p. 1223. さらには、ヴァンクーヴァーが一七九三年二月にケアラケクア湾に到着した際も、「四千人から五千人のインディアンが海上や海中に集まり」、加えて海岸には大群衆が待ち受けていたという。George Vancouver, *The Voyage of George Vancouver, 1791–1795*, vol. 3, ed. W. Kaye Lamb（London: The Hakluyt Society, 1984）, p. 811, n. 1.

（132）Cook（D）3, p. 3.〔原文では転覆しかけたのは「レゾリューション号」だが、論旨にかかわらない明らかな誤解なので修正する。〕

（133）ジェイムズ・バーニーの記録。Cook（B）3a, p. 504, n. 5.

（134）Ibid., p. 514, n. 6.

（135）Cook（D）3, p. 11. カオ、コアー、ケリッイケア、さらにその他の者たちの親族関係については、本書一六三―一六四頁における議論を参照されたい。船の士官は彼らの関係のごく一部についてしか気づいていなかった。

（136）Ibid., p. 16.

（137）Ibid. また、次の箇所も参照されたい。Cook（B）3a, p. 511.

（138）Cook（D）3, pp. 16–17.

（139）Cook（B）3a, p. 512.

（140）Cook（D）3, p. 18.

（141）次を参照されたい。John Charlot, “The Feather Skirt of Nāhiʻenaʻena”, *Journal of the Polynesian Society* 100.2（1991）, p. 136, n. 85. 彼が明らかにしたことによれば、カメハメハはイングランドの王に渡してもらおうとして、自分のマントをヴァンクーヴァーに与えたという。「カメハメハの行為の核心は、彼がハワイでは並ぶ者なき人物であり、彼と対等なのはイングランド王だけだと認識していたことにある……。だとするならば、こうした考察はクックにマントを贈ったカラニッオプッウの同じような行動にも当てはまるかもしれない。すなわち、彼もクックを神としてではなく、むしろ首長として扱ったのかもしれないのである」。

（142）Cook（D）3, pp. 17–18.

（143）Ibid., p. 18.

（144）Ibid., p. 19.

第三章

（1）John Papa Īʻi, *Fragments of Hawaiian History*, trans. Mary K. Pukui（Honolulu: Bishop Museum Press, 1983）, pp. 60, 75–77; Kamakau of

Ka'awaloa (Kelou Kamakau), "Concerning Ancient Religious Ceremonies," in Abraham Fornander, *Fornander Collection of Hawaiian Antiquities and Folklore*, Memoirs of the Bernice Pauahi Bishop Museum (Honolulu: Bishop Museum Press, 1919), vol. 6, part I, pp. 2-45.〔ジョン・パパ・イーッイー（一八〇〇—一八七〇年）は幼少時にリホリホの個人的従者を務めたが、青年期にはハイラム・ビンガムのもとでキリスト教の教育を受け、カメハメハ三世治下で教育家、政治家、歴史家として活躍した。カマカウはハワイ島コナ地域にあるカアワロアの首長であり、宣教師のウィリアム・エリスと一八二三年に出会った際には、すでに独学で英語の読み書きを習得していた。彼はクック来訪前の一七七三年に生まれたらしく、ハワイの古い風習をめぐる知識では十九世紀のどの現地人歴史家よりも信頼できると見られている。〕

（2） William Ellis, *Polynesian Researches, during a Residence of Nearly Eight Years in the Society and Sandwich Islands*, vol. 4 (London, 1831); William Ellis (Missionary), *Narrative of a Tour through Hawaii* (London, 1928); S. M. Kamakau, *Ruling Chiefs of Hawaii* (Honolulu, The Kamehameha Schools Press, 1961); S. M. Kamakau, *Ka Po'e Kahiko, the People of Old*, trans. Mary K. Pukui, ed. Dorothy B. Barrère (Honolulu, Bishop Museum Press, 1964). カマカウの著作はシェルドン・ディッブルの編纂した次の資料集成に依拠していたようだが、この点については第六章で議論することにしたい〔ここに挙げられたサミュエル・マナイアーカラニ・カマカウ（一八一五—一八七六年）は、前註のカアワロアのカマカウとは別人。彼はオアフ島の出身で、後述されるマウイのラハイナルナ校で学んだ。〕。*Mooolelo Hawaii* (ed. Dorothy Kahananui).

（3） Gavin Kennedy, *The Death of Captain Cook* (London: Duckworth, 1978).

（4） Ibid., p. 22.

（5） Ibid., p. 23.

（6） Ibid.; Hiram Bingham, *A Residence of Twenty-One Years in the Sandwich Islands...*, 3d ed. (New York, 1855), p. 32.

（7） Kennedy, *The Death of Captain Cook*, pp. 23-24.

（8） Ibid., p. 24.

（9） Ibid., p. 25-27. ケネディによるヘイアウの計測は不正確である。おそらく数値は神殿の柵の外周を指すのだろう。

（10） Ibid., p. 27.

（11） Marshall Sahlins, *Historical Metaphors and Mythical Realities: Structure and Early History in the Sandwich Islands Kingdom* (Ann Arbor: University of Michigan Press, 1981), p. 11.

（12） Ibid.

（13） Ibid.

（14） Ibid., p. 17.

（15） Ibid.

（16） Ibid., p. 19.

（17） Ibid.

（18） Ibid.

（19） Ibid., p. 20.

（20） Ibid., p. 21.〔原文では「崇拝と礼拝を受けた」という表現がサーリンズに帰されているが、ここで指示された原典からすると、サーリンズがイギリス側の記録を引用しているにすぎない。〕

（21） Ibid.

（22） Marshall Sahlins, *Islands of History* (Chicago: University of Chicago Press, 1985), p. 105〔邦訳一三六頁〕.

（23） Sahlins, *Historical Metaphors*, p. 22.

（24） Ibid., p. 24.

（25） Ibid.

（26） Sahlins, *Islands of History*, p. 137〔邦訳一七六頁〕.

（27） Ibid., pp. 4–5〔邦訳二二頁〕.

（28） Sahlins, *Historical Metaphors*, p. 24.〔今日の考古学的見地からすると、ハワイ人の祖先は南方のマルケサス諸島から西暦二五〇年頃に移住してきたと見られているが、ハワイ人の神話では祖先が「カヒキ」から移り住んだとされており、ハワイ語では子音のkとtが区別されないため、その土地はまさに「タヒチ」を指すことになる。実際、ハワイ諸島とタヒチを含むソシエテ諸島とのあいだには、九〇〇年から一三〇〇年頃まで活発な交流があったようだが、本書で扱われる時代には遠洋航海技術が失われ、その関係は途絶えたと一般的に考えられている。このため、「カヒキ」は現実の島を指すのではなく、父祖や神が住まう遠く離れた神話的な異界を漠然と指すようになっていた。〕

（29） Sahlins, *Islands of History*, p. 146〔邦訳一八八頁〕.

（30） Sahlins, *Historical Metaphors*, pp. 3–8.

（31） Ibid., p. 22.

（32） Valerio Valeri, *Kingship and Sacrifice: Ritual and Society in Ancient Hawaii* (Chicago: University of Chicago Press, 1985), pp. 225–226. ヴァレリの論はジョン・シャーロットによって厳しく批判されている。これに関しては、『太平洋研究』に掲載された彼の書評（John Charlot, *Pacific Studies*, 10, 2, pp. 107–147）と、ヴァレリの反論（pp. 148–214）を参照されたい。

（33） S. M. Kamakau, *Ka Po'e Kahiko, the People of Old*, trans. Mary K. Pukui, ed. Dorothy B. Barrère (Honolulu: Bishop Museum Press, 1964), pp. 19–20. さらに次を参照。Valeri, *Kingship*, p. 198. そこでヴァレリは島の西側では異なった祭暦が採用されていたことをはっきりと証明している。これについて、サーリンズはこう述べる（*Historical Metaphors*, p. 18）。「マカヒキをめぐって現存するハワイ側の記述は、伝統的な宗教が廃絶されて以降の十九世紀初頭から中葉に由来するものであり、いずれも著者や彼らの先人たちの回想に基づいている」。また次を参照。Valeri, *Kingship*, p. 230. さらに本書一七二―一七八頁も参照されたい。

（34） Valeri, *Kingship*, p. 229.

（35） Sahlins, *Islands of History*, p. 147〔邦訳一八九頁〕.

（36） Sahlins, *Historical Metaphors*, p. 74, n. 8.

（37） Charlot, review of Valeri, pp. 128–129.

（38） Cook (B) 3a, p. 525.

(39) Marshall Sahlins, "The Apotheosis of Captain Cook", in *Between Belief and Transgression: Structuralist Essays in Religion, History, and Myth*, eds. Michael Izard and Pierre Smith (Chicago: University of Chicago Press, 1982), p. 86.

(40) Cook (B) 3a, p. 508.

(41) Cook (D) 3, p. 26.

(42) Valeri, *Kingship*, p. 209.

(43) Ibid., pp. 206–207; Martha Beckwith, *Hawaiian Mythology* (New Haven: Yale University Press, 1940), pp. 34–35.

(44) この対立はサーリンズのフィジー研究では認められているものの、彼はそれをハワイには適用していない。Marshall Sahlins, *Culture and Practical Reason* (Chicago: University of Chicago Press, 1974), pp. 39–45〔『人類学と文化記号論——文化と実践理性』山内昶訳、法政大学出版局、一九八七年、五一—五八頁〕.

(45) Cook (B) 3a, p. 498.

(46) Ibid., p. 576.

(47) Ibid., p. 586.

(48) Valeri, *Kingship*, p. 214.

(49) Ibid., p. 12; Cook (D) 3, p. 7.

(50) A. R. Radcliffe-Brown, *Structure and Function in Primitive Society* (New York: The Free Press, 1965), p. 3〔『未開社会における構造と機能』青柳まちこ訳、新泉社、二〇〇二年、八頁〕.

(51) Sahlins, *Historical Metaphors*, p. 51. 二重に字下げするのを避けるために、ここではサーリンズが字下げした引用箇所を引用符に入れておいた。

ところで、サーリンズはこのテクストを誤読している。公式版航海誌はsとfに対して類似した活字を組むという当時の習慣を踏襲している。このため、サーリンズはsightをfightと読み違えてしまい、女たちが賞讃していたのは、なんとその「戦闘（ファイト）」だということになってしまったのである。

(52) これは以下の航海誌のことを指す。Cook (B) 3a.〔一般的に「航海日誌」(log) とは操船責任者が天候や船の位置情報、乗組員の勤務状況など、船舶の運用に関わるデータを中心にして毎日記録したテクストのことを指す。これに対して、本書で用いられている「航海誌」(journal) という語は、乗船時に執筆されたものであれ、帰国後に記されたものであれ、読者に公表されることを意識して作成されたテクストを指している。したがって、航海誌の文章には出来事の起きたすぐあとで執筆されたものもあれば（この場合は個人的日記に相当する）、かなりの時間をおいて日記や記憶を頼りに執筆されたものもある。また、実際に出版されたものもあれば、手稿のままのものもある。〕

(53) Cook (B) 3b, p. 1213.

(54) J. C. Beaglehole, "Introduction", in Cook (B) 3a, p. clviii. ハワイ人とイギリス人の緊張と紛争が激化した二月十四日（クックの死んだ日）から二〇日にかけて、ディスカヴァリー号（サムウェルの乗船）にいた女性の数については、概算を試みることができるかもしれない。根っからの女好きであるサムウェルが乗船した女性の存在を記録しようとしているからである。彼は戦争状態にあるにもかかわらず、イギリス人が女性を船に乗せようとし、実際に女たちがやってきた事実に強い印象を受けている。しかし、その数はあくまでも少なかった。乗船した女たちに対する言及については、以下を参照されたい。Samwell（Cook [B] 3b）; William Ellis（surgeon）, *An Authentic Narrative of a Voyage... Performed by Captain Cook and Captain Clerke...*, vol. 2（London, 1782; rpt. New York; Da Capo Press, 1969）. トーマス・エドガーに関しては、次の論文における抜粋を参照。Rupert T. Gould, "Some Unpublished Accounts of Cook's Death", *Mariner's Mirror* 14（1928）, pp. 301–319.

二月十四日

サムウェル：「これらの人々と交戦状態にあるにもかかわらず、我々は数人の少女を船に乗せていた」（p. 204）。

エリスとエドガー：言及なし。

（注釈：クックはこの日の朝に殺害された。その前には王の息子を含め、多くの男女が船に乗っていたと推測できる。サムウェルの手記には、「数人の少女」をのぞいて船にはハワイ人が誰も乗っていなかったことが暗に示されている）。

二月十五日

サムウェル：言及なし。

エリス：「十二時頃［深夜］、湾のモライ側から三人の少女が泳いで船に乗り込んだ。そのすぐ後に、二人のインディアンが乗ったカヌーが舷側についたが、彼らは帰りたがっていた……。少女たちは船にとどまった」（pp. 115–116、傍点は引用者）。

エドガー：彼も同じ出来事について言及しており、二人の男が「少女たちを探しに」来たと述べている（p. 313）。

（注釈：三人の少女が内密にやって来たのは明白であり、おそらく二人の男たちは彼女たちの安否を気遣ったのだろう）。

二月十六日

エドガー、エリス、サムウェルともに、言及なし。

二月十七日

サムウェル：「この日一日中、我々は二、三人の少女を船に乗せており、そのうちの一人が……マイタイ……と述べた」。

エリス、エドガー：言及なし。

（注釈：サムウェルが言及しているのは、どうやら金曜日の深夜に船に乗り込み、そこにとどまった三人の女のことのようである。彼女たちが村に帰ろうとしなかったのも当然である。エドガーとエリスに言及がないのは、彼らがすでに三人の女たちについてふれているためである）。［この記述からすると、ここで言及されている三人の女とは、二月十五日に密かに乗船した少女だと思われる。著者は十五日を「金曜

日」と記しているが、サムウェルとエリスの航海誌からすると月曜日である。〕

二月十八日

サムウェル：「夜の八時頃……、同じ積荷〔パンの実〕を積んだカヌーが二、三艘、少女を乗せたカヌーが一艘やって来た。我々は彼女たちの同胞と交戦状態にあったにもかかわらず、彼女たちの乗船が許可された」(p. 1215)。

エリス、エドガー：言及なし。

（注釈：この少女たちが船にとどまったかどうかは定かでないが、女たちにだけ乗船が許可されたのは明らかである）。

二月十九日

交易が再開され、サムウェルとエドガーはいずれも「数人の少女」が乗船してきたと述べている（サムウェル、p. 1216、エドガー、p. 314）。

以上のことから引き出しうる唯一の結論は、この時期に船に乗っていた女性はごくわずかであり、そのうちの数人が密かに訪問していたということだけである。また、二月十五日から十八日にかけてディスカヴァリー号に乗船していたのがたった三人の少女であることはほぼ間違いない。

（55） M. M. Bakhtin, *Speech Genres and Other Late Essays* (Austin: University of Texas Press, 1986), p. 85.

（56） 一人の女性がこう述べたことも、歴史と発話の文脈に照らし合わせてみると理解可能である。数日前に両船はハワイ人を喜ばせようと打ち上げ花火や仕掛け花火を上げていた。航海誌の執筆者たちはハワイ人が畏怖と歓喜と驚愕の入り交じった反応を示したことを記している。当然のことながら、そのうちの何人かは「マイタイ」といったことだろう。だとすると、今度は燃え上がる家屋という文脈において、以前の表現が再活性化されたとしても不思議ではない。いずれにせよ、ハワイ語の「マイタイ」にせよ、英語の「素晴らしい（ヴェリ・ファイン）」にせよ、それがありとあらゆる微妙なイントネーションを帯びうるのはいうまでもないだろう。

（57） Sahlins, *Historical Metaphors*, pp. 17–18.

（58） J. C. Beaglehole, "Textual Introduction", in Cook (B) 3a, p. cxcix.

（59） Cook (D) 2, p. 195.

（60） Cook (B) 3a, p. 265〔邦訳第六巻、一九頁〕.

（61） Ibid., p. 272〔同上、二九頁〕. 傍点は引用者による。

（62） これはエイメオ、すなわちモーレア島で実際に起きたことである。本書七三頁を参照。マーラは「儀式抜きで彼らの樹を切り倒した」水夫について言及している。John Marra, *Journal of the Resolutions Voyage...* (London, 1775), p. 45.

（63） Cook (B) 3a, p. 264.

（64） Ibid.

（65） Ibid.

（66） Ibid., p. 272, n. 1; Bayly, *Log* Adm 55/20, Public Records Office.

ベイリーの一月十九日付の航海日誌ではカウアイ島の住民についてこう述べられている。「これらの人々はたいへん大勢に見えたが、我々を取り巻く者たちのうちもっとも気だてのよい者は、取引やその他のことにおいてもきわめて誠実であった」。

(67) Cook (B) 3b, p. 1322.

(68) Ibid., p. 1082.

(69) Cook (B) 3a, p. 483〔邦訳第六巻、二四四頁〕.

(70) Ibid., p. 474, n. 3.

(71) Sahlins, *Historical Metaphors*, p. 16.

(72) John Rickman, *Journal of Captain Cook's Last Voyage to the Pacific Ocean* (London, 1781; rpt. Readex Microprint, 1966).

(73) わたしはここでリックマンの航海誌を彼が乗船時につけていた航海日誌と比較してみたが、後者に関しては、現在ロンドンの公文書館で閲覧が可能である。航海日誌と航海誌が一致する箇所も散見されるものの、それ以外の場合、航海誌は日誌から大幅にずれている。

(74) John Rickman, *Log*, Adm 51/4529/46 PRO. 一七七九年三月一日の項。

(75) Cook (B) 3a, p. 587.

(76) Cook (D) 3, p. 90.

(77) Rickman, *Journal*, p. 330.〔いささかわかりにくいので、関連する部分をリックマンの航海誌から抜粋しておこう。「三月一日の午後、我々はネフ島に到着し、かつての停泊地に投錨した。そこは前の冬に食料を調達し、修理をおこなった場所である。我々は見せかけの歓迎をもって歓迎された。豚と島の産物が豊富にもたらされたが、水を交換するために（ハワイの水は苦く黒っぽかったが、ここの水は優れていた）、水樽を上陸させ、すぐに桶屋が仕事を始めたところ、一人のインディアンが彼の手斧を、もう一人のインディアンが手桶を、さらに別のものが釘の袋をという具合に盗み始めた。しかも、それを四、五百人以上もの現地民の群衆のただなかでおこなったのである。略奪を止めるために、彼らの頭上に発砲するよう命令が下された。しかし、望んでいた効果を上げないので、両船から大砲が一発撃たれ、彼らを大混乱に陥れた。二人がばったり倒れるのが見え、女たちの悲鳴と泣き声からすると、もっと多くの者が殺されたか、負傷したらしい。しばらくのあいだ群衆は後退したが、数人の首長が再結集をはかり、どうやら首長たちは我々が無敵ではないことを聞き知っていたらしく、以前よりも大群で戻ってきた。そこで水くみを中断し、自分たちの安全を図ったほうが賢明であると判断された。こうして全乗組員が部署につき、戦闘が本格的に開始された。幾人かのインディアンが我々の砲火で殺害されたり、傷ついたりすると、彼らはすぐに逃げ出し、その後二度と我々の滞在中に暴力をはたらくことはなくなった。完璧な合意ができ、贈物が双方のあいだで交換されるようになったのである。こうして悪い水はすべて両船から排出され、これから我々がおこなおうと準備している長いカムチャツカへの航海に備え、十分な量のよい水が補給された。そこにヌーーオフーアという名の首長がやってきて、自分たちの航海に同行したいと申し出た。我々が島に戻るつもりがないことを告げると、以前に我々がここにきた際に機会を逃したことを嘆いた。［彼は］太陽を指さしており、どうやら我々が航海のあいだにあの天体を訪れ、我々の大砲が放つ轟音や閃光も、天界からくるものと同じ源に由来すると推測しているようだ」。］

(78) Ibid., p. 332. リックマンはニイハウのヌーーオフーアと、彼らのインフォーマントの一人であったハワイのヌッアを混同しているのかもしれない。後者は一七七九年二月十四日にイギリス人に殺害されたらしく、そのことからすると、彼が一七七九年三月一日頃にニイハウかカウアイにいたなどということはありえないことになる。一方、レジャードは士官たちの天文学に対する傾倒ぶりをハワイ人がどう見ていたかという点をめぐって、同じような所見を一月二五日に残している。「しかし、せいぜい彼らが結論づけられたことといえば、我々が太陽やその他の天体に大いに執心し、昼夜を分かたず運行を観察していることや、海上ではそれを導きにすると教えたことから、我々がそこから来たか、なにか別のかたちでそうした天体と関係するのだろうということくらいであった。さらにそうした推論を進めるため、彼らは我々の肌の色が太陽と同じように赤く、月やその他の星々と同じように白いことに注目した……」(James Kenneth Munford, ed., *John Ledyard's Journal of Captain Cook's Last Voyage* [Corvallis: Oregon State University Press, 1963], p. 112–113)。文脈からするとレジャードの記述のほうがリックマンよりもはるかにもっともらしいが、それでもレジャードがハワイ人とこれほど複雑な会話を交わせたとは思えない。どうやらこうした記述は直接的な見聞と伝聞、船上の噂話を組み合わせたもののようである。レジャードはリックマンから断りもなく引用しており〔同書の出版はリックマンの航海誌から遅れること二年後の一七八三年夏のことである〕、もしかするとリックマンはレジャードから個人的にいくつかの情報を得ていたのかもしれない。いずれにせよ、レジャードが観察した文脈がたとえありえたとしても、リックマンのほうになるとまったくありえない。

(79) Rickman, *Journal*, p. 331.

(80) Sahlins, *Historical Metaphors*, p. 16.

(81) Cook (B) 3b, p. 1223.

(82) Tom Dutton, "Successful Intercourse Was Had with the Natives: Aspects of European Contact Methods in the Pacific", in *A World of Language: Papers Presented to Professor S. A. Wurm on his 65th Birthday*, eds. Donald C. Laycock and Werner Winter (Canberra: Department of Linguistics Research School of Pacific Studies, Australian National University, 1987), pp. 153–171.

(83) リックマンはたんに杜撰な航海誌執筆者であっただけではない。彼の航海日誌ですら時として途方もない間違いを犯しているのである。たとえば、彼は自分の航海日誌にウィリアム・ワットマンが一七七九年の一月十七日に亡くなったと記しているが、我々が他の資料から知るところによれば、それは二月一日のことであった。さらにいい加減なことに、一月十七日には別の（おそらくは正確な）記載があるにもかかわらず、こんな記載が二月の他の項と一緒に見いだされるのである。彼の航海誌の記述にもやはりあからさまな間違いがいくつか見られる。一例を挙げれば、フアヒネの首長オリー〔リ〕はリックマンでは亡くなったことになっているが、実際はたんに体調不良であったにすぎなかった（pp. 168–169）。

（84）George Little, *Life on the Ocean; or, Twenty Years at Sea...*（Boston, 1846）, 12th ed.

（85）Little, *Life*, p. 132; Marshall Sahlins, "Captain Cook in Hawaii," *Journal of the Polynesian Society* 98, 4（December 1989）, p. 381.

（86）Little, *Life*, p. 132. 傍点は引用者による。

第四章

（1）サーリンズの次の論文からの引用。Marshall Sahlins, "The Apotheosis of Captain Cook", in *Between Belief and Transgression: Structuralist Essays in Religion, History and Myth*, eds., Michael Izard and Pierre Smith（Chicago: University of Chicago Press, 1982）, p. 85, n. 9.

（2）わたしとしてはロノの船の表象はそのものずばりであって、それ以外のなにものでもなかったと考えたい。そうした表象はカメハメハがロノを自らの守護神、新生ハワイ王国の主神に変えたあとになって、彼自身によって発展させられたのである。

（3）次を参照のこと。Ralph S. Kuykendall, *The Hawaiian Kingdom 1778–1854: Foundation and Transformation*（Honolulu: University of Hawaii Press, 1938）, pp. 29–60.

（4）David Malo, *Hawaiian Antiquities*, trans. Nathaniel B. Emerson（Honolulu: Bishop Museum Press, 1898）, pp. 142–143.

（5）Ibid., p. 145.

（6）Sahlins, *Apotheosis*, pp. 97–98. サーリンズはロノが実質上クーに取って代わったと決めつけているが、実際にはクーがカメハメハにとっても重要な神格であり続けた証拠が残っている。

（7）Te Rangi Hiroa（Sir Peter Buck）, "Cook's Discovery of Hawaiian Islands", in *Report of the Director for 1944, Bishop Museum Bulletin 186*（Honolulu, 1945）, pp. 26–27.〔アイルランド人の父とマオリ人の母をもつニュージーランド人の医師（一八八〇―一九五一年）。一九二七年にハワイのビショップ博物館の館員となり、人類学へ転身し、三六年からは同博物館の館長を務める。詳しくは次の邦訳書を参照。P・H・バック、『偉大なる航海者たち』、鈴木満男訳、社会思想社、一九六六年。〕ハワイの神格概念や首長観をめぐる最新の議論については、次を参照のこと。John Charlot, *The Hawaiian Poetry of Religion and Politics*（Honolulu: University of Hawaii Press, 1985）, The Institute for Polynesian Studies, Monograph Series no. 5, p. 3. さらに彼の附論も参照されたい。"The Use of Akua for Living Chiefs", pp. 31–35.

（8）詳細については、本書一四七―一五五頁、一五九―一六一頁、一六四―一六七頁、一九二―一九九頁、二一六―二二五頁を参照のこと。

(9) Cook (D) 3, p. 69; Cook (B) 3a, p. 509.

(10) Cook (B) 3a, p. 509.

(11) Cook (B) 3b, pp. 1164–1165.

(12) Cook (B) 3a, p. 510.

(13) Ibid., p. 513.

(14) Cook (B) 3b, p. 1159.

(15) Cook (B) 3b, pp. 1161–1162.

(16) Ibid., p. 1164.

(17) Cook (D) 3, pp. 159–160.

(18) Cook (B) 3b, pp. 1184.

(19) James Kenneth Munford, ed., *John Ledyard's Journal of Captain Cook's Last Voyage* (Corvallis; Oregon State University Press, 1963), p. 111.

(20) Ibid., p. 130.

(21) Ibid., p. 129–130.〔オロノ、カカコア、ミダからなり、カカコアは戦士、ミダは祭司と同定しているが、オロノは定義しがたいと述べ、自治体の民生部門を担当するような集団とみなしている。〕

(22) Martha Beckwith, *Hawaiian Mythology* (New Haven: Yale University Press, 1940), p. 81.〔引用箇所はベックウィス個人の見解ではなく、マロからの引用。Malo, p. 81.〕

(23) Munford, ed., *John Ledyard's Journal*, p. 37.〔これは一七七七年六月十八日の出来事である。『クック 太平洋探検』第五巻、一七五頁以降を参照されたい。クックは十七日にトンガの首長であるマリワッギが催してくれた大饗宴に返礼するため、浜辺で海兵の訓練と花火をおこなったと述べている。しかし、レジャードの記述からすると饗宴に集まってきた現地人の数は一万人を超えており、乗組員は彼らの本当の意図について疑いの目を向け、警戒を怠らなかったという。つまり、レジャードは数の上で圧倒的に不利なイギリス人の立場を強化するために、現地人を圧倒するテクノロジーと武力を意図的に誇示しようと、花火を打ち上げたというのである。クックはこれほど明瞭に動機を記していないが、該当する記載項目の前後で、現地人の数の多さは盗難を招きやすいと危惧を述べていた。このことからすると、レジャードのいう危惧は乗組員全員に共有されていたのだろう。〕

(24) Cook (B) 3a, p. 269〔邦訳第六巻、二二二頁〕.

(25) Beaglehole in Cook (B) 3a, p. cxliv, n. 1.

(26) Cook (B) 3a, p. 62.「しかし、もしわたしが友人と称する者たちの忠告に従っていたとするならば、わたしは全種族を皆殺しにしなければならなかっただろう。なぜなら、すべての部落または村落の人々が、かわるがわる他の者たちを滅ぼしてくれとわたしに訴えてきたからである……」〔邦訳第五巻、七〇頁〕。

(27) Cook (B) 2, pp. 386–388.〔邦訳第四巻、二四―二五頁。ボラボラについては、邦訳第三巻、一六九頁を参照。〕

(28) マイやトゥピアについても、動機は同じであった。さらにそれは十九世紀初頭のマオリ人戦士にも当てはまる。

(29) Beaglehole, "Textural Introduction", in Cook (B) 3a, p. clxxv. ビーグルホールの調査では、クックの航海日誌は航海自体を無事に乗り越えたものの、その後すぐに散逸してしまったという。疑い深い性分からして、わたしはこれらの航海日誌（およびクックの他の書類）がクックの暴力をめぐるあまりにも厄介な証拠を含んでいたため、海軍本部によって意図的に「紛失」されたのではないかとにらんでいる。好ましからぬ証拠をシュレッダーにかけるのはなにもいまに始まった習慣ではないだろう。

(30) Abraham Fornander, *An Account of the Polynesian Races...*, 3 vols. in 1 (1878–1880; rpt. Rutland. and Tokyo: Charles Tuttle, 1980). 彼の記述はそれとわかるほどカマカウの次の記述に酷似している。S. M. Kamakau, *Ruling Chiefs of Hawaii* (Honolulu: The Kamehameha Schools Press, 1961), pp. 78–91. フォルナンダーから引用するにあたっては、固有名詞に引かれた下線を省略した。［フォルナンダー（一八一二—一八八七年）はスウェーデン出身の移民。捕鯨船員としてハワイ諸島を訪れ、一八四二年にハワイに定住し、一八六四年には王国枢密院のメンバー、および判事に任命される。宣教師に対立し、ハワイ文化を公然と擁護した彼は、ハワイの文化史・民族誌編纂に大きく貢献した。］

(31) Fornander, *Account*, vol. 2, pp. 146–179.

(32) Ibid., p. 151.

(33) Ibid., p. 152.

(34) Ibid., p. 173, n. 1.

(35) Ibid., p. 152.

(36) Ibid., p. 152.

(37) Ibid., p. 25.

(38) Ibid., p. 152.

(39) Ibid., p. 152–153.

(40) Ibid., p. 153.

(41) Ibid.

(42) Ibid., p. 155.

(43) Ibid., p. 156. カマカウの付け加えるところによれば、カラニオプウの側からすればこれは「見せかけの和睦」にすぎなかったという（Kamakau, *Ruling Chiefs*, p. 89）。

(44) Ibid., p. 156.

(45) Ibid., p. 157.

(46) Ibid.

(47) Marshal Sahlins, "Captain Cook at Hawaii", *Journal of the Polynesian Society* 98, 4 (December 1989), p. 410. ［この論文においてサーリンズは、太陰月に基づいて祝われるマカヒキ祭が一七七八年にはグレゴリオ暦の何月におこなわれたのか同定するため、二つの考えうる仮説を提起している。ひとつは「十一月のマカヒキ説」で、祭りは同年九月二二日に始まり、ロノの巡幸が十一月十四日から十二月六日までおこなわれたとされる。もう一方は「十二月のマカヒキ説」で、こちらは十月十二日に開始され、巡幸は十二月十四日から翌一七七九年一月四日におこなわれたことになる。サーリンズ自身は二つのオプションのうち、歴史的データとの相関からいって後者が正確であるとみな

している。後出する本書の図6と関連する記述を参照されたい。〕

（48）Cook（B）3b, p. 1160; John Rickman, *Journal of Captain Cook's Last Voyage to the Pacific Ocean*（London, 1781）, rpt. Readex Microprint, 1966, p. 298.

（49）Cook（B）3a, p. 499.

（50）Beckwith, Hawaiian *Mythology*, p. 11. ハワイの神格構造の複雑さについては、ジョン・シャーロットによる次の議論を参照のこと。John Charlot, "Valerio Valeri, *Kingship and Sacrifice: Ritual and Society in Ancient Hawaii*" [Review], Pacific Studies 10, 2（1987）, pp. 124–125.

（51）Beckwith, p. 26.

（52）サムウェルはそれをオ-ヘ-キー-アウと呼び、キングはオヒーキー-オウと呼んでいる。それぞれ次を参照のこと。Cook（B）3b, p. 1159; Cook（B）3a, p. 508.〔ハワイ語のヘイアウは寺院や聖域一般を指す語であり、ハイ「供犠」という語から派生していることからわかるように、供犠が捧げられる場である。これに対して、ルアキニは王のみが祭儀に用いることのできる寺院を指し、人身供犠といった重要な王権儀礼が繰り広げられる。なお、ヒキアウはケアラケクア湾に存在した特定のルアキニを指す固有名詞である。〕

（53）Cook（B）3a, p. 504.〔コアーという表記はこの註にあるキングの航海誌によるもので、正しくはコアッア。またクック自身の航海誌ではトウ・アー・アーとある（邦訳第六巻、二五八頁参照）。〕

（54）Cook（B）3b, p. 1159.

（55）Cook（B）3a, p. 505. 傍点は引用者による。

（56）Cook（D）3, p. 6; Cook（B）3a, p. 505.

（57）Sahlins, "Apotheosis", p. 84.

（58）Cook（B）3a, p. 505.

（59）Valerio Valeri, *Kingship and Sacrifice: Ritual and Society in Ancient Hawaii*（Chicago: University of Chicago Press, 1985）, p. 15.

（60）Cook（D）3, p. 7.

（61）ひょっとするとこうした儀礼はまさにこの前代未聞の異例な状況のために、創造的に「発明」されたか、既存の他の儀礼をひとつにまとめ上げたものなのかもしれない。

（62）Cook（B）3b, p. 1374.

（63）Cook（B）3a, pp. 505–506.

（64）Ibid., p. 506.

（65）Malo, *Hawaiian Antiquities*, p. 81.

（66）Marshal Sahlins, *Historical Metaphors and Mythical Realities: Structure and Early History of the Sandwich Islands Kingdom*（Ann Arbor: University of Michigan Press, 1981）, p. 21. どうやらサーリンズは「すり潰されたココナッツ」と「ココナッツ油」が異なることに気づいたようである。『歴史の隠喩と神話の現実』ではクックは油を塗油されたことになっているが、『歴史の島々』ではすり潰されたココナッツが塗られたことになっている（*Islands of History* [Chicago: University of Chicago Press, 1985], p. 121〔邦訳

一五六頁〕）。こうした混同はマロによるマカヒキ祭の記述に由来するように思われる。

（67） Cook (D) 3, pp. 159–160.

（68） Cook (B) 3b, pp. 1161–1162.

（69） Cook (B) 3a, pp. 596, 597.

（70） Lynne Withey, *Voyages of Discovery: Captain Cook and the Exploration of the Pacific* (Berkeley and Los Angeles: University of California Press, 1989), p. 381. 上陸当日（一月十七日）に起きたこの出来事を記録しているのはレジャードである。「その間にクックは現地民が自分に寄せる絶大なる敬意をもっと高めようとして、司令官艇の乗組員に肩車されて艇から浜の頂上まで運ばれるのを自ら許した」。Munford, *Ledyard's Journal*, p. 105.

（71） Cook (B) 3b, p. 1168.

（72） Ibid., p. 1193.

（73） Rickman, *Journal*, p. 319.

（74） Ibid., p. 322.

（75） Cook (B) 3a, p. 578.

（76） このことはトンガや他の島々の場合、きわめてはっきりしている。本書六二―六三頁、一一六頁、二三九―二四〇頁を参照のこと。

（77） David Samwell, *Captain Cook and Hawaii* (San Francisco: David Magee, 1957), p. 6. サムウェルは次のように記している。「住民の性質と行動にはなんら変化がないように思えた。彼らが我々の帰還に気分を害しているとか、二回目の訪問の意図を疑っているといったことをにおわせるそぶりは、わたしにはまるで見いだせなかった。それどころか、彼らをつねに特徴づけてきたあの底抜けの善良さが、依然として人々の胸のうちで燃えさかり、その表情を輝かせているように見えた」〔二月十一日の午後の出来事〕。さらに彼は同書の先でこう続けている。「彼らの側になんらかのたくらみや、前もって打ち合わせた計画があったとか、彼らが意図して我々と争おうとしたといったことを信じさせるにたる根拠を、わたしはなにひとつとして見いだせなかった」(p. 24)。

（78） Cook (B) 3a, p. 535.

（79） Cook (D) 3, p. 68.

（80） Ibid., p. 69.

（81） Ibid., p. 78. 〔原文ではこの情報が「二日後」の二月十七日にもたらされたことになっているが、本註で挙げられた公式版航海誌からすると、「三日後」の二月十八日の出来事である。後出する「さらに二日後（二月二〇日）」という記述とも矛盾することから、「三日後」に訂正する。また、ビーグルホールによれば、カフー－オペオンはケクハウピッオとして同定されている。Cook (B) 3b, p. 1215.〕

（82） Ibid., p. 80.

（83） Ibid.

（84） Malo, *Hawaiian Antiquities*, pp. 104–106.

（85） Katherine Luomala, "Polynesian Religious Foundations of Hawaiian Concepts Regarding Wellness and Illness", in *Healing and

Restoring; Health and Medicine in the World's Religious Traditions, ed. Lawrence E. Sullivan (New York: Macmillan, 1989), p. 320.〔ロールペ神は死者の霊魂を探し、死因を追求するためにカフナ・フイという霊媒のもとに連れて行く一種の半神。ハレ－オ－リ－ロアはリーロア王の遺骨が納められた小屋のことで、ハワイ島のワイピオ渓谷で発見された。ムアは男性だけが会食するための小屋を指す。〕

(86) Beckwith, *Hawaiian Mythology*, p. 4.〔この点については、本書第三章、九七―九八頁を参照されたい。〕

(87) Cook (B) 3a, p. 542. これはクラークの表現である。

(88) Malo, *Hawaiian Antiquities*, p. 106. 傍点は引用者による。

(89) Cook (D) 3, p. 159. さらに次も参照のこと。Cook (B) 3a, p. 514.

(90) George Vancouver, *The Voyage of George Vancouver, 1791–1795*, vol. 3, ed. W. Kaye Lamb (London: The Hakluyt Society, 1984), p. 1148.

(91) Louis de Freycinet, *Hawaii in 1819: A Narrative Account by Louis Claude de Saulses de Freycinet*, chs. 27, 28, trans. Ella L. Wiswell (Honolulu: Bishop Museum, Department of Anthropology, Pacific Records No. 26, 1978), p. 4.〔フレシネ（一七七九―一八四二年）はフランスの探検家、提督。一八一七年から一八二〇年にかけてユラニー号で世界周航探検をおこない、ハワイにはカメハメハが亡くなった直後の一八一九年に滞在している。〕

(92) Cook (B) 3a, p. 514.

(93) それでも、オミアーをパイリキの兄弟とする別の系譜を作ることも可能であり、その場合、カオはオミアーとパイリキの二人の息子、さらにコアーに嫁いだ娘をもっていたことになる。しかし、わたしにはこうした系譜が妥当だとは思えない。

(94) Cook (B) 3b, p. 1161–1162.

(95) Cook (D) 3, p. 159. サーリンズはほぼすべての研究者と同様に、サムウェルのいう神性を帯びた人物がロノ神のことを指すと考えている。いうまでもなく、こうした近視眼的発想はクックが神であるという前提があらかじめ存在するからこそ生まれるのである。次を参照のこと。Sahlins, "Captain Cook at Hawaii", pp. 402–403.

(96) Cook (D) 3, p. 5, footnote.

(97) John Law, British Library ms. 37327, entry for 2 February 1779. 彼の筆跡はあまりはっきりとしていない。わたしは手稿から mented という語を読み取ったが、それが正しいかどうかは自信がない。ここではそれを「案内された」と解した。

(98) Cook (D) 3, p. 165. この記述によれば、オミアーは妻の関心が異邦人たちに向けられていたことに気分を害し、公衆の面前で彼女に殴りかかったという。キングはこれが「彼らのうちに嫉妬のようなものを見た唯一の機会であった」と述べている。

(99) Steen Bergendorff, Ulla Hasager, and Peter Henriques, "Mythpraxis and History: On the Interpretation of the Makahiki", *Journal of the Polynesian Society* 97, pp. 391–408.

(100) Sahlins, "Captain Cook at Hawaii".

(101) Beaglehole in Cook (B) 3a, pp. 514–515, n. 6.

(102) Mary Kawena Pukui, E. W. Haertig, and Catherine A. Lee, *Nānā I Ke Kumu*, vol. 1 (Honolulu: Hui Hanai, 1972), p. 96.〔ゲリット・ジャッド（一八〇三—一八七三年）はアメリカ人の医師で、一八二八年に宣教師としてハワイに派遣され、一八四二年以降はカメハメハ三世治下の王国において政府の要職を務めた。カピオラニ（一七八一—一八四一年）はハワイの女性首長だが、ハワイ王国七代目の王であるカラーカウアの王妃とは別人であり、ジャッド医師から乳ガンの手術を受けた。エマ女王（一八三六—一八八五年）は、カメハメハ四世の王妃。〕

(103) Fornander, *An Account of the Polynesian Races*, vol. 2, pp. 18–19.〔バック、『偉大なる航海者たち』、二二三頁を参照されたい。〕

(104) S. M. Kamakau, *Ka Po'e Kahiko, The People of Old*, trans. Mary K. Pukui, ed. Dorothy B. Barrère (Honolulu: Bishop Museum Press, 1964), pp. 19–20.

(105) Sahlins, "Captain Cook at Hawaii", p. 405.〔以下では参考のため、David Malo の Hawaiian Antiquities, p. 30–36 に基づいて、簡単にハワイの暦法をまとめてみよう。一年はまず乾期カウ（プレイアデス星団が日の出後に見える六ヶ月間）と雨期ホッオイロ（プレイアデス星団が日の入り後に見える）に分けられる。乾期はそれぞれ三〇日から成るイキイキ月（五月）、カッアオーナ月（六月）、ヒナイア・エレッエレ月（七月）、マーホエ・ムア月（八月）、マーホエ・ホペ月（九月）、イクワー月（十月）から構成されている。一方、雨期はウェレフ月（十一月）から始まり、マカリッイ月（十二月）、カーッエロ月（一月）、カウラウ月（二月）、ナナ月（三月）、ウェロ月（四月）と続く。しかし、この暦はハワイ島のものであって、他の島ではそれぞれ名称が異なったり、順番が異なったりしていた。さらにハワイ島自体でも異なった暦の存在が指摘されている。また、グレゴリオ暦の月との対応は年によって異なるために、正確ではない。〕

(106) Peter Corney, *Voyages in the Northern Pacific...* (Honolulu: Thomas G. Thrum, 1896), p. 102.〔コーニーについてはここに挙げられた航海誌の情報以上のことはほとんど知られていない（生年不詳で、一八三五年頃に死亡）。彼はアメリカ北西海岸と中国を往来した交易船コロンビア号の士官を長く務めたが、この船は一八一七年にハワイで売却されたため、その前後から一八二〇年までの数年間をハワイで暮らしたようである。〕

(107) Ibid. ヴァレリオ・ヴァレリの学者然とした説明によれば、カーリッイはマカヒキの十六日目に祝われるものであって、コーニーの考えているようにマカヒキのはじめにおこなわれるものではないという。ヴァレリにはマカヒキをめぐるばらばらな記述をひとつのシステムとして形式化しようとする傾向があるものの、マカヒキが正式にはもっと早い時期に始まったとする点は間違っていないだろう。しかし、たとえそうであったとしても、コーニーとキャンベルの記述は短縮化されたマカヒキの存在をうかがわせる。わたし自身の解釈では、祭司たちの用いるマカヒキの祭暦（あるいは複数の祭暦）はより民衆的な祭暦に対して一種の「理念的祭暦」をなしていたのだと思う。つまり、一般民衆は実際にマカヒキがカーリッイから始まるとみなしていたのではないだろうか。また、カーリッイ以前に祝われるマカヒキの行事はカメハメハの治世になって新たに始められたものであり、一般民衆はカーリッイとともに始まるかつての祭暦をそのまま採用していたのかもしれない。

(108) Archibald Campbell, *A Voyage round the World from 1806 to 1812 ... with an Account of the ... Sandwich Islands* (Honolulu: University of Hawaii Press, 1967), p. 129.〔スコットランド生まれの水夫。中国で商船に乗り込み、長崎、カムチャッカを訪れ、その後アラスカで難破してコディアク島に漂着した。ハワイには一八〇九年から一年間滞在した。〕コツェブーも一八二四年に同じような主張をおこなっている。「彼らのもっとも大きな祭りのひとつは十一月の前半に始まり、二二日間続く」。Otto von Kotzebue, *A New Voyage round the World in the Year 1823–1826*, vol. 2 (New York: Da Capo Press, 1967 [1830]), pp. 210–211.〔最後の記述はコツェブーのものではなく、ゴロヴニンによる記録である。修正すると、次のようになる。「ゴロヴニンも一八一八年に同じようなことを述べている……」。V. M. Golovnin, *Around the World on the KAMCHATKA 1817–1819*, trans. with introduction and notes by Ella Lury Wiswell (Honolulu: The Hawaiian Historical Society and University of Hawaii Press, 1979 [1822]), pp. 210–211.」。ゴロヴニンの引用箇所はハワイ島でなく、オアフ島について述べたものであり、邦訳については二五六―二五七頁を参照されたい。〕

(109) Vancouver, *The Voyage of George Vancouver*, p. 1141, n. 1.

(110) Ibid., p. 1171. さらに次を参照のこと。Beckwith, *Hawaiian Mythology*, p. 40.

(111) Valeri, *Kingship*, p. 230.

(112) Sahlins, "Captain Cook at Hawaii", p. 408–409.

(113) Ibid., p. 408.

(114) Sahlins, *Historical Metaphors*, p. 22.

第五章

(1) Cook (B) 3b, p. 1190.

(2) Ibid.

(3) Ibid., p. 1191.

(4) Cook (B) 3a, p. 528.

(5) Cook (D) 3, p. 36.

(6) Ibid., p. 37.

(7) Ibid.

(8) Cook (B) 3a, p. 525.

(9) Cook (D) 3, p. 38.

(10) Cook (B) 3b, p. 1191.

(11) Ibid.

(12) Cook (B) 3a, p. 532.

(13) Ibid., p. 529.

(14) これはニュー・ヘブリディーズ諸島のマレクラ島と、さらにのちに同諸島のタナ島で起きた出来事であり、フォルスターが記録を残している。Michael E. Hoare, ed., *The Resolution Journal of Johann Reinhold Forster 1772–1775* (London: The Hakluyt Society, 1982), vol. 3, pp. 566 and 587–588.〔前者の出典については一七七四年七月二二日の出来事で、ゲオルク・フォルスターの『世界周航記』下巻（山本尤訳、岩波書店、二〇〇三年）、一六四頁を参照のこと。後者は一七七四年八月六日の出来事で、同書、二〇七頁を参照。〕

(15) Cook (B) 3a, pp. 529–530.

(16) Beaglehole, Cook (B) 3a, p. 529, n. 1.

(17) Ibid.

(18) Ibid., p. 530.

(19) Ibid.

(20) Ibid.

(21) Cook (B) 3b, p. 1192.

(22) Ibid., pp. 1192–1193.〔エドガーがパレアのカヌーを押収しようとした背景には次のような経緯があった。カッターに乗ってエドガーは盗人を追跡した。カッターが岸に近づくと、別のカヌーがやってきて、盗まれた道具をすぐに返した。武器もなく、人数も少なかったので、カッターが船に引き返そうとしたところ、岸でクックを待っていたレゾリューション号のピンネースが、武器を携行せず、またクックの指令を無視して彼のもとに近づいてきた。エドガーはこうして増員を得た以上、ただ盗品を取り戻しただけでは不十分であり、盗人を捕まえるか、彼を乗せたカヌーを押さえなくてはならないと考え、再び岸に戻ったわけである。〕

(23) Cook (B) 3a, p. 533.

(24) Cook (D) 3, pp. 41–42.

(25) Ibid., p. 42.

(26) Ibid.

(27) Cook (B) 3b, p. 1194. 傍点は引用者による。

(28) Cook (B) 3a, p. 534.

(29) Ibid., p. 536–537, n. 2.

(30) William Ellis (surgeon), *An Authentic Narrative of a Voyage Performed by Captain Cook and Captain Clerke...*, vol. 2 (London, 1782; rpt. New York: Da Capo Press, 1969), p. 108.〔これらの考察はカッターの追跡に出た当初ではなく、王を連れて浜に向かい、群衆に取り巻かれた際の出来事に関して付されたものである。この直後にクックは二連装銃を発射し、乱戦になる。〕

(31) J. C. Beaglehole, *The Life of Captain James Cook* (London: The Hakluyt Society, 1974), p. 668〔邦訳五五三―五五四頁〕.

(32) Cook (B) 3a, p. 530.

(33) Samwell, *Captain Cook and Hawaii* (1796; rpt. San Francisco: David Magee, 1957), p. 12.

(34) Phillips cited in Cook (B) 3a, pp. 534–535〔邦訳第六巻、二七六頁〕.

(35) Cook (D) 3, p. 44.

(36) Phillips in Cook (B) 3a, pp. 535–536〔邦訳第六巻、二七六—二七八頁〕.

(37) ブライの注釈はフィリップスの英雄的行為と称されるものに向けられている。「就寝までにそこで起きたことをすべて書き出そうとしたが、これはわたしが書き写した中でもっとも恥ずべき嘘である。とりわけ、海尉の主張がそうだ。彼はわたしに対して、マスケット銃を撃ってからすぐに、彼らはボートに逃げたので、再装塡する暇がなく、自分は抵抗できない状態で背中を刺されたといっていた」。〔これはキングによる公式航海記の次の一節に記された書き込みである。「海尉は両肩のあいだをパーフーアで刺されたが、幸いなことに発砲を控えていたので、彼を傷つけた男がまさにもう一撃を加えようとしたところを撃った」。〕Rupert T. Gould, "Bligh's Notes on Cook's Last Voyage", *The Mariner's Mirror*, 14 (October 1928), p. 381. キングですら「フィリップス氏は海兵に発砲を命令し、うち数人がそれに従った」と述べている。Cook (B) 3a, p. 556. 傍点は引用者。

(38) ブライの見解とウィリアムスンの行動の概略については、次を参照のこと。Gavin Kennedy, *The Death of Captain Cook* (London: Duckworth, 1978), pp. 82–83.〔サムウェルの手稿によれば、フィリップスはランチに乗ったウィリアムスンから援護が得られなかったことに激怒し、その場で撃ち殺してやろうかと考えたという。事実、彼はピンネースに救出されてから、再び海に戻り、ランチまで泳いでいっている。一方、ランチの乗員たちは岸に近づこうとしたが、指揮を執るウィリアムスンがそれを拒み、岸から離れるという彼の命令に従わない者は射殺すると脅したという。〕

(39) 次の著作における引用を参照。Beaglehole, "Textual Introduction" in Cook (B) 3a, p. clxxvi, n. 1.〔原文ではJ・E・テイラーの発言とされているが、ビーグルホールからすると、この引用文はクリストファー・クリーストなる人物が友人のテイラーに宛てた一八四九年四月四日付けの書簡から取られたものである。よって修正する。その手紙からすると、十九世紀中盤まではモールズワース・フィリップスの手稿航海誌が存在したことがわかる。クリーストは問題の航海誌を所有しており、書簡の前日にそれを友人のテイラーに郵送したという。〕

(40) Cook (B) 3a, p. 538–539.

(41) Cook (D) 3, pp. 53–54. ブライが軽蔑しているのはこの英雄行為にほかならない。本章註(37)を参照のこと。

(42) Ibid., p. 45.

(43) Ibid., p. 45–46.

(44) Ibid., p. 46.

(45) Ibid., p. 49.

(46) Peter Puget, *Log*, Adm 55/17, Public Records Office, London, entry for 26 February 1793. ヴァンクーヴァーの著作に引用された短い抜粋のほうも参照されたい。George Vancouver, *The Voyage of*

George Vancouver, 1791–1795, 4 vols., ed. W. Kaye Lamb (London: The Hakluyt Society, 1984), p. 831, n. 1. ピュージェットのインタヴューは現地人が語っているまれな事例のひとつである。しかしながら、サーリンズはハワイ人の声を度外視し、祭司の発言は一七九三年の出来事（ヴァンクーヴァーの訪問）については正しくとも、一七七九年の出来事（クックの死）には当てはまらないと述べている。彼にとってみれば、これはのちになってハワイ人のおこなった正当化だということになる。しかし、他方で彼はクックの死後四〇年から八〇年もたって記録された宣教師や改宗者の発言を、なんと一七七九年の現実を表すものとみなしている。〔Sahlins, *Historical Metaphors and Mythical Realities*, pp. 25–26.〕

(47) John F. G. Stokes, "Origin of the Condemnation of Captain Cook in Hawaii", *Hawaiian Historical Society 39th Annual Report* (Honolulu, 1930), pp. 68–104; Thomas G. Thrum, "The Paehumu of Heiaus Non-Sacred", *Hawaiian Historical Society 35th Annual Report* (Honolulu, 1926), pp. 56–57; Beaglehole, in Cook (B) 3a, p. 516, n. 3 and Beaglehole, *Life*, p. 655–656〔邦訳五四三頁〕. 議論の大半はトラムの短い論文に基づいているので、ここでは関連する部分を引用しておくことにしよう。「ヘイアウの外部に並べられていた木製の像は竈の薪として用いることを禁止（カプ）されていなかった。場合によってはそれらの木像は住民によって薪として燃やされたのである」（傍点は引用者）。しかし、トラムがそうした「場合」の実例として挙げることのできたのは次の一例のみである。それは「カウアイでの戦闘に乗り出す際に、〔オアフ島の〕ワイーアーナエでプーエフのヘイアウを聖別したカーウェーロ」の事例である。「彼は供犠の儀式を締めくくるにあたって、パエフム〔神殿の内陣を外部から区別する境界〕の木材、その柵、そしてヘイアウの神像をカウアイでの戦闘に備えて薪にするよう命じた」。「供犠の儀式の締めくくり」におこなわれたこの行為から、人々が神殿の柵や神像を薪にしていたことを例証するのはとても無理ではないだろうか。〔カウェロはハワイの伝承に現れる半神的な英雄。彼はカウアイの出身であったが、オアフに旅しているあいだに、両親の領地が奪われ、その奪回のためにカウアイ遠征に乗り出した。ちなみに、ここで引用されているのは、トラム自身の論述ではなく、S・M・カマカウがハワイ語新聞カ・ヌペパ・クオコア紙に掲載した記事をトラムが英語に翻訳したものである。〕

(48) Cook (D) 3, p. 25–26〔本書一四八頁も参照〕.

(49) Cook (B) 3a, p. 516.

(50) James Kenneth Munford, ed. *John Ledyard's Journal of Captain Cook's Last Voyage* (Corvallis: Oregon State University Press), 1963.

(51) ビーグルホールによるレジャード批判については次を参照。Cook (B) 3a, p. ccix.〔「愛国主義者であり、自由アメリカ人でもあった彼は、クックとキングの人格について、イギリス人には信じがたいエピソードをいくつか滑り込ませる機会を見逃さなかった」。ビーグルホールはレジャードの著作がかなりの部分でリックマンの航海誌の引き写しであることを理由に、「無価値な作品」と断定している。さらに序論のなかでは、後出引用部のことを「ばかげた記述」として一蹴している（“Introduction”, p. cxlvi, n. 1)〕。バンクスの探検隊については次を参照のこと。Patrick O'Brian, *Joseph Banks, a Life* (London: Collins Harvill, 1988), p. 230-231.

(52) Munford, ed., *Ledyard's Journal*, pp. 90-100.〔『クック 太平洋探検』第六巻、一九六頁を参照。一七七八年十月八日、ウナラスカ島に停泊中のクック一行に、一人の現地人がライ麦パイのようなものを贈ってきた。これを島にいるロシア人からの贈り物と判断したクックは、レジャードにラム酒をもたせて送り出し、彼は三人のロシア人商人を船に連れ帰った。〕

(53) Ibid., p. 102.

(54) Ibid., p. 136-37.

(55) James Trevenen, *Penrose Memoirs of James Trevenen*, Greenwich Maritime Museum ms.〔*A Memoir of James Trevenen*, p. 20.〕

(56) Munford, ed., *Ledyard's Journal*, p. 137.

(57) John Law, *Log*, entry for 1 February 1779. 傍点は引用者。

(58) Thomas Edgar, *The Edgar Journal of Captain Cook's Third Voyage 1776-1778*, Adm. 55/21, Public Records Office ms., London, entry for 1 February 1779.

(59) U. Tewsley, ed., *Zimmermann's Third Voyage of Captain Cook 1776-1780* (Wellington, 1926), p. 37.

(60) George Vancouver, *The Voyage of George Vancouver 1791-1795*, ed., W. Kaye Lamb, vol. 3, p. 817.

第六章

(1) Cook (B) 3a, p. 596.

(2) J. C. Beaglehole, *The Life of Captain Cook* (London: The Hakluyt Society, 1974), p. 580〔邦訳四八一頁〕.

(3) Ibid., p. 652〔邦訳五四一頁〕.

(4) Cook (D) 3, p. 69.

(5) Ibid., p. 9.

(6) Ibid., p. 6 and 5.

(7) Cook (B) 3b, p. 1216.

(8) Ibid., p. 1201.

(9) James Trevenen, *Penrose Memoirs of James Trevenen*, Greenwich Maritime Museum ms.〔*A Memoir of James Trevenen*, p. 23.〕

(10) 次の著書の引用による。Sir Joseph Carruthers, *Captain James Cook, R. N.: One Hundred and Fifty Years After* (New York: Dutton and Company, 1930), p. 125.

(11) Cook (B) 3b, p. 1200.

(12) U. Tewsley, ed., *Zimmermann's Third Voyage of Captain Cook 1776-1780* (Wellington, 1926), p. 43.

(13) そうした恋愛話の中でもっとも有名なのは、イギリス人水夫とマオリ人女性ゴワンナへのロマンティックな情事を扱ったものである。John Rickman, *Journal of Captain Cook's Last Voyage to the Pacific Ocean*（London, 1781）, rpt. Readex Microprint, 1966, pp. 59–67.

（14） Ibid., p. 305. リックマンが記しているハワイ語はジョン・シャーロットによってヘ・アトゥア・ヌイ「大きな神」と同定されている。おそらくハワイ人たちはロノが「大きな神」であるとリックマンに告げ、例によってリックマンが「クック＝ロノ＝大きな神」という等式を完成させたのだろう。注意すべきは、ここでリックマンはたんに噂話を記録しているにすぎないということである。儀式をめぐる彼の記述は時間や場所を含め、どれもこれも間違っている。

（15） Ibid., p. 306.〔ここで「建物」、「家」と呼ばれているのは、叙任儀礼のおこなわれた神殿のことを指す。〕

（16） U. Tewsley, ed., *Zimmermann's Third Voyage*, p. 36.

（17） Ibid., p. 37.〔ここではワットマンのことが操舵長とされているが、キングやサムウェルなどの士官の記録では掌砲長助手とされている。〕

（18） George Robertson, *The Discovery of Tahiti*（London: The Hakluyt Society, 1948）, p. 156. 傍点は引用者による。

（19） Tzvetan Todorov, *The Conquest of America: The Question of the Other*, trans. Richard Howard（New York: Harper Torchbooks, 1987）, p. 117〔邦訳一六四頁〕.

（20） Cook（D）3, p. 5.

（21） Ibid., p. 15.

（22） Cook（B）3a, p. 510. 非公式版航海誌で「宗教的礼拝」に近い考え方が述べられているのはたった一箇所だけであり、そこではクックに「ほぼ神に捧げられるような敬意」が捧げられたと述べられている（p. 564）。

（23） Trevenen, *Penrose Memoirs*, ms.〔*A Memoir of James Trevenen*, p. 22.〕

（24） William Cowper, *The Works of William Cowper: His Life, Letters, and Poems*, ed., Rev. T. S. Grimshawe（Boston: 1854）, pp. 201–202. この書簡の日付から遡ること三年前の一七八一年六月から七月にかけて、クーパーはクックの死について聞き及び、文明の使者という啓蒙主義的なクック像を讃える頌歌を創作している。この「隣人愛」Charity と題された詩では、善良なるクックが悪しき征服者のコルテスと対比されている。〔原文では「二年前」とされているが、書簡の日付は一七八四年十月九日なので、明らかに「三年前」の間違い。よって修正する。〕

クックはいままさに惜しまれつつ、涙とともに
永久に英雄たちの土塊に帰ったが、
彼がイギリスの木船を未知なる土地に導き、
母国の栄光に自らの名誉を探し求めしころ、
どこであれ人間らしい人間と出会うたび、
人としての権利が彼には神聖に映ったものである。
彼は贈り物で喜ばせ、笑顔で迎え入れた、

新たに発見した島の純朴なる民を。
また彼は浅ましき者を蔑んだ、
血族の優しい説得を軽んじ、あるいは退ける輩を。
さらに許すまい、誰か
南極の自由なる同胞を支配せんとする者を。
より高貴な精神なれば、法を重んじ、
何人も咎なしに法を無視できないようにするが、
より卑しき魂なれば、無数の悪意が重なり、
法の力を抑え、その目的を挫かんとするもの、
しかるにクックは自ら救った蛮人の命ゆえに愛された。
ああ、世界に軛をかけたがゆえに憎まれるコルテスを見よ。

（Ibid., p. 546、傍点は引用者）。

（25） A. Kippis, *A Narrative of the Voyage... Performed by Captain James Cook...*（Boston, 1830）, vo. 2, p. 173.〔詩の原題は「奴隷制度」Slavery で、一七八八年の作。〕

（26） Ibid.

（27） Ibid., p. 174-175.〔これはアンナ・スアードの「キャプテン・クックへの挽歌」と題された一七八〇年の詩の第十連であり、この後に置かれたのは同詩の第二連である。〕

（28） Ibid., p. 174.

（29） ここでテクストの原題をそっくり紹介しておくのも一興だろう。

A short account of the new Pantomime called OMAI or a Trip round the World; performed at the Theater-Royal in Covent Garden with the Recitatives, Airs, Duetts, Trios and Chorusses; and a Description of the PROCESSION. The Pantomime and the whole of the Scenery designed and invented by Mr. LOUTHERBOURG. The Words written by Mr. O'KEEFFE; and the Music composed by Mr. Shields. London for T. CADELL in the Strand [MDCCLXXXV].〔朗唱、アリア、デュエット、コーラス付きでコベント・ガーデン内シアター・ロイヤルで上演された新作道化劇「オマイ、あるいは世界周遊旅行」に関する寸評、および仮装行列の記述。道化劇および舞台装置全体はルーテルブール氏によるデザイン・考案。脚本オキーフ氏、音楽シールド氏による。ロンドン、T・カデル社、ストランド街（一七八五年）〕

この道化芝居をめぐる解説としては、他にも次の論文を参照されたい。R. Joppien, "Philippe Jacques de Loutherbourg's pantomime 'Omai, or, A Trip round the World' and the Artists of Cook's Voyages", *Captain Cook and the South Pacific*（London: British Museum Yearbook 3, 1979）, pp. 81-136; Greg Dening, "Possessing Tahiti", *Archaeology and Physical Anthropology in Oceania* 21（1986）, pp. 103-118.

〔演出家のジャック・ドゥ・ルーテルブール（一七四〇―一八一二年）はイギリスで活躍したフランス人画家、舞台美術家である。以下にはヨッピエンの論文に基づいて、芝居の粗筋をまとめておく。〕

舞台の冒頭は月明かりのマラエ、オタヘイテの聖域から始ま

る。オマイの父であり正当な王の子孫であるオトゥーが墓所に座し、息子が王座に就けるよう先祖の霊に祈願している。供犠が捧げられ、至上神のトウハが霰と月食を伴い、喪主の姿で現れる。神はオマイを助けることを約束するが、その前にブリタニアの娘であるロンディーナに求婚するよう提案する。ここで場面は岩に座し、娘を抱くブリタニアの幻想が映し出される。第二幕は等身大の神像を祀った大首長の聖なる館で演じられる。オトゥーはオマイに使命について指示するが、そこにもう一人の王位継承権をもつオエディデーが突然現れる。彼は強力な魔女のオベレアによって後見されている。オマイは召使いとして一人の道化を伴ってプリマスに上陸する。彼は同じ頃プリマスに到着した傲慢なスペイン人のドン・ストルットランドに出合うが、彼も同じくロンディーナの心を射止めようとしている。そこから舞台はロンドンに移り、両者はケンジントン・ガーデンで再会する。オマイはロンディーナと出合い、一目見るなり二人は恋に落ちる。ロンディーナの父親は二人の結婚に反対であるため、道化がロンディーナの侍女コロンビーヌの助けを借りて、二人を駆け落ちさせる。そして、ここから二人の世界周遊の逃避行と追跡劇が始まる。その後、カムチャツカ、フレンドリー諸島、サンドウィッチ諸島、タヒチの艦隊、オベレアの魔法の洞窟などの場面を経て、最終的にオマイはロンディーナを王妃として王座に君臨する。そして、各地の民族衣装をまとった大行列が繰り広げられ、本文で描かれているエンディングを迎えることになる。」

(30) クラークによれば、『オマイ』は「この世紀をとおしてもっとも大当たりした六本の芝居のひとつ」であり、王自身もしばしば再演を命じたという。Thomas Blake Clarke, *Omai, First Polynesian Ambassador to England* (Honolulu: University of Hawaii Press, 1969 [1940], pp. 87, 92. この作品のために発行された宣伝広告〔プレイビル〕の素晴らしいコレクションは、ハンティントン図書館で閲覧可能である。

(31) ここまでの引用は以下による（なお傍点は原典のもの）。*Omai, or a trip round the world...*, p. 23.

(32) Ibid.

(33) Ibid., p. 24.

(34) Ibid., p. 23.

(35) Robin Fisher and Hugh Johnston, eds., *Captain James Cook and His Times* (Seattle: University of Washington Press, 1979), pp. 159–185.

(36) Bernard Smith, “Cook's Posthumous Reputation”, in Fisher and Johnston, eds., *Captain James Cook*, p. 159.

(37) Ibid., p. 161.

(38) Ibid., p. 160.

(39) Ibid., p. 175.

(40) Ibid.

(41) Ibid., p. 179.

(42) Ibid.

(43) J. C. Beaglehole, “On the Character of Captain James Cook”, *The*

Geographical Journal* 122, 4 (1956), p. 425.

(44) Alan Frost, "New Geographical Perspectives and the Emergence of the Romantic Imagination", in Fisher and Johnston, eds., *Captain James Cook*, p. 19.

(45) 学説の概要については次を参照されたい。Sir James Watt, "Medical Aspects and Consequences of Cook's Voyages", in Fisher and Johnston, eds., *Captain James Cook*, pp. 129–157. この奇妙な学説によれば、クックは「腸、おそらくは回腸下部の寄生虫性感染症」を患っていたそうで、その症状としては次のようなものが挙げられるという。「長期にわたる健康不良、疲労、食欲減退、頑固な便秘、体重減少、消化不良、関心と気力の喪失、癇癪、鬱状態、集中力と記憶の喪失、人格の変容」(p. 155)。おそらく回虫はクックに対して特別な偏愛を抱いていたに違いない。他の士官にはこうした症状、とりわけ「人格の変容」を示した者が一人もいないようにみえるからである。〔余談ではあるが、クックの銅像はロンドンのザ・マルに位置したアドミラルティ・アーチのそばに建てられている。著者の記述ではそれがペルメル街にあるかのように読めることから、著者の事実誤認として揶揄する批判論文もある。しかし、王立協会の裏手はペルメル街であり、銅像に向かうにあたってはなんの問題もないだろう。〕

(46) David Mackay, "The New Zealand Legacy of James Cook", *The New Zealand Universities Graduates Association*, 1990, 17pp., typescript, p. 1.

(47) Ibid., p. 15.

(48) Ibid., p. 16.

(49) Ibid., p. 15–16.

(50) Ibid., p. 17.

(51) Ibid., p. 13.

(52) Ibid., p. 17.〔ここで述べられている「ジョン・ロート・スタウト」は、明らかに「ジョン・ロート・ストークス」(一八一一―一八八五年)の誤りである。彼はダーウィンの『ビーグル号航海記』で有名な世界周航探検に参加したこともある海軍軍人であり、その後、ビーグル号の第三回航海の途中で同号の指揮を執り、オーストラリア沿岸の測量調査をおこなった。艦長に昇進したストークスは一八四六年から四年間をかけてニュージーランド沿岸を測量した。ただし、ここで著者が引用しているマッケイの論文が入手不能であるため、著者とマッケイのどちらが事実誤認をしているのか不明なので、あえてこのまま訳出することとする。〕

(53) Keith Sinclair, *History of New Zealand* (London: Penguin, 1966), pp. 32–33.

(54) J. C. Beaglehole, *The Discovery of New Zealand* (London: Oxford University Press, 1961), p. 88. ビーグルホールはテ・ホレタの記述を補遺に収録している。Appendix B, pp. 88–93.

(55) Ibid., p, 89.

(56) Ibid., p. 93.

(57) Ibid., p. 91.

(58) Robert McNab, *From Tasman to Marsden* (Dunedin, 1914), p. 176.

(59) Lynne Withey, *Voyages of Discovery: Captain Cook and the Exploration of the Pacific* (Berkeley and Los Angeles: University of California Press, 1989), p. 213.〔『クック 太平洋探検』第三巻、九七頁を参照。問題のマオリ人男性ははじめてクックの船に乗る際、小枝で船腹を二、三度叩き、なんらかの呪文を述べてからそれを船に投げ込み、ようやく乗船したという。ウィゼイはこの行為を「伝統的な友好の印」と述べた上で、ここに引用されたような推測をしている。〕

(60) Harrison M. Wright, *New Zealand, 1769–1840: Early Years of Western Contact* (Cambridge: Harvard University Press, 1959), p. 7. サーリンズはクックがマオリ人のもとではロンゴ＝トゥーテ Rongo-Tuute（すなわち、ロノ＝クック Lono-Cook）として知られていたと述べ、その名をマオリ人が独自に発案したと考えている〔『歴史の島々』、邦訳一四五―一四八頁を参照〕。わたしが思うに、これはのちになってマオリ人がハワイでの呼称を翻訳しただけではないだろうか。グレッグ・デニングは著書『島と浜辺』においてマルケサス人も同じような反応を示したと述べている（Greg Dening, *Islands and Beaches*, Honolulu: University of Hawaii Press, 1980, p. 16）。ただし、彼は私信でマルケサス人があらゆる異邦人をアクア〔マルケサスでは「アトゥア」が正しい〕と呼ぶにせよ、それを西欧的な意味で「神」と翻訳するのは適切ではないと伝えてくれた。こうした資料を出典まで辿ってゆけば、結局はどれもテ・ホレタの記述のように空疎であることが明らかになるのではないだろうか。〔いささか内容が異なるのだが、後述される二人のフランス人航海者についても、この原註で補足しておこう。

マルク＝ジョセフ・マリオン・デュ・フレーヌ（一七二四―一七七二年）は、クックと同様に南方大陸の発見ため、二隻の船を率いて南太平洋を探検し、一七七二年三月にニュージーランドに到着した。船の修理のため、北島北部のアイランズ湾に停泊し、マオリ人と友好的関係を築くが、同年七月に突然マオリ人に襲われ殺害されてしまった。その原因はフランス人たちがタプのかかった湾で漁をしたためだといわれている。なお、この航海ではブーガンヴィルがパリに連れ帰ったタヒチ人のアフトルを帰郷させる任務も含まれていたが、彼は往路のマダガスカル沖で天然痘のために客死している。

ジャン・フランソワ・マリー・ドゥ・シュルヴィル（一七一七―一七七〇年）は、通商目的で南太平洋を探検し、一七六九年十二月に北島北部のダウトリス湾に上陸した。奇しくもクックはその数日前にエンデヴァー号（第一回航海）で同湾を通過しているが、悪天候のために両船が遭遇することはなかった。デュ・フレーヌとドゥ・シュルヴィルについて、クックは第二回航海の終わり頃に航海誌のなかで言及している（『クック 太平洋探検』第四巻、三三八頁参照）。〕

(61) Mackay, "The New Zealand Legacy", p. 1.

(62) いったん聖人伝、歴史、神話を区別する壁を取り払ってしまえば、西欧の想像力がいかに神話に満ちているのか証明するのはいたって簡単である。クック神話はニュージーランドとオーストラリアでは祖先の起源神話として隆盛を極めている。現代の神話制作者にとってみれば、クックが負の側面をもつことなど、近代国家を建国した始祖にあるまじきことであって、ありえるはずがない。彼はハワイ人にとって神であり、白人にとっては近代国家の高貴なる創設者でなければならないのである。こうして、伝記はいとも容易に聖人伝や神話へ転ずることになる。そのことはサー・ジョゼフ・カルサーズによる別の議論が雄弁に物語ってくれる。一九〇四年から一九〇八年までニュー・サウス・ウェールズ州知事を務めた彼は、宣教師による中傷からクックを擁護する著書を上梓した。その諸言のなかで元オーストラリア首相のW・M・ヒューズは、クックこそが「オーストラリア建国の真の父」であり、その彼の記憶が「偏狭頑迷なる者たちによって汚されてしまった」と述べている。同じく、カルサーズも昨今（一九三〇年）の若者はクックに対する「十分な敬意を抱いていない」と嘆く。「崇敬の念に緩み」が見られ、それを見過ごしにはできない（p. x）。クックが最初にオーストラリアに上陸した場所は、「オーストラリア人民とキャプテン・クックのような人物を産み出した民族にとって神聖なる土地」である（p. x）。「キャプテン・クックのような偉大で善良な人物の名声を汚す中傷」は許されないし、「卑見によれば、彼は帝国の建設者としてアングロ・サクソン民族の誰よりも傑出している」（p. 5）。したがって、彼の著書の目的はハワイにおける最後の数週間が「それまで原住民を人道的で高潔に扱ってきた彼の不動の記録をはじめて破った」とする誤った考えを正すことにあるという（p. 6）。クックの死は「不幸な誤解によるものであり、その責任はクックというよりも、ハワイ人側にあった」（p. 7）。かつてサムウェルは性病がイギリス人によってはじめてもたらされたのではなく、ハワイ人がすでにそれに罹っていたのだとみなしていた。いまや我々はクックを死に至らしめた「不幸な誤解」の主たる責任が、ハワイ人側にあるという見解すら有することになったわけである。Sir Joseph Carruthers, *Captain James Cook, R. N.*

（63） Marshall Sahlins, *Historical Metaphors and Mythical Realities: Structure in the Early History of the Sandwich Islands Kingdom*（Ann Arbor: University of Michigan Press, 1981）, p. 24.

（64） Ibid.

（65） Cook（D）3, p. 69.

（66） Cook（D）2, pp. 208–209, 214.

（67） Martha Beckwith, *Hawaiian Mythology*（New Haven: Yale University Press, 1940）, pp. 340–343.

（68） Cook（B）3b, p. 1217.

（69） Beckwith, *Hawaiian Mythology*, p. 164.

（70） Peter Corney, *Voyages in the Northern Pacific...*（Honolulu: Thomas G. Thrum, 1896）, p. 103. コーニーはそうした再来の生々しい事例を紹介している。あるハワイ人（「ミスター・マニング」の名でも知られたドン・マリンが雇っていた召使い）が、「ある夜、自分の名前を呼ぶ男に起こされ、これからいうことをよく聞けといわれた。彼が顔を上げてみると、ぞっとしたことに、なんとそこには亡くなったペレオラニ一王（パレイオホラニ）の蒼ざめた姿があったのである……」（p. 115）。ヨーロッパ人の主人のほうもすでにハワイの信仰に順応していたため、何度か同じように霊魂に遭遇したという（p. 116）。また、フレシネもこう記している。「死者の魂が生者のもとに現れ、夢で彼らになにかを伝えるとかたく信じられている」。Louis de Freycinet, *Hawaii in 1819: A Narrative Account by Louis Claude de Saulses Freycinet*, trans. Ella L. Wiswell (Honolulu: Bishop Museum, Department of Anthropology, Pacific Records No. 26, 1978), p. 71.

（71） Beckwith, *Hawaiian Mythology*, p. 164.

（72） Ibid., p. 2.

（73） S. M. Kamakau, *Ka Po'e Kahiko, the People of Old*, trans. Mary K. Pukui, ed. Dorothy B. Barrère (Honolulu: Bishop Museum Press, 1964), p. 28.〔カマカウによればアウマクアは一族を庇護する始原の祖霊のようなもので、ある神が互いに交合して人間が生まれた場合、その神が一族のアウマクアになるという。〕

（74） Beckwith, *Hawaiian Mythology*, p. 2.

（75） John Meares, *Voyages Made in the Year 1788 and 1789...* (London, 1790; rpt. New York, Da Capo Press, 1967), p. 9.〔ミアーズは太平洋における毛皮交易に従事した航海者（一七五六?—一八〇九年）。一七八八年に現在のカナダ、ブリティッシュ・コロンビア州のヌートカ・サウンドを探検し、交易所を作るが、翌年スペイン人によって占領された。彼がその補償をイギリス政府に求めたため、一七九〇年にはイギリス・スペイン間で太平洋の覇権をめぐる「ヌートカ・サウンド危機」が勃発した。〕

（76） Rupert T. Gould, "Bligh's Notes on Cook's Last Voyage", *The Mariner's Mirror* 14 (October 1928), p. 383.「なんという戯言、〔彼らは〕クック艦長に匹敵した力をもつ別の首長が……ブリタニア、彼ら風に発音すればベレタニーから派遣され、彼の連れてきた多数の男たちに殺されるのではないかと恐れていたにすぎない」。〔これは本章註（65）で引用されたキングの公式版航海誌に書き入れたコメント。〕

（77） James Colnett, *The Journal of James Colnett* (Toronto: The Champlain Society, 1940), p. 220.〔クックの第二回航海に士官候補生として参加したこともあるイギリス海軍軍人（一七五三—一八〇六年）。一七八六—一七八八年、一七八九—一七九一年の二度にわたって北太平洋での毛皮交易航海を指揮しており、二度目の航海でミアーズが開いたヌートカ・サウンドの交易所を増強しようとしていたところ、スペインのエステバン・マルティネス船隊に拿捕された。問題の引用文は長い抑留から解放されたコルネットが帰国の途上でハワイに立ち寄った際のものであり、当然のことながら彼の発言にはあからさまな反スペイン感情が働いていたわけである。おまけに、ハワイでは拿捕したイギリス船を返還するためフィリピンに向かっていたマヌエル・キンペルと出くわし、返還を前倒ししてもらう厄介な交渉を続けていた。なおヌートカ・サウンド危機については、『ク

ック 太平洋探検』第六巻の末尾にある増田義郎氏による解説「クック以降の太平洋探検航海」を参照されたい。〕

(78) S. M. Kamakau, *Ko Po'e Kahiko*, p. 54.

(79) Archibald Campbell, *A Voyage round the World from 1806 to 1812...with an Account of the...Sandwich Islands* (Honolulu: University of Hawaii Press, 1967), p. 120.〔ここで問題にされているウィリアム・デーヴィスは死んでいたわけではない。周囲の外国人水夫が怠惰に酒に溺れていたのに対し、彼はまるでハワイ人のように朝から晩まで畑で働く勤勉な人物であったため、ハワイ人は彼の特異性を説明しようとして、ここに引用されているような解釈を生み出したのである。〕

(80) John Charlot, *The Hawaiian Poetry of Religion and Politic* (Honolulu: University of Hawaii Press, 1985), The Institute for Polynesian Studies, Monograph Series no. 5, p. 67, n. 91. 原典はフォルナンダーの次の著書に収められている。Abraham Fornander, *Fornander Collection of Hawaiian Antiquities and Folklore*, vols. 4-6 (Honolulu: Memoirs of the Bernice Pauahi Bishop Museum, Bishop Museum Press, 1920), vol. 6, part 3, pp. 435-438. ただし、ここで問題にしている点について、原典が完全に明瞭であるわけではない。

(81) Otto Von Kotzebue, *A Voyage of Discovery into the South Sea and Beering's Straits*, 3 vols. (1821; rpt. New York: Da Capo Press, 1967); *A New Voyage round the World in the Years 1823-26*, 2 vols. (1830; rpt. New York: Da Capo Press, 1967).〔コツェブーはバルト・ドイツ系のロシア海軍士官（一七八七—一八四六年）。後出するクルーゼンシュテルンによるロシア初の世界周航探検にも参加した。〕

(82) Kotzebue, *A Voyage*, vol. 3, p. 239.〔これは「注記と見解」に収められた一節であり、本章註（84）にあるようにシャミッソーの文章である。したがって、後述される記述のズレは、著者の解釈とは異なって、ドイツ語原文の翻訳の違いに帰せざるをえないことになる。〕

(83) Kotzebue, *A New Voyage*, vol. 2, p. 179-180.〔後述されるように、この航海誌は第二回航海を扱ったものであり、第一回航海における記述ではない。本書のこの箇所の記述は、いささか論旨を追いにくくなっている。そこで、コツェブーの記述を英語版からより詳細に引用しておくことにしよう。

艦船が最初にサンドウィッチ島民に見えた時には、きわめて小さく見えたにちがいない。というのも、クックの船が現れると、彼らはそれを泳ぐ島とみなし、彼らが最大の敬意を払い続けてきたエトゥア-ロノがついに約束を果たして戻ってきたと考えたからである。歓喜は万人にあまねく広まり、かくも長きにわたって不在であった恩恵の神が島に黄金時代を取り戻してくれるだろうと、あらゆる礼を尽くして神を迎えることが決定された。クックも彼の仲間たちも、神に捧げられる礼が自分たちに捧げられているとは考えなかったようである。むしろ、集まってきた人々が演じている式典は、一般に重要人物に捧げられる栄誉のしるしだろうと考えた。クックが彼らによってオ・ロノ（ロノ神）と呼ばれたことも、彼が島の伝統に不案内なため、この点について教えることはなにもなかった。ただ彼は自分の呼称が一種の尊称であり、首長か祭司を意味するのだろうと推測するだけで満足したのである。もしもクックの行動によって島民の有益な誤解が維持できていたならば、彼らとイギリス人との良好な相互理解はけっして途切れることはなかっただろう。しかし、彼自身のほうが先に、自分が恩恵の神ではないことを彼らに知らせてしまったのである。

　住民のなかには、ロノが約束通りもたらしてくれた贈り物の一部を自分のものとする権利があると考える者たちがいた。しかし、彼らの放埒ぶりはすぐにクックによって手厳しく罰せられることとなった。そうした犯行によって捕らえられた違反者は鞭打たれ、逃げた者には発砲された。そして、無実の者もいたにもかかわらず、数人が殺害されたのである。ロノがかくも残酷で不公平なはずがなかった。このためにクックの呼び名であったトゥーテは、彼らの評価のなかではすぐに普通の人間の域にまで引き下げられてしまった。これ以降、彼は強力な首長として恐れられはしたが、けっして敬われることはなかったのである。こうした態度の変化は彼が北方への航海から戻ってきた際に明らかであった。島民は以前のように豚や果物を船に提供したが、前のように進物として贈り、無償の贈与としてその見返りを受け取るのではなく、それに代価を定めたのである。自分たちが提供する食料に対して、彼らからすれば途方もない値段がつけられることに気づくと、彼らは異邦人がどこか食糧の枯渇した土地から、食欲を満たすためだけに来たとみなすようになった。こうして平民たちは崇敬の念をもって彼らを遇するのを完全にやめてしまい、彼らの収奪に対してより強い態度を示すようになったのである。

この記述に続いて、クックの死に至る経緯が語られており、その最後にコツェブーは以上の情報を、当時少年として現場に立ち会ったカレマク（本書で後述されるカライモクのこと）から得たと明かし、その内容がクックの同行者たちの記述とも一致すると述べている。そして、彼はイギリス人こそが侵略者であって、ハワイ人はあくまでも防戦したにすぎず、「クックの運命は遺憾なことではあっても、完全に不当なこととはいえない」（p. 185）と判断したのである。〕

（84）　Adelbert von Chamisso, *A Voyage around the World in the Romanzov Exploring Expedition... 1815–1818*, trans. and ed. Henry Kratz (Honolulu: University of Hawaii Press, 1986 [1836]), p. 306.〔シャミッソー（一七八一―一八三八年）は『影をなくした男』（一八一四年）でも有名な亡命フランス人の詩人、植物学者」。もともとここに挙げたシャミッソーの所見は、コツェブーによる一八二一年版のロシア語航海誌の補遺として、「註記と見解」という題で出版され、のちに翻訳者のヘンリー・クラッツによってシャミッソー自身の著作（pp. 241–317）に加えられたものである。そこではコツェブーの記述を訂正、もしくは修正しようとする意図がきわめてはっきりしている。わたしのために翻訳を再チェックしていただいたクラッツ教授に感謝したい。クラッツはここでシャミッソーがいわんとしているのは、「彼らはあたかも彼が神であるかのように敬った」だと考えている（私信による）。

（85） Ibid., p. 310. 傍点は引用者による。

（86） V. M. Golovnin, *Around the World on the KAMCHATKA 1817–1819*, trans. with introduction and notes by Ella Lury Wiswell (Honolulu: The Hawaiian Historical Society and University of Hawaii Press, 1979 [1822]), p. 199.〔ゴロヴニンはロシアの海軍士官（一七七六―一八三一年）。日本では一八一一年に国後島で江戸幕府に捕らえられ、日本での抑留生活を記した『日本幽囚記』（一八一六年）を出版したことで有名だが、ここに挙げられた航海誌はその後の二回目の世界周航探検に関するものである。邦訳については以下を参照されたい。『太平洋周航記』丸山政男・大竹博吉訳、羽田書店、一九四三年、二四二頁〕。

（87） Kotzebue, *A New Voyage*, vol. 2, p. 179.

（88） Ibid.

（89） Ibid., p. 184.

（90） John Martin, *An Account of the Natives of the Tonga Islands… Communications of Mr. William Mariner* (London, 1817), vol. 2, p. 67.〔ウィリアム・マリナーは船の難破のために一八〇六年から一八一〇年までトンガに滞在したイギリス人水夫。〕

（91） Gilbert Mathison, *Narrative of a Visit to Brazil, Chile, Peru and the Sandwich islands…* (London, 1825), p. 431.

（92） Puget, *Log*, Adm 55/17, Public Office, London.

（93） サーリンズの論文の引用による。Marshal Sahlins, "Captain Cook at Hawaii", *Journal of the Polynesian Society* 98, 4 (December 1989), p. 381.

（94） Freycinet, *Hawaii in 1819*, p. 73.

（95） とりわけ次を参照のこと。Ibid., pp. 67, 68–69, 76, 78.

（96） ジェイムズ・ハンネウェル、ジャック・アラゴ、ジョージ・モティマー、ジョン・B・ホイットマンなどの資料がそうである。

（97） Maria Graham, comp., *Voyage of the H. M. S. Blonde to the Sandwich Islands in the Year 1824–25* (London: John Murray, 1826), p. 123.

（98） Ibid., p. 196.

（99） Andrew Bloxam, *Diary of Andrew Bloxam Naturalist of the "Blonde"* (Honolulu: Bishop Museum Special Publication No. 10, 1925), p. 49.

（100） Ralph S. Kuykendall, *The Hawaiian Kingdom 1778–1854: Foundation and Transformation* (Honolulu: University of Hawaii Press, 1938), p. 23.

（101） Ibid., p. 23 and 25.〔ウィリアム・ダグラス船長はアメリカの貿易業者。一七九〇年にはハワイの白檀を採取するために二人の乗組員を現地に残している。また、エリアノーラ号と小型スクーナー船のフェア・アメリカン号はいずれもアメリカ人交易業者のサイモン・メットカーフ船長の所有する交易船。先にマウイ島に到着したエリアノーラ号はボートを破壊され、乗組員一名を現地人に殺害されたため、報復としてオロワルの住民を数百人虐殺した。これに遅れてフェア・アメリカン号がハワイ島に到着したが、先の虐殺の復讐のために首長のカメエイアモクはこれを攻撃し、デーヴィスを除く五人の乗組員全員を殺害した。その後、エリアノーラ号がケアラケクア湾を訪れ、水夫長のヤングが上陸したが、ことの露見を恐れたカメハメハによって拘禁され、なにも知らないメットカーフは彼を残したままハワイを離れた。〕

（102） Urey Lisiansky, *A Voyage round the World in the Year 1803, 4, 5 and 6* (London, 1814), pp. 113, 133.〔原文ではこれらの情報をリシアンスキーは「オアフの支配者」から聞いたことになっているが、実際には「カウアイ島の支配者」の誤りである。よって訂正する。なお、リシアンスキーはロシア・アメリカ会社の重役ニコライ・ペトロヴィチ・レザノフが組織したロシア初の世界周航探検（一八〇三―一八〇六年）に参加し、二隻の艦船のうちネヴァ号を指揮した海軍軍人である。旗艦のナジェージダ号は司令官のアダム・ヨハン・フォン・クルーゼンシュテルン（一七七〇―一八四六年）によって指揮された。この航海では日本との通商関係樹立が目的のひとつとされており、レザノフ自身が遣日使節として乗り込み、他にも一七九三年に遭難した若宮丸の生存者四名も乗船していた。一八〇三年にクロンシュタットを出発した両艦は大西洋経由で太平洋に入り、マルケサス諸島のヌクヒヴァ島、ハワイなどに寄港し、一八〇四年七月にカムチャツカ半島のペトロパヴロフスクに到着した。そこから長崎に向かい、津太夫ら四名の漂流民を日本側に引き渡した。この航海の日本側の資料としては、仙台藩の蘭学者大槻玄澤と志村弘強が聞き取りによって編纂した『環海異聞』（一八〇四年）が有名である。なお、この著作のヌクヒヴァ・ハワイに関する記述は、日本人によるポリネシアをめぐる現存する最古の証言となっている。この点については、次を参照されたい。石川榮吉、『日本人のオセアニア発見』、平凡社、一九九二年。とりわけ、「第二編　初めてのポリネシア――『環海異聞』ポリネシア記事の民族誌的評価」。〕

（103） Kuykendall, *The Hawaiian Kingdom*, pp. 39-60.

（104） Glynn Barratt, *The Russian Discovery of Hawaii* (Honolulu: Editions Limited, 1987), p. 106.〔ヴァシリイ・ニコラエヴィッチ・ベルクはネヴァ号の士官候補生。〕

（105） Ibid.

（106） Ibid., p. 111.〔ゲオルク・ハインリッヒ・フォン・ラングスドルフ（一七七四―一八五二年）はクルーゼンシュテルン率いるナジェージダ号に乗船した博物学者。〕

（107） Ibid., p. 113.

（108） Campbell, *A Voyage*, p. 119.

（109） Ibid., p. 148.〔この芝居はもともと舞踏劇（パントマイム）であったが、ビーティーによって台詞がつけられた。彼は劇場自体の建造もおこなっており、マルヴィナ役はアイザック・デーヴィスの現地人

妻によって演じられた。〕

（110）Marshal Sahlins, *Islands of History* (Chicago: University of Chicago Press, 1985), p. 9〔邦訳二六頁〕.

（111）Marshal Sahlins, "Apotheosis of Captain Cook", in *Between Belief and Transgression: Structuralist Essays in Religion, History and Myth*, eds. Michael Izad and Pierre Smith (Chicago: University of Chicago Press, 1982), p. 96.

（112）Peter Puget, British Museum Library ms; Add. 17546.

（113）Kamakau, *Ka Po'e Kahiko*, p. 109.

（114）Kotzebue, *A Voyage*, vol. 1, p. 312.

（115）Barratt, *The Russian Discovery*, p. 105.〔ここでいうトマリとはカウムアリッイのことを指しており、リシアンスキー等がハワイを訪れた際に、彼はハワイ諸島で唯一カメハメハに抵抗しカウアイ島を支配していた。カメハメハはカウアイを征服するために、一八〇二年に軍勢をハワイからマウイに、さらに翌年にはオアフ島に移動させた。しかしながら、一八〇四年にカウアイ島遠征を目前にして疫病がオアフに蔓延したため、カメハメハは遠征を延期し、翌年にカウムアリッイに彼の宗主権を認めるよう使者を送った。最終的に、一八一〇年にアメリカ人貿易業者ネーサン・ウィンシップの仲介により、オアフで両首長の会合が実現され、カウムアリッイはカウアイの属領化を認めることに合意した。一八一九年にカメハメハが亡くなり、リホリホが即位すると、カメハメハの妻であったカアフマヌがカウムアリッイと結婚し、ハワイ王国の統一を盤石にする試みがなされている。なお、引用箇所におけるトマリへの遠征とは一八〇二年におけるハワイからの出発時のことを指すのだろう。しかし、カメハメハは一八一二年の夏にようやくオアフからハワイに戻ったとされており、問題の神像の焼却がこの際に起きたのか、それ以前に起きたのかは不明である。〕

（116）Kamakau, *Ka Po'e Kahiko*, p. 7.

（117）Sahlins, "Apotheoses", p. 97.

（118）Kamakau, *Ka Po'e Kahiko*, p. 7.

（119）Mathison, Narrative, pp. 431–432.〔マティソンはある村で伝統宗教に用いられた偶像や祭具を探そうとするが、すでに住民は古い宗教を無価値な迷信として唾棄しており、彼が唯一手に入れることができたのが引用文に登場する槍であった。なお、引用の直前には次のような重要な一文が存在する。「一般によく知られていることだが、キャプテン・クックの死後、住民たちは自分たちの所行を悔い、かつてその振る舞いで自分たちの賞讃と尊敬を勝ち取った男の死を深く悼んだ。そこで彼らは彼の記憶を永遠のものとするため、神格化することに決め、適切な神像を作った。この神像は長年に渡って、「彷徨える神」の名前で実際にオワイヒー中を引き回されていた……」。さらに本章註（91）も参照。〕

（120）Thomas Manby, "Journal of Vancouver's Voyage to the Pacific Ocean (1791–1793)", *The Honolulu Mercury* 1, 2 (July 1929), p. 44.

（121）Ibid.

（122）Edward Bell, "Log of the Chatham", *The Honolulu Mercury* 1, 6

(November 1929), p. 80. サーリンズはベルの文章から「に対する」という決定的な一語を落とすことによって、それをクックの神格化に対する証拠としている（Sahlins, "Captain Cook at Hawaii", p. 378）。つまり、「彼らは彼のことを超自然的存在として尊敬した」となってしまったわけである。

(123) Robert Dampier, *To the Sandwich Islands on H. M. S. Blonde*, ed. Pauline King Joerger（Honolulu: University of Hawaii Press, 1971）, p. 65.〔ここでいうカナカとは人名ではない。もともとはハワイ語で「人・男」を指す語彙だが、それが転用されて太平洋の島民一般を指す語彙として英語に取り入れられたものである。ここでは平民のハワイ人を指している。〕

(124) Maria Graham, comp. *Voyage of the H. M. S. Blonde*, p. 111.

(125) W. D. Westervelt, *Hawaiian Historical Legends*（New York: Fleming H. Revell Company, 1926）.

(126) Ibid., p. 108–109.

第七章

(1) Dorothy M. Kahananui, ed., *Ka Mooolelo Hawaii, Hawaiian Language Reader Based on Sheldon Dibble, Ka Mooolelo Hawaii*（Honolulu: University of Hawaii Press, 1984）.〔『モッオレロ・ハワイイ』の編纂者はこの英語原題からわかるように「シェルドン・ディッブル」であって、「ハイラム・ビンガム」ではない。単純な誤植による間違いだと思われるが、サーリンズの反批判で言及され、なおかつ本書第二版でもあえて訂正されていないことから、そのまま訳出することとする。〕

(2) マロは一七九五年、ジョン・パパ・イーッイーは一八〇〇年、カマカウは一八一五年にそれぞれ生まれている。マロの父親はカメハメハの宮廷と軍隊に関連していた。カマカウはこれらのハワイ人研究者のなかでもっとも若く、もっとも強くキリスト教からの影響を受けた人物であった。N・B・エマーソンによれば、マロはカメハメハ一世時代の老首長アウワイから情報を得ていたという。改宗の結果、彼は伝統的歌謡や舞踏を含め、かつて身につけた教養に背を向け、それを自らが落ち込んでいた陥穽と呼んだ。この点については、次の著作のナサニエル・B・エマーソンの序文を参照されたい。David Malo, *Hawaiian Antiquities*, 2nd ed., trans. Nathaniel B. Emerson（Honolulu: Bishop Museum Press, 1951）, p. viii-ix.

(3) David Malo, *Hawaiian Antiquities*, p. 145.〔本書第三章「さらなる列聖化に対する反論」を参照。〕

(4) クーパーの作品は当時のアメリカ合衆国でもよく知られていた。「一七九〇年には百紙近くもの新聞が合衆国で発行されていた。そこには地元のニュースや広告、ウィリアム・クーパーやゴールドスミスの詩作品からの抜粋、さらにはクックの航海誌の抄録などが掲載されていた」。Richard A. Van Orman, *The Explorers* (Albuquerque: University of New Mexico Press, 1984), p. 63.

(5) この重大な事件を扱った最近の研究としては、次の論文を参照されたい。S. Lee Seaton, "The Hawaiian *Kapu* Abolition of 1819", *American Ethnologist* 1, 1 (1974), pp. 193-206.

(6) Glynn Barratt, *The Russian Discovery of Hawaii* (Honolulu: Editions Limited, 1987), p. 70.

(7) Ralph S. Kuykendall, *The Hawaiian Kingdom 1778-1854: Foundation and Transformation* (Honolulu: University of Hawaii Press, 1938), p. 65-70.

(8) Ibid., p. 68. ここでカイケンドールが伝えている記録はおそらく神話化されたものであろう。他の記録ではこの「改革」を発布する際に王は酩酊状態にあったとされている。改革の概観については、次を参照されたい。Dorothy B. Barrère, *Kamehameha in Kona: Two Documentary Studies*, Pacific Anthropological Records No. 23 (Honolulu: Bishop Museum, Department of Anthropology, 1975), p. 33-34.

(9) Louis de Freycinet, *Hawaii in 1819: A Narrative Account by Louis Claude de Saulses de Freycinet*, trans. Ella L. Wiswell (Honolulu: Bishop Museum, Department of Anthropology, Pacific Records No. 26, 1978), p. 28.

(10) Gilbert F. Mathison, *Narrative of a Visit to Brazil, Chile, Peru and the Sandwich Islands...* (London, 1825).「王の野郎は完全に酔いつぶれて地面に大の字に伸びていた」(pp. 364-365)。食卓は「ワインやありとあらゆる蒸留酒の瓶の重みできしんでいた」(p. 367)。旧来の宗教については、「彼らはいまや逆方向の感情を同じくらい強く抱いており、つい最近まで崇拝していた偶像自体を蔑んでいる。どうやらそのことにふれるだけでもお笑いぐさらしく、異邦人の好奇心を満たしてくれるようなかつての名残はほとんど残されていない」(p. 431)。タブー・システムの廃止については、次のように言及されている。「神像は焼却されてしまい、破壊作業が徹底したものであったため、数ヶ月のうちには供犠であれ、他のどんな宗教的慣行であれ、まったくおこなわれなくなり、住民に顧みられることすらなくなってしまった」(p. 447)。カヴァの習慣も途絶えてしまったようである。代わって、「泥酔のほうがはるかに広まった危険な性癖となっている。程度の差はあるものの、王を筆頭としてあらゆる階層の人々が蒸留酒の使用に溺れており、おかげでその消費量はけた外れであった」(p. 469)。

(11) William Ellis, *Journal of William Ellis. A Narrative of a Tour through Owhyhee...* (Rutland and Tokyo: Charles Tuttle, 1979); *Polynesian Researches, during a Residence of Nearly Eight Years in the Sandwich Islands*, vol. 4 (London, 1831).

(12) Ellis, *Journal*, p. 83.

(13) エリスはもしかするとポリネシアのどこか他の地域で発展したロノ神話〔Rono〕に精通しており、ハワイの説話をより広範なポリネシアの話形に組み込んだのかもしれない。

(14) Ellis, *Polynesian Researches*, pp. 134-135.

(15) そもそも船の士官たちは布（おそらくは赤い布）で包まれていたのがロノではなく、クーであったとはっきり述べていることを想起されたい。

(16) Ellis, *Journal*, p. 84; *Polynesian Researches*, pp. 132–133.

(17) James Jackson Jarves, *History of the Hawaiian or Sandwich Islands…* (Boston, 1843).

(18) John F. G. Stokes, "Origin of the Condemnation of Captain Cook in Hawaii", *Hawaiian Historical Society 39th Annual Report*, 1930, p. 93.

(19) Ibid., p. 94.〔これは本来はシェルドン・ディッブルの『サンドウィッチ諸島史』（III—IV頁）からの孫引きである。原典によれば、文章の訂正はディッブルではなく、学生が相互におこなったとされている。「会合の際に生徒たちはそれぞれ自分の書いてきたものを読み上げ、互いに食い違っている点を解消して訂正すると、それらの作文をすべてわたしに渡し、そこからわたしは首尾一貫した正しい記述を産み出そうと心がけた」。ただし、最終的な文章がディッブルによって作成されたことには変わりがない。〕

(20) Sheldon Dibble, *A History of the Sandwich Islands* (Honolulu: Thomas G. Thrum, 1909), p. 227.

(21) Ibid., p. 20.

(22) Stokes, *Origin*, p. 96.

(23) Ibid., p. 96–97.

(24) Kahananui, ed., *Mooolelo*, pp. 194–195.

(25) Ibid., p. 194.

(26) Ibid., p. 195.

(27) Ibid.

(28) Ibid., pp. 194–195.

(29) Ibid., p. 230.

(30) Ibid.

(31) Ibid., p. 231.

(32) Ibid., p. 173.

(33) Ibid., p. 174.

(34) Hiram Bingham, *A Residence of Twenty-One Years in the Sandwich Islands…*, 3d ed. (New York, 1855), p. 35.

(35) Cook (B) 2, p. 274〔邦訳第三巻、二四二頁〕.

(36) Cook (B) 3a, p. 200〔邦訳第五巻、二七〇頁〕.

(37) Abraham Fornander, *An Account of the Polynesian Races…*, 3 vols. in 1 (1878–1880; rpt. Rutland, Vermont, and Tokyo: Charles Tuttle, 1980), vol. 2, p. 163.

(38) Dorothy B. Barrère, "Foreword", in S. M. Kamakau, *Ka Po'e Kahiko, the People of Old*, trans. Mary K. Pukui, ed. Dorothy B. Barrère (Honolulu: Bishop Museum Press, 1961), p. viii.

(39) S. M. Kamakau, *Ruling Chiefs of Hawaii* (Honolulu: The Kamehameha Schools Press, 1961), p. 98.

(40) Kamakau, *Ka Po'e Kahiko*, p. 59.

(41) Kamakau, *Ruling Chiefs*, p. 100.

(42) Ibid. pp. 99–100.〔「長犬のクー」はクーの一形態である神話的食人犬。彼は八つの尖った額を持つ戦士ロノカッエホとともにカヒキからハワイに到来した。そこで豚の神カマプアッアと出会い、打ち負かされた。長犬のクーはカーネとカナロアの土地へ向かう道を守護している。「彷徨えるココヤシの実」は、ニウ・オレ・ヒキ（あるいはニウオラヒキ、ニウロアヒキ）を指す。ハワイの伝説では人間、ヤシの実、樹木、ウナギの姿を自由に取ることができる神話的祖先であり、子孫がハワイから祖先の土地（カヒキ）に渡れるほど長く伸びる力をもっていたという。〕

(43) Ibid., p. 100.

(44) Ibid., pp. 103–104.

(45) N. B. Emerson, *The Long Voyages of the Ancient Hawaiians,* Hawaiian Historical Society Papers No. 5, pp. 5–13; Ellis, *Polynesian Researches*, p. 437.

(46) Martha Beckwith, *Hawaiian Mythology* (New Haven: Yale University Press, 1940), p. 384.〔カエカエとクーカナロアはいずれも異国からハワイに到来した人物。この点については本書第四章（一四三頁）を参照のこと。〕

(47) Ibid., p. 386.

(48) Cook (B) 3a, p. 625.

(49) Cook (D) 3, p. 131. クック以降になって最初に来島したのは、一七八六年にキング・ジョージ号率いて到来したポートロックとクイーン・シャーロット号のディクソンであった。ディクソンの航海誌の執筆者であるベレスフォードは、カウアイの首長ティアラについて次のように記している。「彼は我々がどのように舵を取るのか、帆をどう扱うのかといった具合に、船について多くの質問をしてきた。彼は羅針盤を大いに賞讃し、どうやらそれが我々を世界の様々な地域に導く案内役であることを理解しているようであった。とりわけ彼は羅針盤のどの部分がブリタネ［ブリタニー］の方角を指しているのか知りたがった……。ただ無益な好奇心を満たすために聞かれたわけではまったくなく……、それら［彼の質問］は飽くなき知識欲を満たすためのものであり、質問者が優れた天賦の才を持つことを完全に示していた」。George Dixon, *A Voyage round the World... Performed in 1785, 1786, 1787 and 1788* (London, 1789), pp. 121–122.

(50) Kamakau, *Ruling Chiefs*, pp. 94–95.〔引用部冒頭に現れるカ-プッウは首長が制止するのも構わず、クックの船から鉄を盗み出し、射殺されてしまった戦士である。〕

(51) Ibid. p. 96.〔カーネ-ア-カ-ホッオワハはクックが最初にカウアイ島のワイメアに停泊した際、船に送られた偵察役の一人。カ-ハハナはこの当時オアフ島とモロカイ島を支配していた首長である。〕

(52) Ibid., p. 95.

(53) Ibid., p. 101.

(54) Gananath Obeyesekere, *The Work of Culture: Symbolic Transformation in Psychoanalysis and Anthropology* (Chicago: University of Chicago Press, 1990), pp. 130–136.

(55) Dibble, *A History*, pp. 22–23.〔ディッブルの記述では、クッ

クがマウイに近づいた際、ハワイの王であるカラニッオプッウはカヘキリとの戦闘のため同島に進軍しており、そこにオアフ島在住のあるハワイ人がカウアイ島民からの伝聞情報を伝えに来たという。したがって、引用部冒頭の「人々」とは一般人を指すのではなく、カラニオプウの軍勢であることになる。〕

(56) Ibid., pp. 23–24. この種の誤った情報が伝承のなかに組み込まれていく様子には興味がそそられる。たとえば一八五五年から一八六八年までハワイに滞在したヴァリニーは、あるハワイ人のインフォーマントが彼に次のようなことを語ったと記している。クックの乗組員は「血を啜って飲み干し、肉を食べたあとで薄い緑の皮を投げ捨てた（船はモントレーから来たもので、おそらく水夫たちが甲板で西瓜を食べていたのだろう）」。Charles de Varigny, *Fourteen Years in the Sandwich Islands, 1855–1867* (Honolulu: University of Hawaii Press, 1981), p. 15.

(57) Dibble, *A History*, p. 33.

(58) Marshall Sahlins, "The Apotheosis of Captain Cook", in *Between Belief and Transgression: Structuralist Essays in Religion, History and Myth*, eds., Michael Izard and Pierre Smith (Chicago: University of Chicago Press, 1982), p. 86. 〔原文では "Ibid., p. 86." とあるが、ディッブルの『サンドウィッチ諸島史』の該当箇所には関連した記述が見あたらない。おそらくここでいう前掲書とはサーリンズの「キャプテン・クックの列聖化」のことであろう。事実、そこではディッブルの「ポケットの誤認」と、「無償取得」のことが記されている。よってここではこれまでの章における引用の仕方を踏襲して変更した。〕

(59) *The Rājāvaliya or A Historical Narrative of Sinhalese Kings*, ed. B. Gunasékara (Colombo: Government Press, 1900), p. 73. ポルトガル人来訪に対するスリランカ側の反応を論じた優れた論文として、次を参照。Michael Roberts, "A Tale of Resistance: The Story of the Arrival of the Portuguese in Sri Lanka", *Ethnos* 55, 1–2, pp. 69–82.

(60) 本書二三二—二三三頁を参照されたい。

(61) George Forster, *A Voyage round the World in His Britannic Majesty's Sloop, Resolution...*, vol. 2 (London, 1777), pp. 68–69〔邦訳下巻、五〇頁〕.

(62) Marshal Sahlins, "The Apotheosis of Captain Cook", in Michael Izard and Pierre Smith, eds., *Between Belief and Transgression: Structuralist Essays in Religion, History and Myth* (Chicago: University of Chicago Press, 1982), p. 94.〔著者はレイノルズを「宣教師」にしているが、実際のサーリンズ原文では「商人」の誤りである(p. 93)。よって修正する。この引用は一八二〇年代にハワイ人たちがアメリカ人宣教師の進出に対し、彼らが住居にアメリカ兵と武器を隠し、王国の簒奪を謀ろうとしているのではないかと嫌疑をかけていた事実を紹介する一節に置かれている。原典については次を参照。Stephen Reynolds, *Journal of Stephen Reynolds*, vol. I, ed. Pauline King, Ku Pa'a Incorporated and the Peabody Museum at Salem, 1989, p. 26.〕

(63) Ibid.

(64) M. M. Bakhtin, "The Problem of Speech Genres", in M. M.

Bakhtin, *Speech Genres and Other Later Essays* (Austin: University of Texas Press, 1986), pp. 76–94; John R. Searle, *Expression and Meaning: Studies in the Theory of Speech Acts* (Cambridge: Cambridge University Press, 1985), pp. 77–78〔『表現と意味――言語行為論研究』、山田友幸監訳、二〇〇六年、誠信書房、一二五―一二七頁〕.

(65) Cook (B) 3b, p. 1186.

(66) George Robertson, *The Discovery of Tahiti* (London: The Hakluyt Society, 1948), pp. 159–162.

(67) Cook (B) 3a, p. 507〔邦訳第六巻、二六五頁以下参照〕.

(68) Forster, *A Voyage round the World*, p. 315〔邦訳上巻、二六二頁〕.

(69) Cook (B) 1, pp. 291–294.〔邦訳第二巻、九八―一〇三頁。トゥパイア(トゥピア)はタヒチの首長兼祭司であり、タヒチからクックの第一回航海に同行し、バタヴィアで客死した。〕詳細については次を参照のこと。R. Lewthwaite, "The Puzzle of Tupaia's Map", New Zealand Geographer 26 (1970), pp. 1–19.

(70) Lynne Withey, *Voyages of Discovery: Captain Cook and the Exploration of the Pacific* (Berkeley and Los Angeles: University of California Press, 1989), p. 222. さらには次を参照。Forster, *A Voyage round the World*, p. 302〔邦訳上巻、二五六頁〕.

(71) Withey, *Voyages of Discovery*, p. 246.〔ゲオルク・フォルスター、『世界周航記』上巻(三島憲一訳)、四二五頁を参照。ヒティヒティは『クック 太平洋探検』ではオエディッディー(オエディッディ)、フォルスターではマヒネと呼ばれている。〕

第八章

(1) Marshall Sahlins, "Captain James Cook; or the Dying God", in *Islands of History* (Chicago: University of Chicago Press, 1985), p. 106〔邦訳一三八頁〕.

(2) Cook (B) 3a, p. 530〔本書第五章註(15)参照〕.

(3) Cook (B) 3b, p. 1195.

(4) Cook (D) 3, p. 43.

(5) Sahlins, "The Dying God", p. 106–107. 傍点は筆者による。〔フィリップスの記述については、本書第五章註(34)を参照されたい。〕

(6) Ibid., p. 107〔邦訳一三八―三九頁〕.

(7) Cook (B) 3a, p. 535. 傍点は引用者による。〔本書第五章註(36)参照。〕

(8) Sahlins, "The Dying God", p. 109〔邦訳一四一頁〕.

(9) Ibid., p. 129〔邦訳一六六頁〕.

(10) Ibid.〔傍点は引用者による。〕

(11) Valerio Valeri, *Kingship and Sacrifice: Ritual and Society in Ancient Hawaii* (Chicago: University of Chicago Press, 1985), p. 211.〔ヴァレリによれば、カーリッイの儀礼は新年祭だけではなく、王や高

位の首長が儀礼的にカヌーから下船するたびにおこなわれ、それによって王の治世の正当性が試されたという。したがって、当然のことながら儀礼は浜辺で繰り広げられることになる。」

(12) ブライはこう述べている。「海兵たちが発砲し［てから］逃げ去ったことがそれ以降のこと［すべて］の発端となった。というのも、彼［ら］が銃剣を装着しており、あれほど慌て［て］逃げさえしなければ、自分たちの前にいた［奴ら］をすべて撃退して［いたかもしれない］からである」。さらにはこうも述べている。「就寝までにそこで起きたことをすべて書き出そうとしたが……。マスケット銃を撃ってからすぐに、彼らはボートに逃げたので、再装塡する暇がなく、自分は抵抗できない状態で背中を刺されたといっていた」。Rupert T. Gould, "Bligh's Notes on Cook's Last Voyage", *The Mariner's Mirror* 14 (October 1928), pp. 380 and 381.

(13) Sahlins, "The Apotheosis of Captain Cook", in *Between Belief and Transgression: Structuralist Essays in Religion, History and Myth*, eds., Michael Izard and Pierre Smith (Chicago: University of Chicago Press, 1982), p. 85, n. 9.

(14) 第八歌の関連する箇所は、次のようになっている。

生まれたのはラッイラッイ、女
生まれたのはキッイ、男
生まれたのはカーネ、神
生まれたのはカナロア、熱を放つ蛸……。

Martha Beckwith, *The Kumulipo, a Hawaiian Creation Chant* (Honolulu: The University of Hawaii Press, 1972), pp. 97–98.『クムリポ』のどこにもサーリンズがいっているような意味での原初の三幅対は見られない。

(15) Cook (B) 3a, p. 535.

(16) Cook (D) 3, p. 44.

(17) Cook (B) 3b, p. 1196.

(18) Sahlins, "The Dying God", p. 129〔邦訳一六六―一六七頁〕.

(19) Marshall Sahlins, *Historical Metaphors and Mythical Realities: Structure in the Early History of the Sandwich Islands Kingdom* (Ann Arbor: University of Michigan Press, 1981), pp. 23–24. 傍点は引用者による。

(20) Valeri, Kingship and Sacrifice, pp. 211–212.

(21) Ibid., p. 226.

(22) Sahlins, "The Dying God", p. 129〔邦訳一六七頁〕.

(23) Ibid.

(24) Ibid., p. 108〔邦訳一三九頁〕.

(25) Ibid., p. 129.

(26) Ibid., p. xiii〔邦訳一〇頁〕.

(27) Ibid., p. 130〔邦訳一六八頁〕.

(28) Bernard Smith, *European Vision and the South Pacific* (New Haven and London: Yale University Press, 1985), pp. 113–114.〔ジョン・ウエバーはロンドン生まれだが、彼の父親はベルンで彫刻家とし

て働いており、ウェーバー自身もそこで最初に絵画の手ほどきを受けた。また、ホークスワースに対する批判とは、現地で作成されたフエゴ島民に関する記録が出版時に歪められたことを指す。第一回航海を扱ったホークスワースの航海誌では、クックやバンクスの記述が修正され、フエゴ島民が従来通りに「高貴な野蛮人」として描き出されており、挿絵のほうもホークスワースの解釈に合わせて修正された。すなわち、同行した画家のアレグザンダー・バカンの原画が、画家のジョヴァンニ・チプリアーニによって新古典主義的な様式で描き直され、フランチェスコ・バルトロッツィによって銅版画に起こされたのである。これに対して、一七八五年の『ジェントルマンズ・マガジン』誌には、装飾によって真実が歪められたとして、ホークスワースの著作を批判する文章が掲載された（スミス、pp. 34–41）。〕

（29）Ibid., p. 114.〔ここでいう「当時のある批評家」は前註の『ジェントルマンズ・マガジン』誌の批判者とは別人である。本註の引用はドイツの思想家ヨハン・ゴットフリート・フォン・ヘルダーの著書『人類歴史哲学考』（一七八四―一七九一年）の英訳版（一八〇〇年）によっている。ただし引用文自体はヘルダーのドイツ語原註につけられた英訳版訳註から引かれたもので、執筆者は訳者ではなく、Fという署名がつけられた匿名の人物である。スミスはこの人物をヘルダーと親交のあったゲオルク・フォルスターではないかと推測している。ヘルダーの邦訳については以下を参照されたい。『人間史論』鼓常良訳、白水社、一九四八年、第二巻、六四頁。ただし、いうまでもなく英語版の註は訳されていない。〕

（30）R. Joppien and B. Smith, *The Art of Captain Cook's Voyages, The Voyage of the Resolution and Discovery 1776–1780*, part I (New Haven and London: Yale University Press, 1988), p. 12.〔ウェバーの『キャプテン・クックの最後』に関しては、水彩画、油彩画、版画の三種類のバージョンが残されている。**図14**として本書に掲載された版画は、ヨッピエンとスミスの分析によれば、サーリンズの著書に掲載された油彩画に基づいて作成されたと見られている。ところが、両者には違いもある。版画ではクックと殺人者がほぼ同じ背丈で描かれているのに対し、油彩画では殺害者のほうがやや高めに描かれているのである。さらに水彩画では、なんとクックのほうが大きく描かれている。〕

（31）Ibid., p. 127.

（32）Ibid.

（33）Trevenen, *Penrose Memoirs*, Greenwich Maritime Museum ms.〔*A Memoir of James Trevenen*, p. 22.〕

（34）Cook (B) 3a, p. 624. オミアーの動機は自分の妻がイギリス人士官と連れ立っているのを見て嫉妬したことか、それによって公衆の面前で侮辱されたと感じたこと、さもなければその両方であろう。公式版航海誌では、キングが殴打のエピソード以前になにが起きたのか言及している。「そうした拳闘の余興のひとつにおいて、オメアが二、三度自分の席を立ち、強い不快感をあらわに妻のもとに詰め寄る姿が見られた。そして、彼の様子から我々にはそう見えたのだが、彼女に立ち去るよう命令した」(Cook [D] 3, p. 165)。明らかに彼女は同じ士官と同席し続け、立ち去るどころか、出し物が終わると彼と手をつないで歩き出したわけである。〔ちなみにキングの公式版航海誌によれば、オミアーの妻はイギリス人から贈り物をもらおうとしたが、彼らに持ち合わせがなかったため、彼らのテントでそれを受け取ろうとして士官に同行したとのことである。〕

(35) Puget, British Museum Library ms. Add. 17546.

(36) Ibid.

(37) Edward Bell, “Log of the Chatham”, *The Honolulu Mercury* 1, 6 (November 1929), p. 86. 傍点は引用者による。クック殺害の栄誉を求める他の候補者については、ビーグルホールがまとめてくれている。Cook (B) 3a, p. 557, n. 3. おそらくもっとも奇妙な記述は、次の著作に記録された「現地の歌謡」だろう。Charles de Varigny, *Fourteen Years in the Sandwich Islands 1855–1868* (Honolulu: University of Hawaii Press, 1981), pp. 17–18. そこではカライマノという首長がクックを殺したことになっているが、なんと彼は弓を使いこなしているのである。〔ハワイにも弓は存在したが、あくまでも狩りやスポーツのためのものであり、実際の戦闘で使用されることはなかったと考えられている。〕

(38) Archibald Campbell, *A Voyage round the World from 1806 to 1812 ...with an Account of the ...Sandwich Islands* (Honolulu: University of Hawaii Press, 1967), p. 101. 〔キャンベルによればこの兄弟とはテツリマイティーとされているが、おそらくこれは一八〇九年に亡くなったカメハメハの弟ケリッイマイカッイのことだろう。〕

(39) Peter Corney, *Voyages in the Northern Pacific...* (Honolulu: Thomas G. Thrum, 1896), p. 86. 〔一八一八年二月、オアフでの出来事。亡くなった首長はカメハメハの息子のカッオレイオクであったという。ここでもやはり人々は歯を折り、髪を切り、樹皮を使って身体を焼き、自分たちの悲しみを表したという。〕

(40) Dorothy B. Barrère, *Kamehameha in Kona: Two Documentary Studies*, Pacific Anthropological Records No. 23 (Honolulu: Bishop Museum, Department of Anthropology, 1975), pp. 25–26. 〔当時ハワイに在住していたスペイン人のマリンの一八一九年五月八日付けの日誌による。なお、ここでは住民が髪を切ったことだけが述べられている。〕

(41) Cook (B) 3a, p. 554.

(42) Cook (D) 3, p. 67. 「反抗の意思表示」という表現は以下による。Cook (B) 3a, p. 561.

(43) Ibid., pp. 64–65.

(44) Trevenen, *Penrose Memoirs*, Greenwich Maritime Museum ms. 〔*A Memoir of James Trevenen*, p. 24.〕

(45) Cook (B) 3a, p. 545.

(46) Cook (B) 3b, p. 1210.

(47) Cook (B) 3a, p. 545. 〔リックマンの悪名高さとは、彼が湾の封鎖中にある首長を殺害したことがクック殺害の直接的なきっかけになったことを指しているのだろう。〕

(48) Cook (B) 3a, p. 562, n. 2.

(49) Ibid.〔ここでいうローはディスカヴァリー号の船医助手からレゾリューショ号の船医となったジョン・ロー John Law のことを指し、後出のロウ John Rowe とは別人である。〕

(50) Ibid. トレヴネンのこの記述はビーグルホールが『ペンローズ追想録』から引用したものである〔*A Memoir of James Trevenen*, p. 24.〕

(51) Ibid.

(52) Ibid.

(53) 最初の引用はサムウェルによる。Cook (B) 3b, p. 1213. 後半はトレヴネンのものである。Trevenen, *Penrose Memoirs* ms.〔*A Memoir of James Trevenen*, p. 24〕; Cook (B) 3a, p. 563, n. 1.

(54) Cook (B) 3a, p. 563.

(55) Cook (B) 3b, p. 1211〔サムウェルの記述〕.

(56) Cook (D) 3, pp. 76-77.〔ケリッイケアが丘から下りてきて浜辺で述べたことによれば、焼き払われた神殿近くの家には、イギリス人が安全を保障してくれたことから、それを信頼して貴重品やイギリス人と交換したものがそっくり収められていたという。〕

(57) Cook (B) 3a, p. 562, n. 2.「我々が食人種だと思われないようにするため、彼の目の前で二つの頭が船外に投げ捨てられた」。

(58) 次を参照のこと。Didier Anzieu, *Freud's Self-Analysis* (London: Hogarth Press, 1986), pp. 112-113; Bruno Bettelheim, *Symbolic Wounds: Puberty Rite and the Envious Male* (New York: Collier Books, 1971), pp. 24-32〔『性の象徴的傷痕』岸田秀訳、せりか書房、一九八二年、三三—四七頁〕.

(59) Rupert T. Gould, "Some Unpublished Accounts of Cook's Death," *The Mariner's Mirror* 14 (1928), p. 312.

(60) Cook (B) 3b, p. 1207.

(61) Gould, "Some Unpublished Accounts", p. 312, n. 1.

(62) この件は次の著書に引用されたルー海尉の航海誌に記されている。「ある首長がいまやそれ〔マリオンのビロード製の胴着〕を身につけ、故人の銃を両手に持っており、その銀張りの銃を野蛮人はよく見えるように高くかざした。他の野蛮人も彼を見習い、我々の指揮官と同時に殺害した二名の士官の制服を見せびらかした」。これについてはマクナブ前掲書の四六五頁に紹介されたデュ・クレムールの航海誌も参照されたい。〔マリオン殺害の事情について、クックはイギリスへ帰還途中のケープタウンで彼の副官であったクロゼーと出会い、直接説明を受けている（『クック 太平洋探検』第四巻、三三七頁）。また、この第二回航海ではクックの部下であったアドヴェンチャー号の航海士助手ジョン・ロウ等も殺害されている（同書第五巻、七八—八〇頁参照）。〕

(63) Sahlins, "The Dying God", pp. 131-134〔邦訳一七二頁〕.

(64) Ibid., p. 131〔邦訳一七〇頁〕.

(65) Cook (D) 3, pp. 66-67.

(66) キングのインフォーマントたちによると、カアワロアの乱闘では重要な首長五名を含む計十七人が殺害され、さらにのちに観測所の近くでは三名の重要人物を含む計八人が殺害されたという（Cook［B］3a, p. 561）。クラークはこの時期全体の死傷者数について、首長の死者四名、負傷者六名、一般人の死者二五名、負傷者一五名と見積もっている（Cook［B］3a, p. 547）。

（67）人類学に通じた読者ならばおわかりのように、ここではヴィクター・ターナーの一時代を画したあの論文のことを指している。Victor Turner, "Betwixt and Between: The Liminal Period in *Rites de Passage*", in *The Forest of Symbols*（Ithaca: Cornell University Press, 1967）, pp. 95–111.

附論一

（1）Cook（B）3b, p. 1464.

（2）これはロンドンの公文書館に収められたジョン・ロー〔船医〕の航海日誌による。

（3）Cook（B）2, pp. 217, 220, 231.〔邦訳については、第三巻、一六四頁、一六六―一六八頁を参照されたい。なお、最後の二三一頁については邦訳では省略されている。〕

（4）この点についてクックは言及していないが、士官候補生のワッツが記録を残している。Cook（B）3a, p. 274, n. 4.〔原文ではマーティンとされており、おそらくはディスカヴァリー号の士官候補生ジョン・ヘンリー・マーティンだと思われる。しかし、該当するビーグルホールの註では、ワッツ、ベイリー、キングの記述が紹介されているにすぎず、マーティンの名前は見られない。これはレゾリューション号の士官候補生であったワッツの間違いであろう。原典に従うことにする。〕

（5）John Rickman, *Journal of Captain Cook's Last Voyage to the Pacific*（London, 1781）, p. 307, rpt., Readex Microprint, 1966.

（6）Cook（B）3a, p. 517.

（7）Cook（D）3, p. 24.

（8）Cook（B）3a, p. 517.

（9）Cook（B）3b, p. 1172.

（10）James Kenneth Munford, ed., *John Ledyard's Journal of Captain Cook's Last Voyage*（Corvallis: Oregon State University Press, 1963）, p. 124.

（11）Cook（B）3a, p. 517.

（12）Munford, ed., *Ledyard's Journal*, p. 124.

（13）Ibid.

附論二

（1）John Charlot, "The Use of Akua for Living Chiefs", in his *The Hawaiian Poetry of Religion and Politics*, The Institute for Polynesian

Studies, Monograph Series no. 5 (Honolulu: University of Hawaii Press, 1985), pp. 31-35.

(2) ヴァレリオ・ヴァレリによる最近の論文を参照のこと。Valerio Valeri, "Diarchy and History in Hawaii and Tonga", in *Culture and History in the Pacific*, edited by Jukka Sikala (Helsinki: The Finnish Anthropological Society, 1990), p. 45-79.

(3) 本書一五三頁参照。

(4) Charlot, "The Use of Akua", p. 31.

(5) Ibid., p. 32.

(6) Na Kamakau o Kaawaloa, "Concerning Ancient Religious Ceremonies", in Abraham Fornander, *Fornander Collection of Hawaiian Antiquities and Folklore*, Memoirs of the Bernice Pauahi Bishop Museum (Honolulu: Bishop Museum Press, 1919), vol. 6, part 1, pp. 42-44.

(7) Glynn Barratt, *The Russian Discovery of Hawaii* (Honolulu: Editions Limited, 1987), p. 41.

(8) Peter Corney, *Voyages in the Northern Pacific...* (Honolulu: Thomas G. Thrum, 1896), p. 101.〔そこでは三人の戦士がそれぞれ一本ずつ槍を投げ、カメハメハは最初の槍を素手でつかむと、それで他の二本をはねのけたと述べられている。〕

第二版修正箇所

第一章

〔1〕初版では「一九八七年」。

〔2〕初版では『ジェイムズ・クックの列聖』。

〔3〕初版では「奇妙な罠（バインド）」ではなく、「ダブル・バインド」。

第二章

〔1〕初版では「当時多くの者が自明とみなしていた」ではなく、「ほぼ公理とみなされていた」。

〔2〕初版では「こうしたタスマニア島民たちはもはや存在しない。程なくして疫病と白人の狩猟家たちによって完全に絶滅させられてしまうからである」。

〔3〕初版では引用符がない。誤植の修正であろう。

〔4〕初版では「島のあいだをぐるぐると回り続けた」。

第三章

〔1〕初版ではたんに「すべての」。

〔2〕第二版でも「ぐるぐると島を回り続けた」とされているが、おそらくは校正ミスであろう。他の修正箇所の趣旨を尊重して修正する。

〔3〕初版では「すべての出来事」。

〔4〕初版では「ぐるぐると周遊した」。

〔5〕初版では「素晴らしい」very fine の v が大文字になっている。誤植の修正であろう。

第四章

〔1〕初版では「ぐるぐると周遊し続けた」。

〔2〕初版では「何度も回航後に」。

〔3〕初版では「しかしながら」。

〔4〕初版では「ベックウィス」。

〔5〕初版では「紋切型的再生産」。

〔6〕初版には「一八二〇年」という記述がない。

〔7〕初版では「クックの来訪はいずれも」。誤植の修正であろう。

〔8〕初版では「神話実践」が欠けている。

第五章

〔1〕初版では「海兵」。

〔2〕同上

〔3〕同上

〔4〕同上

〔5〕初版では「イギリス人海兵」。

〔6〕初版では「クックの」が抜けている。

〔7〕初版では「考えてみたに違いない」ということが「事実であるに違いない」という冗長な表現が採用されており、おそらくは校正ミスだと思われる。

〔8〕初版では「海兵」。

第六章

〔1〕第二版では「雄牛を含め」という一節が加えられた。

〔2〕初版では「仲間」が単数であった。誤植の修正であろう。

第七章

〔1〕初版にこの括弧に括られた部分が付加された。

〔2〕初版では「信念と……物理的知覚の双方に反していても」とされている。

〔3〕初版では「考えていた」。

〔4〕初版では「それら」these の t が大文字になっていた。誤植の修正であろう。

第八章

〔1〕初版では「他者」the other の o が小文字となっていた。誤植の修正であろう。〔本文のこの箇所の記述が曖昧なため、場違いではあるがここで補足しておくことにする。フィリップスの記述では、王は水際近くまで進んだところで妻と二人の首長に出会い、座り込んで恐怖と落胆を示し、その後に海兵が岩場に整列したことになる。これに対して、キングの非公式版航海誌の記述では、海兵隊が再編成するあいだも、王はずっと座り込んだまま「恐怖と落胆を表情にあらわにした」ことになっている。さらにキングの公式版航海誌の記述では、フィリップスの記録とは異なり、再編成後もクックがなおも王を船に乗せる策にこだわり、恐怖した王を二人の首長が脅しさえ使って引き留めようとしたといわれている。〕

〔2〕初版では who seem to say となっており、三人称単数形の s が脱落していた。

訳者解題

本書は Gananath Obeyesekere, *The Apotheosis of Captain Cook: European Mythmaking in the Pacific*, 1992, Princeton University Press/ Bishop Museum Press の全訳である。原題をそのまま訳出するならば、『キャプテン・クックの神格化』となるが、本書では deification という英語と、ギリシア語由来の語彙 apotheosis が区別して用いられている。前者はハワイ人が自らの文化の伝統にしたがっておこなう神格化を示し、後者は「ハワイ人がクックを神として遇した」とヨーロッパ人が考えることによって、彼を神聖視した事実を指す。このため、邦訳では前者に「神格化」という語を当て、ヨーロッパにおいておこなわれた神話化に対しては、キリスト教文化圏内の現象であることから、本来は canonization の訳語である「列聖」を用いて区別することにした。

著者のオベーセーカラについては、スリランカをフィールドとした人類学者として世界的に著名な人物であり、すでに日本でも二冊の主著が翻訳されている。[1] スリランカに生まれ、ワシントン大学で学位を得た著者はワシントン大学、セイロン大学（現ペラデニヤ大学）、カリフォルニア大学、プリンストン大学で教授職を歴任し、二〇〇〇年にはプリンストン大学を退職して同大の名誉教授となっている。

著者は人類学におけるフィールドワーク技法と精神分析学における臨床技法を結びつけながらシンボルの解釈を進めることによって、マックス・ヴェーバーの文化論とフロイトのパーソナリティ理論を統合するという野心的な試みを自らの研究の核としてきた。こうした研究戦略からいって、インフォーマントとのコミュニケーションを深いレベルで追求することは必要不可欠であり、著者がシンハラ語とタミル語の二言語が使用されるスリランカでフィールドワークをおこなうにあたっても、個人のパーソナルな領域に踏み入るような主題を扱う場合には、自らの母語であるシンハラ語で得られたデータに限定した禁欲的な研究をおこなってきたほどである。したがって、彼の業績をよく知る南アジアを専門とする人類学者にとってみれば、本書の出版は驚愕以外のなにものでもなかった。なにしろ、著者が片言すら知らないポリネシア語圏を扱った著書を突然上梓したのだから。しかも、存命中のアメリカ人人類学者でもっとも著名な思想家の一人であり、オセアニア研究の一大権威であるマーシャル・サーリンズに矛先を向けた論争書の形態で。本書の出版は二〇世紀末のアメリカ人類学界最大の激論といって過言ではない論争を巻き起こし、その複雑な広がりは人類学という学問やアメリカという地域の境界をはるかに越えている。そこで、以下ではオベーセーカラ・サーリンズ論争の経緯を辿りながら、その歴史的背景や研究史的意義を素描し、本書の理解を深める一助としたい。

スペクテイター・スポーツとしての「論争」

現地語の習得やフィールドワークの実践は現代人類学を構成する基本原理にほかならないのだが、本書の冒頭でオベーセーカラは、フィールドワークを「専門家」の絶対要件とする人類学者の頑なな態度を、民族誌学的な「我執」(self-arrogation) として一蹴した。[2] もちろん彼は単純にフィールドワークを否定したわけではなく、あくまでも双方向で対話を繰り広げることができないフィールド状況、つまりは、もっぱら歴史資料だけに頼らざるをえない研究状況にかぎって、そう述べているにすぎない。しかし、オセアニア研究者からすれば、彼の挑発的とも取れる表明は越権行為、悪くいえば「冒瀆行為」に映るわけであり、それが大きな論争を巻き起こすのは必然といってよかった。事実、本書の書評を通じて様々な立場の研究者が議論に参加するにつれて、論争の規模は雪だるま式に広がっていき、最終的にはサーリンズとオベーセーカラの「直接対決」でその激烈さは頂点に達することになる。当時のアメリカの知識人は次に誰が二人の著名な人類学者の論争に参戦するのか、あたかもスポーツ観戦をするかのごとく、固唾を飲んで論戦の行方を見守ったという。では、具体的に戦況はどのように展開していったのだろう。まずは、三つの時期に分けた上で、論争の流れを簡単に整理してみることにしよう。

① 萌芽期（一九九二―九三年）

ロバート・ボロフスキーの概算によれば、本書の出版から九七年までのあいだに二九本もの書評が専門誌に掲載されたそうだが、その大半はオベーセーカラの立論に対して好意的な評価を下しているという。おそらく、一般紙の書評も加えるならば、そうした傾向はよりいっそう強まるだろう。その証拠に本書は出版年度に二つの大きな賞を受賞している。ひとつはアメリカ出版社協会の主催するプローズ賞で、学術出版に限定したこの賞の「心理学部門」で受賞を果たした。さらに翌年にはアメリカ十八世紀研究協会（ASECS）によるルイス・ゴットシャルク賞を受賞しており、こちらはアメリカ史研究でもっとも名誉ある賞のひとつとされている。こうした好評ぶりはサーリンズの怒りを大いにかき立てたようだが、それでもこの著作が人類学ではなく、心理学や歴史学の分野で評価されたことは注目に値するだろう。というのも、著者の関心はオセアニア研究自体ではなく、副題に示されたヨーロッパ人の神話形成と現代の学問的伝統との連続性にあり、そのことを関連学会の審査委員もはっきり把握していたことがうかがえるからである。

② 激論期（一九九三―九七年）

ところが、一九九三年の後半からオセアニア研究に従事する歴史学者や人類学者、考古学者が専門誌に書評を発表する機会が増えるにつれ、事態は一変することになる。主としてオベーセーカラの資料の扱いに対して、専門家の批判が集中することになったのである。このため、この第二期には毎年一誌ほどの専門誌が本書をめぐって誌上シンポジウムを開催し、オベーセーカラ自身もそれに応答することによって、激論が交わされるようになった。誌上シンポジウムの口火を切ったのは一九九三年末の『社会分析』誌で、四人の評者が本書に関する書評を発表し、それを読んだ二人のコメンテーターが自説を述べ、最後にオベーセーカラ自身が返答する形式を取っている。同じような形式の議論は翌年には『太平洋研究』誌、九五年には『オセアニア』誌、九七年には『現代人類学』誌へと飛び火し、そのたびに白熱の度合いを高めていったのである。(3)

しかしながら、この時期におけるもっとも決定的な出来事は、オベーセーカラに批判されたサーリンズ自身が反批判の書を著し、論争に身を投じたことであろう。一九九五年にサーリンズは『いかに「現地人」は考えるか、たとえばキャプテン・クックをめぐって』という、きわめて挑発的なタイトルの反論を出版した。これは本書の第一章でふれられたレヴィ゠ブリュールの『未開社会の思惟』の英訳タイトルをもじったものであり、括弧にくくられた「現地人」はいうまでもなく本書の著者を指している。サーリンズの序文によれば、彼はこの反論を十八世紀的意味での「パンフレット」、政治的な糾弾文書として位置づけており、本書第六章で扱われた『オマイ、あるいは世界周遊旅行』のような、長大なタイトルをつけようと考えていたという。(4) 実際にはパンフレットと呼ぶには大部すぎる彼の著書は、本書とほぼ同じ紙数の本論四章（おそらくは意図的なデザインだろう）と、十七にも及ぶ補遺からなっており、オベーセーカラの主張を微に入り細に亘って検討し、徹底的に論駁している。また、その文体は辛辣さを極め、ときに学問的議論とはいいがたい情動的負荷を帯びた言葉が連ねられるほどであった。(5)

では、一九九三年から四年間にわたって繰り広げられてきたこの論争において、いったいなにが争われてきたのだろうか。大まかに争点をまとめてみるならば、次の四つに分けることができるだろう。最初の二つはハワイに限定された問題であり、最後の二つは人類学全般に関連するものである。すなわち、（一）サーリンズ・オベーセーカラ双方による歴史資料の解釈の妥当性、（二）ポリネシアにおける神格概念（アクア／アトゥア）の捉え方、（三）合理性と文化的差異の関係様式、（四）他者について語るための倫理と政治。こうした多岐にわたる主題に対し、オベーセーカラはそれぞれ誌上で応答してきたのだが、サーリンズの反論が圧倒的な厚みを帯びていることから、彼は本書出版後わずか五年にして再版を出版し、それらの批判に包括的に反論する決定を下した。九七年に出版された本書第二版には「脱塩化作用（ディ＝サーリニゼーション）」と題された六〇頁近い後書きが付け加えられ、サーリンズの反論に対してやはり委曲を尽くした反論を展開し、彼の攻撃的な言語ゲームを詳細に分析したのである。こうして、論争は当事者の直接対決に発展し、書物を用いた批判の応酬にまでエスカレートすると同時に、攻防は振り出しに戻ることになった。いうならば、個人の内的葛藤が互いに公的にぶつかり合うことで、新たな文化の形成がおこなわれるという、オベーセーカラいうところのまさに「闘技場文化（アリーナ・カルチャー）」が完成したわけである。

③ 拡散＝終結期（一九九七—二〇〇五年）

本書第二版序文で著者は初版で予告していたクックの航海全体を扱う精神分析学的著作を断念する旨を記しており、少なくともクックの列聖化をめぐる議論に関していえば、サーリンズとの論争にも終止符を打つ宣言をおこなった。しかし、その一方で彼は本書でもふれた太平洋域におけるヨーロッパ人の「カニバリズム」観については、研究を継続して著作にまとめる予告をしている。一九九二年の「食人種としてのイギリス人」という論文を起点として、著者はマオリ人やフィジー人に帰せられた「食人習慣」が、たとえヨーロッパ人の「直接観察」に裏付けられたものであっても、実際には、現地人とヨーロッパ人が互いに自らの他者言説を相手に投影することによって産み出された表象にすぎないことを明らかにしようとしたのである（この点では本書第八章で論じられた、「野蛮人と文明人の象徴的な精神模倣」を参照されたい）。

この系列に属する論考は仏教のカルマ観に対する比較論的研究の傍ら、一九九五年、九七年、〇二年と散発的に発表されたが、いずれもサーリンズや他のオセアニア研究者と激しい議論を交わす過程で形成されてきた考察だという。事実、一九九八年に出版された「十九世紀フィジーにおける食人饗宴――水夫たちのホラ話と民族誌学的想像力」は、直接的にサーリンズを批判する視点から執筆されている。この論文は日本でも『征服の修辞学』の翻訳で知られるピーター・ヒュームが編集した論文集『カニバリズムと植民地世界』に所収されたもので、論文集全体がきわめて論争的な性格を帯びていた。そもそもの議論の発端はオベーセーカラ自身にあるわけではなく、一九七九年に人類学者のウィリアム・アレンズとサーリンズが交わした論戦にある。編者のヒュームは序論においてこのアレンズ・サーリンズ論争にオベーセーカラの批判を加え、カニバリズムを植民地主義と現地社会との複雑な相互作用から考察すべきだと主張し、カニバリズムを表象として捉えることを拒絶するサーリンズの研究姿勢を厳しく批判したのである。

一九七九年の議論でアレンズは、サーリンズが「カニバリズム」を確固とした実体を伴った安定した民族誌学的カテゴリーとして扱い、それを各民族集団の象徴的儀礼として論じていることを批判し、人類学的議論の前提であるはずの歴史的・民族誌学的資料があやふやなものであり、むしろヨーロッパ側の資料の大半が彼ら自身の幻想、神話に基づいて産み出されたのではないかと疑問を呈している。もちろん、サーリンズのほうも例によって様々な歴史資料を提示することによって、カニバリズムの実在性を示そうとし、アレンズの立論がホロコーストを否定する歴史修正主義者と同列ではないかと辛辣に応酬した。(6) 興味深いことに、彼らの批判の応酬では本論で扱われる主題もすでに登場している。サーリンズはアステカ人が逆にスペイン人を食人種ではないかと疑った事実をアレンズが見逃していると指摘し、彼らの疑惑の理由を「アステカ人がスペイン人を神だと信じており、彼らの神々が一般に人を食べるから」だと説明する。そして、彼はハワイにも同じような現象が認められると述べ、次のように付け加えている。

たとえば、ハワイ人もまたキャプテン・クック一行が自分たちを食べるのではないかと危惧していた。このように、ヨーロッパ人と「野蛮人」はともに相手が食人種ではないかと恐れたわけだが、その根拠はまるで正反対であった。ヨーロッパ人は「野蛮人」が人間以下の存在だと信じていたので恐れ、「野蛮人」はヨーロッパ人を神とみなしたので恐れたのである……。

この一文からするならば、オベーセーカラとの激突はこの時点で運命づけられていたといってよいだろう。クックの列聖化とカニバリズム言説の形成は、論争の当事者にとってみれば、切り離すことができないくらい密接に絡み合った問題だったのである。こうして、クックの死をめぐるオベーセーカラとサーリンズとの論争は、以前から存在した別の戦線で継続され、第二ラウンドの鐘が鳴らされることになった。

当然のことながら、新たな攻撃に対してサーリンズが黙っているわけがない。二〇〇三年になって彼は、「人為的に継続される議論――地球温暖化とフィジーのカニバリズム」と題した挑発的な論文を発表した。[7] この論文において、サーリンズは、新自由主義者が産業界の責任を回避するために意図的に「地球温暖化」現象をめぐる科学的議論を蒸し返し、その実在を否定する姿勢と、オベーセーカラの論法が同形であると批判し、フィジーのカニバリズムが実在する歴史的・考古学的証拠を列挙している。これに対して、オベーセーカラもアレンズとともに直ちに同誌で反論し、さらにサーリンズも考古学者を陣営に加えて再び批判を繰り返すといった具合に、論争が別の戦線で本格的に再燃する気配を示し始めたのである。

最終的にオベーセーカラは予告していた論文集、『食人談義——南太平洋における人食い神話と人身供犠』を二〇〇五年に上梓した。前述したカニバリズム論も再録されているが、論文集全体の論調は淡々とした落ち着いたものであって、議論に油を注ぐような加筆はなされなかった。書評もほとんどが好意的なものであり、サーリンズ自身も改めて批判論文を公表することはなく、予想されたような論戦の激化は起きなかった。

なぜ議論が突然沈静化したのか不明だが、後述するような時代との関わりを『食人談義』は欠いており、そのことが大きく影響しているのかもしれない。いずれにせよ、これ以降に著者がクックに関連した論文を発表した事実は寡聞にして知らない。オベーセーカラは二〇一二年に『覚醒せし者たち——幻視経験の現象学』という五百頁にも及ぶ大著を発表しているが、そこではもっぱら大乗仏教やキリスト教、神智学などにおける幻視経験が分析されており、ポリネシアに関する言及はいっさい見られない。同じくサーリンズも二冊の著書を公刊しているが、そこにもオベーセーカラに対する言及はない。このことからすると、長きに渡ったオベーセーカラとサーリンズとの論争も、少なくとも現時点では、本書初版出版からちょうど十年ほどで終息したといえるようである。

サーリンズはなぜ激怒したのか

十年以上にも及ぶオベーセーカラとサーリンズの論争は、人文科学にとってきわめて重大な問題をめぐって展開してきた。しかしながら、両者の論争が一般社会でも広く知られるほどの激論にまで発展した要因は、両者の論述スタイルの過激さによるところも大きいといえるだろう。本書の第一章で著者が明らかにしているように、議論の発端にはある「怒り」があったわけであり、サーリンズの反論でも彼の怒りは序文からしてあからさまである。つまり、論争は最初から怒りの応酬としても展開していたわけである。

ところが、彼らがそこまで怒りに駆られた理由となると、両者の言説の表面からはなかなかうかがい知ることができないところがある。そこで今度は論争の背景にあった彼らの怒りについて、その要因をたんなる個人攻撃を越えた次元に探ってみることにしよう。

サーリンズが怒るのは本書を一読してみれば当然と感じられることだろう。彼自身の言葉を借りるならば、オベーセーカラは彼とクックを「西欧の暴力と帝国主義の手先」として攻撃したということになる（『いかに現地人は考えるか』序文）。これは経済人類学からマルクス主義に傾倒し、ベトナム戦争時には積極的に反戦運動に参加したサーリンズにとってみれば最大の侮辱といってよいだろう。[8] ただし、彼の怒りには反批判では語られていない次元もあるように思えて仕方がない。

本書の記述からすると、サーリンズのクック論は当初から一貫しており、そこにはいっさいの揺れがないかの印象を受けてしまう。しかし、サーリンズが反批判書の序論で指摘しているように、彼の論考は実際には長い時間をかけて、他の研究者たちとの論争を通じて対抗的に形成されてきたものであった。このため、オベーセーカラが言及するサーリンズの四本の論文を読み直してみると、本書でおもに批判を受けている『歴史の島々』所収論文とそれ以前の論文とでは、主張に大きな開きがあることがわかる。とりわけ本書と同名の「キャプテン・クックの列聖」（一九八二年）にいたっては、論旨の隔たりがはなはだしい。というよりも、驚いたことにそこでの分析の方向はむしろ本書の立場に近いのである。

論文の冒頭からサーリンズはクックの死をめぐる世俗的解釈を批判する立場を明確に表明している。「おそらく、ハワイ人が他の民族と同様に現実主義的かつ合理的であり、人間と神を取り違えることなどないと証明したいのだろうが」、一部の研究者たちはクックに与えられた敬意がハワイ人の首長に捧げられた社会的敬意と同様だと考えている。しかし、サーリンズによればそれは間違いだという。こうした政治的解釈は「タブーのかけられた首長と神格を区別する発想がハワイ人の思考には当てはまらないこと、クックがヨーロッパ人の見解でも不死なる存在と解されたことを無視している」(9)。クックに対する宗教的敬意はもともと彼の力を取り込み、ハワイの首長の保護のために活用するためのものであった。ところが、ライバルの首長による殺害で彼の力が穢されたため、支配的首長はクックの骨を儀礼的に占有することによって、彼の庇護をより確かなものにしなければならなくなった。なぜならば、遺体の「儀礼的解体によって死んだ首長は真の神（akua maoli）となる」からである。

確かに、こうした論理展開はその大前提においてオベーセーカラの発想と鋭く対立するが、後半の解釈からすると、遺体の処理をクックの「死後の神格化」と解することも妥当であることになる。要は、この論文の段階のサーリンズにとって、アクアという概念が神格と首長の双方を包摂するかぎりにおいて、クックは神であったことになり、その神格化の操作がどの時点でなされたのかはそれほど重要な意味をもたなかったのである。

しかも、サーリンズは世俗的解釈を退ける一方で、神格化をめぐるこれまでの一般的説明は行き過ぎかもしれないとまで述べている。クックがマカヒキ祭の時機に到来したために、複数の神々の中からロノが選ばれて両者が同一視され、祭司たちが意図的に彼の神性を強めていったことは認めるものの、そこには、ヒキアウがクーの寺院であり、カラニッオプッウが戦争をおこなっていたという、矛盾も認められる。そして何よりも、四ヶ月に及ぶマカヒキ祭がおこなわれた証拠がカメハメハ一世の治世にいたるまで見出せないのである。「クックの航海において起きた出来事とマカヒキ祭の儀礼の細部が経験上の次元で類似していたから、クックは神とみなされたわけではない。むしろそうした儀礼はのちになってカメハメハ一世たちがクックの航海をアイコン的に表象するものとして徐々に練り上げていったのである。」。この一文からするならば、サーリンズは少なくとも初期段階では、マカヒキ祭の儀礼暦とクックの航海を重ね合わせ、その一致を神格化の原因とすることは拒絶していたことになる。おまけに、クックの死はマカヒキ儀礼の再演であるどころか、クー神に対する一種の供犠と捉えられていた。さらにクックをロノとする解釈はケアラケクア湾に住むロノの祭司たちによって産み出されたものであって、それをすべてのハワイ人が共有していたと考える必要はないという。

このように、ハワイ人の声に多様性を認め、クック到来とマカヒキ祭との構造的同形性に副次的な役割しか認めなければ、サーリンズのこの論文の論旨と本書のそれにはさほど差がないことになってしまう。ただ違うのは、神格化の動機に前者がポリネシアの神格観を、後者が政治的理由をおいていることだけである。もちろん、両者の主張の時間的開きは大きく、オベーセーカラがサーリンズの論文を読んでいる以上、たまたま偶然に似通ったわけではないことになる。むしろ著者が意識的にそう似せたのである。つまり、サーリンズがクック論を構築する起点において萌芽として孕んでいた論点から、のちに彼が他の研究者との論争の過程で捨て去ったものをあえて拾い上げ、それをサーリンズとは正反対の理論的立場からまるで合わせ鏡のように増幅していくことで、本書の主たる論旨を組み立てていったわけである。[10] そして、本書がこのようなパロディー的性格をもつことをサーリンズが容易に気づけるように、あえてサーリンズの初期論文と同名の『キャプテン・クックの列聖』というタイトルが冠せられた。なるほど、否定したはずの昔の顔が突然他者という鏡の中に現れたのだから、サーリンズが激怒するのももっともといえよう。

ただし、オベーセーカラが一種の知的冗談としてパロディー的戦略を取ったと考えるべきではない。それどころか、そこには彼の人類学観自体が賭されている。その真剣さは自らのクック論を展開するキー概念として「実践的合理性」を用いていることからもはっきりうかがえるだろう。というのも、サーリンズがクックの死を最初に取り上げたのは、文化を「生物学的自然」や「経済学的な功利主義」といった「実践的理性」に従属させる思考を否定する新たな理論を産み出すためだったからである。

サーリンズがクックの死に関して自説を公表したのは、一九七六年にアメリカ人類学協会のために寄稿した論文がはじめてだと思われる。[11] そこで彼はアメリカ人類学界を動かしてきた二つのパラダイムであるL・H・モーガンとF・ボアズを取り上げ、自らをボアズの潮流に位置づけつつ、これからの人類学のあるべき将来展望をその延長線上に描き出そうとした。モーガンが環境への生物学的適応に向けた功利主義的な生存戦術をコード化した実践的論理として文化を捉えたのに対し、ボアズは逆に人間の経験や実践を構築する象徴的意味の秩序として文化を位置づけ、そこに自律的な位階を与えようとした。この両者の理論的対立がこれまでのアメリカ人類学の歴史を築いてきたわけだが、サーリンズ自身は前者の文化観では、文化が生物学的必要を満たすための道具的実現の域にまで引き下げられることになるとして、はっきりと否定する。その上で、両者の相剋を乗り越える視座、すなわち、流動的に変化する実践の織りなす歴史と、象徴システムの構造をともに考察できるような理論的枠組みを編み出そうとし、本書でも取り上げられる「接合状況の構造」という概念に逢着することになる。クックの死をめぐる彼の解釈とは、その新理論の有効性を立証するケーススタディーにほかならなかったのである。

したがって、オベーセーカラがクックの列聖化をめぐる自説を一種のパロディーのように展開しようとしたのは、サーリンズが否定した「実践的合理性」を復権させるという大きな理論的意図によるものであったことになる。もちろん、著者自身が明確にしているように、本書の「実践的合理性」は経済的功利主義といった側面が剥ぎ取られており、サーリンズが批判するものとはいささか概念規定が異なる。しかし、そうした合理性の位置づけを認めないかぎり、人類の生物学的な共通性も否定されることになり、筆者の考えるような精神分析学に基づいた文化理論の形成も不可能になってしまうだろう。このように、著者のパロディーはまるでカーニバルにおける権力の転倒のように危険な毒を孕んでいたわけである。

オベーセーカラはなぜ激怒したのか

サーリンズの怒りに比べ、オベーセーカラの怒りについては、その理由がはっきりと見えてこない。本書第一章では一九八七年にサーリンズの講演を聴講したことが怒りの発端とされているが、サーリンズが反批判書で明らかにしているように、これは八三年の誤りであったという。著者は第二版でこの訂正を受け入れて日付を直しているが、もしも修正をそのまま受け入れるとなると、著者の怒りは八〇年代初頭から十年ものあいだ潜伏期間にあったことになり、これはとうていありえそうもない。しかし、「フロイト的失言」を持ち出すまでもなく、こうした言い間違いにはそれなりの深層の動機があるはずである。ここでは一九八三／八七年という二重の日付にこだわって、推測をめぐらせてみよう。

まず八三年からはじめよう。この前の年の三月、著者はロチェスター大学でルイス・ヘンリー・モーガン講義をおこなっており、そこで四回に渡って文化人類学と精神分析学の協働や、宗教的象徴の変容について論じている。こうした記念講義はほどなく出版されるのが通例だが、この講演の場合、出版用の原稿が完成したのは一九八八年であり、最終的出版にはそこからさらに二年を要している。おそらく、これらの遅延は著者のスリランカ仏教に関する大著によるものだろう。いずれにせよ、出版までの長い過程において原稿はかなり書き換えられたものと思われる。

最終的に『文化の働き』として出版された著作には、実際の講義とは別個の短い「エピローグ」が付けられており、講義全体の方向性が要約されている。著者の理解では今日の文化人類学の最大の欠点とは、文化を研究するにあたって人間の主体性や意図、動機をうまくそこに組み込めないことにあるという。ギアーツの比喩を逆用しながら著者が批判するところによれば、人類学者は人間に絡みつく意味の網の目（＝文化）を研究するのに忙しく、その糸を紡ぎ出した蜘蛛（＝人間）にはまるで見向きもしないという。こうした偏向のため、現代人類学は文化的記号の変換をスマートに分析できても、根源的な部分で文化の創造を突き動かしている「生活の暗い側面」には目を背けるしかない。

偉大な社会理論家たちは偉大な哲学者や詩人のように、人間の苦しみやはかなさや死を真っ正面から見据えてきた。これに対して、現代人類学はモダンな葬儀社の応接室か、よくても、ブルジョワの浴室のようなものだ。そこではすべてがこざっぱりとして、清潔な香りが漂い、排泄物は都市の臓腑に連なる暗く、ネズミだらけの下水道へと流される。まるでエスのように、中産階級の家屋の下半身は清潔な生活から障壁で隔離され、そこには糞便と死が隠される。同じように、苦痛と人間の苦しみもまた、糞便や死のように、清潔に殺菌された環境に隔離されているのである。(12)

そして、このような現代人類学者の代表者として、アステカ人が帝国を失ったり、ジェイムズ・クックが自分の命を失ったりしたのはもっぱら記号の網の目のせいだと考える者たちが位置づけられることになる。つまり、このエピローグの末尾ではじめてトドロフとサーリンズが唐突に名指しされたのである。(13)

おそらくエピローグ自体は一九八八年かその前年に記されたものであろう。したがって、オベーセーカラがサーリンズの理論に対して怒りを覚えたのは、やはり初版で言い間違えた八七年ということになる。では、一九八三年、八七年、本書出版の九二年という三つの日付を結び合わせているのは、著者がサーリンズによってボアズに対置されたモーガンの記念講演で示した人類学観を、継続的に練り上げていく過程ということになるのだろうか。それではあまりにも優等生的見解といえようし、なぜ記憶を書き換えてまで怒りの発端を八三年に遡らせたのか、深層の動機がよくわからない。エピローグの前半では「生活の暗い側面」が各地の文化の象徴形態に現れるだけではなく、「現代の政治運動や、その根底にある民族紛争に突如噴出する」こともあると述べられている。そうした視点で振り返るならば、まさに三つの日付のあいだには暴力と戦争、そして累々たる屍が横たわっていることがわかる。本書の序文でふれられたスリランカ内戦が勃発したのはまさに八三年のことだったのである。

シンハラ人主導の国家形成をおこなってきたスリランカ政府に対し、人口の十五%を占めるタミル人は一九四八年の独立以降、政治的手段を使ってスリランカ北部とインド南部を併合して独立する運動を繰り広げてきた。しかし、政府の対話放棄により、運動は過激化してゆき、七〇年代には「タミル・イーラム解放の虎」(LTTE)という軍事組織が結成されることになる。ＬＴＴＥは一九八三年にはじめて政府軍の攻撃を開始し、スリランカ最北端のジャフナ半島で兵士を殺害したが、テロに対する怒りは首都のコロンボにおいて暴動となって爆発した。多数派シンハラ人によるタミル人の大虐殺が発生し、これを皮切りに暴力の連鎖は拡大の一途を辿り、二〇〇九年まで続くスリランカ内戦へと発展したのである。オベーセーカラのサーリンズに対する怒りが形を取り始めた一九八七年には、インド政府がＬＴＴＥと政府との停戦合意を監視するために平和維持軍を派遣したが、数ヶ月後にはタミル人との戦闘に巻き込まれることになった。それに合わせてＬＴＴＥの戦術もいっそう過激化し、この時期から少年兵や女性兵を動員した自爆テロ戦術が多用されることになる。結果として、停戦は九〇年に崩壊し、本書出版の前年にあたる九一年にはスリランカ派兵を決定した当時のインド首相ラジーヴ・ガンディーが、九三年にはスリランカのラナシンハ・プレマダーサ大統領が相次いで自爆テロで暗殺されたのである。

　こうしたスリランカ内戦の展開と著者のサーリンズ批判の発展を重ね合わせてみた場合、オベーセーカラがサーリンズの見ていない暴力のある側面に着目していることが明確にうかがえる。つまり、暴力の連鎖は文化的差異を鏡像的な増幅のうちに溶解し、それが広がる螺旋状の運動は容易に既存の空間的境界を越えてゆくということである。スリランカ内戦は一般にシンハラ人とタミル人との争いとして理解されることが多いが、実際には単純な民族紛争や宗教紛争の枠にはとどまらない事態を産み出している。つまり、暴力はシンハラ／タミル、仏教／ヒンドゥー教といった二項対立図式を突き崩してしまい、同じタミル人同士がスリランカに移民した時期の違いによって殺し合ったり、シンハラ人同士が仏教、キリスト教、イスラーム教といった宗教の違いによって殺し合うことになったのである。暴力は文化的差異という相貌を襲撃者の顔から剝ぎ取ってしまい、「彼ら」という匿名の存在へと溶け合わせてしまう。しかも、そうした溶解作用には境界などない。それは容易に伝染し、たとえばＬＴＴＥの開発した自爆テロが現代世界のいたるところに輸出され、テロリストの顔を均質化したように、外部に向けて拡散していく。事実、スリランカ内戦といったローカルな現象は戦争のテロリズム化という点では、本書執筆時の世界史的事件とも連動している。天安門事件、湾岸戦争、ボスニア・ヘルツェゴビナ紛争……。まさに暴力による死の連禱に終わりはなく、この二〇年間というもの、我々はそれを生きてきたし、現在もその世界を生き続けている。

オベーセーカラの考えるところでは、クック来訪後のハワイでも同じことが起きていたにもかかわらず、サーリンズはクックのもたらした暴力が相対的に低強度であることを理由に、それを些細なこととして容認しているという。書評者の中にはオベーセーカラが一方の白人の暴力には過剰に反応するものの、ハワイ人による暴力については意図的に無視していると批判する者もいるが、その批判は当たらないだろう。むしろ逆に彼はイギリス人のもたらした暴力がハワイ人の対抗暴力を産み、欧米からの武器の輸入によって彼らの暴力の効率性が飛躍的に増大し、最終的にカメハメハの大規模な島嶼間統一戦争に膨れあがっていく事実にきちんと着目しているからである。また、同じことはマオリ人のもとでも認められるとすでに本書でも示唆しており、次著ではそれをカニバリズムとの関係でより詳しく扱うことになるだろう。いずれにせよ、暴力として噴出する「生活の暗い側面」を看過するどころか、それを押し隠すことに現代人類学が多少とも寄与している事実、それこそが著者の怒りの中核をなしていたことは間違いないだろう。少なくとも、彼の言い間違いはそう示唆しているように思える。

では、最終的にいったい誰がこの長い論争に勝利したのだろう。いうまでもなく、学問的議論にはスポーツのように絶対的な審判がいない以上、勝敗の判断は歴史に委ねるしかない。しかし、オベーセーカラ・サーリンズ論争にはある種の審判役がいなかったわけではない。アメリカ人類学界の最長老であるクリフォード・ギアーツが一九九五年に両者の著作を扱った書評を著しており、論争第二期の時点における判定を下しているからである。(14)彼によれば、両者の議論はこれまで人類学で繰り返されてきた論争史に最新の一頁を画するものであって、二人の立場は対称的ではあるが、「他者理解」に向けた真摯な理論的・方法論的な問いかけである点では一致しているという。ところが、一見すると中立的に見えるこの最終判定のすぐ後に、ギアーツはサーリンズの勝利を宣言しているのである（まるで蛇足であるかのように、その勝利は括弧の中で告げられてはいるのだが）。

ギアーツの判定理由は他のオセアニア研究者も指摘した資料の扱いにあるようである。確かに、著者の歴史資料の扱いにはいくつもの誤りがあり、資料の欠落が現代の研究者としての判断基準やスリランカ人としての文化的常識に基づいて埋められている箇所もまま見られる。たとえば第三章で論じられたように、はたして神は文化の違いを超えて必ず信者と同じ姿形をし、同じ言語を話さなければならないものだろうか。また、著者は十九世紀のハワイ人の言説を宣教師の影響を受けていることを理由に、歴史資料としてほとんど価値を認めていない。本来ならば彼らのテクストから彼ら自身の声と宣教師たちの声をより分ける、より繊細な作業こそが必要だったはずであり、その作業抜きでは、サーリンズが反批判書で指摘したように、ハワイ人から彼ら自身の声を剝奪する「テロ行為」だと非難されても仕方がない面もあるのではないだろうか。

さらに困ったことに、一番の争点であったクックに与えられた「聖性」の扱いについても、大方の専門家がサーリンズのほうに軍配を上げている。この点ではヴァレリオ・ヴァレリの書評がもっとも簡明にして、オセアニア研究者の一般的意見を代表しているものと思われる。

アクア（神）とカナカ（人間）という呼称の対比は、まさに彼らの「言語ゲーム」の中では相対的なものであった。ロノと呼ばれているということはロノのなにがしかの属性を共有していることを意味し、そのことからして、ある種の能力や敬意の面では、ロノであることになる。要するに、クックをロノという首長と見る見解と、ロノという名の神だと見る見解のあいだには、必ずしも矛盾があるとはわたしには思えないのである。矛盾はただ非ハワイ的な「神格」観が状況に介在するかぎりにおいて生じるにすぎない……。おそらく、両者〔オベーセーカラとサーリンズ〕はともに出来事の複雑さや、その状況において可能であった解釈の多様性に対して、あまりにも狭い捉え方をしすぎているのだろう……[15]。

このようなヴァレリの評価からすると、前述した論争を構成する四つの主題のうち、ハワイに関連した主題ではいずれもサーリンズが勝負を制したことになるようである。

ところで、ギアーツのいささか歯切れの悪い書評には内容との関連が見えにくい、ある奇妙なタイトルが付けられている。つまり、著者とサーリンズの論争は人類学という限定された学問領域を越えて、「文化戦争」という広いカテゴリーに包括されるというのである。一般的文脈でいえば、文化戦争とは伝統的宗教観や道徳観を維持しようとするアメリカ合衆国の保守陣営が六〇年代のカウンター・カルチャーの浸透に押されて先鋭化し、そうした社会全体の流れに抵抗するため、人工妊娠中絶や公教育などの分野で繰り広げてきた社会的・政治的運動のことを指す。学術用語の一種としてこの語がアメリカ社会に流通するようになったのは、まさに本書が出版される前年のことのようだが[16]、現象自体は八〇年代からとくに顕著になっていったようである。したがって、この意味では本書に端を発した論争が直接関係するような問題ではないように思われる。

むしろギアーツは文化戦争という語を使って、オリエンタリズムや脱構築主義、ポストモダニズム、ポストコロニアリズムといった知的流行に動かされた研究者たちが、政治的動機から、他者の代理として他者自体を表象する権力を糾弾し、かつて確固たる概念だと思われてきたものをたんなる社会的構成概念にすぎないと闇雲に切り捨てるような、当時の知的混迷状況を示そうとしているようである。こうした理解をしているのは、なにもギアーツだけではない。カナダの科学哲学者であるイアン・ハッキングも、ギアーツに先立って、彼とは真逆の観点からサーリンズの反批判書について書評を著している。[17] ただし、ハッキングが書評を著した理由は、人類学に対する関心からではなく、オベーセーカラ・サーリンズ論争が、同じ頃に科学論の地平で戦わせていた論争、すなわち、科学者と社会構成主義に立脚した現代科学論の研究者との「サイエンス・ウォーズ」に、たとえ間接的ながらも関連していると考えたからにほかならない。このように、ギアーツもハッキングもオベーセーカラをサーリンズとの対比でポストモダニスト、もしくは社会構成主義者の側に位置づけていることになる。おそらく、サーリンズが著者の主張を「その場しのぎ民族誌学」(makeshift ethnography)、「チャンポン人類学」(pidgin-anthropology)、「大衆迎合的先住民中心主義」(pop nativism)と揶揄している背景にも、サーリンズが唾棄してはばからないポストモダニストとして著者を捉える意識がやはり働いているものと思われる。

こうした評価はオベーセーカラによる南アジア研究を知る者にとっては意外としか思えない。むしろそこでの彼はどちらかというと旧世代の理論的立場に立つ人物とみなされているからである。確かに、『食人談義』の序文では南アジアにおけるサバルタン・スタディーズ学派への親近感を表しているし、本書の第六章でも植民地化の初期段階に産み出された記録を「歴史としてうまく再構築できるようにするには、まずはそれを脱構築しなければならない」といった主張が見られるのも事実である。だからといって、著者が「脱構築主義者」だと断ずるのは早計だろう。たとえば、後者の表現は彼自身によるものではなく、サーリンズも参加した一九八三年のあるシンポジウムの総評で、一世代前の人類学を代表する大御所エドマンド・リーチが語った言葉をもじったものにすぎないのだから。[18]

しかしながら、「文化戦争」をたんなる知的流行から切り離し、本来の政治的次元に引き戻してみると、いささか異なった図式が見えてくる。しかも、本書の焦点となっているハワイというローカルな文脈において。序文における謝辞で著者はハウナニ＝ケイ・トラスクとリリカラー・カメッエレイヒワという二人のハワイ人歴史家と一九九一年に会ったことをさりげなく述べている。彼女たちの仕事の影響は本書のどこにも表面化しておらず、少なくとも人類学者たちの論争だけに着目した場合には、そのまま見過ごされてしまうような瑣事といえるだろう。しかし、この時期のハワイにおける文化戦争に注目してみた場合、二人はまさにその舞台の中心に立っていたのである。

一九九〇年にハワイ大学哲学科のある白人学生が、非ハワイ人（ハオレ）に対する逆差別が存在するとの告発を学生新聞に投稿したのに対し、ハワイ研究センター長を務めるトラスクが投書を寄せ、ハワイにおける植民地支配の歴史をあらためて説き、白人支配が現代のハワイでも続いていることから、「もし、ハワイやハワイ語や先住民のやり方が、あなたの気に入らないものならば、ハワイから出て行ってはいかがですか」と進言した。[19] トラスクの投書をあからさまな「人種差別」と捉えた哲学科は彼女の懲戒処分を求め、これに反対する教職員組合との対立が激化し、オベーセーカラがハワイ大学を訪れた九一年には、ベトナム反戦運動以来の大規模な学生デモでキャンパスが騒然となっていたのである。アイデンティティの政治的争点化はなにも大学という閉じられた世界だけで進行していたわけではなく、むしろそれは一九九三年にハワイ王朝転覆百周年を迎えるハワイ社会全体に関わる問題であったというべきだろう。基地と観光の島であるハワイにおいては、本土の「インディアン」や太平洋諸国のように自治権や主権を行使する可能性が著しく制限されており、この記念行事をきっかけとして政治的主張を世界に向けて訴えるため、様々な立場に立つ組織が多様な運動を繰り広げていたのである。[20]

興味深いことに、トラスクによる批判はハワイにおける人類学の役割にも及んでいる。ハワイ先住民運動が伝統的な価値観であると認めてきた「アロハ・アーイナ（大地を慈しめ）」について、ハオレであるハワイ大学人類学科のジョセリン・リネキンは、それを政治運動のために近年になって捏造された概念として貶め、ハワイにおける植民地支配を正当化しようとしていると批判したのである。はたしてトラスクの批判がどれだけ当たっているかはさておき、こうした文脈からギアーツの書評を振り返ってみれば、なぜ彼がサーリンズに軍配を上げたのかもよく理解できる。トラスクの論理をそのまま受け入れるならば、アイデンティティの枠を越えて他者について語る可能性は閉ざされてしまい、政治的駆け引きのうちに人類学の学としての正当性も雲散してしまうからである。もちろん、オベーセーカラはトラスクのような極端な立場はまったく取っていないものの、現代スリランカにおける政治状況とハワイの過去における不均衡な力関係を斜線で結びつけていることは間違いなく、その点から間接的に、政治的な思惑に動かされた研究者との親和性が疑われてしまったわけである。なんといっても、リネキンはサーリンズのかつての教え子であり、オベーセーカラ自身もトラスク等の名前を挙げることによってハワイの先住民運動に対する共感を明らかにしているのだから。(21)

以上のことからするならば、各文化はそれぞれ別個の合理性をもつというサーリンズの主張も、人類が通文化的にある種の共通の合理性をもつというオベーセーカラの主張も、たんなる学問の価値中立的な領域だけで判断されるべきものではなく、他者について語る倫理と政治という厄介な領域へと否応なく押し開いてゆかなくてはならないことになる。(22) クックの死をめぐる歴史的解釈としてではなく、現代に生きる我々自身の切実な問題として見るかぎりにおいて、論争にはまだ決着はついていない。その判断は本書とやがて出版されるであろうサーリンズの著作を読む読者自身に委ねられているわけである。

とはいえ、本書の分析はクックをめぐる歴史研究になんの寄与ももたらさなかったのだろうか。論争について書評した専門家の大半が、資料の扱いというテクニカルな側面から著者を批判しているが、どうやら本書の分析は歴史家にとって無意味ではなかったようだ。というのも、この論争以降に出版されたクック研究、あるいは伝記では、これまでのようにクックを一面的に賛美することなく、彼の暴力への傾斜や不合理な行動にも必ず一定の紙数を割くようになっているからである。[23] それだけではない。R・エドモンドが適切に論じているように、オベーセーカラの分析はハワイの論争的言説に着目することによって、これまで均質だと思われた集団内部に複数の層が重なり合っていることを明らかにしたというのである。[24] これによって、最初期の遭遇で「イギリス人」と「ハワイ人」が出合ったといった素朴な言明はもはやできないことになる。前者でいえばクック／士官／一般水夫といった階層的区分が存在し、それぞれ別個の声、別個の理性、別個の文化を有しており、同じくハワイでも王族／戦士／祭司／平民／女たちといったより細分された集団が、やはり異なった声をもっていたからである。しかも、それらの声は互いに孤立することなく多層的に響き合い、ときに衝突し合いながら論争的言説を織りなしており、そうした対話こそが複数の文化のはざまで出来事のうねりを巻き起こしているというのである。

こうした視点に基づく新たなクック分析の試みはすでにいくつも存在するが、最後にひとつだけ実例を挙げておこう。アン・サモンドは二〇〇三年に上梓した著作の冒頭で、一般水夫が第三回航海でニュージーランドのクイーン・シャーロット湾に立ち寄った際、そこでおこなった奇妙な「食人犬裁判」を鮮やかに解釈している。[25] ある水夫が現地で手に入れた犬を仲間の水夫たちが、「食人種の犬」であることを理由に裁判にかけ、死刑の執行とともに食べてしまったのである。サモンドはこの裁判を士官とは異なった水夫たちの文化と合理性、野蛮な文化への同化、そして実践的な政治的動機の錯綜から読み解いている。彼らは第二回航海で殺害され、マオリ人に食べられてしまった仲間たちの復讐を求めていたが、それを士官によって固く禁じられていた。このため、水夫たちはヨーロッパの民衆文化において広く見られた「動物裁判」による権力の批判を援用し、マオリ人の代わりに彼らから譲り受けた犬を殺害することで、士官たちに抗議の意を間接的に伝えようとしたというのである。しかも、当時のイギリス人にとってペットが食料として禁忌の対象であったことからすれば、これは士官たちが認めることを拒んだカニバリズムへの魅惑の表明にほかならない。このように、彼女の分析にははっきりとオベーセーカラの影響がうかがえる上に、著作の謝辞にはサーリンズの名前もしっかりと刻まれている。二人の論争が歴史解釈に新たな厚みをもたらした証拠として、これ以上確かなものは望むべくもないだろう。

翻訳について

翻訳についてもこの解題で一言述べておきたい。すでに紹介したように、本書第二版には新版序文に加えて六〇頁近くの後書きが加えられており、サーリンズの反批判に対してさらなる批判が加えられている。しかし、この後書きはサーリンズの著作を読まないかぎり意味をなさないことから、本訳書では割愛することにした。ただし、第二版ではこれまでの議論の流れから著者が自らの誤りとみなした点に修正が加えられており、論争の書にふさわしく、その箇所が一目でわかるように工夫されている。そこで、初版を底本とするものの、第二版で明示された修正箇所だけは翻訳に反映させることにし、変更内容を巻末で一括して指示することにした。それ以外にも、本書における出典情報はいささか杜撰であり、いくつかの点では明らかな事実誤認も散見される。論旨に関連しない単純な誤解や引用間違い、出典間違いについては、著者が採用している原典にすべて遡って確認した上で訂正した。また、誤認が論旨に深く関わる場合には、そのまま訳出し、該当箇所に付けられた原註に訳者補足として正しい情報を付記した。訳註については本文の理解を容易にする情報、とりわけ引用箇所の文脈情報に限定した。ただし、別個に訳註の頁を設定して読者の労を煩わせるのは避け、文中または原註の末尾に〔 〕で囲んで示した。

ポリネシアの人名に関しては、本書ではきわめて煩瑣な表記方法がとられている。序文にあるように、できるだけ原典の香りを残すため、航海誌の表記は全体で統一することなく、そのまま採用されており、同一人物であっても航海誌によって別の表記になっていることがまま見られる。これを補うため、本書では一般に次のようなルールが取られている。まず航海誌の引用の場合、固有名詞は航海誌執筆者の聞き取りに基づく英語化された表記のままとし、ポリネシア系言語での表記を著者の補註で示す。次に、著者の地の文章ではこれを逆転し、基本的にポリネシア名を用い、英語名のほうを括弧に入れている。訳書でもこの方式を著者の意図的な文体上の戦略と捉え、そのまま踏襲した。また、それらの固有名詞は複合語であることが多く、出典によってはあえて語の構成要素をハイフンによって明示しているものも見られる。したがって、混同を避けるために、二つの単語が並べられて表記される場合、両語の空白は「・」で示し、語の内部を分節するハイフンは「-」によって表すことにした。さらに、ポリネシア系言語では声門閉鎖音が多用されるが、本書ではそれがことごとく指示されている。前節でふれたように、おそらくそれはハワイの先住民運動に対する著者の共感を表すひとつの方法なのだろう。そこで、固有名詞として一般化しているものを除いて、本訳書ではハワイ語における声門閉鎖音をすべて日本語の促音によって表現することにした（たとえば、「ハワイ」は本来「ハワイッイ」とすべきだが、地名であることから一般的表記を用いた）。読者の皆さんのご寛恕を賜りたい。

＊

訳者が立命館大学の渡辺公三先生の仲介で本書の翻訳を依頼されたのは、もうずいぶん前のことになる。ここにようやく本書の出版がかない、重い責務を果たすことができ、ほっと胸をなで下ろしているところである。訳者は専門とする南インドの宗教研究の分野ではオベーセーカラの著書を必須の参考文献としてきたが、理論的な面ではむしろ構造主義的立場に強い影響を受けてきた。この点でいえば、長くかかった本書の翻訳作業は、訳者が著者の論理に抵抗しながらも、それを受け止め、自分にゆっくりと内面化させていく浸透過程ということもできるだろう。おかげで、現在では近代における南アジア世界とインド洋・太平洋域との交通という新たな見地から、自分の仕事を見つめ直すにいたっている。渡辺先生には、このようなまったく予測もつかなかった視座にふれる機会を与えていただいたことに、あらためて深く感謝したいと思う。

本書にいくつか掲載されている英語の詩については、立命館大学文学部の同僚である竹村はるみさんに翻訳をチェックしていただき、貴重なアドヴァイスを賜った。また、文学部人文総合科学インスティテュートの友人諸氏からは、つねに知的刺激と叱咤激励を得てきた。記して謝意を捧げたい。

最後に、みすず書房の鈴木英果さんには、遅々として進まない訳者の仕事をゴールまで導いていただいた。彼女の粘り強さがなければ、本書が日の目を見ることはけっしてなかっただろう。末尾ながら心からの感謝を表しておきたい。

二〇一五年四月

中村忠男

(1) 『メドゥーサの髪——エクスタシーと文化の創造』渋谷利雄訳、言叢社、一九八八年（原著一九八一年）。リチャード・ゴンブリッチ、ガナナート・オベーセーカラ、『スリランカの仏教』島岩訳、法藏館、二〇〇二年（一九八八年）。オベーセーカラの略歴については前者の巻末に付けられた「著者略歴」を参照されたい。その他の代表作に次のものがある。*The Cult of the Goddess Pattini*, University of Chicago Press, 1984. *The Work of Culture: Symbolic Transformation in Psychoanalysis and Anthropology*, University of Chicago Press, 1990.

（2）本書序文十二頁に見られるいささかくどいこの造語表現は、おそらくサンスクリット語のアートマグラーハもしくはアハンカーラを英訳したものだろう。つまり、「自己のものとして摑んで囲い込む」、「自我（アートマン）への固執（グラーハ）」ということであり、仏教の文脈では「妄念」（illusion）として否定されることになる。

（3）"A review symposium on the *Apotheosis of Captain Cook: European mythmaking in the Pacific*, by Gananath Obeyesekere", in *Social Analysis*, no. 34, December 1993, pp. 34-85. こちらの討論には後述するアン・サモンドや本書第七章で言及されたバーナード・スミスなどが加わっている。"Book Review Forum", in *Pacific Studies*, vol. 17, no. 2 — June 1994, pp. 103-155. こちらには本書序文で言及されたリリカラー・カメッエレイヒワや、本書の随所で批判されたヴァレリオ・ヴァレリが参加している。Samuel K. Parker, "The Revenge of Practical Reason? A Review Essay On Gananath Obeyesekere's *The Apotheosis of Captain Cook*", in *Oceania*, 65, 1995, pp. 257-267: G. Obeyesekere, "Re-Weaving the Argument: A Response to Parker", pp. 268-73. この書評でパーカーはサーリンズのかつての教え子であることを公言しているが、興味深いことに彼の論点のいくつかは、同じ年に出版されたサーリンズ自身の反批判でもそのまま踏襲されている。"Forum on Theory in Anthropology", in *Current Anthropology*, vol. 38, n. 2, 1997, pp. 255-282. こちらはロバート・ボロフスキーが一種の「審判」として振る舞い、これまでの議論を整理した上で、改めて両者に対して質問を投げかけ、その返答に対してボロフスキーがコメントするといった体裁を取っており、ある意味では論争全体の総括論文となっている。ちなみに、オセアニアを専門とする人類学者であるボロフスキーがなぜこうした立場を取ることができたのか、それは本書の序文をもう一度お読みになれば、ご推察いただけるはずである。さらに次註に挙げたサーリンズの著書の序文でも、彼には謝辞が捧げられている。

（4）Sahlins, *How "Natives" Think: About Captain Cook, for example*, University of Chicago Press, 1995. サーリンズが予定していたというタイトルは以下のとおりである。『「現地人対人類学者」、あるいはいかにしてガナナート・オベーセーカラはハワイ人をブルジョワ的現実主義者に仕立て上げたか、人類学者のように西欧の神話的思考に囚われた者たちとは違って、彼らがまさにスリランカ人のように「現地人」であったことを理由として』（p. ix）。このようにサーリンズ自身、たとえ冗談にせよ、「決闘」を意識していたわけである。

（5）たとえば、ハウはサーリンズの著書に対する書評で、サーリンズが本書を揶揄する際に使った辛辣な表現をアルファベット順で七行にも渡って羅列している。K. R. Howe, "The making of Cook's death", in *Journal of Pacific History*, vol. 31（1）, June 1996, p. 116.

（6）W. Arens, reply by Marshall Sahlins, "Cannibalism: An Exchange", in New York Review of Books, 26, n. 4, 22, pp. 45-47. アレンズの批判の一部は彼の著作自体の記述とも一部重複している。『人食いの神話——人類学とカニバリズム』折島正司訳、岩波書店、一九八二年。

（7）Sahlins, "Artificially Maintained Controversies: Global Warming and Fijian Cannibalism", in *Anthropology Today*, vol. 19, n. 3, Jun., 2003, pp.

3–5; Obeyesekere and W. Arens, “Cannibalism Reconsidered: Responses to Marshall Sahlins（AT 19, 3）”, in AT, vol. 19, n. 5, Oct., 2003, pp. 18–19; Sahlins, “Artificially Maintained Controversies（Part 2）: A Response to Obeyesekere and Arens（AT 19, 5）”, in AT, vol. 19, n. 6,（Dec., 2003）, pp. 21–23.

（8）サーリンズの回想によれば、彼はミシガン大学の教授時代に、従来のストライキを大学に持ち込むのではなく、「ティーチ・イン」という知と政治を結びつける新たな対話形式を産み出し、反戦運動を活性化させた首謀者の一人であったという。Sahlins, “The teach-in: Anti-war protest in the Old Stone Age”, in *Anthropology Today*, vol. 25, n. 1, February 2009, pp. 3–5.

（9）Sahlins, “The Apotheosis of Captain Cook”, in *Between Belief and Transgression: Structuralist Essays in Religion, History and Myth*, eds. M. Izard and P. Smith. University of Chicago Press, 1982, p. 74. もともとこの論文は一九七七年にクローバー人類学協会で報告されたものである。

（10）本書第二章の冒頭にはエドワード・バンフィールドをめぐる不可解な註が付されているが、まさにその内容は著者自身とサーリンズにこそ当てはまることになる。すなわち、たとえ同じ資料を論じ、同じような概念を活用していようとも、研究者の理論的立場や倫理的態度によって、解釈は真逆になることもあるのである。

（11）Sahlins, “The State of the Art in Social/ Cultural Anthropology: Search for an Object”, in *Perspectives on Anthropology 1976*, eds, A.F.C. Wallace, J.L. Angel, R. Fox, S. Mclendon, R. Sady, and R. Sharer, American Anthropological Association Special Publication 10, 1977, pp. 14–32. この論文はモーガンとボアズを論じた学史的記述部分と、新理論を素描するための二つの具体事例（東フィジーのモアラ村に見られる「陸の民」と「海の民」の対立、クックの死）を扱った部分の、合わせて三つの構成要素から成っている。うち前二つの論旨はサーリンズの『文化と実践理性』の第一章と第二章でそれぞれ十全に展開されている（『人類学と文化記号論』山内昶訳、法政大学出版局、一九八七年）。残された第三の要素をはじめて明確に発展させた論文が、まさに八二年のサーリンズによる「キャプテン・クックの列聖」だったわけである。

（12）Obeyesekere, *The Work of Culture*, p. 288. ここではシカゴ大学の有名な専門誌の題名と同じ語彙（Current anthropology）が、あえて主語に用いられているのが興味深い。

（13）Ibid., p. 289, and n. 9.

（14）Clifford Geertz, “Culture war”, *New York Review of Books*, November 30, 1995, pp. 4–6. この書評は他の人類学関係の書評とまとめられており、彼の遺作の第五章に読むことができる。次の邦訳を参照されたい。『現代社会を照らす光——人類学的な省察』鏡味治也・中林伸浩・西本陽一訳、青木書店、二〇〇七年。

(15) Valerio Valeri, "Review of *The apotheosis of Captain Cook*, by G. Obeyesekere", in *Pacific Studies*, vol. 17, 1994, pp. 124.

(16) 語彙自体はアメリカの宗教社会学者であるジェイムズ・D・ハンターが『文化戦争――アメリカを規定する闘争』(一九九一年)という著書で用いたのがきっかけで広まったという。次の著作を参照されたい。蓮見博昭、『宗教に揺れるアメリカ――民主政治の背後にあるもの』、平文社、二〇〇二年。

(17) ハッキングの書評は加筆された上で、「キャプテン・クックの末路」という題で次の著作に収められた。Ian Hacking, *The Social Construction of What?*, Cambridge, Harvard University Press, 1999, pp. 207–223. 残念ながら、その章は同書の邦訳では見事に割愛されている(『何が社会的に構築されるのか』出口康夫・久米暁訳、岩波書店、二〇〇六年)。また、「サイエンス・ウォーズ」の全体像については次を参照されたい。金森修『サイエンス・ウォーズ』(新装版)、東京大学出版会、二〇一四年。

(18) Edmund Leach, "Concluding Remarks", in *Transformations of Polynesian Culture*, eds. A. Hooper and J. Huntsman, Auckland, The Polynesian Society, 1985, p. 222. ただし、これはオベーセーカラの痛烈な皮肉である。リーチはこの言葉のすぐ後で、サーリンズのシンポジウム論文におけるクックの死をめぐる論述を、脱構築を経た再構築の希有な成功例として挙げているからである。

(19) ハウナニ゠ケイ・トラスク『大地にしがみつけ――ハワイ先住民女性の訴え』松原好次訳、春風社、二〇〇二年、一三一頁。

(20) なかには犯罪的手段を用いた闘争も繰り広げられた。一例を挙げるならば、本書の第四章で言及されたリーロア王の棺は一九九四年にホノルルのビショップ博物館から盗まれている。これは美術品盗難ではなく、学術的資料として簒奪された祖先の遺骨に本来の宗教的価値を取り戻す象徴的行為だったようである。報道によると、どうやら遺骨はもともとの埋葬地であるワイピオ渓谷の洞窟に密かに葬られたらしい。

(21) リネキンがハワイでおかれている微妙な立場については、次の著作における興味深いインタビューを参照されたい。中嶋弓子『ハワイ・さまよえる楽園――民族と国家の衝突』、東京書籍、一九九三年、三四五頁以下。

(22) 二人の合理性の理解に対する明確な整理と批判については、吉田敬の次の諸作がきわめて参考になる。Kei Yoshida, *Rationality and Cultural Interpretivism: A Critical Assessment of Failed Solutions*, Lanham, MD: Lexington Books, 2014.

(23) たとえば、次の著作を参照されたい。フランク・マクリン『キャプテン・クック――世紀の大航海者』日暮雅通訳、東洋書林、二〇一三年。John Gascoigne, *Captain Cook: Voyager Between Worlds*, Hambledon Continuum, 2007.

(24) Rod Edmond, *Representing the South Pacific: Colonial discourse from Cook to Gauguin*, Cambridge University Press, 1997.

(25) Anne Salmond, *The Trial of the Cannibal Dog: The Remarkable Story of Captain Cook's Encounters in the South Seas*, Yale University Press, 2003.

ガナナート・オベーセーカラ
キャプテン・クックの列聖
太平洋におけるヨーロッパ神話の生成
中村忠男訳

2015年 5 月 15 日　印刷
2015年 5 月 25 日　発行

発行所 株式会社 みすず書房
〒113-0033 東京都文京区本郷 5 丁目 32-21
電話 03-3814-0131(営業) 03-3815-9181(編集)
http://www.msz.co.jp

本文組版 キャップス
本文印刷所 平文社
扉・表紙・カバー印刷所 リヒトプランニング
製本所 誠製本

ISBN 978-4-622-07860-9
[キャプテンクックのれっせい]

著者略歴

(Gananath Obeyesekere)

1930年生まれ．スリランカ出身の文化人類学者．ワシントン大学，セイロン大学，カリフォルニア大学を経て，現在，プリンストン大学名誉教授．専門は文化人類学．女神パッティニの祭祀の研究などで知られる．本書をめぐって人類学者のマーシャル・サーリンズと論争し，サーリンズの西洋中心主義的な見方を厳しく批判した．日本語訳された著書に『メドゥーサの髪――エクスタシーと文化の創造』（渋谷利雄訳，言叢社，1988年），『スリランカの宗教』（リチャード・ゴンブリッチとの共著，島岩訳，法蔵館，2002年）がある．

訳者略歴

中村忠男〈なかむら・ただお〉 1960年生まれ．現在，立命館大学文学研究科文化動態学准教授．専門は文化人類学，神話学．著書に『アジアの多文化社会と国民国家』（共著，人文書院，1998年）ほか．訳書にE・バンヴェニスト『インド＝ヨーロッパ諸制度語彙集　1』（共訳，言叢社，1999年）などがある．

索引

ア

カ

サ

タ

ナ

ハ

マ

ヤ

ラ

ワ

キャプテン・クックのハワイでの活動と本書に関連するその他の出来事

1776年7月12日	クック、レゾリューション号にてプリマスを出帆。
1778年1月19日	オアフ島とカウアイ島の発見。
1月20日	カウアイのワイメアに停泊。
2月1日	ニイハウ島に停泊。
2月2日	北方に向けて出帆。
11月26日	北から戻ってきたクック一行、マウイ島東岸を目視し、ハワイ島東岸を回航。
1779年1月17日	ケアラケクア湾に停泊。 パレアとコアーが乗船、コアーはクックに赤い布を巻く。 クック、ベイリー、キングが上陸し、ヒキアウで儀式。
1月19日	パレアとコアー、王の出迎えに出かける。 ロノの寺院でクックの叙任式。
1月25日	夜にカラニッオプッウ王と王子が船を訪問。
1月26日	王がハワイ島に上陸し、クックと衣装交換。
1月27日	舵を陸揚げし、修理を開始。
2月1日	聖域の柵の破壊。 ワットマンの死去。
2月2日	首長等によって出発時期をめぐる質問が繰り返され、夜間はレスリングが開催される。
2月3日	王と羽毛の大規模な交換。
2月4日	両船出帆。
2月11日	再びケアラケクア湾に停泊する。
2月12日	カラニッオプッウの訪問により湾にタブーが課される。
2月13日	ディスカヴァリー号の前檣を取り外す。朝から盗難が激化し、クックは通常弾の装塡を指示する。泥棒の追跡。 夜間にカッターが盗まれる。
2月14日	王を人質に取るため、クックが上陸し、殺害される。 正午に、キングがディスカヴァリー号に帰還。 午後4時、キングが白旗を掲げて浜に戻り、コアーに遺体の返還

を要求する。
ハワイ人の挑発行為（尻出し、衣装交換）、夜間に山腹でかがり火が見える。

2月15日 朝、コアーが船を偵察に来る。
海岸には多数のハワイ人が集まり、ホラガイが吹き鳴らされる。
午後、クックの衣服が競売にかけられる。
夕刻、クックの太腿の一部が密かに二人の祭司によって返還される。
士官によるカニバリズム調査。

2月16日 朝にクックの太腿が水葬に付される。
午後、クックの帽子を振ってハワイ人が挑発し、クラークは砲撃を許可。
コアーによる休戦要請。

2月17日 給水班による報復行動をきっかけに、焼き討ちと殺害がおこなわれる。
ケリッイケア、少年を連れて停戦を要請し、切断されたハワイ人の頭部に驚く。

2月18日 夜間、エアッポという首長が到来し、遺体の状況をめぐる補足情報を提供。

2月19日 前檣の修理完了。
カラニッオプッウの代理人、和平交渉に到来、翌日に遺体返還を約束する。

2月20日 朝、前檣を立てる。
午後、休戦合意がなされ、クックの遺体が返還される。

2月21日 午前、クックの遺体がさらに返還され、夕刻に水葬に付される。

2月22日 出帆。

1780年 クック探検隊の帰国、海軍省は非公式な航海誌の公刊を禁止する。

1781年 ジョン・リックマンの航海日誌に基づく、最初の非公認航海誌出版。
ハインリッヒ・ツィマーマンによるドイツ語の短い航海誌がマンハイムで出版。

1782年 ウィリアム・エリス（船医）による英語による第二の非公認航海誌の出版。

1783年	ジョン・レジャード、第三の非公認航海誌をアメリカのコネチカットで出版。
1784年	ジョン・ダグラス師の校訂による公式版航海誌の出版。
1786年	ポートロック船長とディクソン船長に率いられたイギリスの交易船二隻がハワイに到来。
	フランス人のラペルーズ、マウイ島に到来。
1787年	ジョン・ミアーズ船長、ハワイ島を訪れ、商業的可能性を認める。
1788年	ウィリアム・ダグラス船長、イピゲニア号とノース・ウェスト・アメリカ号で到来。
1789年	ダグラス船長、武器をカメハメハに提供。
	北アメリカでヌートカ・サウンド危機の勃発。
1790年	ダグラス、白檀採取のために二人の乗組員をハワイに残す。
	サイモン・メットカーフ船長、エリアノーラ号でマウイ到来。住民を虐殺する。
	メットカーフの息子が指揮するフェア・アメリカン号、ハワイ西岸に到着。アイザック・デーヴィスを残して、乗組員は皆殺しに合う。
	エリアノーラ号のジョン・ヤングもハワイに置き去りにされる。
1791年	カメハメハ、ハワイ島を完全掌握。
	マニュエル・クインペル海尉、新スペイン副王の命令でハワイ諸島を調査。
	スペインに抑留されていたジェイムズ・コルネット、帰国の途上で到来。
1792年	ジョージ・ヴァンクーヴァーの第一回ハワイ訪問。
	ジョシュア・リー・ディムズデルの滞在。
1793年	ヴァンクーヴァー、第二回訪問。
1794年	ヴァンクーヴァー、第三回訪問。
1804年	クルーゼンシュテルン・リシアンスキー探検隊の到来。
1809年	ロシアが派遣したネヴァ号により、アーチボルド・キャンベル、ホノルルに来訪。
1810年	カウアイ島のカウムアリイ、カメハメハの宗主権を認め、ハワイの統一が実現。
1815年	ピーター・コーニーの初来訪（その後何度も来島）。

1816年	オットー・フォン・コツェブー、リューリク号でハワイ到来。
1817年	コツェブー、第二回来訪。
1818年	ヴァーシリー・ゴロヴニンの来訪。
1819年	タヒチのポマレ二世、タブー制度を廃止
	カメハメハ死去。リホリホがカメハメハ二世として即位。
	ルイ・ドゥ・フレシネ来訪。
	リホリホ、タブー・システムを廃止し、寺院の破壊を全土に命ずる。
1820年	ハイラム・ビンガムを筆頭とするアメリカ人宣教団のハワイ島到着。
1821年	ギルバート・マティソンの来訪。
1822年	ウィリアム・エリス（宣教師）の来訪。
1823年	リホリホ、妻のカママル、オアフ知事のボキなどと共に訪英。
1824年	カママル、リホリホ、相次いで病没。
1825年	二人の遺体を返還するためバイロン卿、ブロンド号で到来。

文献

Anzieu, Didier. *Freud's Self-Analysis*. London: Hogarth Press, 1986.

Bakhtin, M. M. *Speech Genres and Other Late Essays*. Austin: University of Texas Press, 1986.

Banfield, Edward C. *The Moral Basis of a Backward Society*. Glencoe, Ill.: The Free Press, 1958.

Barratt, Glynn. *The Russian Discovery of Hawaii*. Honolulu: Editions Limited, 1987.

Barrère, Dorothy B. *Kamehameha in Kona: Two Documentary Studies*. Pacific Anthropological Records No. 23. Honolulu: Bishop Museum, Department of Anthropology, 1975.

Bayly, William. *Log* Adm 55／20. Public Records Office, London.

Beaglehole, J. C. "On the Character of Captain James Cook." *The Geographical Journal* 122, 4 (1956), pp. 417–429.

Beaglehole, J. C. *The Discovery of New Zealand*. London: Oxford University Press, 1961.

Beaglehole, J. C. *The Life of Captain James Cook*. London: The Hakluyt Society, 1974. 〔『キャプテン・ジェイムス・クックの生涯』、佐藤皓三訳、成山堂書店、1998 年〕

Beckwith, Martha. *Hawaiian Mythology*. New Haven: Yale University Press, 1940.

Beckwith, Martha. *The Kumulipo, a Hawaiian Creation Chant*, Honolulu: University of Hawaii Press, 1972.

Bell, Edward. "Log of the Chatham." *The Honolulu Mercury* 1, 6 (November 1929), pp. 76–90.

Bergendorff, Steen, Ulla Hasager, and Peter Henriques. "Mythopraxis and History: On the Interpretation of the Makahiki." *Journal of the Polynesian Society* 97, pp. 391–408.

Bettelheim, Bruno. *Symbolic Wounds: Puberty Rites and the Envious Male*. New York: Collier Books, 1971. 〔『性の象徴的傷痕』、岸田秀訳、せりか書房、1982 年〕

Bingham, Hiram. *A Residence of Twenty-One Years in the Sandwich Islands...*, 3d edition. New York, 1855.

Bloxam, Andrew. *Diary of Andrew Bloxam Naturalist of the "Blonde"*. Honolulu: Bishop Museum Special Publication No. 10, 1925.

Boon, James. *Affinities and Extremes*. Chicago: University of Chicago Press, 1990.

Buck, Sir Peter (Te Rangi Hiroa). "Cook's Discovery of the Hawaiian Islands." In *Report of the Director for 1944, Bishop Museum Bulletin 186*. Honolulu, 1945.

Burney, Fanny. *Diary and Letters of Madame D'Arblay Vol 1, 1778–1781*. London: Macmillan and Company, 1904.

Campbell, Archibald. *A Voyage round the World from 1806 to 1812 ... with an Account of the ... Sandwich Islands*. Honolulu: University of Hawaii Press, 1967.

Carruthers, Joseph. *Captain James Cook, R.N.: One Hundred and Fifty Years After*. New York: Dutton and Company, 1930.

Carter, Paul. *The Road to Botany Bay: An Exploration of Landscape and History*. Chicago: University of Chicago Press, 1989.

Chamisso, Adelbert von. *A Voyage around the World in the Romanzov Exploring Expedition ... 1815–1818*. Translated and edited by Henry Kratz. Honolulu: University of Hawaii Press, 1986 [1836].

Charlot, John. *The Hawaiian Poetry of Religion and Politics*. The Institute for Polynesian Studies, Monograph Series no. 5. Honolulu: University of Hawaii Press, 1985.

Charlot, John. "Valerio Valeri, *Kingship and Sacrifice: Ritual and Society in Ancient Hawaii*" [Review]. *Pacific Studies* 10, 2 (1987), pp. 107-147.

Charlot, John. "The Feather Skirt of Nāhiʻenaʻena." In *Journal of the Polynesian Society* 100, 2 (1991), pp. 119-165.

Clarke, Thomas Blake. *Omai, First Polynesian Ambassador to England*. 1940, Rpt. Honolulu: University of Hawaii Press, 1969.

Clendinnen, Inga. "'Fierce and Unnatural Cruelty': Cortes and the Conquest of Mexico." *Representations* 33 (Winter 1991), pp. 65-100.

Clifford, Diana M. *Lokoiʻao Hawaiʻi. Ancient Hawaiian Fishponds and Their Changing Role in Society*. Senior Thesis, Princeton University, 1991.

Colnett, James. *The Journal of James Colnett*. Toronto: The Champlain Society, 1940.

Cook, James. *The Journals of Captain James Cook. The Voyage of the* Endeavor. Edited by J. C. Beaglehole. London: The Hakluyt Society, 1968. 略号は Cook (B) 1〔『クック 太平洋探検』第 1-2 巻、増田義郎訳、岩波文庫、2004 年〕。

Cook, James. *The Journals of Captain James Cook. The Voyage of the* Resolution *and* Adventure. Edited by J. C. Beaglehole. London: The Hakluyt Society, 1969. 略号は Cook (B) 2〔邦訳第 3-4 巻、2005 年〕。

Cook, James. *The Journal of Captain James Cook. The Voyage of the* Resolution *and* Discovery. Edited by J. C. Beaglehole. 2 vols. London: The Hakluyt Society, 1967. 略号は Cook (B) 3a or 3b。この 2 巻にはサムウェルとキングの航海誌、他の航海誌執筆者からの抜粋も収められている〔邦訳第 5-6 巻、2005 年。なお、上記の 4 巻がビーグルホールの校訂による「非公式版航海誌」である〕。

Cook, James. *A Voyage to the Pacific Ocean. Undertaken by the Command of His Majesty*. Edited by John Douglas, vols. 1and 2. 1784. 略号は Cook (D) 1 or 2〔こちらはダグラス師の校訂による海軍省認可の「公式版航海誌」〕。

Corney, Peter. *Voyages in the Northern Pacific* ..., Honolulu: Thomas G. Thrum, 1896.

Cowper, William. *The Works of William Cowper: His Life, Letters, and Poems*. Edited by Rev. T. S. Grimshawe. Boston, 1854.

Dampier, Robert. *To the Sandwich Islands on H.M.S. Blonde*. Edited by Pauline King Joerger. Honolulu: The University of Hawaii Press, 1971.

Dening, Greg. *Islands and Beaches*. Honolulu: University of Hawaii Press, 1980.

Dening, Greg. "Possessing Tahiti." *Archaeology and Physical Anthropology in Oceania* 21, (1986), pp. 103-118. 〔in Dening, *Performances*, Chicago: University of Chicago Press, 1996, pp. 128-167.〕

Dening, Greg. *The Bounty: An Ethnographic History*. Melbourne: University of Melbourne History Department Monograph Series #1, 1988.

Dibble, Sheldon. *A History of the Sandwich Islands*. Honolulu: Thomas G. Thrum, 1909.

Dixon, George. *A Voyage round the World ... Performed in 1785, 1786, 1787 and 1788* (London, 1789).

Douglas, James (Lord Morton). "Hints Offered to the Consideration of Captain Cooke, Mr. Bankes, Doctor Solander, and the Other Gentlemen Who Go upon the Expedition on Board the

Endeavour." In Cook, *The Journals of Captain James Cook. The Voyage of the* Endeavor. Edited by J. C. Beaglchole. London: The Hakluyt Society, 1968, pp. 514–519.

Dutton, Tom. "Successful Intercourse Was Had with the Natives: Aspects of European Contact Methods in the Pacific." In *A World of Language: Papers Presented to Professor S. A. Wurm on his 65th Birthday*, edited by Donald C. Laycock and Werner Winter. Canberra: Department of Linguistics, Research School of Pacific Studies, Australian National University, 1987, pp. 153–171.

Edgar, Thomas. *The Edgar Journal of Captain Cook's Third Voyage 1776–1778*. Adm 55/21. Public Records Office ms., London.

Ellis, William. *An Authentic Narrative of a Voyage ... Performed by Captain Cook and Captain Clerke ...*, vol. 2.（London, 1782; rpt. New York: Da Capo Press, 1969）.

Ellis, William. *Polynesian Researches, during a Residence of Nearly Eight Years in the Society and Sandwich Islands*, vol. 4. London, 1831.

Ellis, William. *Narrative of a Tour through Hawaii*. London, 1928.

Ellis, William. *Journal of William Ellis. A Narrative of a Tour through Owhyhee...*, Rutland and Tokyo: Charles Tuttle, 1979.

Emerson, N. B. *The Long Voyages of the Ancient Hawaiians*. Hawaiian Historical Society Papers No. 5.

Fisher, Robin, and Hugh Johnston, eds. *Captain James Cook and His Times*. Seattle: University of Washington Press, 1979.

Fornander, Abraham. *An Account of the Polynesian Races ...*, 3 vols. in 1. 1878–80. Rpt. Rutland, Vermont, and Tokyo: Charles Tuttle, 1980.

Fornander, Abraham. *Fornander Collection of Hawaiian Antiquities and Folklore*. Memoirs of the Bernice Pauahi Bishop Museum, vols. 4–6. Honolulu: Bishop Museum Press, 1920, vol. 6, part 3.

Forster, George. *A Voyage round the World in his Brittanie Majesty's Sloop, Resolution...*, 2 vols. London, 1717.〔『世界周航記』上下巻、三島憲一・山本尤訳、岩波書店、2002–03 年〕

Forster, Johann Reinhold. *Observations Made during a Voyage round the World ...*, London, 1778.

Freycinet, Louis de. *Hawaii in 1819: A Narrative Account by Louis Claude de Saulses de Freycinet*, chs. 27, 28. Translated by Ella L. Wiswell. Honolulu: Bishop Museum, Department of Anthropology, Pacific Records No. 6, 1978.

Geertz, Clifford. "Religion as a Cultural System." In his *The Interpretation of Cultures*. New York: Basic Books, 1973, pp. 87–125.〔第 4 章「文化体系としての宗教」、『文化の解釈学』第 1 巻所収、吉田禎吾・中牧弘允・柳川啓一・板橋作美訳、岩波書店、1987 年、145–215 頁〕

Geertz, Clifford. "Common Sense as a Cultural System." In his *Local Knowledge*. New York: Basic Books, 1983, pp. 73–93.〔第 4 章「文化システムとしての常識」、『ローカル・ノレッジ――解釈人類学論集』所収、梶原景昭・小泉潤二・山下晋司・山下淑美訳、岩波書店、1991 年、127–162 頁〕

Gilbert, George. *Captain Cook's Final Voyage. The Journal of Midshipman George Gilbert*. Edited by Christine Holmes. Honolulu: University of Hawaii Press, 1982.

Golovnin, V. M. *Around the World on the KAMCHATKA 1817–1819*. Translated with introduction and notes by Ella Lury Wiswell. Honolulu: The Hawaiian Historical Society and University of Hawaii Press, 1979［1822］.〔ゴロウニン、『太平洋周航記』、丸山政男・大竹博吉

訳、羽田書店、1943年〕
Gould, Rupert T. "Bligh's Notes on Cook's Last Voyage." *The Mariner's Mirror* 14 (October 1928), pp. 371-385.
Gould, Rupert T. "Some Unpublished Accounts of Cook's Death," *The Mariner's Mirror* 14 (1928), pp. 301-319.
Graham, Maria, comp. *Voyage of the H.M.S. Blonde to the Sandwich Islands in the Years 1824-25*. London: John Murray, 1826.
Guṇaśekara, B., ed. *Rājāvaliya. The Rājāvaliya or A Historical Narrative of Sinhalese Kings*. Colombo: Government Press, 1900.
Hawkesworth, John. *An Account of the Voyages Undertaken by His Present Majesty for Making Discoveries in the Southern Hemisphere...*, 3 vols. London, 1773.
Hoare, Michael E. *The Tactless Philosopher: Johann Reinhold Forster (1729-98)*. Melbourne: Hawthorn Press, 1976.
Hoare, Michael E., ed. *The Resolution Journal of Johann Reinhold Forster 1772-1775*, 4 vols. London: The Hakluyt Society, 1982.
Hollis, Martin, and Steven Lukes, eds. *Rationality and Relativism*. Cambridge, Mass.: M.I.T. Press, 1982.
Hough, Richard. *The Last Voyage of Captain James Cook*. New York: William Morrow, 1979.
Iʻi, John Papa. *Fragments of Hawaiian History*. Translated by Mary K. Pukui. Honolulu: Bishop Museum Press, 1983.
Jarves, James Jackson. *History of the Hawaiian or Sandwich Islands...*, Boston, 1843.
Joppien, R., "Philippe Jacques de Loutherbourg's Pantomime 'Omai, or, A Trip round the World' and the Artists of Cook's Voyages." In *Captain Cook and the South Pacific*. London: British Museum Yearbook 3, 1979, pp. 81-136.
Joppien, R, and B. Smith. *The Art of Captain Cook's Voyages. The Voyage of the Resolution and Discovery 1776-1780*, part 1. New Haven and London: Yale University Press, 1988.
Kahananui, Dorothy M., ed. *Ka Mooolelo Hawaii, Hawaiian Language Reader Based on Sheldon Dibble, Ka Mooolelo Hawaii*. Honolulu: University of Hawaii Press, 1984.
Kamakau, S. M. *Ruling Chiefs of Hawaii*. Honolulu: The Kamehameha Schools Press, 1961.
Kamakau, S. M. *Ka Poʻe Kahiko, the People of Old*. Translated by Mary K. Pukui. Edited by Dorothy B. Barrère. Honolulu: Bishop Museum Press, 1964.
Kamakau of Kaʻawaloa (Kelou Kamakau). "Concerning Ancient Religious Ceremonies." In Abraham Fornander, *Fornander Collection of Hawaiian Antiquities and Folklore*. Memoirs of the Bernice Pauahi Bishop Museum, vol. 6, part 1. Honolulu: Bishop Museum Press, 1919, pp. 2-45.
Kennedy, Gavin. *The Death of Captain Cook*. London: Duckworth, 1978.
King, James, and John Douglas, eds. *A Voyage to the Pacific Ocean*. vol. 3. London, 1784. 略号は Cook (D) 3〔こちらも第3回航海を扱った公式版航海誌だが、前2巻がクック自身によって執筆されたものであるのに対し、こちらはキング海尉によって著されたものである〕。
Kippis, A. *A Narrative of the Voyages ... Performed by Captain James Cook ...*, Boston, 1830.
Kotzebue, Otto Von. *A New Voyage round the World in the Years 1823-1826*, 2 vols. 1830, Rpt. New York: Da Capo Press, 1967.
Kotzebue, Otto Von. *A Voyage of Discovery into the South Sea and Beering's Straits*, 3 vols. 1821. Rpt.

New York: Da Capo Press, 1967.
Kuykendall, Ralph S. *The Hawaiian Kingdom 1778–1854: Foundation and Transformation.* Honolulu: University of Hawaii Press, 1938.
Law, John. British Library ms. 37327. Entry for 2 February 1779.
Lévi-Strauss, Claude. "The Structural Study of Myth." In *Structural Anthropology.* New York: Basic Books, 1963.〔第11章「神話の構造」、『構造人類学』所収、荒川幾男・生松敬三・川田順造・佐々木明・田島節夫訳、みすず書房、1972年、228–256頁〕
Lévi-Strauss, Claude. *The Savage Mind.* Chicago: University of Chicago Press, 1966.〔『野生の思考』、大橋保夫訳、みすず書房、1976年〕
Lévy-Bruhl, Lucien. *How Natives Think.* Translated by Lilian A. Clare. Princeton: Princeton University Press, 1985.〔『未開社会の思惟』、山田吉彦訳、岩波文庫、1953年（1991）年〕
Lewis, J. P. "Journal of a Tour to Candia in the Year 1796." *Journal of the Royal Asiatic Society*, Ceylon Branch, vol. 26, no. 70 (1917), pp. 49–100, 113–133, 115–155, 172–237.
Lewthwaite, Gordon R. "The Puzzle of Tupaia's Map." *New Zealand Geographer* 26 (1970), pp. 1–19.
Lisiansky, Urey. *A Voyage round the World in the Years 1803, 4, 5 and 6.* London, 1814.
Little, George. *Life on the Ocean; or, Twenty Years at Sea…*, 12th ed. Boston, 1846.
Luomala, Katherine. "Polynesian Religious Foundations of Hawaiian Concepts Regarding Wellness and Illness." In *Healing and Restoring: Health and Medicine in the World's Religious Traditions*, edited by Lawrence E. Sullivan. New York: Macmillan, 1989, pp. 287–326.
Mackay, David. "The New Zealand Legacy of James Cook." Paper delivered at *The New Zealand Universities Graduates Association*, 1990, 17 pp. Typescript.
Malo, David. *Hawaiian Antiquities*, 2d edition. Translated by Nathaniel B. Emerson. Honolulu: Bishop Museum Press, 1951.
Manby, Thomas. "Journal of Vancouver's Voyage to the Pacific Ocean (1791–1793)." *The Honolulu Mercury* 1, 2 (July 1929), pp. 33–45.
Marra, John. *Journal of the Resolution's Voyage…*, London, 1775; rpt. New York: Da Capo Press, 1967.
Martin, John. *An Account of the Natives of the Tonga Islands … Communications of Mr. William Mariner*, vol. 2. London, 1817.
Mathison, Gilbert F. *Narrative of a Visit to Brazil, Chile, Peru and the Sandwich Islands…*, London, 1825.
McNab, Robert. *From Tasman to Marsden.* Dunedin, 1914.
McNab, Robert. *Historical Records of New Zealand*, vol. 2. Wellington: Government Printer, 1914.
Meares, John. *Voyages Made in the Years 1788 and 1789…*, London, 1790; rpt. New York: Da Capo Press, 1967.
Moorehead, Alan. *The Fatal Impact: An Account of the Invasion of the South Pacific 1767–1840.* London, Hamish Hamilton, 1966.〔『運命の衝撃――南太平洋、未開と文明との邂逅』、村上啓夫訳、ハヤカワ文庫、1978年〕
Munford, James Kenneth, ed. *John Ledyard's Journal of Captain Cook's Last Voyage.* Corvallis: Oregon State University Press, 1963.
Needham, Rodney, ed. *Imagination and Proof, Selected Essays of A. M. Hocart.* Tucson: The University of Arizona Press, 1987.
Obeyesekere, Gananath. *The Work of Culture: Symbolic Transformation in Psychoanalysis and Anthropology.* Chicago: University of Chicago Press, 1990.

Obeyesekere, Gananath. "British Cannibals: Contemplation of an Event in the Death and Resurrection of James Cook, Explorer." In *Identities*, special issue of *Critical Inquiry* (June 1992), eds. Herny Louis Gates, Jr., and Anthony Appiah.〔「食人種としてのイギリス人」、拙訳、『みすず』第 35 巻第 11 号、1993 年、34–61 頁〕

O'Brian, Patrick. *Joseph Banks, a Life*. London: Collins Harvill, 1988.

Oliver, Douglas L. *The Pacific Islands*. 3d ed. Honolulu: University of Hawaii Press, 1989.

Puget, Peter. British Museum Library ms. Add. 17546.

Puget, Peter. *Log* Adm 55/17. Public Records Office, London. Entry for 26 February 1793.

Pukui, Mary Kawena, E. W. Haertig, and Catherine A. Lee. *Nānā I Ke Kumu*, vol. l. Honolulu: Hui Hanai, 1972.

Radcliffe-Brown, A. R. *Structure and Function in Primitive Society*. New York: The Free Press, 1965.〔『未開社会における構造と機能』、青柳まちこ訳、新泉社、2002 年〕

Rickman, John. *Journal of Captain Cook's Last Voyage to the Pacific Ocean*. London, 1781; rpt. Readex Microprint, 1966.

Rickman, John. *Log* Adm 51/4529/46. Public Records Office, London.

Roberts, Michael. "A Tale of Resistance: The Story of the Arrival of the Portuguese in Sri Lanka." *Ethnos* 55, 1–2, pp. 69–82.

Robertson, George. *The Discovery of Tahiti*. London: The Hakluyt Society, 1948.

Roth, Guenther, and Claus Wittich, eds. *Max Weber, Economy and Society*, vol. 1. New York: Bedminster Press, 1968.

Roth, Guenther, and Wolfgang Schluchter. *Max Weber's Theory of History*. Berkeley and Los Angeles: University of California Press, 1979.

Sahlins, Marshall. "The Apotheosis of Captain Cook." In *Between Belief and Transgression: Structuralist Essays in Religion, History and Myth*, edited by Michael Izard and Pierre Smith. Chicago: University of Chicago Press, 1982.

Sahlins, Marshall. "Captain Cook in Hawaii." *Journal of the Polynesian Society* 98, 4 (December 1989), pp. 371–423.

Sahlins, Marshall. *Culture and Practical Reason*. Chicago: University of Chicago Press, 1974.

Sahlins, Marshall. *Historical Metaphors and Mythical Realities: Structure in the Early History of the Sandwich Islands Kingdom*. Ann Arbor: University of Michigan Press, 1981.

Sahlins, Marshall. *Islands of History*. Chicago: University of Chicago Press, 1985.〔『歴史の島々』、山本真鳥訳、法政大学出版局、1993 年〕

Samwell, David. *Captain Cook and Hawaii*. 1976. Rpt. San Francisco: David Magee, 1957.

Searle, John R. *Expression and Meaning: Studies in the Theory of Speech Acts*. Cambridge: Cambridge University Press, 1985.〔『表現と意味——言語行為論研究』、山田友幸監訳、誠信書房、2006 年〕

Seaton, S. Lee. "The Hawaiian *Kapu* Abolition of 1819." *American Ethnologist* 1, 1 (1974), pp. 193–206.

A Short Account of the New Pantomime Called OMAI..., London: T. CADELL in the Strand, 1785.

Shweder, Richard. "On Savages and Other Children." *American Anthropologist* 84, 2 (1982), pp. 354–366.

Sinclair, Keith. *History of New Zealand*. London: Penguin, 1969.

Skelton, R. A. *Captain James Cook: After Two Hundred Years*. London: The Hakluyt Society, 1969.

Smith, Bernard. *European Vision and the South Pacific*. New Haven and London: Yale University Press, 1985.

Spotts, Frederic, ed. *Letters of Leonard Woolf*. London: Weidenfeld and Nicolson, 1989.

Stannard, David E. *Before the Horror: The Population of Hawaii on the Eve of Western Contact*. Honolulu: University of Hawaii Press, 1989.

Stokes, John F. G. "Origin of the Condemnation of Captain Cook in Hawaii." *Hawaiian Historical Society 39th Annual Report* (Honolulu, 1930), pp. 68-104.

Tewsley, U., trans., *Zimmermann's Third Voyage of Captain Cook 1776-1780*. Wellington, 1926.

Thrum, Thomas G. "The Paehumu of Heiaus Non-Sacred." *Hawaiian Historical Society 35th Annual Report* (Honolulu, 1926), pp. 56-57.

Todorov, Tzvetan. *The Conquest of America: The Question of the Other*. Translated by Richard Howard. New York: Harper Torchbooks, 1987.〔『他者の記号学――アメリカ大陸の征服』、及川馥・大谷尚文・菊池良夫訳、法政大学出版局、1986年〕

Trevenen, James. *Penrose Memoirs of James Trevenen*. Greenwich Maritime Museum ms.〔*A Memoir of James Trevenen*, Christopher Lloyd, ed., London: The Navy Records Society, 1959.〕

Turner, Victor. "Betwixt and Between: The Liminal Period in *Rites de Passage*." In *The Forest of Symbols*. Ithaca: Cornell University Press, 1967.

Valeri, Valerio. *Kingship and Sacrifice: Ritual and Society in Ancient Hawaii*. Chicago: University of Chicago Press, 1985.

Valeri, Valerio. "Diarchy and History in Hawaii and Tonga." In *Culture and History in the Pacific*, edited by Jukka Siikala. Helsinki: The Finnish Anthropological Society, 1990, pp. 45-79.

Vancouver, George. *The Voyage of George Vancouver, 1791-1795*. Edited by W. Kaye Lamb. 4 vols. London: The Hakluyt Society, 1984.

Van Orman, Richard A. *The Explorers*. Albuquerque: University of New Mexico Press, 1984.

Varigny, Charles de. *Fourteen Years in the Sandwich Islands 1855-1868*. Honolulu: University of Hawaii Press, 1981.

Wales, William. *Remarks on Mr. Forster's Account of Captain Cook's Last Voyage*. London, 1777.

Weber, Max. "Social Psychology of the World Religions." In *From Max Weber*, edited by Hans Gerth and C. Wright Mills. New York: Oxford University Press, 1976.〔「世界宗教の経済倫理序論」、『宗教社会学論選』所収、大塚久雄・生松敬三訳、みすず書房、1972年〕

Westervelt, W. D. *Hawaiian Historical Legends*. New York: Fleming H. Revell Company, 1926.

Williamson, James A. *Cook and the Opening of the Pacific*. New York: Macmillan, 1948.

Wilson, Bryan, ed. *Rationality*. Oxford: Blackwell, 1970.

Withey, Lynne. *Voyages of Discovery: Captain Cook and the Exploration of the Pacific*. Berkeley and Los Angeles: University of California Press, 1989.

Wooley, Richard. "The Significance of the Transit of Venus." In *Captain Cook, Navigator and Scientist*, edited by G. M. Badger. London: C. Hurst, 1970.

Wright, Harrison M. *New Zealand. 1769-1840: Early Years of Western Contact*. Cambridge: Harvard University Press, 1959.

図版出典

扉絵　『キャプテン・ジェイムズ・クック』
最近発見されたウィリアム・ホッジスによる肖像画　National Maritime Museum, London.
図 1　「彼らは彼のことをオロノという名の自分たちの部族の神様だと思いました」
L. Du Garde Peach, *The Story of Captain Cook* (Loughborough, England: Wills and Hepworth Ltd., 1958), p. 49. 作画はジョン・ケニー
図 2　「十字架型の神像によって表されたロノ」
David Malo, *Hawaiian Antiquities*, trans. by N. B. Emerson (Honolulu: Hawaiian Gazette Co., Ltd., 1903), p. 201.
図 3　「マカヒキの際に海に流されるロノのカヌー」
David Malo, *Hawaiian Antiquities*, p. 204.
図 4　『英国海軍艦レゾリューション号』
ジョン・ウェバー画。17×14.5 インチ、鉛筆画　British Library.
図 5　「カラニッオプッウの祭司たちの系譜」
図 6　「1778-1779 年のマカヒキ主要行事に想定可能な祭事暦」
図 7　「キャプテン・クックを崇拝する原住民」
A. Kippis, *A Narrative of the Voyages Round the World, Performed by Captain James Cook* (Boston, 1830), vol. 2, p. 166.
図 8　「うまくいったら、神として崇めてくれるかもしれんぞ」
ゲーリー•ラーソンの漫画「ファー•サイド」より　Chronicle Features, San Francisco, California.
図 9・10　「キャプテン・クックと彼の家畜たち」
A. Kippis, *A Narrative of the Voyages Round the World*..., vol. 2, pp. 80 and 61.
図 11　『キャプテン・クックの列聖』
フィリップ・ウーヴァーマンによる版画。8.5×10.5 インチ。Alexander Turnbull Library, Wellington, NZ. 複写はホノルルのビショップ博物館のご好意による。
図 12　「キャプテン・クックの崇拝に用いられた偶像」
W. D. Westervelt, *Hawaiian Historical Legends* (London : Fleming H. Revell Company, 1923). 同書の扉絵より
図 13　『ヴァン・ディーメンズ・ランドの住民とクックの邂逅』
ジョン・ウェバー画、1777 年 1 月　Ministry of Defence Library, London.
図 14　『キャプテン・クックの最後』
ジョン・ウェバーの原画による F•バルトロッツィの版画　National Maritime Museum, London.